W0171005

Antisemitische Fantasien

Marc A. Weiner

Antisemitische Fantasien

Die Musikdramen Richard Wagners

Aus dem Amerikanischen
von Henning Thies

Henschel

Sie können uns 24 Stunden am Tag erreichen unter:
http://www.dornier-verlage.de
http://www.henschel-verlag.de

Die Deutsche Bibliothek – CIP-Einheitsaufnahme
Ein Titeldatensatz für diese Publikation ist bei
Der Deutschen Bibliothek erhältlich.

ISBN 3-89487-358-2

Titel der amerikanischen Originalausgabe:
Richard Wagner and the Anti-Semitic Imagination
© 1995, 1997 by the University of Nebrasca Press, Lincoln

© der deutschen Ausgabe bei: Henschel Verlag
in der Dornier Medienholding GmbH, Berlin 2000

Mit einem neuen Vorwort des Autors für die deutsche Ausgabe

Nicht in jedem Fall war es möglich, den Inhaber von Bildrechten zu ermitteln.
Berechtigte Ansprüche sind an den Verlag zu stellen.

Die Verwertung der Texte und Bilder, auch auszugsweise, ist ohne Zustimmung des Verlags
urheberrechtswidrig und strafbar. Dies gilt auch für Vervielfältigungen, Übersetzungen,
Mikroverfilmungen und für die Verarbeitung mit elektronischen Systemen.
Die Schreibweise entspricht den Regeln der neuen Rechtschreibung.

Lektorat: Stefan Pegatzky
Umschlaggestaltung: Morian & Bayer-Eynck, Coesfeld
Titelbilder: Porträt Richard Wagners: AKG/Franz Haufstaengl
Siegfried und Mime (Bayreuther Festspiele, um 1909):
Nationalarchiv der Richard-Wagner-Stiftung, Bayreuth
Satz und Gestaltung: AS Satz & Grafik, Berlin
Druck und Bindung: Wiener Verlag, Himberg
Printed in Austria

Gedruckt auf alterungsbeständigem Papier mit chlorfrei gebleichtem Zellstoff.

Meiner lieben Tochter Madeleine

INHALT

In Wagner will alles Sichtbare der Welt zum Hörbaren sich vertiefen und verinnerlichen und sucht seine verlorene Seele; in Wagner will ebenso alles Hörbare der Welt auch als Erscheinung für das Auge an's Licht hinaus und hinauf, will gleichsam Leiblichkeit gewinnen. [...] Er ist fortwährend gezwungen – und der Betrachtende mit ihm – [...] das verborgenste Weben des Innern als Erscheinung zu sehen und mit einem Schein-Leib zu bekleiden.

Friedrich Nietzsche, Richard Wagner in Bayreuth

Le témoignage des sens est lui aussi une opération de l'esprit où la conviction crée l'évidence.
(Das Zeugnis der Sinne ist seinerseits eine Tätigkeit des Geistes, in welcher die Überzeugung erst die Evidenz verschafft.)

Marcel Proust, La Prisonnière

Vorwort zur deutschen Ausgabe

Mit dieser deutschen Ausgabe meines 1995 in den USA erschienenen Buches verbinden sich für mich ganz besondere Hoffnungen. Möge es in seiner neuen Form beim deutschen Lesepublikum eine offene, unpolemische und vor allem wissenschaftlich ertragreiche Diskussion über die antisemitischen Dimensionen von Wagners Bühnenwerken auslösen. Das Buch hat nun seinen Weg in einen Rezeptionskreis gefunden, in den es eigentlich von Anfang an gehört hätte. Denn seine Argumente und Thesen leiten sich weitgehend aus der deutschen Kulturgeschichte her, und sein Thema ist eine der Zentralfiguren der deutschen Musikgeschichte. Sein Gegenstand sind Werke, die im deutschen Bühnenbereich bis heute unangefochtene Herzstücke des Aufführungskanons bilden, und deutsche Leser sind damit in vielerlei Hinsicht die selbstverständlichen Adressaten dieses Buches.

Selbstverständlich ist in Deutschland indes bei der Behandlung des Themenkreises »Deutschland und der Antisemitismus« im Allgemeinen und speziell bei der Anwendung dieser Fragestellung auf Wagners Bühnenwerke überhaupt nichts. So wurde paradoxerweise ein besonderes Vorwort zur deutschen Ausgabe dieses Buches erforderlich, da die Diskussionen, auf die es Bezug nimmt und die es zu fördern hofft, in Deutschland bisher so noch nicht geführt wurden. An dieser Stelle ist also eine Einbettung meiner Erörterungen in den Kontext der Diskussionen hilfreich, die außerhalb Deutschlands seit Jahren stattfinden.

In meinem Buch versuche ich, die rassistischen Implikationen von Wagners Musikdramen zu belegen und zu demonstrieren – ein Thema, dem sich eher traditionell ausgerichtete Wagnerforscher und Anhänger der Wagner'schen Musik bisher hartnäckig verweigert haben. Damit soll allerdings weder gesagt sein, dass dieses Buch nach seiner Veröffentlichung im englischen Sprachraum nur einhellige Zustimmung gefunden hätte, noch, dass es im deutschsprachigen Europa bisher ignoriert worden wäre.[1] Doch prominente und offizielle Stimmen in Deutschland reagierten auf die Argumente und Thesen des Buches eher mit Empfindlichkeit.

In den folgenden Kapiteln analysiere ich die antisemitische Dimension von Wagners Musikdramen vor einem doppelten Hintergrund: zum einen im Kontext der vielfältigen, gegen die Juden und ihren kulturellen Einfluss gerichteten Äußerungen des Komponisten (in Essays, Traktaten, Briefen und autobiografischen Schriften), und zum anderen vor dem Hintergrund rassistischer Ikonographien in der deutschen Kultur des 19. Jahrhunderts – der Kultur Wagners. Zu den kontroversesten Themen der Wagnerforschung gehört bis heute die Frage, ob auch in seinen Musikdramen Spuren jenes Antisemitismus zu finden seien, den der Komponist in diversen Schriften freimütig geäußert hat – vor allem aber, welche weitergehenden Folgerungen sich aus dieser Verbindung für die deutsche Kulturgeschichte sowie für unsere heutige Bewertung Wagners und seiner Werke ergeben. Äußerst umstritten ist diese Frage vor allem deshalb, weil damit ein Aspekt der deutschen Kulturgeschichte berührt ist, der die Diskussionen über die deutsche Identität bis heute mit einer schweren Hypothek belastet – nämlich die nationalsozialistische Inanspruchnahme von Wagners Werken als gültiger ästhetischer Ausdruck der eigenen Ideologie (ob zu Recht oder zu Unrecht, darüber lässt sich nach wie vor trefflich streiten).[2] Die Abwehrhaltung vieler deutscher Wagnerianer hinsichtlich des ideologischen Gehalts von Wagners Kunstwerken ist geradezu symptomatisch für einen Standpunkt, den man bis heute, über fünfzig Jahre nach dem Holocaust, in öffentlichen Diskussionen über die deutsche Identität im Hinblick auf die Nazivergangenheit antrifft. Die gleiche Problemkonstellation zeigte sich zum Beispiel auch im

Historikerstreit der späten achtziger Jahre, in den Debatten über Daniel Goldhagens Buch *Hitlers willige Vollstrecker*, das Holocaust-Mahnmal in Berlin und in der Kontroverse über Martin Walsers Rede in der Frankfurter Paulskirche. Darum ist die Diskussion über Wagner im Kern eine Kontroverse, die sich in der jüngeren Vergangenheit in der deutschen Kulturlandschaft aus unterschiedlichen Anlässen stets aufs Neue entfaltet hat.

Die Debatte über Wagners Antisemitismus ist bisher beklagenswert parteiisch geführt worden, mit persönlichen Angriffen und oft mit dem Holzhammer. Und doch scheinen sich ironischerweise Wagners schärfste Kritiker und seine entschiedensten Verteidiger in einem Punkt einig zu sein: Wenn der Nachweis gelänge, dass auch die Bühnenwerke antisemitische Züge aufweisen, dann müsse man diese Werke in Bausch und Bogen verdammen. Mir erscheint eine solche Prämisse unhaltbar und naiv. Denn ich werde zu zeigen versuchen, dass gerade der Antisemitismus Wagner zur Schaffung einiger seiner faszinierendsten, beunruhigendsten, komplexesten und vieldeutigsten Bühnenfiguren antrieb – darüber hinaus auch zu einigen seiner gespenstischsten und eindrücklichsten musikalischen Charakterporträts. Natürlich wirkt es auch beunruhigend, wenn wir uns dem Genuss solcher Werke hingeben, doch die Antwort auf dieses Problem kann nicht darin bestehen, Wagner und seine Werke von allen Vorwürfen rein zu waschen. Vielmehr müssen wir uns mit den Zweideutigkeiten und der beunruhigenden Vermengung von Ideologie und Ästhetik auseinandersetzen, die sich in Wagners Werken manifestieren.

Das Gespenst des Holocaust, das große Teile der heutigen Diskussionen beherrscht, Verdammungsurteile wie Verteidigungskämpfe, lässt sich vielleicht nirgends deutlicher erkennen als in einer Passage aus einer Rezension, die Hans Rudolf Vaget, ein im Nachkriegsdeutschland aufgewachsener und von der europäischen Tradition der Germanistik geprägter Gelehrter, über Paul Lawrence Roses Buch *Wagner: Race and Revolution* (1992) geschrieben hat. Roses Buch, 1999 auch in deutscher Übersetzung erschienen *(Richard Wagner und der Antisemitismus)*, war ein wichtiger Diskussionsbeitrag, weil darin versucht wurde, eine Tendenz

der Wagnerforschung zu korrigieren – die Neigung, den Antisemitismus des Komponisten zu ignorieren oder zu verharmlosen.
Roses Zielsetzung bestand nicht darin, die rassistischen Implikationen der Kunstwerke zu erörtern – obwohl er unverkennbar der
Meinung ist, dass auch sie Wagners Antisemitismus reflektieren –, sondern er wollte die Aufmerksamkeit auf die Rolle der
Judenphobie in Wagners sozialkritischen und ästhetischen Theorien lenken. In Roses ausführlichem Buch werden die Bühnenwerke auf höchstens 10-15 Seiten besprochen. Trotzdem konzentriert sich Vaget in seiner Besprechung auf die Frage, ob die
Kunstwerke rassistisch seien. Denn dieses Thema ist für den Gelehrten aus dem Nachkriegsdeutschland das heikelste. Vaget ist
offenkundig der Überzeugung, das offene Eingeständnis rassistischer Implikationen des dramatischen Materials käme einer
nachhaltigen, disqualifizierenden Befleckung des Kunstwerks
gleich. Gerade darin aber zeigt sich ein ganzer Komplex von
Grundannahmen, die für die Arbeiten vieler seiner apologetisch
ausgerichteten Kollegen typisch sind:

Dienten *Der Ring des Nibelungen*, *Tristan und Isolde*, *Die Meistersinger* und
Parsifal wirklich, wie Herr Rose glaubt, der Verbreitung von antisemitischem Gedankengut, dann wäre für diese Werke kein Platz mehr in einer
für uns akzeptablen kulturellen Praxis, und wir könnten Wagners Musik
nicht mehr guten Gewissens hören, als handele es sich um Musik wie jede
andere auch. Was damit also letztlich auf dem Spiel steht, ist das Überle-
ben und die Akzeptanz von Wagners musikdramatischem Werk als un-
verzichtbarer Bestandteil der westlichen Kultur.[3]

In diesem Zitat zeigt sich in seltener Deutlichkeit der hohe Einsatz, mit dem in der ganzen Debatte gekämpft wird, wenn es um
die Zulässigkeit oder Unzulässigkeit von Interpretationen geht,
die in Wagners Antisemitismus ein auch für die Musikdramen re-
levantes Element sehen. Besonders hilfreich ist die zitierte Passage, wenn wir die defensive Haltung vieler deutscher Forscher
und Kritiker verstehen wollen – besonders jener, deren Äußerungen die öffentliche Diskussion in Deutschland beherrscht haben,
seien sie nun Musik- und Theaterkritiker, Geisteswissenschaftler
oder Beteiligte am Unternehmen Bayreuther Festspiele. Zentrale

Bedeutung hat in Vagets Äußerung die Trennung von Kunst und Politik, und damit ist sie repräsentativ für die Argumente vieler Wagner-Apologeten. Damit die Integrität der westlichen Kunst bewahrt werden kann, muss das Kunstobjekt, so impliziert Vagets Text, von seinen Entstehungsbedingungen strikt getrennt werden. Aus unverblümt moralischen Erwägungen (»guten Gewissens«) erscheint der ästhetische Prozess der Kunstwerdung als Reinigungsprozess, und diese moralische Aussage unterstreicht einen spezifisch gesellschaftlichen, ideologischen Einsatz hinter den Kritikeraussagen. Wie ich in der Einleitung meines Buches und in den dazugehörigen Anmerkungen noch ausführlicher zeigen werde, ist eine solche moralisch motivierte Verteidigungshaltung für viele gleich gesinnte deutsche Kritiker typisch – Autoren wie Dieter Borchmeyer, Udo Bermbach, Carl Dahlhaus, Martin Gregor-Dellin, Joachim Kaiser und Peter Wapnewski, um nur die berühmtesten und prominentesten Stimmen zu nennen, die die öffentliche Debatte in Deutschland in den letzten fünfundzwanzig Jahren geführt haben.[4]

Was macht diesen Autoren solche Sorgen? Gibt es vielleicht in der Gegenwart begründete Ängste und Motive hinter ihren Reaktionen auf die Kritik an Wagner – vielleicht Motive, die speziell mit Wagner zu tun haben? Nehmen wir einmal an, jemand behauptete, die Werke eines anderen berühmten Komponisten, der denselben Kritikern viel bedeutete (etwa Sibelius, Debussy, Mussorgski oder Charles Ives), reflektierten rassistisches Gedankengut, würden diese Herren dann ebenso massiv reagieren, wie sie es Kritikern gegenüber tun, die dasselbe Argument gegen Wagner vorbringen? Wohl kaum, und ich vermute, dass es die besondere Verbindung zwischen Wagner und den Nationalsozialisten (und damit indirekt auch der Judenvernichtung) ist, die einige Forscher und Kritiker so empfindlich reagieren lässt, wenn heutzutage Wagners Antisemitismus zur Sprache gebracht wird – und zwar aus Gründen, die mit Identitätsfragen und Kollektivschuld zu tun haben. Vielleicht kann eine persönliche Anekdote illustrieren, wie ich zu diesem Verdacht komme. Im Jahre 1995 nahm ich an einer Diskussion über die rassistische Dimension von Wagners Werken teil, in deren Verlauf ein deutscher Forscher eine sehr aufschlussreiche Bemerkung machte.⁵ Nachdem ich über eine Stunde lang Argumente und Einwände mit ihm ausgetauscht hatte, gab er plötzlich zu, er gehe davon aus, dass ich annähme, er sei ein Antisemit (!) – ein Gedanke, der mir noch nie gekommen war und den ich kategorisch von mir weise. Doch die Annahmen und Ängste dieses Gelehrten sind entlarvend, und sie können uns meiner Meinung nach einiges über die psychologischen Vorgänge lehren, die in den Reaktionen jener Kritiker ihren Ausdruck finden, die sich so heftig gegen das Thema der rassistischen Dimensionen von Wagners Bühnenwerken wehren. Zweifellos war es die Tatsache, dass es in unserer Diskussion um Wagner ging und dass mein Gesprächspartner Deutscher war, die ihn fürchten ließ, ein jüdischer Gelehrter könne glauben, er, der deutsche Kollege, sei ein Judenhasser. Kein Wunder, dass er und gleich gesinnte Wagnerianer so defensiv agieren – wem würde es unter solchen Annahmen und Voraussetzungen nicht auch so ergehen? Und es überrascht ebenfalls nicht, dass diese Kritiker, wie die oben zitierte Rezension zeigt, bewusst oder unbewusst das Gefühl haben, Wagners Bühnenwerke müssten von jedem Rassismusverdacht frei gehalten werden, wenn auch sie als Wissenschaftler und Kritiker über jeden Verdacht erhaben bleiben wollten. Mit anderen Worten, es geht nicht nur um Wagners Platz in der »westlichen Kultur«, wenn diese Forscher Wagner so energisch verteidigen, sondern es sind auch sehr persönliche und überdies noch nationalspezifische Gründe im Spiel – Gründe, die sich aus demselben kulturellen und ideologischen Nexus ableiten, der sich auch in anderen Debatten über die deutsche Nachkriegsidentität seit den achtziger Jahren gezeigt hat (wie schon erwähnt, im Historikerstreit, in der Diskussion über Goldhagen, in der Debatte über das Berliner Holocaust-Mahnmal und im Streit um Martin Walsers Äußerungen). Der psychische Einsatz, mit dem solche Debatten geführt werden, ist so beunruhigend wie erhellend, und so wird einmal mehr deutlich, dass Vergangenheitsbewältigung nicht nur mit Vergangenheit zu tun hat, sondern immer auch mit der Gegenwart. Ich möchte nochmals betonen, dass ich *niemals* angenommen habe, irgendein an der Debatte Beteiligter sei Antisemit, und dass mir auch überhaupt nichts daran liegt, eine Kollektivschuld zuzumessen, weder für die Gegenwart noch für die Vergangenheit (darin unterscheide ich mich von Goldhagen). Aber die Angst, die in besagter Äußerung meines Diskussionspartners zum Ausdruck kam, wirft ein bezeichnendes Schlaglicht auf eine psychologische und kulturhistorische Dimension, die meiner Meinung nach in der Kontroverse immer noch eine zentrale Rolle spielt. Man sollte offen darüber sprechen, denn sonst bestimmt diese Art von Vergangenheitsbewältigung auch weiterhin die Diskussion, untergründig und uneingestanden.

In der Wagner-Debatte spielen immer wieder auch Identitätsprobleme eine Rolle, selbst wenn einige Teilnehmer dies bestreiten und sich sogar gegen eine solche Unterstellung verwahren würden. Ich bin mir der Tatsache sehr wohl bewusst, dass meine jüdische Identität zweifellos etwas damit zu tun hatte, dass ich mich für das zur Debatte stehende Thema überhaupt interessiere, und ich muss mich darum fragen, ob dasselbe nicht auch für die Gegenseite gilt. Ich muss mich fragen, ob meine Gegner nicht auch von einer Position aus argumentieren, die von ihrer eigenen Identität bestimmt ist – einer Identität, die mit der Kulturideologie der deutschen Nachkriegsgesellschaft aufs Engste verwoben ist. Gleichwohl ist der Hinweis wichtig, dass die Debatte nicht in sauberen Grenzen verläuft, und man sollte sich auch nicht auf solche, vom rassischen und nationalen Erbe bestimmten strikten Grenzziehungen einlassen, selbst wenn manche Forscher offenbar befürchten, dass dies der Fall sei. Nicht alle deutschen Wagnerforscher reagieren in gleicher Weise, und man kann auch nicht behaupten, alle jüdischen Kritiker wiesen die von Vaget, Borchmeyer, Joachim Kaiser und anderen vertretenen Positionen zurück (man braucht nur an die öffentlichen Äußerungen von Jakob Katz, George Steiner und Joseph Horowitz zu denken, um gewahr zu werden, dass die Grenzlinien nicht in allen Fällen sauber zwischen deutscher und jüdischer Identität verlaufen, und dass es auch zahlreiche nichtjüdische, deutsche Forscher wie Hartmut Zelinsky und Jens Malte Fischer gibt, die sich offen mit der Rolle auseinander setzen, die Wagners Antisemitismus bei der Entstehung seiner Kunstwerke gespielt hat). Wenn dies aber so ist, warum sollte dann irgendein Teilnehmer an der Debatte so tun, als sei es anders?

Einer meiner Punkte ist, dass wir uns die Weigerung, einzugestehen, welche Rolle der Antisemitismus bei der Konzeption von Wagners Musikdramen gespielt hat, nicht leisten können. Sonst wird es uns nicht gelingen, die Komplexität, Widersprüchlichkeit und beunruhigende Vieldeutigkeit dieser Werke zu erfassen und ihren Wert zu schätzen. Meiner Meinung nach liegt sogar eine gewisse Ironie darin, dass gerade die eifrigsten Verteidiger Wagners bei ihren Rettungsversuchen den Werken etwas von ihrer Komplexität und ihrem Wert nehmen. Ich persönlich kenne kein einziges Kunstwerk, das vollkommen frei wäre von ideologisch fragwürdigen Implikationen. Denkt man jedoch das in der oben zitierten Passage vorgebrachte Argument logisch zu Ende, dann ist es genau ein solches Kunstwerk, das Wagners Apologeten fordern und auf dessen makellosem Status sie hartnäckig bestehen, damit sie selbst ein »gutes Gewissen« haben können. In meiner Sicht schließen sich die Wertschätzung von Wagners ästhetischen Schöpfungen und die Erkenntnis der ursprünglichen, verwerflichen Wirkungsabsichten Wagners keineswegs gegenseitig aus. Ich weigere mich, mir von Wagners Antisemitismus die Freude an seinen Werken nehmen zu lassen, selbst wenn es dem Meister vielleicht lieber gewesen wäre, ich gehörte überhaupt nicht zu seinem Publikum. Zu meiner eigenen Bestürzung muss ich zugeben, dass es nicht zuletzt die antisemitischen Dimensionen in Wagners Werken sind, die diese Musikdramen für mich so interessant und attraktiv machen – und diese Einsicht bereitet einem Juden genauso viel Kopfzerbrechen wie einem nichtjüdischen Deutschen. Ich muss Wagners Werke nicht beschönigen, damit sie mir gefallen, ganz gleich, wie beunruhigend dieses ästhetische Erlebnis für mich als Juden sein mag. Im Gegenteil, würden wir auch so verfahren wie meine Debattengegner und vor allen beunruhigenden Aspekten die Augen verschließen, dann würden diese Werke – und darin stimmen wir sicher alle überein – für mich an Faszination verlieren. Dieser Meinung sind übrigens auch die englischen Wagnerforscher John Deathridge und Barry Millington (nicht jedoch der englische Kritiker Michael Tanner, der Kunst und Ideologie als radikale Gegenbegriffe behandelt). Jene Züge, die ich als antisemitisch bezeichnen würde, sind oft mit den meiner Meinung nach ästhetisch reizvollsten Gestalten Wagners verknüpft (Alberich, Mime, Hagen, Beckmesser und Klingsor) – sowohl was die vielschichtige, wahrhaft dramatische, rätselhafte und tiefe Einblicke in die Seele gewährende Komplexität dieser Charaktere anbelangt als auch die hinreißend schöne, oftmals betörende Musik, die Wagner für diese Figuren schuf. Eine der Ironien von Wagners Antisemitismus besteht also darin, dass er ihn vielleicht dazu brachte, seine schönste Musik und seine dramatisch reichsten Figuren zu schaffen. So steht die ästhetische Qualität seiner Werke oftmals im Widerspruch zu Wagners programmatischen Äußerungen, denn jene Figuren mit Zügen, welche Wagner mit Juden assoziierte, erscheinen mir letztlich viel interessanter und sympathischer. Überdies sind sie mit einer Musik verbunden, die ich viel bewegender und schöner finde als die stärker national geprägten Embleme unter seinen Charakter- und Musikschöpfungen (etwa Siegfried und Walther von Stolzing). Die Ironie dieser Dimension seiner Werke ginge verloren, wollten wir darauf insistieren, dass zu den außerästhetischen Äußerungen Wagners über die Juden keine Verbindung bestehe, ebenso wenig wie zu den antisemitischen Bildern, die seit dem Mittelalter Bestandteil der europäischen Kultur waren und die auch in Wagners berühmtesten Musikdramen Ausdruck gefunden haben.

Andererseits möchte ich unmissverständlich klarstellen, dass ich nicht – wie einige meiner Kritiker anscheinend glauben – behaupte, dramatische Konstrukte wie Beckmesser, Mime, Alberich, Hagen, Klingsor und Kundry seien *einzig und allein* Darstellungen von Juden und von Eigenschaften charakterologischer, ästhetischer, psychologischer und physischer Art, die Wagner mit Juden assoziierte. Ich bin nur der Überzeugung, dass eine solche Lesart eine von vielen potenziell glaubhaften Interpretationen war und ist, die nebeneinander Bestand haben – besonders bei Wagners Zeitgenossen. Andere Interpretationen sind möglich, denn die genannten Dramenfiguren sind ja auch Märchenschöpfungen und zugleich Allegorien für eine ganze Reihe von Dingen. Sie dienen als dramatische Folien für die heroischeren Figuren, und sie sind im Zusammenhang von Wagners Überzeugungen zu sehen: dass es unnatürlich sei, auf Kosten der Liebe nach Macht zu streben, dass die Natur durch die Industrialisierung zerstört werde, dass die spontane Schöpfung eines Kunstwerks besser sei als Pedanterie, dass der Kapitalismus korrupt und die Kirche eine suspekte, gefährliche Institution sei, dass die Interessen des modernen Staatswesens zu Deutschlands kulturellem Erbe im Widerspruch stünden, und so weiter, und so weiter. Wenn wir nun sehen, dass diese Figuren auch aus zahlreichen antisemitischen Stereotypen zusammengesetzt sind, dann schließt das andere Bedeutungen nicht aus. Dieser Aspekt tritt nicht an die Stelle anderer Bedeutungen, sondern ergänzt diese lediglich um eine weitere Dimension. Dabei wird eine Bedeutungsebene wiedergewonnen, die lange unterdrückt wurde, jedoch für unsere Wertschätzung von Wagners Musikdramen als komplexen, vielschichtigen, ideologisch motivierten ästhetischen Gebilden von großer Bedeutung ist.

Die radikale Trennung von Kunst und Politik bei den defensiveren Teilnehmern der Wagner-Debatte beunruhigt mich sehr, weil es dabei nicht nur um Fragen der ästhetischen Sensibilität geht, sondern weil diese Trennung eine umfassendere Diskussion der heutigen kulturellen und politischen Identität Deutschlands reflektiert und ihrerseits beeinflusst – mit anderen Worten, weil diese Einstellung ein offenes, ehrliches Bewusstsein und Gespür für die ideologischen Dimensionen unserer eigenen Kunstrezeption behindert. Die defensive Beschönigung von Wagners Werken geschieht nicht im luftleeren Raum, sondern sie dient zum Beispiel auch den gesellschaftlichen und politischen Interessen des gegenwärtigen Regimes in Bayreuth, das noch stets versucht hat, die Verbindungen zwischen Wagners unbestreitbarem Antisemitismus und seinen Bühnenwerken herunterzuspielen, und das verständlicherweise bei der Gestaltung der öffentlichen Wahrnehmung des Komponisten an einflussreicher Stelle mitwirkt. Das Public-Relations-Unternehmen in Bayreuth, das seine eigene Rolle in der Nazivergangenheit offenkundig herunterspielen und jegliche Verbindung zwischen Wagners geheiligten Werken und dem Antisemitismus bestreiten will, entschied sich, im

Sommer 1998 eine Konferenz zum Thema *Wagner und die Juden* abzuhalten – eine Konferenz, die den Eindruck eines offenen Diskussionsforums erwecken sollte, die jedoch tatsächlich ganz darauf ausgerichtet war, jegliche Verbindung zwischen den Musikdramen und Wagners Rassismus zu bestreiten. Wie nicht anders zu erwarten, fand diese Tagung in den deutschen Medien reichen Widerhall.[6]

Daraufhin organisierten jedoch im Sommer 1999 Saul Friedländer, Jörn Rüsen und Dietmar Müller-Elmau in Schloss Elmau eine Konferenz mit dem Thema *Wagner und das Dritte Reich*, die sich jenen Verbindungen ausdrücklich widmete, die die Diskussionen über Wagner in den Jahrzehnten seit dem Holocaust unterschwellig schon lange mitbestimmt hatten.[7] Die Konferenz auf Schloss Elmau bildete ein Gegenstück oder eine Alternative zur Bayreuther Konferenz, weil in Elmau eine Pluralität der Positionen gewährleistet war, die vielleicht zum ersten Mal überhaupt im Nachkriegsdeutschland eine echte Diskussion ebendieser Verbindungen (Wagners Antisemitismus und seine Kunstwerke, Wagner und das Dritte Reich) ermöglichte – eine Diskussion, die das Public-Relations-Unternehmen in Bayreuth zu diskreditieren versucht hatte, die jedoch schon in der gesamten Wagnerforschung der Nachkriegszeit einen nicht zu unterschätzenden Subtext gebildet hatte. In Bayreuth wurden vereinzelte kritische Stimmen laut, jedoch innerhalb eines Programms, das für den Dialog nicht geschaffen war, vielmehr den Bedürfnissen einer Intendanz dienen sollte, die gegen Kritik an der eigenen ideologischen Vergangenheit äußerst empfindlich ist, wie Nike und Gottfried Wagner wiederholt betont haben.[8] Dass die Bayreuther Konferenz defensiver Natur war und dort überwiegend apologetische Positionen vertreten waren, zeigt sich auch in der Abwesenheit vieler der wichtigsten kritischen Stimmen, die sich in ihrer Arbeit Wagners Antisemitismus und seiner Relevanz für die heutige Würdigung seiner Kunstwerke gewidmet haben (Stewart Spencer, Barry Millington, David Levin, vor allem Hartmut Zelinsky – und das im deutschsprachigen Europa!). In Elmau hingegen waren diese Forscher fast alle vertreten. Somit war die Elmauer Konferenz weit mehr als nur die Fortsetzung eines in Bayreuth begonnenen Dialogs; sie war ein Korrektiv und der Beginn einer echten Debatte. Das Stattfinden der Elmauer Tagung, die echten Dialoge, die sich dort entspannen, und nicht zuletzt die Bereitwilligkeit deutscher Verlage, durch Übersetzungen unbequemen Thesen wie den hier unterbreiteten ein Forum zu verschaffen, sind Anzeichen dafür, dass die Diskussion in Deutschland jetzt vielleicht weniger einseitig – und damit auch produktiver – als bisher verlaufen wird.

Die Wagner-Debatte ist ein Testfall für den öffentlichen Umgang mit Kunstwerken, die erschreckende Dimensionen aus Deutschlands kultureller und politischer Vergangenheit enthüllen, und sie gestattet uns allen, unsere eigenen begeisterten Reaktionen auf Wagners unglaublich schöne, verführerische und doch auch autoritäre und beunruhigende Bühnenwerke kritisch zu untersuchen. Sie bietet uns Gelegenheit, die Beschränkungen einer psychologisch und moralisch schmalspurigen Abwehrhaltung zu überwinden und zu einer nuancierten, differenzierten, ehrlichen und doch für alle Beteiligten vielleicht schmerzlichen Selbstreflexion zu gelangen. Darin eingeschlossen ist natürlich auch eine Untersuchung des sozialen Kontextes dieser Reflexion. Ich möchte den leidenschaftlichen Ernst, vielleicht auch die echte Sorge und das quälende Unbehagen nicht leichthin abtun, die meine hartnäckig apologetischen Kollegen anscheinend befallen, wenn sie an das Thema Antisemitismus denken. Und ich bin mir sehr wohl auch der Tatsache bewusst, dass es für mich als Juden leichter ist als für meine Gegenspieler in der Debatte, den moralisch verwerflichen Subtext vieler Werke anzuerkennen, die ich, wie meine Kollegen auch, liebe. Trotzdem habe ich das Gefühl, wenn je die Anwendung einer psychoanalytischen Kulturtheorie auf eine Diskussion über das Nachkriegsdeutschland angemessen war (wie es die Mitscherlichs in den siebziger Jahren behaupteten und dann später nochmals Habermas im Historikerstreit), dann im Falle der Wagner-Debatte. Denn wenn der Umgang mit diesem Material manchen Debattenteilnehmern so unübersehbare Schmerzen bereitet, lässt dies auf tief sitzende Probleme der persönlichen, sozialen und vielleicht sogar nationalen Identität schließen. Ich bin überzeugt, dass Wagners ängstliche Verteidiger schon viel gewonnen hätten, wenn sie nur anerkennen könnten, dass ihre Äußerungen ihren eigenen sozialen und kulturpolitischen Kontext sowohl reflektieren als auch beeinflussen. Sie würden damit nämlich einen wichtigen Beitrag leisten zu einem bis heute anscheinend schmerzlichen nationalen Heilungsprozess. Warum können wir – Juden wie Nichtjuden, Deutsche wie Nichtdeutsche – nicht anerkennen, dass Wagners Werke mit glänzender Verführungskunst seelische Aspekte mobilisieren, auf die wir nicht stolz sind, die aber gleichwohl unzweifelhaft Bestandteil des ästhetischen Erlebnisses sind, das sie uns gewähren? Ist es nicht, mehr als fünfzig Jahre nach dem Holocaust, an der Zeit, über die Beschönigung dieser Werke hinauszugehen, um die Kulturpolitik und -geschichte des deutschsprachigen Nachkriegseuropas zu diskutieren – und zwar so, dass diese Debatte nicht auf Verdrängungen basiert, sondern auf Anerkennung der Tatsache, dass auch die Herauslösung ästhetischer Werke aus ihrem ideologischen Kontext ideologischen Zielen dient? Ich hoffe aufrichtig, dass das vorliegende Buch einen bescheidenen Beitrag zur Erreichung dieses Zieles leisten kann.

Bonn, im März 2000   *Marc A. Weiner*

Richard Wagner und der Körper

Kein Antisemit, dem es nicht im Blute läge, nachzuahmen,
was ihm Jude heißt. Das sind immer selbst mimetische Chiffren [...]
Horkheimer und Adorno, Dialektik der Aufklärung

Strahlende Augen oder Triefaugen, eine sonore oder eine krei-
schende Stimme, der Körpergeruch jugendlicher Liebe oder der
Gestank von Schwefel und Fürzen, der stetige Schritt eines muskulösen Kriegers oder der schiefe, hinkende Gang einer kleinen,
haarigen, ziegenähnlichen Kreatur mit aschfahler oder totenblei-
cher Haut: Durch solche Körperbilder brachte Richard Wagner
seine Theorien metaphorisch zum Ausdruck – Theorien, in denen es um Fehlentwicklungen im Europa des 19. Jahrhunderts
und um seine Vision eines besseren zukünftigen Deutschlands
ging. Für Wagner wird das Ideologische im Körperlichen sichtbar. Dabei ist der Körper Metapher und physische Realität zugleich, ein Kommunikationsmedium für abstrakte ästhetische
und soziale Vorstellungen und zugleich eine physiologische Manifestation, eine körperliche Beglaubigung der Themen und Probleme, die metaphorisch mit diesem Körper assoziiert sind. Während jedoch die Ideen, die Wagner in seinen Essays und Musikdramen mit dem Körper in Verbindung brachte, oft neuartig und
revolutionär waren, teils auch seltsam anmuten, waren die Körperbilder, mit denen er seine Ideen zum Ausdruck brachte, nicht
seine Erfindung. Sie gehörten zu einem weit verbreiteten Motivvokabular, das in seiner Kultur mit spezifischen Konnotationen
behaftet war. In Wagners Werken hat der Körper somit zwei
unterschiedliche Bezugssysteme: Er verkörpert Wagners revolutionäre sozialästhetische Theorien, und er enthüllt, dass Wagner
wie sein zeitgenössisches Publikum einer Kultur angehörte, die
epochentypische Überzeugungen und Werte vertrat.

Dementsprechend werden in diesem Buch zwei miteinander verbundene Themenkomplexe behandelt: die Funktion der Körpermetaphorik in Wagners theoretischen Überlegungen und Musikdramen und die ikonographischen Traditionen seiner Kultur – kulturelle Traditionen, denen er seine Körperbilder entlehnte. Ich nähere mich meinem Gegenstand also von zwei komplementären Ausgangspunkten: Zum einen ist Wagner für mich ein idiosynkratisches, revolutionäres Individuum, das die innovativsten Werke des 19. Jahrhunderts schuf, zum anderen aber ein Mann, der von zahllosen Überzeugungen und ideologischen Motiven seines Zeitalters erfüllt und damit auch deren Repräsentant war. So wie einerseits die – freilich oft ungewöhnlichen – Konfigurationen seiner Persönlichkeit die Annahmen und Zwänge beleuchten, denen auch seine Zeitgenossen ausgesetzt waren, tragen andererseits die von den Zeitgenossen vertretenen Werte oft zur Erhellung jener Überzeugungen und gedanklichen Assoziationen des Komponisten bei, die bei der Entstehung seiner Werke eine Rolle spielten. Auffassungen, die den Körper betreffen, bilden also ein Verbindungsglied zwischen dem persönlichen Programm des Komponisten und den Publikumsreaktionen des 19. Jahrhunderts auf seine Werke. Durch die Verwendung von Körpermetaphorik war Wagner in der Lage, spezifische Assoziationen zu evozieren, die in seiner Kultur mit bestimmten Körpern verbunden waren, und damit, so können wir annehmen, seinen Ideen beim Publikum des 19. Jahrhunderts ein hohes Maß an Überzeugungskraft und Glaubwürdigkeit zu verleihen. So hoffe ich im Folgenden zeigen zu können, dass eine Verbindung von Wagners Ideenspektrum – vom Antisemitismus bis zur Sehnsucht nach einer idealen deutschen Volksgemeinschaft – mit seinen Musikdramen nicht nur durch Heranziehung seiner vielen theoretischen Äußerungen zu diesen Themen herzustellen ist – oder dass sie überhaupt erst durch die spätere Inanspruchnahme seiner Werke für die ideologischen Zwecke der Nazis entstanden wäre (was viele Wagner-Apologeten immer wieder behaupten). Vielmehr entstand diese Verbindung auch durch kulturell weit verbreitete Körperbilder, die schon zu Wagners Zeit als rassische, sexuelle und nationale Identitätsmerkmale verstanden wurden.

*1. Wagners Familien-
wappen für die Erstaus-
gabe von* Mein Leben
*(1870), auf dem das
Sternzeichen »Großer
Wagen« und ein Geier
zu sehen sind
(Nationalarchiv der
Richard-Wagner-
Stiftung/
Richard-Wagner-
Gedenkstätte,
Bayreuth)*

Seit dem 19. Jahrhundert, und ganz besonders seit dem Ende des Zweiten Weltkriegs, werden derartige ideologische Implikationen von Wagners Schriften und Musikdramen in zunehmendem Maße geleugnet oder unterdrückt, weil sich das kulturelle Vokabular der Welt, in der Wagner gelesen, gehört und aufgeführt wird, verändert hat. Dadurch wurde aus einer manchmal offenkundigen, manchmal unterschwelligen Dimension des Wagnerschen Kunstwerkes im Zeitalter nach Wagner ein umstrittenes Thema. In Wagners Welt jedoch war der Körper der Ort, an dem sich die Identität ablesen ließ. Körperliche Merkmale sind in seinen Werken, als Metaphern wie als physiologische Phänomene, allgegenwärtig. Aus Körpern und Körperkontrasten las Wagner die Merkmale alles dessen heraus, was er in der modernen Welt verachtete, und er sah darin sogar noch die Möglichkeit einer anderen, neuen Gesellschaftsordnung.

Jede Diskussion über den Körper in Wagners Vorstellungswelt muss mit der psychologischen Bedeutung rassischer Identität bei diesem Komponisten beginnen. Denn zu seiner Zeit galt das Erscheinungsbild des Körpers als offensichtliches, verlässliches Anzeichen der Rassenzugehörigkeit, und zeitlebens suchte sich Wagner von der jüdischen »Rasse« (in seinen Texten noch »Race« geschrieben) zu distanzieren. Er wollte auf keinen Fall mit Juden verglichen werden. Für alle Kritiker, die tiefenpsychologischen Erkenntnissen aufgeschlossen gegenüberstehen, kann kein Zweifel daran bestehen, dass zwischen Wagners massiv belegtem Judenhass und der Ungewissheit des Komponisten hinsichtlich seiner Abstammung väterlicherseits eine intime Verbindung besteht. Möglicherweise, so diese Argumentation, hatte Wagner Angst, dass sein Vater Jude war. Es zählt zu den Gemeinplätzen der Wagnerforschung, dass Wagner zu keinem Zeitpunkt seines Lebens genau wusste, ob Carl Friedrich Wilhelm Wagner, der sechs Monate nach der Geburt des Komponisten starb, sein Vater war, oder aber der Schauspieler, Dichter und Porträtmaler Ludwig Heinrich Christian Geyer, den Wagners Mutter neun Monate nach dem Tod ihres ersten Ehemannes heiratete und den Wagner möglicherweise für einen Juden hielt.[1] (Einige Forscher haben sogar die These vertreten, Wagner habe sich auch wegen einer möglichen jüdischen Abstammung seiner Mutter Sorgen gemacht.[2]) Kurz nach Wagners Tod spielte Friedrich Nietzsche in *Der Fall Wagner* (1888) in einem Wortspiel auf diese Ängste an. Nachdem er die Hoffnungen, Frustrationen und Ängste des Komponisten während jahrelanger, fast familiärer Vertrautheit kennen gelernt hatte, schlug Nietzsche Wagner vor, er solle sich doch ein Familienwappen zulegen, in dem nicht ein Adler, sondern ein Geier als Wappentier enthalten sei. Wagner benutzte ein solches Wappen tatsächlich als Frontispiz in der 1870 als Privatdruck erschienenen Erstausgabe seiner Autobiografie *Mein Leben* (siehe Abbildung 1). In Anspielung auf den Namen Geyer und auf die rassistischen Assoziationen von »Adler« und »Geier« karikierte Nietzsche 1888 Wagners Prätentionen hinsichtlich germanischer »Reinheit« und implizierte stattdessen, Wagner könnte sehr wohl (was er selbst wohl auch befürchtete) genau jene Kreatur gewesen sein, die in seiner Gedankenwelt vom Germanischen am weitesten entfernt war – ein Jude. »War Wagner überhaupt ein Deutscher? [...] Sein Vater war ein Schauspieler Namens [*sic*] Geyer. Ein Geyer ist beinahe schon ein Adler. [...] Ich bekenne mein Misstrauen gegen jeden Punkt, der bloss durch Wagner selbst bezeugt ist. [...] Er blieb [...] auch im Biographischen sich treu, – er blieb Schauspieler.«[3] Im Kontext der europäischen Kultur des 19. Jahrhunderts war klar, worauf Nietzsche hinaus wollte: Wagners Vater hätte ein jüdischer Künstler sein können. Nietzsche übertreibt, wenn er die Zweifel an der Identität des Vaters negiert und die Sache eindeutig macht – doch Wagner selbst gab die Vaterschaftszweifel zu, als er Nietzsches Vorschlag für das Familienwappen aufgriff. Indes, Nietzsche bewahrt die Ambiguität in seiner Formulierung »ein Geyer ist beinahe schon ein Adler«. Seine posthume Attacke beruhte auf persönlichen Einblicken; und nur wenige Menschen kannten die Gedanken Wagners so genau wie er.

Allerdings müssen wir uns nicht allein auf Bemerkungen verlassen, die Wagner seinem Freund Nietzsche gegenüber gemacht oder auch nicht gemacht hat. Denn selbst wenn er dieses Thema mit Nietzsche nicht besprochen hätte, wäre Wagners Beschäftigung mit den Unsicherheiten väterlicher Identität und mit deren rassischen Implikationen in fast all seinen Musikdramen unverkennbar. Wagners technisch radikale und außerordentlich fortschrittliche Bühnenwerke aus der Zeit nach der gescheiterten Revolution von 1848/49 konzentrieren sich immer wieder auf Gestalten, die ihren Vater überhaupt nicht gekannt haben (Siegfried, Tristan und Parsifal), Gestalten, die ihre wahre Identität nicht kennen (Siegmund und Siegfried kennen nicht einmal die Namen ihrer Väter), oder die mit ihrem Vater nur kurz zusammenlebten, bevor dieser verschwand (Siegmund) bzw. in der Kindheit des Helden verstarb (Walther von Stolzing).

Dramatischer lässt sich die Bedeutung dieses Motivs im Leben und Denken des Komponisten kaum belegen.[4] Und was wäre, wenn der vor langer Zeit verlorene Vater in Wirklichkeit dem strahlenden Bild eines Ritters oder Helden nicht entsprochen hätte, sondern eher dem des Gegenpols in Wagners Gedankenwelt und in der Kultur seiner Zeit – eines Juden? Das wohl berühmteste Beispiel für Wagners Erschrecken vor der allzu autobiografischen Relevanz, die das Bild des verhassten Juden barg, war jener Augenblick, als er in seiner ersten Beschreibung des Ni-

Mime (Breuer).

2. *Hans Breuer als Mime in Bayreuth, um 1899*
(Nationalarchiv der Richard-Wagner-Stiftung/Richard-Wagner-
Gedenkstätte, Bayreuth)

belungenzwerges Mime, enthalten in der ersten Versfassung von
Der junge Siegfried (1851), möglicherweise sein Ebenbild erkann-
te. (Diese Fassung wurde später revidiert und, als dritter Teil der
Ring-Tetralogie [1876], in *Siegfried* umbenannt.) Theodor W.
Adorno jedenfalls vertritt nun in seinem *Versuch über Wagner*

pointiert die These, Wagner habe die folgende, 1851 verfasste einführende Beschreibung Mimes aus der Endfassung des Musikdramas gestrichen, weil er »in der Figurine des Mime seiner selbst mit Schrecken inneward« (siehe Abbildung 2):

Mime, der Nibelung, allein. (Er ist von kleiner gedrückter gestalt, etwas verwachsen und hinkend; sein kopf ist über das verhältnis groß: sein Gesicht ist dunkelaschfarben u. runzlich; sein auge klein und stechend, mit rothen rändern; sein grauer bart lang und struppig; sein haupt ist kahl und von einer rothen mütze bedeckt: er trägt ein dunkelgraues hemd mit einem breiten gürtel um die lenden; nackte füße mit groben sohlen darunter. Dieß darf nicht karrikatur sein: sein anblick, so lange er ruhig ist, soll nur unheimlich sein; bloß wenn er in äußersten affekt geräth, darf er selbst durch seine äußerlichkeit lächerlich werden, doch nie zu grob. Seine stimme ist heißer und rauh; aber auch sie darf nie an sich den zuhörer zum lachen reizen.)[5]

Die Figur des Mime dient als Mittel zur Darstellung einer Reihe von antisemitischen Stereotypen aus Wagners Zeit (dies wird in den Kapiteln I bis IV ausführlich erörtert), und wenn wir an Wagners Kleinwüchsigkeit, seinen großen Kopf und sein bisweilen exaltiertes Verhalten denken, worüber sich viele seiner Bekannten geäußert haben, dann könnte seine Entscheidung, die zitierte Passage aus der endgültigen Fassung des *Rings* zu streichen, durchaus ein Hinweis auf den hohen psychischen Einsatz sein, der seiner Ausbeutung antisemitischer Stereotype bei der Schaffung einiger Figuren in seinen Musikdramen zugrunde liegt.[6] Als Erklärung für Wagners vehementen Judenhass könnte ein tiefenpsychologisches Projektionsmodell dienen, dem zufolge tiefsitzende Ängste vor genau jenen Eigenschaften der eigenen Person (in diesem Fall vor der kleinwüchsigen Statur, dem nervösen Verhalten, der Habgier und Lüsternheit) auf den verhassten Anderen projiziert werden, in dem diese Eigenschaften dann erkannt und stigmatisiert werden. Wenn Adorno Recht hat, dann illustriert dieser Vorfall sowohl Wagners geheime potenzielle Affinität mit seinem Bild des Juden – seine heimliche Angst in Bezug auf die väterliche Abstammung und die Eigenart seiner genetischen und sogar seiner künstlerischen Identität – als auch seinen heftigen

Wunsch, eine solche Affinität von sich zu weisen. In der endgültigen Fassung des *Siegfried*, ohne die betreffende Charakterbeschreibung Mimes, sollte Wagners Antwort auf jene hartnäckige, böse Frage – Bin ich ein Jude? Oder könnten mich die anderen für einen Juden halten? – geradezu gewalttätigen dramatischen Ausdruck finden. (Viele zeitgenössische Wagner-Verächter nutzten diese Möglichkeit, um den Komponisten als Karikatur jenes Wesens darzustellen, das er selbst am meisten verachtete; siehe Abbildungen 3 und 4).

Aus zahlreichen Traditionen in der deutschen Kultur erbte Wagner die Überzeugung, Juden seien körperlich anders als Deutsche. In seiner Welt erkannte man die »Andersartigkeit« der Juden an ihren angeblich idiosynkratischen Körpermerkmalen (Statur, Stimme, Geruch, Haarwuchs, Gang, Gestik, Sexualität und Physiognomie), die in den folgenden Kapiteln ausführlich behandelt werden sollen. Der Glaube an solche Kennzeichen verknüpfte also Wagners persönliche psychische Bedürfnisse sowie die Körperbilder in seinen Essays und Musikdramen mit dem allgemeineren kulturellen Vokabular seiner Zeit. Seine eigene, Juden und das Jüdische betreffende Psychodynamik – über die wir aus seinen Briefen, Essays und autobiografischen Schriften sowie aus Cosima Wagners Tagebüchern gut Bescheid wissen, die jedoch auch in seinen Musikdramen zu erkennen ist – wäre allerdings von lediglich anekdotischem Interesse, wenn viele dieser Überzeugungen nicht auch von einer größeren Gemeinschaft geteilt worden wären. Wagner stilisierte sich zwar oft zum prometheischen, romantischen Genie, das aus dem Nichts bedeutende Originalwerke erschuf, doch seine theoretischen Schriften und die darauf basierenden Musikdramen enthalten nachweislich jene Körperbilder, die Bestandteil der Kultur waren, in der er lebte – und mit deren Angehörigen er zu kommunizieren wünschte. Ein Schlüssel für die ideologische Funktion solcher Körperzeichen in dieser Kultur ist die Tatsache, dass sie niemals als Ausdruck kollektiver Ängste erkannt wurden; vielmehr galten sie einfach als glaubhafte Anzeichen der physiologischen Realität. Sowohl Wagner als auch seine Zeitgenossen glaubten, dass die Dinge wirklich so seien, wie sie aussahen; doch dieser Glaube war ein Ergebnis

31

3. *Links: Wagner-Karikatur von K. Klic aus:* Humoristische Blätter, *Wien 1873 (in: Eduard Fuchs und Ernest Kreowski,* Richard Wagner in der Karikatur *[Berlin 1907])*

4. *Unten:* Richard Wagner und das Judentum, *Karikatur aus:* Floh, *Wien 1879 (in: Eduard Fuchs und Ernest Kreowski,* Richard Wagner in der Karikatur *[Berlin 1907])*

psychischer Bedürfnisse und sozialer Spannungen, besonders wenn er sich gegen Gruppen wandte, die von einer Gesellschaft als fremdartig identifiziert und abgewiesen wurden, welche selbst auf der Suche nach der eigenen Identität war. Wagners Anweisung, Mimes Aussehen dürfe »nicht karrikatur sein«, verrät die psychische Funktion der ästhetischen Darstellung des Juden für den Komponisten und für seine deutschen Landsleute aus dem 19. Jahrhundert. Denn mit diesem Hinweis wollte Wagner den Charakter des Judenbildes als eines kulturellen Konstrukts verwischen. Stattdessen sollten seine Judengestalten, auch wenn sie nicht ausdrücklich Juden genannt werden, lebensecht sein, »real«.[7]

Spätestens seit Foucault herrscht kein Mangel mehr an Untersuchungen zum Status des Körpers in der westlichen Kultur als dem Ort, an dem sich die Werte dieser Kultur eingeschrieben haben.[8] Schließlich ist der Körper weit entfernt davon, eine wertfreie, neutrale, objektive Einheit zu sein. Vielmehr ähnelt er einer ikonographischen Landkarte, auf der sich nach westlicher Vorstellung Zeichen der Gemeinsamkeit und der Andersartigkeit finden, welche im Kontext dieser Vorstellung die Funktion haben, die Unverletzlichkeit und die Identifizierung der Grenzen einer Gemeinschaft zu sichern. Und genau solchen Grenzziehungen widmete Wagner sein Lebenswerk. In den letzten Jahren sind zahlreiche Studien über verschiedene Körperikonographien rassischer und geschlechtlicher Andersartigkeit erschienen, die sich in der europäischen Kultur des 19. Jahrhunderts entwickelten und die zu einem Standardrepertoire von Kriterien wurden, nach denen die Fremdartigkeit ausländischer Gruppen – wie Schwarze, Orientalen, Zigeuner und Juden – beurteilt wurde, aber auch die Andersartigkeit all jener, die als sexuell abnorme und rechtlich disqualifizierte Außenseiter galten, wie Homosexuelle, Onanisten und Frauen. Wagners musikdramatische Schöpfungen sollten im Kontext dieser standardisierten, stereotypen Körperbilder als kulturelle Konstrukte von – für seine Zeit – außerordentlicher Evokationskraft verstanden werden. Denn die Libretti, Bühnenanweisungen und Personenbeschreibungen sowie die dramatische Musik, die Wagner schrieb, hatten oft das Ziel, fundamental andersartige Menschenwesen zu porträtieren und dabei genau jene mit Werten beladenen Körperbilder einzusetzen, mit denen er und seine Zeitgenossen vertraut waren.[9]

In den überaus zahlreich erhaltenen Briefen, Tagebuchaufzeichnungen und autobiografischen Schriften Wagners sowie in Cosima Wagners ausführlichen Tagebucheintragungen steht uns ein bemerkenswerter Reichtum an Informationen zur Verfügung, aus dem hervorgeht, wie sehr sich der Komponist mit dem physischen Erscheinungsbild anderer als Hinweis auf deren Identität beschäftigte, aber auch mit seinem eigenen Körper, seiner Gesundheit, seinem Aussehen. Wagners Äußerungen zu diesem Themenbereich sind derart, dass man an neurotische Zwänge und Kompensationen zu denken geneigt ist. Seine intensive Beschäftigung mit Diätfragen (besonders sein Hang zu strikt vegetarischer Ernährung), mit Krankheiten und Gesundheitsstörungen (von Bemerkungen über Verdauungsbeschwerden und Hautleiden wie Wundrose bis hin zu Klagen über Herz- und Kreislaufprobleme) sowie mit diversen Kuren (besonders interessierte ihn die Fachliteratur des 19. Jahrhunderts über die Heilkräfte des Wassers) ist letztlich nur die psychologische Kehrseite seines aggressiven Auftrumpfens als überlebensgroßer Held in für seine banalen Zeitgenossen unerreichbaren, höheren Regionen. Wenn das Ich in einer Welt, die körperliches Anderssein stigmatisiert und kategorisiert, mit der eigenen körperlichen Unvollkommenheit, mit dem eigenen körperlichen Verfall konfrontiert ist, drohen dem Selbstbewusstsein schlimme Zweifel. Denn in den Augen desjenigen, der sich für überlegen hält – sowie der Gemeinschaft, die sich für überlegen hält –, droht ein Rückfall in den Status des gehassten und gefürchteten Spottobjekts: Man fürchtet, selbst dem Bild zu gleichen, welches das Ich zuvor so lautstark von sich gewiesen hatte. So verwundert es nicht, dass die Wälsungen, Walther von Stolzing und Parsifal – Helden, die im *Ring*, in *Die Meistersinger von Nürnberg* und in Wagners letztem Musikdrama für die deutsche Gemeinschaft stehen – vor Gesundheit, blonder, blauäugiger Schönheit und jugendlicher Kraft nur so strotzen. Sie sind entworfen als Gegenbild zu jenem nur allzu vertrauten Teil der eigenen physischen (aber auch psychischen und ästhetischen) Identität, den als Bestandteil der eigenen Person anzuerkennen er sich so hartnäckig weigerte – eine körperliche Identität, die im Zusammenhang der antisemitischen Vorstellungswelt des 19. Jahrhunderts der eines Juden gefährlich nahe kam.[10]

Und weil in der westlichen Kultur des 19. Jahrhunderts das körperliche Aussehen von bestimmten Assoziationen begleitet war, nahmen, als Wagner den Körper als Metapher für seine oft höchst idiosynkratischen Theorien über Kunst und Gesellschaft einsetzte, auch seine ungewöhnlichen Ideen Konnotationen an, die bereits im – für sein Zeitalter zentralen – Repertoire rassistischer, fremden- und frauenfeindlicher, homophober Bilder verankert waren. Das heißt, dass zwar viele von Wagners Ideen zur sozialästhetischen Revolution für seine Zeit neu oder umstürzlerisch waren, dass Wagner jedoch, als er diese Theorien in diverse Körpermetaphern kleidete, die neuartigen Ideen im Bewusstsein seines zeitgenössischen Publikums möglicherweise mit all dem ideologischen Ballast verband, der in seiner Kultur mit den diversen Körperikonographien assoziiert war. Man könnte natürlich auch behaupten, dass es umgekehrt gewesen sei, dass die das Andersartige ausschließenden Konnotationen Wagner bewogen hätten, derartig mit Werten beladene Bilder in seinen Essays und Musikdramen zu verwenden. Es ist allerdings relativ unwichtig festzustellen, was zuerst da war, der kulturelle Kontext oder die dichterische Absicht. Viel wichtiger ist es, ein Gespür dafür zu entwickeln, wie die Metaphern in Wagners theoretischen Äußerungen und Bühnenwerken diesen Werken im 19. Jahrhundert eine wirkungsmächtige, freilich auch verwerfliche, konnotative Dimension verliehen – Assoziationen, die seither verloren gegangen sind oder unterdrückt wurden. Durch den Einsatz von Körperzeichen konnte Wagner seine Ideen auf eine evokative, metaphorisch und symbolisch indirekte Weise zum Ausdruck bringen – aufgrund des Repertoires physiologischer Bilder, die in seiner Kultur mit zeitgenössischen Vorurteilen und Ängsten verknüpft waren.

So glaubte Wagner zum Beispiel, wie ich im ersten Kapitel noch ausführlicher darlegen werde, dass die moderne, überzivilisierte Kultur, die er mit den Juden in Verbindung brachte, entsetzlich *oberflächlich* sei, während die traditionsbeladene, gemeinschaftlich bestimmte deutsche Kultur (so wie er sie charakterisierte) authentisch, verehrungswürdig und »tief« sei. Doch dann verband Wagner, wie ich im zweiten Kapitel zeigen werde, diese stark gegensätzliche Raummetaphorik von »oberflächlich« (gleich minderwertig) und »tief« (gleich höherwertig) mit – aus seiner Kultur entlehnten – fundamental gegensätzlichen Bildern von jüdischen und deutschen Körpern. Wagner sah in der jüdischen Stimme ein Vokalinstrument, das von Natur aus höher war als die deutsche Stimme und sich darum von dieser auch physiologisch grundlegend unterschied. Wie Sander Gilman gezeigt hat, fand sich dieses Bild der jüdischen Stimme in der europäischen Kultur im frühen 19. Jahrhundert (widergespiegelt zum Beispiel in Rossinis Werken) ebenso wie in der Zeit unmittelbar nach Wagners Tod (widergespiegelt in der Musik von Richard Strauss).[11] Somit hat der Gegensatz von hohen und tiefen Stimmen in Wagners Musikdramen auch eine metaphorische Dimension (denn die »hohe« Kultur war für ihn ja minderwertig und dem »tiefen« Wesen der deutschen Kultur unterlegen) – eine bei Wagner einzigartige Dimension, die ihren ästhetischen Ausdruck jedoch in einem Körperbild fand, das zum kulturellen Umfeld des Komponisten gehörte. Und dort sah man in solchen Körperbildern keine ideologischen Konstrukte, sondern Manifestationen einer realen, universal verifizierbaren, kollektiv wahrgenommenen Andersartigkeit. So lässt das Bild der hohen Stimme in Wagners Vokalmusik auf eine Verbindung zwischen der physiologischen Dimension des musikalischen Materials und dessen Funktion als ideologische Metapher schließen – als Metapher, die im Zusammenhang des kulturellen Vokabulars von Wagners Zeit auf Resonanz stoßen konnte, während sie bei heutigen Aufführungen (seit dem frühen 20. Jahrhundert, seit Strauss) nicht mehr ohne weiteres die entsprechenden Assoziationen evoziert. Es geht also nicht einfach darum, ob Wagner *beabsichtigte*, seine Vorstellung von der Andersartigkeit der jüdischen Kultur durch die Metapher der in hohen Registern gesungenen Vokalmusik zu vermitteln (obwohl ich persönlich glaube, dass dies der Fall war). Vielmehr ist auch zu berücksichtigen, dass ihm selbst wie seinem Publikum – als Mitgliedern einer Deutungsgemeinschaft, die heute nicht mehr existiert – das Bild des jüdischen Körpers, mit dem er seine Idee zum Ausdruck brachte, wahrscheinlich plausibel erschien. Wagner und seine Zeitgenossen sahen zwischen dem jüdischen Körper und dem des Nichtjuden einen physiologischen Unterschied, und beide hörten aus der Stimme des Juden eine Manifestation dieses grundlegenden Unterschieds heraus (dargestellt in Wagners anti-semitischen Karikaturen in den *Meistersingern*, im *Ring* und im *Parsifal*). Im Gewand eines weithin als real akzeptierten Körper-zeichens könnte Wagners Vision einer jüdischen Bedrohung der deutschen Kulturentwicklung, derart metaphorisch-physiologisch gefasst, im 19. Jahrhundert für das Publikum also vertraut geklungen haben – im wahrsten Sinne des Wortes.

Meine These lautet daher, dass Wagner und seine Zeitgenossen diese Werke in einem Assoziationskontext wahrnahmen, in dem sich ein System von Werten und Überzeugungen mit spezifischen Körperbildern verband, während solche Assoziationen bei heutigen Aufführungen nicht mehr automatisch evoziert werden. Meine Aufgabe besteht also darin, diesen von mir postulierten Assoziationskontext, in dem Wagners Essays und Musikdramen bei seinem zeitgenössischen Publikum auf Resonanz stießen, hypothetisch zu rekonstruieren. Denn so, wie sich der kulturelle Kontext, in dem die Werke aufgeführt und die Essays gelesen werden, verändert, sind auch die Assoziationen, die ein Opern- und Lesepublikum mit diesen Werken in Verbindung bringt, dem Wandel unterworfen.

Diese Assoziationen sind Teil der ästhetischen Erfahrung, selbst wenn sie sich im Material des Kunstwerks (also in Versen, Bühnenanweisungen und in der Musik von Wagners Orchesterpartituren) nicht eindeutig als solche dingfest machen lassen. Im Gegenteil, sie sind für einen Komponisten und ein Publikum aus demselben kulturellen Umfeld oft so offensichtlich oder selbstverständlich, dass sie nicht eigens erwähnt werden müssen. Mein Argument lautet, dass das Wort »Jude« in Wagners Bühnenwerken niemals vorkommt, weil Wagner so direkt überhaupt nicht sein musste. Die körperlichen Merkmale, die in seiner Kultur als offenkundig jüdische Kennzeichen galten, ließen nämlich zu seiner Zeit die antisemitische Natur von Wagners Darstellungen angeblich jüdischer Wesensmerkmale wohl ohne weiteres plausibel erscheinen. Und doch ist es genau dieser Mangel an unwiderlegbaren Verbindungen zwischen antisemitischen Absichten und musikdramatischer Darstellung, der seit dem Ende des Zweiten Weltkriegs dazu geführt hat, dass allein schon der Gedanke, Wagners Werke könnten je eine rassistische Dimension gehabt haben, auf breite Ablehnung stieß.[12]

Die Musikdramen keines anderen Komponisten waren und sind Gegenstand eines so durchgängigen Wunsches seitens der Forscher, Regisseure und des Publikums, diese Werke von ideologischen, spezifisch rassistischen Komponenten zu befreien, die (wie ich hoffe, zeigen zu können) bei der Entstehung der Werke ebenso eine Rolle spielten wie bei den ersten Aufführungen und im Verständnis des zeitgenössischen Publikums. Die weit verbreitete Verleugnung solcher Elemente hat mindestens vier unterschiedliche Strategien hervorgebracht, die freilich eng aufeinander bezogen sind: Die Forschung hat 1) das Ausmaß des Antisemitismus in Wagners Leben heruntergespielt, 2) jede Verbindung zwischen den »privaten, persönlichen« Antipathien des Künstlers und seinen Werken bestritten, 3) versucht, zwischen Wagners theoretischen und essayistischen Aussagen und den Musikdramen zu trennen, und sich 4) vor allem – mit nur wenigen bemerkenswerten Ausnahmen – geweigert, *in* Wagners Musik irgendwelche »Belege« für seinen Rassismus zu sehen; in die Enge getrieben, beschränkte man sich stattdessen bei der Analyse der Beziehungen zwischen Wagners nachweislichem Judenhass und dem Erscheinungsbild seiner Werke auf eine oft nur sehr oberflächliche Untersuchung der Libretti.[13]

Abgesehen von Adornos bahnbrechendem, revolutionärem *Versuch über Wagner* (1952) hat sich erst in den letzten drei Jahrzehnten, seit dem Erscheinen von Robert W. Gutmans vielfach geschmähtem, gleichwohl intelligentem und kritisch sensiblem Buch *Richard Wagner: The Man, His Mind, and His Music* (dt. *Richard Wagner: Der Mensch, sein Werk, seine Zeit*) eine öffentliche Diskussion über die Bedeutung von Wagners Antisemitismus für die Bewertung seiner Musikdramen entfaltet.[14] Diese Lücke hat allerdings mit einem historischen Umstand zu tun: Als Thomas Mann 1933 in seinem berühmten Essay *Leiden und Größe Richard Wagners* die theoretischen Schriften des Komponisten leichthin abtat und sie als eine Verirrung hinstellte, die kaum jemand je »ernst genommen« habe, legte er das Fundament für ganze Generationen zukünftiger Wagnerforscher, die in zahlreichen Untersuchungen von Wagners Leben und Werk einen großen Bogen um die theoretischen Schriften machten, in denen es um Gesellschaftsreformen und um die Rolle geht, die nach Wagners Meinung die Juden bei der Korruption der modernen Welt spielten:

> Was ich beanstandete, von jeher, oder, besser, was mich gleichgültig ließ, war Wagners Theorie, – kaum habe ich mich bereden können, zu glauben, daß überhaupt je jemand sie ernst genommen habe.[15]

Thomas Mann beabsichtigte vielleicht gar nicht einmal, von Wagners Antisemitismus abzulenken (denn er meinte vor allem die kunsttheoretische Diskussion über das Verhältnis der Künste untereinander in *Oper und Drama* [1851]), doch ebneten seine Bemerkungen – was angesichts der Bedeutung von Thomas Mann in der Welt des Geistes, und speziell für die Germanistik, durchaus nicht verwundert – Wagners Nachkriegsapologeten den Weg. Diese taten die essayistischen Schriften als persönliche Angelegenheit oder Verirrung, als für Bewertung und Interpretation der Bühnenwerke unerhebliche Marginalien ab. So konnte man ausdrücklich antisemitische Wagner-Texte wie *Das Judentum in der Musik, Modern, Erkenne dich selbst* und *Was ist deutsch?* in der Zeit nach dem Holocaust beiseite legen; die Forschung wandte sich den genießbareren Eigenschaften von Wagners Musikdramen zu.

Erst Dieter Borchmeyer setzte sich in seinem Buch *Das Theater Richard Wagners: Idee, Dichtung, Wirkung* (1983) ernsthaft mit dem Verhältnis zwischen Wagners Essays und Musikdramen auseinander.[16] Indes, auch Borchmeyer, der viele der theoretischen und sozialkritischen Schriften als einen Schlüssel zum Verständnis der Dramen intensiv und ausführlich erörterte, weigerte sich, die antisemitischen Traktate ernst zu nehmen. Folglich ließ er sie auch in der von ihm edierten zehnbändigen Werkausgabe aus, die der Frankfurter Insel Verlag im Jahre 1983 zum 100. Todestag Wagners herausbrachte – mit der Begründung, wer in dieser Auslassung eine »Beschönigung« des Wagnerbildes sehe, der könne die Texte ja an anderer Stelle nachlesen. Borchmeyer verstieg sich sogar zu der Behauptung, »aus Gründen des intellektuellen Niveaus« der Ausgabe sei diese Auslassung »eher erfreulich« (DS 10:185). So widmete sich also mit Borchmeyer erstmals ein For-

scher der fundamentalen Verbindung zwischen Wagners Äußerungen zu gesellschaftlichen und ästhetischen Reformen einerseits und seinen Musikdramen andererseits, doch die Auswahl der
herangezogenen Äußerungen war lückenhaft und daher irrefüh-
rend. Auf diese Weise wurde ein wesentliches Element in Wagners utopischem Revolutionsmodell wie auch in der Motivkonstellation seines »Kunstwerks der Zukunft«, nämlich der Rassismus, mit Schweigen übergangen.[17]

Mit nur wenigen Ausnahmen ist eine solche Auslassung für die
Beschäftigung mit Wagner seit dem Holocaust typisch geblieben.
Bis zu einem gewissen Grade ist dies angesichts der Inanspruchnahme Wagners durch die Nationalsozialisten verständlich. Denn diese Verbindung ist Wagners Verteidigern peinlich;
in ihren Augen handelte es sich dabei allerdings um eine unglück-
liche Ausbeutung und Verfälschung von Wagners Werk, nicht um
ein konsequentes Vermächtnis von Wagners Gedankengut. Das
heißt nun nicht, dass Wagner ein Nazi war, ehe es diesen Begriff
überhaupt gab, sondern nur, dass die Nazis in Wagners Schriften
und Bühnenwerken Formulierungen von vielen Ideen entdeck-
ten, die sie selbst vertraten. Beispiele für die Neigung der Wagnerforschung, die antisemitische Dimension von Wagners Werken zu ignorieren oder nicht ernst zu nehmen, finden sich in den
für einen breiteren Leserkreis gedachten Arbeiten von Martin van
Amerongen, Udo Bermbach, Dieter Borchmeyer, Carl Dahlhaus,
Martin Gregor-Dellin, Burnett James, Bryan Magee, L.J. Rather,
Geoffrey Skelton, Ronald Taylor, Peter Wapnewski, Derek Watson und Curt von Westernhagen – um nur einige der prominentesten Wagnerforscher der letzten drei Jahrzehnte zu nennen, die
stellvertretend für viele andere mit gleichen Neigungen stehen
sollen.[18] (Damit soll *keinesfalls* gesagt sein, dass diese Gelehrten
selbst antisemitische Gefühle hegen oder hegten.) Und doch hat
ihre Weigerung, Wagners Rassismus bei der Interpretation seiner
Musikdramen zu berücksichtigen, entscheidend dazu beigetragen, dass gerade jene Werke, auf denen Wagners Ruhm und Bedeutung basieren, in weiten Kreisen einem verengten Verständnis
unterliegen. Seit Mitte der siebziger Jahre spielte Hartmut Zelinsky unter Wagnerforschern die Rolle des einsamen Rufers in

der Wüste; immer wieder versuchte er, die Aufmerksamkeit der Öffentlichkeit auf die Notwendigkeit zu lenken, bei der Erörterung von Wagners theoretischen Schriften und Musikdramen den Antisemitismus des Komponisten mit einzubeziehen. Doch bis vor kurzem wurde er vom überwiegenden Teil der Forschung, besonders in Deutschland, weitgehend ignoriert (oder abgekanzelt und lächerlich gemacht).[19]

In den letzten drei Jahrzehnten war es ein typisches Merkmal der Wagner-Debatte, dass sich die konservativeren Gelehrten auf eine Methodologie versteiften, die ausschließlich »philologisch beweisbare« Argumente zuließ. Und sie forcierten diese Methode meiner Meinung nach, weil es ihnen auf diese Weise möglich war (und ist), die Betrachtung ideologischer Themen von der Behandlung der Kunstwerke zu trennen. Ja, die Teilnehmer schienen oft sogar mit unterschiedlichen Zielsetzungen aneinander vorbei zu reden, weil ihre ideologischen Differenzen mit methodologischen Meinungsverschiedenheiten Hand in Hand gingen. Doch auf diese Weise hörte eine sinnvolle Kommunikation bald auf, und gegenseitig überzeugen konnte man sich erst recht nicht. Die fundamentale Methodenkritik, mit der man denen begegnet, die zeigen wollen, dass es eine Verbindung zwischen Wagners Rassismus und seinen Bühnenwerken gibt, ist spätestens seit Ende der 1970er-Jahre offenbar, seit der Kontroverse über die Arbeiten von Hartmut Zelinsky. Als Zelinsky zum Beispiel die These wagte, der *Parsifal* könne auch im Zusammenhang von Wagners späten antisemitischen Essays interpretiert werden, antworteten Carl Dahlhaus und Joachim Kaiser empört mit einem methodologischen Argument, das Wagner-Apologeten bis auf den heutigen Tag ins Feld führen: »*Parsifal* enthält kein antisemitisches Wort, keine irgendwie eindeutig antisemitische Konstellation!«[20] Diese Art zu argumentieren ist unter jenen weit verbreitet, die eine ideologiekritische Interpretation von Wagners Kunstwerken diskreditieren wollen. Besonders interessant ist in diesem Zusammenhang die Vermengung eines buchstabengetreuen Interpretationsparadigmas – das auf der Annahme beruht, jegliche Bedeutung müsse sich werkimmanent manifestieren, um als gültig anerkannt zu werden – mit einer ideologischen Position, der zufolge

41

die Interpretation von Wagners Musikdramen als antisemitischen Werken unzulässig ist. Immer wieder wird von solchen Apologeten auf die angeblich philologisch nicht verifizierbare Natur der Behauptungen von Wagnerkritikern verwiesen, werden solche Lesarten als allzu spekulativ, assoziativ und metaphorisch abqualifiziert.

Ebendiese Strategie oder Interpretationsweise bestimmt auch die Arbeiten von Dieter Borchmeyer, der Wagners Werke wiederholt gegen den Vorwurf des Rassismus verteidigt hat. In einem Vortrag vor dem Richard-Wagner-Verband in Braunschweig, der anschließend 1986 auch im *Richard-Wagner-Handbuch* erschien, argumentiert Borchmeyer ganz im Sinne seiner philologisch orientierten, buchstabengetreuen Kollegen Dahlhaus und Kaiser:

> [Es] ist festzustellen, daß es in den zahllosen Kommentaren Wagners zu seinem Werk keine einzige Äußerung gibt, die Figuren oder Handlungselemente seiner Musikdramen in antisemitischem Sinne oder überhaupt als jüdisch interpretiert. Der Versuch, die Nibelungen, vor allem die Gestalt Mimes unter Hinweis auf Wagners Beschreibung der Erscheinung und Sprache der Juden in seinem Pamphlet von 1850 als mythische Reprojektionen des Judentums zu dechiffrieren, stellt eine nicht verifizierbare Spekulation dar. [...] Es stellt sich die Frage, warum Wagner sein musikdramatisches Werk trotz seiner heftigen antijüdischen Polemik von antisemitischen Tendenzen durchaus freigehalten hat (wie gegenüber anderslautenden spekulativen Behauptungen philologisch festzuhalten ist).[21]

Meinungsverschiedenheiten über Wagner und seine Werke kehren immer wieder zu semantischen Fragen zurück, zu einem Gegensatzpaar wie Eindeutigkeit und Polyvalenz. Wörtliches und metaphorisches Verständnis stehen gegeneinander, und letztlich geht es um die Fixiertheit oder Wandelbarkeit musikalischer und sprachlicher Zeichen. Wer darauf besteht, dass die Werke *nur* bedeuten, was sie ausdrücklich sagen, verengt die semantische Vieldeutigkeit und Vielschichtigkeit der Werke. Verfechter alternativer Ansätze wie der ideologiekritischen Betrachtungsweise, die in den Musikdramen auch rassistische Konstrukte sehen, argumentieren hingegen, dass die Werke nicht nur bedeuten, was sie offen zum Ausdruck bringen, sondern auch das, was sie für Wagners zeitgenössisches Publikum implizierten (so weit wir dies noch plausibel machen können), und das, was sie für uns möglicherweise heute implizieren. Dabei kommen diese entgegengesetzten Interpretationsweisen, obwohl sie sich thematisch um gegensätzliche ideologische Positionen gruppieren, letztlich immer wieder auf ein unterschiedliches Verständnis des Zeichencharakters von Sprache zurück. Also möchte ich klarstellen, dass ich gar nicht beabsichtige, die antisemitischen Implikationen von Wagners Werken zu »beweisen«, denn dafür müsste ich mich auf den methodologisch sehr engen, ideologisch zweifelhaften Ansatz der unbeugsamsten Wagner-Apologeten einlassen. Meine Argumente sind breiter und umfassender angelegt, und sie schließen auch Fragen nach der Wandelbarkeit ästhetischer Zeichen im Laufe der Zeit sowie in unterschiedlichen kulturellen Kontexten ein. Meine Hypothesen bleiben Hypothesen, auch in der Art der Darstellung; ein positivistisches »Beweisverfahren« ist nicht erstrebt. Vielmehr hoffe ich, dass es mir gelingen wird, mit Analysen der Werke Wagners und ausgewählter Dokumente aus der deutschen Kulturgeschichte ein kulturell schlüssiges Assoziationsspektrum, einen so genannten »Erwartungshorizont«, für Wagners zeitgenössisches Publikum plausibel zu rekonstruieren. Ich führe also zum einen konkrete Nachweise – zum Beispiel, dass die von mir beschriebenen Assoziationen zumindest in den Köpfen einiger Hörer tatsächlich zum Tragen kamen (Gustav Mahler etwa vermerkte, dass Mimes Musik eine offenkundige Parodie für jüdisch gehaltener Merkmale sei; siehe dazu meine Ausführungen im zweiten Kapitel) – und zum anderen will ich zeigen, dass solche Assoziationen im Lichte diverser Zeitzeugnisse *plausibel* waren. Was ich dagegen *nicht* behaupte, ist, dass *alle* Angehörigen von Wagners Kultur *notwendigerweise* auf seine Körperdarstellungen bewusst und in gleicher Weise reagierten – nämlich im Sinne der ideologischen Konnotationen der von mir analysierten Ikonographien. Mir ist durchaus bewusst, was wir über die Reaktionen anderer, Lebender oder Verstorbener, auf ein Kunstwerk wissen können und was nicht. Denn was meinen wir wirklich, wenn wir von solchen Reaktionen sprechen? Handelt es sich um einen be-

wussten Vorgang, oder ist die Rezeption von unbewussten Assoziationen, Überzeugungen und Wünschen bestimmt? Kann diese
Reaktion präzise artikuliert werden, oder muss sie Teil eines vagen Eindrucks bleiben? Es interessiert mich die generelle Frage,
wie in einem kulturellen Kontext zu einer gegebenen Zeit eine
Reihe aufeinander bezogener Motive – gesellschaftlich wie im
Kunstwerk, für die Mitglieder dieser Gesellschaft bewusst oder
unbewusst – ideologische Bedeutungen erhalten kann. Wir verfügen heute über ausreichende Belege, um den ideologischen Rahmen hypothetisch zu rekonstruieren, innerhalb dessen Wagner
und sein Publikum die Bildersprache seiner Werke als offenkundige Zeichen rassischer, sexueller und nationaler Identität wahrnehmen konnten. Ich möchte also Probleme, Spannungen und
Mehrdeutigkeiten im Wagnerschen Kunstwerk offen legen – und
dies natürlich auch in der Auseinandersetzung mit einer For-
schungstradition, die ihrem Wesen nach beklagenswert defensiv
eingestellt war und ist.

Erst Mitte der achtziger Jahre kamen zwei Autoren zu der Debatte hinzu, die ernsthaft der Meinung waren, bei der Analyse und
Interpretation der Libretti und der Musik in den Musikdramen
dürfe man Wagners Antisemitismus nicht außer Acht lassen: Paul
Lawrence Rose und Barry Millington. Doch demonstrieren deren
Arbeiten ironischerweise ein Problem, für das Wagners Verteidiger geradezu dankbar sind: nämlich die methodische Frage, wie
man die Analyse von Wagners Musik sinnvoll mit dem Antisemitismus des Komponisten in Verbindung bringen kann. Rose und
Millington beschäftigen sich in erster Linie damit, Verbindungen
zwischen Wagners privaten Äußerungen über Juden (wie sie sich
in seinen Briefen und in Cosimas Tagebüchern finden), Wagners
Essays und den Texten seiner Bühnenwerke zu ziehen. Gleichwohl behaupten sie, der Rassismus finde seinen Ausdruck auch im
musikalischen Material. Rose behauptet dies in seinem kontroversen, aber sehr informativen Buch *Wagner: Race and Revolution*
(1992; *Richard Wagner und der Antisemitismus*, 1999), doch verwendet der Autor zum Beispiel nur wenige Druckseiten auf die
Judenkarikaturen im *Ring*.[22] Auch Millington musste in seinem
Aufsatz *Nuremberg Trial: Is There Anti-Semitism in Die Meistersin-*

ger? (1991) beim Versuch, im spezifischen musikalischen Material dieses Musikdramas rassistische Elemente nachzuweisen, aufgrund der Kürze der Darstellung kursorisch bleiben.[23]

Sei es also aus methodologischen Gründen (wie bei Gutman, Zelinsky und Rose) oder aus dem Bestreben, das Kunstwerk aus den Widerwärtigkeiten der sozialen und politischen Realitäten herauszuhalten – in den Arbeiten von Wagners heftigsten Kritikern wie in denen seiner glühendsten Verteidiger fehlt weitestgehend eine ernsthafte Auseinandersetzung mit den Zusammenhängen zwischen Wagners ideologischem Programm und seinem musikalischen Material. Wenn etwa Derek Watson vermerkt, dass Nietzsche wie Gutman Wagner als Menschen scharf angriffen, seine Werke dagegen durchaus bewunderten, dann sagt er dies zur *Verteidigung* Wagners und als Bewunderer der Schönheit von Wagners künstlerischen Schöpfungen. Implizit sucht er Trost in der Vorstellung, der musikalischen Kunst könne all dies nichts anhaben:

Wagner war *Musik*dramatiker, und der größte Teil seines Werkes kann nur durch die Musik voll erfasst werden. Die meisten Vorurteile gegen seine Kunst ignorieren die Musik indes vollständig.[24]

Auf der anderen Seite der Debatte findet sich eine Neigung, zwischen der Größe der Musik und der Charakterlosigkeit des Komponisten zu unterscheiden, etwa in Leon Steins Buch *The Racial Thinking of Richard Wagner*. Auch hier dient eine solche Trennung unverkennbar dazu, Wagners Kunst gegenüber den unbestreitbaren persönlichen Charaktermängeln des Komponisten zu retten. Das zeigt sich in Äußerungen wie der folgenden:

Hätte man wirklich das Gefühl, dass Wagners Musik dieselben Übel destilliert wie seine Ideen, dann müsste man sie mit guten Gründen verdammen. [...] Doch selbst wenn man jene Momente hinnimmt, in denen seine Musik und sein Rassismus aus demselben emotionalen Morast aufzusteigen scheinen – den *allergrößten* Teil seiner Kunst kann man als Musik verstehen und schätzen, nicht unbedingt als Ausdruck seines rassischen und politischen Denkens.[25]

Selbst Jacob Katz behauptet in seinem Buch über Wagners Antisemitismus etwas Ähnliches, wenn er schreibt: »In Wahrheit kann ohne forcierte Spekulation nur sehr wenig in Wagners künstlerischem Werk mit seiner Einstellung zu den Juden und zum Judentum in Verbindung gebracht werden.«[26] Erörterungen wie die von Katz gelten bei Wagners Anhängern als gesund und ausgewogen: Katz kann zwar die abscheulichen Äußerungen und Schriften über die Juden weder bestreiten noch verschweigen, aber letztlich geht er davon aus, dass solche Dinge auf die Bewertung der Musik keine Auswirkungen haben. Stets aufs Neue trennen die Wagnerianer zwischen dem Menschen und der Musik und zögern nicht, jeden vehement zur Ordnung zu rufen, der behauptet (aber nicht »beweisen« kann), der Antisemitismus habe sich nicht auf Wagners Leben und Schriften beschränkt, sondern habe sich auch in seinen ästhetischen Werken niedergeschlagen. Diese Einstellung prägte auch die lautstarken Reaktionen der Wagner-Anhänger auf Zelinskys Analysen von Wagners Antisemitismus; immer wieder wurde hervorgehoben, Zelinsky, vielleicht Wagners unverblümtester Kritiker in den siebziger und achtziger Jahren, habe über Wagners Musik kaum etwas zu sagen.[27] Ein solches Argument findet sich auch in einer der bisher schärfsten Angriffe seitens eines Gelehrten, nämlich in Hans Rudolf Vagets 1993 veröffentlichter Rezension von Roses *Wagner: Race and Revolution*:

Was einem bei Mr. Roses Buch besonders stark ins Auge fällt, ist die Verteilung der Gewichte: ungefähr 90 Prozent des Textes widmen sich Wagners politischen und metapolitischen Äußerungen, nur etwa 10 Prozent den Opern. [...] Doch man würde eine detaillierte Beschäftigung mit den poetischen und musikalischen Texten der Opern erwarten. [...] [Denn diese sind] *die einzigen Manifestationen* [seiner] *Kreativität, die wirklich zählen.*[28]

Während die Verteidiger des »Meisters von Bayreuth« einerseits dessen Kritikern vorwerfen, sie könnten *nicht* belegen, dass ihre Angriffe auf Wagners Gedanken für die Interpretation von Wagners ästhetischem Material relevant seien, trösten sie sich andererseits mit der vermeintlich unverletzlichen Natur jener Bühnenwerke – mit anderen Worten, sie nehmen an, dass *überhaupt nicht* gezeigt werden könne, dass der Antisemitismus für die Analyse von Wagners Musik von Belang ist. Jene hingegen, die sich mit Wagners Antisemitismus auseinandersetzen, haben leider noch eine Bringschuld – sie müssen den ausführlichen Nachweis, den ihre Gegner verlangen, erst noch erbringen und *zeigen*, dass auch die Musik antisemitisch gefärbt ist.

In ebendiese Lücke zielt mein Buch. In meiner Studie geht es nicht in erster Linie um Wagners Musik, vielmehr möchte ich meine Leser überzeugen, dass eine Erörterung des Antisemitismus im 19. Jahrhundert, auch von Wagners persönlichem Judenhass, in der Tat für die Analyse seiner Bühnenwerke – *einschließlich der Musik* – relevant ist. Denn Wagners Musik und seine Dramentexte sollten, wie ich zeigen werde, ein ganzes Spektrum körperlicher Ikonographien evozieren, welche zu Wagners Zeit mit Juden und anderen Gruppen verbunden waren, die als anders- und fremdartig galten. Es gibt gute Gründe dafür, anzunehmen, dass Wagners Werke ursprünglich auch so rezipiert wurden. Erst wenn wir den kulturellen Kontext dieser Zeit mit bedenken, können die antisemitischen Implikationen der Musik demonstriert werden – ja, eine solche Diskussion ergibt nur bei Berücksichtigung eines derartigen Kontextes überhaupt Sinn.

Untersucht man in Wagners Werken jene rassistischen Körper-Ikonographien, die in der deutschen Kultur des 19. Jahrhunderts weit verbreitet waren, dann treten die ideologischen Komponenten seiner Essays und Musikdramen manifest hervor. Solche Ikonographien finden sich in praktisch allen ästhetischen Dimensionen von Wagners Werken – in den Versen, die seine Figuren singen, in den Beschreibungen ihres körperlichen Erscheinungsbildes und ihrer Aufmachung, in den Bühnenanweisungen, die angeben, wie sie sich bewegen, und sogar in der Musik, die Wagner für sie komponierte. Ja, *sogar Wagners Musik* sollte im Kontext der körperlichen Bilderwelt des 19. Jahrhunderts verstanden werden. Denn Körpermerkmale signalisierten damals Zugehörigkeit zur Gemeinschaft oder Andersartigkeit, und genau darum wurde die Musik als ihrem Wesen nach in gewisser Weise »physisch« konzipiert und nachweislich von den damaligen Hörern rezipiert – als

47

Musik, welche die Körperzustände jener Wesen reflektierte, die sie begleitete und porträtierte. Schon zu Wagners Lebzeiten und nicht erst im späteren 19. Jahrhundert oder im Fin de Siècle, nahm Wagners Musik – in seinen eigenen Schriften und in der populären Fantasie – Konnotationen an, die explizit körperlich waren, denn diese Musik sollte als akustisches Äquivalent zu den visuellen Bühneneindrücken dienen und wurde auch so verstanden. Der Gedanke, dass die Musik physische Zustände, oft Körperzustände ganz spezieller Art, vermittelt, bildet die Grundlage für viele theoretische Reflexionen Wagners über das *Kunstwerk der Zukunft*. Dieses sollte, so hoffte Wagner, nicht (wie das seiner Meinung nach allzu kopfgesteuerte Kunstwerk jüdischer Provenienz) an den Intellekt appellieren, sondern an das »Gefühl« des Publikums, und zwar durch die »sinnlichen Eindrücke«, die vom musikalischen Material und vom Körper des singenden Schauspielers ausgehen.[29] Wagners Bemerkungen über die Rolle der Gebärde im *Kunstwerk der Zukunft* thematisieren die Verbindung zwischen Akustik und Körperlichkeit, zwischen musikalischer und visueller Bewegung genau in diesem Sinne.[30] Die folgenden Passagen aus den theoretischen Erörterungen in *Oper und Drama*, in Wagners typischem verschraubten Stil geschrieben, befassen sich mit der Entwicklung und wechselseitigen Abhängigkeit der verschiedenen Kunstsparten nach dem Zerfall eines verlorenen, in idealer Weise einheitlichen Gesamtkunstwerks. Sie unterstreichen Wagners eigenes Verständnis seiner Musik als einer akustischen Manifestation körperlicher Zustände, die über verschiedene Sinne gleichzeitig wahrgenommen werden:

Die Gebärde – verstehen wir hierunter die ganze äußere Kundgebung der menschlichen Erscheinung an das Auge – [...] Gebärde *und* Orchestermelodie [bilden] ein Ganzes an sich Verständliches. [...] Tanzgebärde und Orchester [...] [sind] gegenseitig aus sich bedingt. [...] Wie die Gebärde [...] ein nur *ihr* Aussprechliches an das Auge kundgibt, so teilt das Orchester das dieser Kundgebung wiederum genau Entsprechende [...] an das Gehör mit. [...] Je weiter sich nun die Gebärde von ihrer bestimmtesten, zugleich aber auch beschränktesten Grundlage des Tanzes entfernt, [...] desto mannigfaltiger und feiner gestalten sich nun auch die Tonfiguren der Instrumentensprache, die, um das Unaussprechliche der Gebärde überzeugend mitzuteilen, einen melodischen Ausdruck eigentümlichster Art gewinnt. (DS 7:317, 312f.)

Zentral für Wagners Ästhetik ist die Vorstellung, die »Sprache des Orchesters« und die körperliche Erscheinung des singenden Schauspielers (dessen Bewegungen auf der Bühne die visuelle Komponente einer ästhetischen Äußerung bilden, welche sich auch korrespondierender Töne bedient) seien zwei wechselseitig sich bedingende ästhetisch-symbiotische Erscheinungsformen des poetischen Gedankens. Die semantischen Intentionen von Wagners revolutionärer Musik gründen somit in der physischen Realität des Körpers: Zu den körperlichen Bewegungen gehören Töne, und die Töne des Orchesters sind die akustische Entsprechung zur Bewegung des Tänzers und des singenden Schauspielers. Visuelle und akustische Phänomene sind einfach zwei Manifestationen desselben Wesens, und darum findet eine physiologische Ikone, die in Wagners Werken Zugehörigkeit zur Gemeinschaft oder Andersartigkeit signalisiert, ihren Ausdruck auch nicht nur in der visuellen Erscheinung des Körpers – also in den Informationen, die das Auge erhält –, sondern außerdem in den Tönen, die dieser Körper von sich gibt. Wie ich im ersten Kapitel ausführlich darstellen werde, ist das Auge (das auch in der eben zitierten Passage eine zentrale Rolle spielt) in Wagners Theorien und Dramen jenes Organ, das die physiologischen Merkmale des Körpers erkennt, um dann anhand dieser Eindrücke das wahrgenommene Wesen als Mitglied oder als Feind der Gemeinschaft zu identifizieren. Das Auge nimmt den Körper des anderen wahr, dessen Identität – gleich- oder andersartig, Freund oder Feind – in seinem Aussehen encodiert ist. Die Musik jedoch ist in Wagners Gedankenwelt die symbiotische akustische Entsprechung zu den visuellen Eindrücken; das Hören erfüllt dieselbe Funktion wie das Sehen. Die Musik ist eine Kunst, die an einen anderen Sinn als das Auge appelliert – jedoch vor allem, um dieselben physiologischen Zustände zu vermitteln, die das Auge durch visuelle Eindrücke erkennt. Wagners Musik ist somit als tönender Ausdruck des Körpers konzipiert.

Dieser Gedanke findet sich nicht nur in Wagners eigenen Interpretationen seiner Werke; auch seine Zeitgenossen empfanden seine Musik als Entsprechung zur Körperlichkeit. In *Der Fall Wagner* brachte Nietzsche die große Nähe zwischen dem physischen Körperbild und der neuen, revolutionären Musik wie folgt zum Ausdruck: »Bei Wagner steht im Anfang die Hallucination: nicht von Tönen, sondern von Gebärden. Zu ihnen sucht er erst die Ton-Semiotik.«[31] Als Nietzsche 1888 diese Beobachtung zu Papier brachte, hatte die Verbindung von Körpern und Tönen in Wagners Werken bereits zentrale Bedeutung für das Verständnis seiner Musik in der Kultur des 19. Jahrhunderts erlangt. In *Tristan und Isolde* etwa sah Wagners zeitgenössisches Publikum ein explizit erotisches Werk, schockierend für die bürgerlichen Empfindlichkeiten dieser Zeit – und zwar nicht nur wegen des Dramentextes, sondern auch weil man meinte, die Musik dieses Dramas evoziere selbst physiologische – in diesem Fall offenkundig sexuelle – Körperzustände. Genau so wollte Wagner seine revolutionären Musikdramen rezipiert wissen, und seine eigene Interpretation dieser Werke erschien dem zeitgenössischen Publikum offenbar glaubhaft. Die »Unmoral« des *Tristan* war im Verständnis des 19. Jahrhunderts nicht zuletzt den gestischen Konnotationen der Musik zuzuschreiben – etwa so, wie sie im unablässig zunehmenden rhythmischen Puls des Liebesduetts im zweiten Akt zu sehen (und zu hören) sind. Darin sah man zu Wagners Lebzeiten ein so offenkundiges, überdeutliches Beispiel für die Evokation einer körperlichen Realität durch Musik, dass der Besuch von Aufführungen dieses Werkes für Damen oft als unschicklich galt.[32] (Isolde Vetter weist darauf hin, dass Herzogin Sophie von Bayern »aus moralischen Erwägungen« die Münchner Uraufführung des *Tristan* im Jahre 1865 nicht besuchen durfte![33]) So war die Vorstellung, die Musik des *Tristan* sei ausdrücklich sexueller Natur und enthalte akustische Darstellungen körperlicher (sexueller) Empfindungen, zum Teil auch der Idee zuzuschreiben, dass die Musik die Physiologie ihrer Protagonisten reflektiere. Diese Vorstellung war für die Rolle, die Wagners Musik in der deutschen Literatur des späten 19. Jahrhunderts spielte, von zentraler Bedeutung – etwa bei Thomas Mann und Ferdinand von Saar (die in der Nietzsche-Nachfolge sogar annahmen, dass eine feste Verbindung zwischen physiologisch-mimetischen Tönen und deren Wirkung auf den Körper des Zuhörers bestehe).[34] Im 20. Jahrhundert vertraten diese Auffassung Christian von Ehrenfels, George Bernard Shaw und zahlreiche weitere Wagner-Enthusiasten. In seinem Aufsatz *Wagner und seine neuen Apostaten* (1931) argumentierte Ehrenfels, dass das akustische Material des *Tristan* die Rhythmen des Geschlechtsaktes evoziere, ja er behauptete sogar, er könne im zweiten *Tristan*-Akt genau die Takte nennen, »mit denen die – zweimaligen – orgiastischen Ergüsse jener Nacht einsetzen und sich entspannt haben«.[35] Wenn eine solche Reaktion heutigen Hörern vielleicht allzu vordergründig-realistisch erscheint, dient sie doch gleichzeitig dazu, die Distanz zwischen Wagners Welt und unserer eigenen zu unterstreichen. Zu Wagners Zeit sollte seine Musik – wie auch seine Texte und Bühnenanweisungen – physiologische Zustände vermitteln, und sie wurde so auch wahrgenommen. Zu dieser Konzeption und Rezeption passt genau die durchgängig wichtige Rolle, welche die Körpermetaphorik in Wagners Werken spielt. Auf dieser allgemeinen, weithin akzeptierten Prämisse der engen Verbindung von Musik und Physiologie basieren die spezielleren musikalischen Verweise auf die idiosynkratischen Körperbilder des Deutschen und des Juden in Wagners Musikdramen. Damit werde ich mich in den Kapiteln II bis V ausführlicher auseinandersetzen.

Wer über musikalische Mimesis arbeitet, muss auch die unterschiedlichen Dimensionen der Musik als eines Codesystems berücksichtigen – und all diese Codes haben mit den ständig sich wandelnden Erwartungen einer kulturellen Gemeinschaft zu tun. So, wie sich der kulturelle Kontext verändert hat, in dem Wagners Musikdramen komponiert und rezipiert wurden, veränderten sich auch die Konnotationen, die ursprünglich mit den von Wagner verwendeten Ikonographien verbunden waren. Die Assoziationen, die man zu Wagners Lebzeiten mit seiner Musik verband, sind also nicht unbedingt jene, die wir heute damit verbinden. Eine Dimension seiner Musik, die gar nichts mit Physiologie zu tun hat, wohl aber mit der Verbindung zwischen bestehenden Ideen und der Tonkunst in einem gegebenen kulturellen Kontext,

kann uns als Beispiel für die Distanz dienen, die zwischen dem Erwartungshorizont seiner Zeitgenossen und dem Erwartungshorizont in der Kultur des Zeitalters nach Wagner herrscht. Es handelt sich dabei um ein treffendes Beispiel für einen nichtmimeti-
schen musikalischen Code. Heute verbinden nur noch wenige
Hörer beim Erklingen einer bestimmten Tonart jene Assoziationen, die bei den Hörern im 18. Jahrhundert gang und gäbe waren
und die auch in Wagners Zeit noch lebendig waren. Mehrere Musikwissenschaftler haben darauf hingewiesen, dass im *Ring*-Zyklus
bestimmte Tonarten mit bestimmten dramatischen Konfigurationen assoziiert sind, und dass diese Verbindung ein Beleg dafür sei,
dass noch in den fünfziger Jahren des 19. Jahrhunderts die musikalische Affektenlehre des 18. Jahrhunderts lebendig gewesen sei,
der zufolge unterschiedliche Gemütsstimmungen und Bedeutungen mit speziellen Tonarten verbunden waren. So könnte Wagner
zum Beispiel die Tonart b-moll für das Porträt der Nibelungenzwerge verwendet haben, weil diese Tonart in der Musikkultur
seiner Zeit für die Kundigen die Konnotationen »Bosheit« und
»Dunkelheit« trug. Entsprechend war diese Tonart in der europäischen Musiktradition codiert worden, und so war ihr diese
Darstellungsfunktion zugewachsen. Von Christian Friedrich Daniel Schubart wurde die Tonart b-moll in seinen *Ideen zu einer
Ästhetik der Tonkunst* (1806 veröffentlicht, doch in den achtziger
Jahren des 18. Jahrhunderts entstanden) wie folgt beschrieben:

Ein Sonderling, mehrentheils in das Gewand der Nacht gekleidet. Er ist
etwas *mürrisch*, und nimmt höchst selten eine gefällige Miene an. Mo-
querien gegen Gott und die Welt; Mißvergnügen mit sich und allem;
Vorbereitung zum Selbstmord – hallen in diesem Tone.[36]

Diese Tonart erklingt oft, wenn die »bösen«, mürrischen, hässlichen, fremden und eindeutig der Nachtwelt zugehörigen Kreaturen Alberich und Mime auftreten; mit Ausnahme des Hinwei-
ses auf Selbstmordtendenzen könnte Schubarts Text glatt als Beschreibung der Nibelungenbrüder durchgehen. Solche Konnotationen ließen die Wahl dieser Tonart Mitte des 19. Jahrhunderts
absolut plausibel erscheinen, als die Affektenlehre in den Gedanken des Komponisten und seines Publikums noch lebendig war.[37]

Eine solche Verbindung zwischen Klang und Bedeutung ist nicht mimetisch, aber gleichwohl assoziativer Natur sowie zeitlich und kulturell definiert. Sie war zu Wagners Zeit lebendig, aber in unserer Zeit ist sie es nicht mehr. Sie stellt ein Beispiel für eine bestimmte Art von Assoziationsmuster dar, mit dem bei der ursprünglichen Rezeption von Wagners Kunst zu rechnen war.

Wenn zu Wagners Lebzeiten solche Assoziationen sowohl die Konzeption als auch die Rezeption (also Komposition und Aufführung) der Musik begleiteten, dann war dadurch auch die Bedeutung der Musik damals eine etwas andere als heute. Überdies sind die durch Verwendung bestimmter Tonarten evozierten Assoziationen nur *ein* Beispiel unter vielen für den durch kulturelle Konventionen definierten Status von Wagners Musik als assoziativem Codesystem.[38] Musik kann auch eine stärker mimetische Funktion haben, wie die Wahrnehmung der Rhythmen eines Geschlechtsaktes im *Tristan* nahe legt. Zwar ist das zeitlich und kulturell bedingte, vergängliche Wesen solcher Wahrnehmungen hier weniger deutlich als beispielsweise bei der assoziativen Verbindung zwischen der Tonart b-moll und den Attributen »Bosheit« und »bedrohliche Dunkelheit«, aber trotzdem basieren beide Arten von Assoziationen auf dem Erwartungshorizont eines Publikums, das einer bestimmten Musik eine bestimmte Bedeutung zuschreibt.

Für meine Untersuchungen am wichtigsten ist allerdings eine dritte Ebene musikalischer Assoziationen – eine Art Musik, bei der mimetisch auf etwas (zum Beispiel ein Körperbild) Bezug genommen wird, das vermeintlich real ist (jedenfalls als real gilt und weithin als real akzeptiert wird), bei dem es sich jedoch um ein kulturelles Konstrukt handelt, ein Stereotyp. Die Körper des Deutschen und des rassisch und sexuell Andersartigen sind Beispiele für das, worum es mir geht. Semiotisch gesehen, bezieht sich bei dieser Art von musikalischer Bezugnahme eine Darstellung (etwa eine »Musikgebärde«) auf eine andere, kulturell definierte Darstellung (die Ikonographie des Körpers). Ändert sich die Deutungsgemeinschaft, in der ein Code wie die Ikonographie des Körpers wirksam ist, dann ändern sich auch die Assoziationen, welche die Mitglieder dieser Gemeinschaft – Komponisten wie

Zuhörer – mit dem Kunstwerk verbinden. Mit zunehmender Distanz von Wagners Zeitalter haben sich bestimmte, spezifisch rassistische, mit angeblich eindeutigen Körpermerkmalen verbundene Assoziationen verändert, weil sich die Wahrnehmung des Körpers und seiner Merkmale geändert hat – und weiterhin verändert. Auch in der heutigen Zeit gibt es noch Stereotype, die weiterhin mit Körpermerkmalen in Verbindung gebracht werden, doch unsere spontanen Assoziationen in diesem Bereich sind nicht mehr jene, die in Wagners Kultur gültig waren. In der zweiten Hälfte des 20. Jahrhunderts indes wollten die meisten Wagnerforscher am liebsten ignorieren oder völlig bestreiten, dass eine solche Dimension in Wagners Werken *jemals* existiert habe. Am liebsten wollten und würden sie stattdessen Wagners Werke in einem ideologisch, kulturell und historisch luftleeren Raum betrachten.

Wagners Anwendung der Mimesis ist nicht ohne eine gewisse Ironie zu verstehen, aber diese Ironie bleibt unbeachtet, wenn man die antisemitischen Dimensionen seiner Werke ignoriert. Denn die Mimesis, auf die Wagner sich in seinen eigenen Werken verlässt, ist ebenjene Kunstart, die er sonst mit den Juden assoziierte. Wagner verunglimpfte die Mimesis als jenen Bereich, in dem sich vor allem die fremden, ausländischen (französischen und jüdischen, also nichtdeutschen) Künstler tummelten, und gab seinen Figurenporträts gleichwohl mimetische Züge – Porträts, die aus antisemitischen Standardklischees bestehen: Stereotypen wie der hohen, nasalen Stimme des Juden, seinem nervösen Gestikulieren und seinen Sprechgewohnheiten, seinem Hinken, und so weiter. Diese gleichzeitige Zurückweisung und nachdrückliche Verwendung von Mimesis zeigt sich in einer Reihe seiner Werke, vielleicht am konzentriertesten in der Konfrontation zwischen dem Zwerg Mime und dem germanischen Titelhelden im zweiten Akt des *Siegfried*. Diese beiden Figuren stehen nicht nur für zwei Arten von Menschen mit unterschiedlichen Körpern, sondern auch für zwei unterschiedliche ästhetische Positionen: Die eine, von Oberflächlichkeit gekennzeichnete basiert auf Technik und sklavischer Nachahmung, während Wagner die andere, kreativere, spontanere mit der wahren deutschen Identität assoziiert.[39]

Das damit verbundene Paradoxon, auf die Mimesis zu vertrauen und sie gleichzeitig zurückzuweisen, findet sich auch bei praktisch jeder Verwendung eines Körperbildes in Wagners Bühnenwerken: Solche Bilder haben zwar oft metaphorische Funktion, doch ihre Verwendung basiert ebenfalls auf der Überzeugung, dass es bei denen, die Wagner als fremdartig ansah, reale körperliche Unterschiede gebe. Wann immer ein Körperbild als physische Realität erscheint, bringt Wagner es mit mimetischen Mitteln zum Ausdruck (etwa durch musikalische Evokation des Kontrastes von hoher und tiefer Stimme, von Herumstolpern und Marschieren, von Nervosität und Erschöpfung, und so weiter). Angesichts von Wagners Verunglimpfung der Mimesis als einer jüdischen Ästhetik könnte man sogar argumentieren, die mimetische Dimension in seinen eigenen Werken sei in seinem Gedankensystem ein »jüdisches Element«. Oft hat man gesagt, Wagner habe die Juden benötigt, um die Identität der Deutschen zu definieren, und er habe, psychologisch gesehen, die Juden als Feindbild gebraucht, um sich selbst zu definieren. Diese gleichzeitige Abhängigkeit und Zurückweisung (die sich auf die Juden ebenso bezieht wie auf die Ästhetik, die Wagner mit den Juden assoziierte) hatte auch eine ästhetische Dimension. Und dieser inneren Spannung werden wir im vorliegenden Buch auf Schritt und Tritt begegnen.

Das Buch untersucht also das Zusammenspiel zwischen – überwiegend metaphorischen – Körperbildern in Wagners revolutionären Theorien und dem Status dieser Körperbilder als kulturell encodierte Zeichen. Das erste Kapitel befasst sich mit der Funktion von Körperikonographien, mit Bildern, die die Identität des anderen als gleichartig oder fremdartig bestimmen, im Kontext von Wagners ästhetischen und sozialen Theorien. In diesen Theorien bilden rassische Abgrenzungen, die auf dem Erkennen körperlicher Merkmale basieren, ein Schlüsselkonzept, das den gesellschaftlichen Erlösungsanspruch des Wagnerschen Kunstwerks der Zukunft unterstreicht – eines Kunstwerks, in dem modellhaft eine vom jüdischen Einfluss befreite Welt gezeigt werden sollte. In den weiteren Kapiteln werden dann spezielle Körperikonographien, die in Wagners Schriften wie in seinen Musikdramen Deutsche von Fremden trennen, untersucht, und zwar im

Zusammenhang verschiedener deutscher Kulturtraditionen: die Ikonographie der Stimme als Merkmal rassischer und sexueller Identität (Kapitel II); die Ikonographie des Geruchs (sowie die des mit Düften und Hautfarben assoziierten Orientalismus; Kapitel III); die Ikonographie des Klumpfußes (in der europäischen Kultur eng mit dem Dämonischen assoziiert; Kapitel IV); und schließlich die Ikonographie der Degeneration (Kapitel V). Im letztgenannten Kapitel geht es um die angeblichen körperlichen Folgen der Masturbation, die in der Vorstellungswelt des 19. Jahrhunderts als höchst widerwärtiges sexuelles Vergehen galt. Die angeblich deutlich sichtbaren körperlichen Folgen der Masturbation dienten als ein weiteres Differenzkriterium; dabei glichen sie – für Wagners Zeit kaum überraschend – weitgehend den mit Juden assoziierten Körperbildern.

An das Ende meiner Einleitung will ich jedoch eine Frage stellen, die meiner bisherigen, historisch orientierten Argumentationsweise zu widersprechen scheint, die aber trotzdem im Hintergrund des Buches mit bedacht ist. Ich habe bisher argumentiert, dass wer sich weigere, die Belege für den Antisemitismus in Wagners Werken anzuerkennen, diese Werke nicht im kulturellen Kontext sehe, in dem sie entstanden und in dem sie erstmals aufgeführt wurden. Implizit behaupte ich also auch, die Tatsache, dass unsere Kultur nicht mehr Wagners Kultur ist, könnte unsere Erlösung sein (um einen Lieblingsbegriff Wagners zu benutzen) – Erlösung von Wagners eigenem ideologischen Programm. Wir haben die Freiheit, seine atemberaubend schönen, erregenden musikdramatischen Gipfelleistungen als Werke zu erleben, die uns Freude machen – *trotz* ihrer ursprünglichen Wirkungsabsicht, *trotz* ihrer Botschaft rassischer Exklusivität.

Doch was wäre, wenn das Gegenteil zuträfe? Was wäre, wenn die ikonische Bedeutung dieser Körpermerkmale im Lauf der Zeit doch nicht völlig verschwunden wäre? Mit anderen Worten, reagieren die heutigen Gelehrten und Zuschauer *weiterhin* auf die Ideologie des 19. Jahrhunderts, die mit diesen Bildern verbunden ist, auch wenn sie sich weigern, deren Implikationen anzuerkennen? Nochmals anders formuliert lautet die zynische Frage: Könnte es nicht trotz aller Bemühungen seitens vieler Forscher und Regisseure, die Manifestationen des Antisemitismus in Wagners Werken zu beschönigen oder zu ignorieren, wenngleich diese vor dem Hintergrund des im 19. Jahrhundert in Europa gültigen kulturellen Vokabulars offenkundig sind – könnte es nicht sein, dass Wagners Musikdramen das Publikum auch heute noch in ihren Bann ziehen, weil sie innerhalb der westlichen Gesellschaft, in der die überwiegende Zahl der Aufführungen stattfindet, zumindest teilweise weiterhin in der Lage sind, genau jene Bilder von Rasse, Geschlecht und Nation zu evozieren, die Wagners Vorstellungen von Andersartigkeit unterstreichen und fortleben lassen – Vorstellungen, die in der westlichen Kultur eine grundlegende Bedeutung haben? Und nehmen diese Werke vielleicht gerade deshalb im westlichen Klassikerkanon eine so herausragende Position ein, weil sie Ausschließungsprozesse so beeindruckend dramatisieren? Die Antwort auf die erste Frage ist hinsichtlich der in unserer eigenen Welt wirkenden ideologischen Kräfte einer der wichtigsten Gradmesser für unseren Abstand zu Wagner und seinem Zeitalter, während die Antwort auf die zweite Frage Auskunft darüber geben könnte, was unsere Welt mit der seinen weiterhin gemein hat.

Zu den Illustrationen

Vielleicht sind einige erläuternde Bemerkungen zu Arthur Rackhams Illustrationen des *Ring des Nibelungen* (1910/11) erforderlich. Immerhin könnte es etwas befremdlich wirken, wenn eine Studie zur Ikonographie des Körpers in der deutschen Kultur des 19. Jahrhunderts ausgerechnet mit mehreren Abbildungen eines englischen Künstlers aus dem frühen 20. Jahrhundert illustriert wird. Doch ist dabei zu bedenken, dass Rackham selbst – ein eifriger, sehr deutschfreundlicher Wagnerianer, der viel in deutschsprachigen Ländern reiste, Aufführungen bei den Bayreuther Festspielen der Jahre 1897 und 1899 besuchte und mit der deutschen Kultur seiner Zeit aufs Engste vertraut war – wie auch seine Zeitgenossen in seinen Illustrationen zu Wagners *Ring* eher ein deutsches als ein englisches Werk sahen.[40] Das englische Empfinden, Rackhams Wagner-Illustrationen seien im Wesentlichen deutsche Kulturprodukte, zeigt sich auch in einer Kontroverse über seine Bevorzugung des karikaturistischen Stils. Denn Rackham selbst und viele seiner Zeitgenossen hielten das Genre der Karikatur für unenglisch; ihrer Meinung nach war es für die kontinentale Kultur besonders typisch. Rackhams Biograf James Hamilton schreibt, die englische Zeitung *The Morning Leader* habe in der »deutschen und französischen Karikatur einfach eine beklagenswerte ›Abwertung, Brutalisierung und hässliche Verzerrung des Lebens‹ gesehen«, während andere Stimmen der Meinung waren, Karikaturen brächten »eine Atmosphäre der Ranküne und Bitterkeit in französische und deutsche Zeitungen«.[41] Die Auffassung, Karikaturen seien eher deutsch als englisch, ist auch insofern von Belang, als Rackham wie auch seine Zeitgenossen die Illustrationen zum *Ring* für außerordentlich geglückt hielten. Diese Auffassung wirft wiederum ein bezeichnendes Schlaglicht auf ihr Verständnis vom Geist des Wagner'schen Werkes. Denn in Rackhams Illustrationen wimmelt es von übertriebenen, ja sogar parodistischen und stereotypen ikonographischen Darstellungen einer ganzen Reihe von Figuren. Ebendarum befanden sich diese Darstellungen aus der Sicht von Rackhams Kultur im Einklang mit den Neigungen der deutschen Kultur. Darüber hinaus sind meiner Meinung nach viele Bilder in Rackhams Illustrationen (etwa die der Nibelungen) offen antisemitische Darstellungen (siehe Abbildung 5). Damit ist natürlich nicht gesagt, dass Rackham selbst antisemitisch war, sondern nur, dass seine Arbeiten zum *Ring* ikonographische Züge antisemitischer Stereotype enthalten. Dies würde sogar zum Teil Rackhams Bemerkung erklären, seine Werke seien »grimmig«, sowie seine Befürchtung, er werde sich damit »ebenso viele Feinde wie Freunde machen«.[42]

Diese Illustrationen sind also ernst zu nehmende kulturgeschichtliche Dokumente, denn sie stellen, weniger als eine Generation nach der Premiere des Werkes, Rackhams Deutungen jener Aspekte des *Rings* dar, die er für besonders charakteristisch hielt. Die karikaturistisch verzerrten Aspekte, die Rackham he-

5. *Arthur Rackham*, Alberich treibt eine Gruppe von Nibelungen an,
die mit Gold- und Silberschätzen beladen sind, *1910*
(*aus:* The Ring of the Nibelung, *übers. Margaret Armour, Bd. 1*
[New York 1976])

rausgriff, unterstreichen dabei sowohl, was nach Rackhams Ansicht für das deutsche Publikum jener Zeit selbstverständlich war
(besonders, wie ich betonen möchte, die Verwendung antisemitischer Stereotype in Wagners Zyklus), als auch Rackhams Versuch,
das seiner Meinung nach Wesentliche des Werkes zugespitzt,
aber getreulich wiederzugeben. Rackhams Zeitgenossen beur-
teilten seine Wiedergaben genau so. C.S. Lewis etwa, ein glü-
hender Bewunderer seines Landsmannes Rackham und des Wagner'schen *Rings*, sagte, in diesen Illustrationen sei es gelungen,
»die Musik selbst sichtbar zu machen«.[43] Genau um diesen Punkt
geht es mir hier, um Rackhams Werktreue. Mit seinen Übertrei-
bungen der Körpermerkmale der Nibelungen, praktisch einem
Katalog antisemitischer Bildelemente, stellt Rackham in seinen
Illustrationen visuelle Parallelen zu Wagners Musik dar, und zwar
aus der Perspektive einer Kultur, die Wagners Zeit noch ziemlich
nahe stand. Folglich spielen diese Abbildungen im vorliegenden
Buch, das der Untersuchung von Körperikonographien in Wagners Werken gewidmet ist, auch eine wichtige Rolle.

I. Kapitel

Die Augen des Volkes

Wenn die Dinge heroisch frisiert sind, hören sie auf, unsittlich zu sein,
das lernt sich aus dem analytischen Lehrbuch Wagners.

Georg Groddeck, Der Ring (1927)

Das vorherrschende Bild in Wagners theoretischen Schriften
über Das Kunstwerk der Zukunft und über die sozialen Themen,
die für ihn mit dem revolutionären Musikdrama verbunden
waren, stammt aus dem Bereich des menschlichen Körpers: Es ist
das Auge. Dieses Bild hat durchaus etwas Ominöses an sich. Denn
Wagner verband mit dem Auge verschiedene Vorstellungen: Dem
Theatertheoretiker galt es als jenes Organ, das die bedeutsamsten
Sinneseindrücke ermöglicht (das Sehen stand an der Spitze von
Wagners Sinnenhierarchie, während Gehör, Tast- und Geruchssinn zwar auf das Sehen bezogen, aber diesem untergeordnet
waren). Für den Verfechter einer fragwürdigen revolutionären
Weltanschauung indes, der sich nach einer homogenen, von
disparaten rassischen Elementen befreiten Gesellschaft sehnte,
war das Auge jenes Organ, das sicherstellte, dass die für Ähnlichkeit oder Andersartigkeit stehenden Körpermerkmale garantiert
erkannt wurden. Das Auge ist also jener Ort des Körpers, an dem
Wagners ästhetische und gesellschaftliche Anliegen ineinander
übergehen. An diesem Punkt bündeln und konzentrieren sich
seine diversen, gleichwohl bemerkenswert folgerichtigen Aussagen über das, was er als ästhetische und soziale Malaise im modernen Europa ansah.

In den ästhetischen und sozialen Reformen gewidmeten Essays,
die im Exil nach der gescheiterten Revolution von 1848 entstanden, verwendete Wagner des Öfteren die Motive des Auges und
des Sehens, besonders in *Die Kunst und die Revolution* (1849), *Das
Kunstwerk der Zukunft* (1850) und *Das Judentum in der Musik*

(1850) sowie in seinem umfangreichsten theoretischen Traktat, *Oper und Drama* (1851).[1] In *Die Kunst und die Revolution* erscheint das Motiv des Auges erstmals in einer Erörterung sozialer und ästhetischer Fragen. Zwar kommt dieses Motiv erstmals im Kontext der idealisierten ästhetischen Gemeinschaftserfahrung des Theaterpublikums im antiken Griechenland zum Tragen. Stets aber wird dem Auge auch die Funktion zugeschrieben, jene physischen Zeichen zu erkennen, mit deren Hilfe die Grenzen einer Gemeinschaft definiert werden – und damit ist für Wagner natürlich die Gemeinschaft der Deutschen gemeint. In Wagners Gedankenwelt hat das Auge immer rassistische Implikationen. Auf diese Weise ergibt sich auch eine Verbindung zwischen jenen Essays, die keine offen antisemitische Tendenz aufweisen, und den Traktaten, in denen die antisemitischen Züge stärker in den Vordergrund treten. Wie wir noch sehen werden, verbindet das Motiv des Auges auch Wagners theoretische Reflexionen mit den Texten seiner Musikdramen.

Der Schlüssel zu Wagners Sicht des Theatererlebnisses im antiken Griechenland ist die Funktion der Aufführung als metaphorischer »Spiegel« für die Gemeinschaft, die sich im Drama »gespiegelt« sah. Wie so viele Bilder und Ideen in Wagners Werken war auch diese Metapher der Wiedererkennung nicht seine Erfindung: Er entnahm sie Hegels *Phänomenologie des Geistes* (1807). In diesem Werk erörtert der Philosoph die Entwicklung des Selbstbewusstseins durch Reflexion, durch gegenseitiges Erkennen und Anerkennen – ein Konzept, das später auch Ludwig Feuerbach aufnahm, dem große Teile der Vorstellungswelt von Wagners *Ring* verpflichtet sind. Wie Sandra Corse gezeigt hat, ist Hegels und Feuerbachs Konzept auch für wesentliche Teile der Bildlichkeit und der Handlungsstruktur des musikdramatischen Zyklus von zentraler Bedeutung.[2] Wenn die griechischen Zuschauer vor ihren Augen die Entfaltung eines tragischen Dramas erlebten, dann sahen sie laut Wagner in einen Spiegel, der ihrem Blick das eigene »Wesen« widerspiegelte, und überdies – was Wagner sogar noch wichtiger war – das Wesen *ihrer Gemeinschaft*. Das Gemeinschaftserlebnis diente also in Wagners Interpretation der klassisch-antiken Theateraufführung dazu, die

Identität des Griechen zu bestärken, indem es seine Zugehörigkeit zur und seinen Platz innerhalb der versammelten Gemeinschaft bestätigte. (Obwohl Wagners utopische Pläne implizit auch für Frauen galten, spricht er immer vom Griechen als Mann.) In Wagners idealisierter Sicht der Rezeption der griechischen Tragödie, wie sie in *Die Kunst und die Revolution* dargestellt ist, führte das Theatererlebnis zur Selbsterkenntnis des Zuschauers, »denn in der Tragödie fand er sich ja selbst wieder, und zwar das edelste Teil seines Wesens, vereinigt mit den edelsten Teilen des Gesamtwesens der ganzen Nation« (DS 5:277). Die optische Metapher des Theatererlebnisses basiert also auf dem Gedanken, das Sehen diene wie das Gesehene dazu, den Ort des Einzelnen im gesellschaftlichen Ganzen zu bestätigen und zu stärken. In seinem ästhetisch detaillierteren revolutionären Traktat *Oper und Drama* greift Wagner diesen für seine Theorie der utopischen Funktion der Kunst zentralen Gedanken wieder auf. Erneut unterstreicht er, dass der griechische Zuschauer sich nicht nur im Drama »gespiegelt« sah, sondern dass er, was eigentlich noch wichtiger war, darin auch seine Bindungen zum Rest der Gemeinschaft sah. Für Wagner bestand die Funktion der im griechischen Drama auf der Bühne dargestellten Mythen darin, das Einswerden und die inneren Bindungen des Volkes zu spiegeln und auf diese Weise zu verstärken: »Die Kunst ist [...] nichts anderes, als die Erfüllung des Verlangens, in einem dargestellten bewunderten oder geliebten Gegenstande sich selbst zu erkennen, sich in den, durch ihre Darstellung bewältigten Erscheinungen der Außenwelt wieder zu finden. [...] Der Mythos [ist] [...] das Gedicht einer *gemeinsamen* Lebensanschauung« (DS 7:153ff.; meine Hervorhebung). Nach Wagners Theorie führt die Betrachtung des Kunstwerkes durch die Reflexion, die die ästhetische Wahrnehmung gewährt, zur Selbsterkenntnis. Dadurch gewinnt und bestätigt der Betrachter auch seine Stellung innerhalb der Gruppe. Diese beiden Gedanken bilden in Wagners zugleich nostalgischer wie utopischer Vorstellung den Dreh- und Angelpunkt. Ihren Ausdruck finden sie in der sozialen und ästhetischen Dimension der Metapher des Sehens, wie Wagners Erörterung von Aischylos' Bild des Apollon in *Die Kunst und die Revolution* deutlich macht:

Apollon, der den chaotischen Drachen Python erlegt, die eitlen Söhne der prahlerischen Niobe mit seinen tödlichen Geschossen vernichtet hatte, der durch seine Priesterin zu Delphoi den Fragenden das Urgesetz griechischen Geistes und Wesens verkündete, und so dem in leidenschaftlicher Handlung Begriffenen den ruhigen, ungetrübten Spiegel seiner innersten, unwandelbar griechischen Natur vorhielt, – Apollon war der Vollstrecker von Zeus' Willen auf der griechischen Erde, er war das griechische Volk. [...] So sah ihn der Athener, wenn alle Triebe seines schönen Leibes, seines rastlosen Geistes ihn zur Wiedergeburt seines eigenen Wesens durch den idealen Ausdruck der Kunst hindrängten [...]. (DS 5:274f.)

Nach Wagners Ansicht boten Mythos und Tragödie konzentrierte Darstellungen der fundamentalen Bestandteile der griechischen Kultur. Darum erkannte sich Aischylos in Apollon wieder, und darum sah sich das griechische Volk in den Dramen des Atheners gespiegelt. Für Wagner war dieses erkennende Sehen eine eindeutig soziale, kollektive Erfahrung. Er beschreibt diesen Prozess als Gegenstück zur Verschmelzung der sozialen Sphären in der Theateraufführung, zu der die Griechen »von der Staatsversammlung, vom Gerichtsmarkte, vom Lande, von den Schiffen, aus dem Kriegslager, aus fernsten Gegenden« zusammenströmten, um sich im Kollektiverlebnis einer Theateraufführung zu vereinigen. Im Theater richtete das griechische Volk seinen Blick in den sozial regenerativen Spiegel des Dramas, um »sich selbst zu erfassen, seine eigene Tätigkeit zu begreifen, mit seinem Wesen, seiner Genossenschaft [...] sich in die innigste Einheit zu verschmelzen und so in edelster, tiefster Ruhe das wieder zu sein, was es vor wenigen Stunden in rastlosester Aufregung und gesonderster Individualität ebenfalls gewesen war.« (DS 5:276) Als dramatische Darstellung »ist« Apollon »das Volk«, und das Drama dient dazu, nicht Individualität, sondern Gemeinschaft zu unterstreichen und die gemeinsamen Bindungen der Griechen hervorzuheben. Somit hat die Tragödie eine Doppelfunktion: Als Spiegelbild der vereinten Nation ist sie zugleich narzisstisches Vehikel zur Unterstreichung dieser Einheit.

Für Wagner ist dieser Akt des sozialen Zusammenhalts, basierend auf der Metapher des Spiegelbildes, gleichbedeutend mit der

Daseinsberechtigung des wahren Kunstwerks. In seinen theoretischen Schriften wird er nicht müde, die Aufmerksamkeit auf die Funktion des Theaters im klassischen Griechenland zu lenken: Dramenaufführungen dienten dort der visuellen Selbstbestätigung und sie förderten die Erkenntnis einer *schon vorher bekannten* gemeinschaftlichen Wahrheit, die in der Darstellung durch ästhetische Zeichen gespiegelt wurde. Die etymologische Verwandtschaft der Verben *kennen* und *erkennen*, die Wagner in seinen Essays so oft zu seinen Zwecken ausnutzt, unterstreicht den Gedanken, dass Wissen in diesem Denkgebäude gleichbedeutend ist mit Wiedererkennen: Man erkennt etwas wieder, mit dem man innerlich aufgrund von Prädisposition schon immer vertraut war. Das Selbst kennt und erkennt sich durch Wiedererkennung; es sieht sich widergespiegelt in der Verkörperung einer Gemeinschaft auf der Bühne – einer Gemeinschaft, zu der es selbst gehört und die ihm deshalb vertraut erscheint.

Darum enthält der Begriff der Wiedererkennung bei Wagner stets auch ein Element der Ausgrenzung: Die Erkenntnis des Vertrauten und Gemeinschaftlichen definiert sich – an dieser Stelle implizit, an anderen auch explizit – in Abgrenzung gegenüber allem Fremdartigen, Ausländischen, das abzusondern und auszuschließen ist. Und genauso wie Wagner sein erkenntnistheoretisches Modell nicht selbst erfand, sondern es aus der deutschen geistesgeschichtlichen Tradition entlehnte (die in Hegels Schriften im frühen 19. Jahrhundert ihren Niederschlag fand), ist auch die damit einhergehende Vorstellung von der Exklusivität der als Wissende Vereinten bereits in den Werken anderer deutscher Schriftsteller anzutreffen, die Wagner bewunderte: vor allem bei E. T. A. Hoffmann, Eichendorff und Novalis. Die Vorstellung der privilegierten Erkenntnis mittels Wiedererkennung, die in der romantischen Hermeneutik eine zentrale Rolle spielte, manifestiert sich in Hoffmanns berühmtem Ausspruch: »Nur der Dichter kennt den Dichter«. In dieser Aussage ist der Glaube des romantischen Künstlers, er verfüge über privilegierten Zugang zu einer höheren Gemeinschaft gleich gesinnter Seelen, auf den Punkt gebracht.[3] In *Die Kunst und die Revolution* und in Wagners anderen nachrevolutionären Essays wird deutlich, dass der Akt der Selbsterkenntnis darauf beruht, dass man in einer etablierten und scharf umrissenen Gruppe den Status eines Mitglieds hat. Für Hoffmann war dies die Gemeinschaft der Künstler, für Wagner eine größere Volksgemeinschaft mit gemeinsamen Bindungen. So wie Wagner es sah, wurde, wenn der Grieche sich in der Darstellung seines Wesens im Kunstwerk selbst erkannte, diese Erkenntnis keinem Andersartigem gewährt.

Der Gedanke des Erkenntnisprivilegs ist bei den genannten romantischen Autoren mit einem weiteren visionären Denkmodell gekoppelt, das sich bei Wagner ebenfalls findet. Es äußert sich in der Metapher einer überlegenen, hinter und unter den belanglosen Erscheinungen der Oberfläche verborgenen *Tiefe* – eine Metapher, die bereits die platonische Philosophie beherrscht, die von der Romantik aber auf spezifische Weise akzentuiert wurde. E. T. A. Hoffmann behauptete, das privilegierte Vermögen des Künstlers, andere Künstler als Geistesverwandte zu erkennen, sei mit seiner Fähigkeit verbunden, das Wesen der Kunst, ihre »Wahrheit«, in der Tiefe *unter* den unbedeutenden und mannigfaltigen Phänomenen des alltäglichen Lebens zu erkennen. Unter Zuhilfenahme räumlicher Metaphorik stellt Hoffmann ein verarmtes, oft irrelevantes System oberflächlicher Zeichen jenem entscheidenden, in der Tiefe verborgenen Wissen gegenüber, das nur wenigen Herausgehobenen verfügbar ist, die es wahrnehmen und aufdecken können. Auch bei Hoffmann ist das hermeneutische Ereignis, die Wahrnehmung verborgenen Wissens, ein Akt des *Wiedererkennens*: Das privilegierte Individuum erspürt etwas, zu dem es schon immer eine prädisponierte, innerliche Verwandtschaft hatte. Hoffmanns Metapher der überlegenen Tiefe, die, im Gegensatz zur minderwertigen Oberfläche, nur wenigen zugänglich ist, erscheint in Wagners Schriften und Bühnenwerken wiederholt. Wenn der Romantiker die Wahrheit hinter den Zeichen erspürt – sei es, dass diese Wahrheit den Schlüssel zur künstlerischen Identität bereithält wie bei Hoffmann oder, wie bei Wagner, den Schlüssel zur Mitgliedschaft in einer Gemeinschaft –, dann missachtet er die belanglosen Äußerlichkeiten und taucht lieber in die wunderbaren, erhabenen »Tiefen« ein. Denn dort »erkennt« er das Wesen der Dinge, die er zuvor nur vorausschauend erahnt hatte, und auf diese Weise ist er ein »Wissender«. (Schon ehe Wagner seine berühmtesten programmatischen Essays in den Jahren unmittelbar nach der gescheiterten Revolution von 1848/49 verfasste, hatte er die Metapher der tieferen Einsicht des Künstlers verwendet – allerdings gekoppelt mit dem Motiv der sozialen Isolation: im *Tannhäuser*, der in seiner Bildlichkeit E. T. A. Hoffmanns Erzählung *Die Bergwerke zu Falun* [1819] stark verpflichtet ist.)[4]

Novalis' berühmte Passage aus seinem Roman *Heinrich von Ofterdingen* (1802), in welcher der Dichtkunst gegenüber den anderen Künsten eine herausragende Stellung zuerkannt wird, basiert ebenfalls auf der Raummetaphorik, die sich bei Hoffmann findet und der zufolge ein scharfer Gegensatz besteht zwischen dem privilegierten Zugang zu den verborgenen Tiefen und der uninspirierten Wahrnehmung reiner Oberflächenphänomene: »Es ist alles innerlich, und wie jene Künstler [Maler und Musiker] die äußern Sinne mit angenehmen Empfindungen erfüllen, so erfüllt der Dichter das inwendige Heiligtum des Gemüts mit neuen, wunderbaren und gefälligen Gedanken […] Wie aus tiefen Höhlen steigen alte und künftige Zeiten, unzählige Menschen, *wunderbare* Gegenden und die seltsamsten Begebenheiten in uns herauf.«[5] Dass diese Gegenüberstellung von überlegener Tiefe und unterlegener Oberflächlichkeit mit jener von privilegierter poetischer Empfindsamkeit und allseits anzutreffender mondäner Abgestumpftheit zusammenfällt, wird auch in einem Gedicht aus einem anderen Teil dieses romantischen Romans deutlich:

Der ist der Herr der Erde
Wer ihre Tiefen mißt,
Und jegliche Beschwerde
In ihrem Schoß vergißt.

Wer ihrer Felsenglieder
Geheimen Bau versteht,
Und unverdrossen nieder
Zu ihrer Werkstatt geht.[6]

Solche unerschrockenen poetischen Vorstöße in die Tiefe sind allerdings nur jenen vergönnt, die über die angeborene Empfänglichkeit und Leidenschaft verfügen, zu erkennen, was unter der Willkür und Kontingenz der Oberflächenerscheinungen verborgen liegt. Genau das impliziert auch Joseph von Eichendorff in einem seiner berühmtesten Gedichte, in Versen, die für die deutsche Romantik besonders charakteristisch sind:

Schläft ein Lied in allen Dingen,
Die da träumen fort und fort,
Und die Welt hebt an zu singen,
Triffst du nur das Zauberwort.[7]

Nur der Romantiker kann diese verborgene Welt wahrnehmen und ihr »Zauberwort« finden. Dieser Topos der vergleichenden Gegenüberstellung von armseligen Oberflächenphänomenen und überlegenen, vor allem *privilegierten* Tiefen bildet auch in Richard Wagners Ästhetik einen wichtigen Dreh- und Angelpunkt. Auf diesem Motiv basieren viele Metaphern in seinen theoretischen Schriften und Musikdramen, nicht zuletzt die Polarität von überlegener Tiefe und unterlegener Oberfläche am Ende von *Das Rheingold*. Dieses Denkmodell schließt auch die Zurückweisung alles dessen ein, das nicht als bereits bekannt wahrgenommen wird. Dieser Komplex ist das Erbe einer geistigen Tradition, deren Vollender der Spätromantiker schlechthin, Richard Wagner, werden sollte:

Rheingold!
Reines Gold!
O leuchtete noch
in der Tiefe dein laut'rer Tand!
Traulich und treu
ist's nur in der Tiefe:
falsch und feig
ist, was dort oben sich freut! (MD, 577)

Ein zentraler Aspekt von Wagners Erkenntnis-, Tiefen- und Oberflächenmetaphorik ist die Vorstellung, irgendwie biete das Kunstwerk dem rezipierenden Publikum ein Gegenstück oder eine repräsentative Darstellung seiner selbst. Wenn Wagner im ersten Teil von *Oper und Drama* die Rolle der Musik im wahren Kunstwerk der Zukunft metaphorisch beschreibt, dann benutzt er genau dieselben Bilder der Tiefe, Oberfläche und visuellen Widerspiegelung, die sich schon in seiner Erörterung des Theaters im antiken Griechenland fanden – und zwar deshalb, weil hier wie dort das Werk als ästhetisches Spiegelbild der Zuschauer verstanden wird.[8] Laut Wagner waren in der klassischen Antike die Künste nicht in getrennte Genres unterteilt, wie wir sie heute kennen, sondern zu einem einzigen organischen Ganzen verschmolzen, zu einer ästhetischen Einheit. Diese Einheit wiederum spiegelte die innere Verbundenheit der Gemeinschaft der Betrachter wider. Mit der Auflösung der griechischen Polis ging indes auch die Auflösung jenes Kunstideals einher: Das Gesamtkunstwerk ›Drama‹ löste sich in seine Bestandteile auf, und diese wurden zu den getrennten Kunstgattungen Tanz, Malerei, Bildhauerei, Architektur, Musik und Dichtung.[9] Es sollte die entsagungsvolle Aufgabe des revolutionären Kunstwerks der Zukunft werden, diese disparaten Elemente für eine zukünftige Gesellschaft wieder zusammenzuführen: für eine Gemeinschaft, deren wiedervereinigtes Antlitz sich in der Wiedervereinigung der zuvor getrennten ästhetischen Elemente der Zukunftskunst spiegeln sollte. In dieser Welt werde wie im alten Griechenland der Zuschauer sich und den Zusammenhang seiner sozialen Sphäre in der Darstellung auf der Bühne wiedererkennen. Deshalb konnte Wagner für das Kunstwerk wie für das Publikum dieselben Metaphern benutzen. Und jenes Bild, das er am häufigsten wählte, war eine Metapher aus dem körperlichen Bereich: das Auge. Das Kunstwerk, in die metaphorischen Körper seiner Betrachter gefasst, enthält in seinen »Tiefen« das Wesen jener, die beim Sehen intuitiv in ihrem Innern Erkenntnis gewinnen. In der Metapher des Sehens mit den Augen enthält es überdies seinen eigenen Brennpunkt. In *Oper und Drama* beschreibt Wagner musikalische Strukturen, im Grunde aber das Kunstwerk der Zukunft, wie folgt:

Wie das Innere wohl der Grund und die Bedingung für das Äußere ist, in dem Äußeren sich aber erst das Innere deutlich und bestimmt kundgibt, so sind Harmonie und Rhythmus wohl die gestaltenden Organe, die Melodie aber ist erst die wirkliche Gestalt der Musik selbst. Harmonie und Rhythmus sind Blut, Fleisch, Nerven und Knochen mit all dem Eingeweide, das gleich jenen beim Anblicke des fertigen, lebendigen Menschen dem beschauenden Auge verschlossen bleibt; die Melodie dagegen ist dieser fertige Mensch selbst, wie er sich unserem Auge darstellt. Beim Anblicke dieses Menschen betrachten wir einzig die schlanke Gestalt, wie sie in der formgebenden Abgrenzung der äußeren Hauthülle sich uns ausdrückt; wir versenken uns in den Anblick der ausdrucksvollsten Äußerung dieser Gestalt in den Gesichtszügen, und haften endlich beim Auge, der lebenvollsten und mitteilungsfähigsten Äußerung des ganzen Menschen, der durch dieses Organ, das sein Mitteilungsvermögen wiederum nur aus der universellsten Fähigkeit, die Äußerungen der umgebenden Welt aufzunehmen, gewinnt, zugleich sein Innerstes am überzeugendsten uns kundgibt. So ist die Melodie der vollendetste Ausdruck des inneren Wesens der Musik, und jede wahre, durch dieses innerste Wesen bedingte Melodie spricht auch durch jenes Auge zu uns, das am ausdrucksvollsten dieses Innere uns mitteilt […]. (DS 7:106f.)

Das Kunstwerk der Zukunft enthüllt dem kundigen Blick seine Tiefen durch seine Physiognomie – es ist ein Wesen, das die betrachtenden Zuschauer widerspiegelt. Diese Symbiose des Sehens aber, die zwischen Kunstwerk und Gemeinschaft besteht, schafft eine Verbindung zwischen dem ästhetischen Konstrukt als metaphorischem und der Gemeinschaft als politischem Körper, bestehend aus realen menschlichen Körpern mit echten Physiognomien. Es verwundert also nicht, dass das »Auge« hier das wichtigste Bild ist. Als metaphorisches Korrelat zum Körper der Gesellschaft basiert das Kunstwerk der Zukunft selbst auf dem metaphorisch verstandenen Akt des Sehens. Durch seine ästhetische Gestalt werde es, wie Wagner hoffte, auch der zukünftigen Gesellschaft jene Erkenntnis und jenes »Wissen« ermöglichen, die sich innerhalb der idealisierten Vergangenheit für die antiken Griechen entfaltet hatten. Darum sind Wagners Begriffe zur Bezeichnung des Kunstwerks der Zukunft und jene, die er zur Bezeichnung des idealen Vorläufers der zukünftigen deutschen Gemeinschaft verwendete, ebenfalls ähnlich: *Gesamtkunstwerk* beschreibt das reformatorische Kunstwerk der Zukunft, und dieser Begriff ruft den des *Gesamtwesens* in Erinnerung, den Wagner für das griechische Theaterpublikum benutzt hatte, für den Vorgang des Einswerdens mit der gesamten Gemeinschaft im Theatererlebnis (*Die Kunst und die Revolution*, DS 5:277). Genau das war auch das Ziel des neu entworfenen Gesamtkunstwerks der Zukunft. Metaphorisch sollte dieses Werk das utopische Programm des Einswerdens in Szene setzen, für das es im idealisierten sozialen Kontext eines zukünftigen Deutschlands gedacht war. Und es sollte die Vereinigung der Deutschen nicht nur darstellen, sondern darüber hinaus ein Vorbild für sie schaffen, einen Spiegel, in dem sich die Betrachter wieder erkennen konnten. In Wagners Vorstellungswelt waren der gesellschaftliche Körper und das Kunstwerk als Körper zwei sich wechselseitig bedingende Erscheinungsformen desselben Phänomens, und die beiden Zentralmetaphern »Auge« und »Körper« enthalten den Schlüssel dafür, wie sich Wagner die ideale Gesellschaft und das dazugehörige repräsentative Kunstwerk vorstellte.

Freilich, das wahre Kunstwerk – sei es nun eine griechische Tragödie oder das Kunstwerk der Zukunft – ist nicht für jedermann gedacht und geeignet. Während die Metaphern der Tiefe und des Sehens in der Vorstellungswelt von E. T. A. Hoffmann, Novalis und Eichendorff eine Elite der Privilegierten nur *impliziert* hatten, benutzt Wagner seine Metaphern, um ausdrücklich die Auserwählten vom ›Fußvolk‹ zu scheiden. Wagner argumentiert, dass der vom wahren Kunstwerk gewährte Akt der Erkenntnis gerade darum ein Privileg der Auserwählten sei, weil er auf der *Ausschließung* all jener beruhe, die als andersartig gelten. Das Erkennen des Fremdartigen und seiner Unterschiedlichkeit aber wird, wie wir noch sehen werden, vom Körper bestimmt und von der Fähigkeit, körperliche Merkmale zu erkennen und einzuordnen. In *Die Kunst und die Revolution* wird deutlich, dass nur der Grieche – und niemand sonst – sich selbst und seine Mitgriechen kennen und erkennen kann. Mitten in seiner Erörterung der Selbsterkenntnis des Griechen im Theater schrieb Wagner folgende ideologisch hochwichtige Schlüsselstelle:

[V]erachtend jenes weichliche Vertrauen, das unter dem schmeichleri-
schen Schatten einer fremden Fürsorge zu träger, egoistischer Ruhe sich
lagert; immer auf der Hut, unermüdlich zur Abwehr äußeren Einflusses,
keiner noch so altehrwürdigen Überlieferung Macht gebend über sein
freies, gegenwärtiges Leben, Handeln und Denken, – verstummte der
Grieche vor dem Anrufe des Chores, ordnete er sich gern der sinnreichen
Übereinkunft in der szenischen Anordnung unter, gehorchte er willig der
großen Notwendigkeit, deren Ausspruch ihm der Tragiker durch den
Mund seiner Götter und Helden auf der Bühne verkündete. (DS 5:277)

Nur jene, die eine gemeinsame Einstellung zum Leben teilen,
können sich im Gesamtkunstwerk erkennen und wieder erkennen
– einem Werk, das seinerseits dazu gedacht ist, an das Gesamtwesen eines vereinten Volkes zu appellieren, mithin eines Volkes, das
man sich als *homogene* Einheit vorzustellen hat. Die Kehrseite der
Gemeinschaft, die durch Wiedererkennung und Erkenntnis der
eigenen Bindungen an die Mitbürger verstärkt wird, ist nämlich
die *Wahrnehmung der eigenen Unterschiedlichkeit* gegenüber all
jenen, die dieser idealisierten Gemeinschaft nicht angehören und
deren Merkmale durch ihren Gegensatz zur privilegierten Ordnung definiert sind: Sie sind »Außenstehende« und »Fremde«
mit einem »egoistischen« Wesen, das zum Individualismus neigt
– und damit zum Gegenteil der Gemeinschaft. Diese Eigenschaften haben im Wesen des griechischen Geistes keinen Platz, und
ihre Zurückweisung hat nicht zuletzt den Zweck, die Grenzen der
idealisierten, überlegenen Gruppengemeinschaft der Griechen
zu definieren. Wagners gesamte Gesellschaftstheorie basiert, wie
auch seine Vorstellung von der Rolle der Kunst in der Gesellschaft, auf der Zurückweisung des als fremd und andersartig
Erkannten. Bei Wagner dient die Selbsterkenntnis niemals dazu,
das Individuum von seiner *eigenen* Art abzusondern, sondern nur
dazu, soziale Bindungen zu verstärken: Wer erkennt, dass er
selbst anders ist als andere, erkennt zugleich auch seine Verbindung mit jenen, die nicht anders, sondern so sind wie er selbst. In
Das Kunstwerk der Zukunft sagt Wagner ausdrücklich: »Was sich
unterscheiden soll, muß notwendig *das* haben, wovon es sich zu
unterscheiden hat. Wer ganz er selbst sein will, muß erst erkennen, was er ist; dies erkennt er aber erst im Unterschiede von

dem, was er nicht ist: wollte er das von ihm sich Unterscheidende von sich abtrennen, so wäre er selbst eben ja nichts Unterschiedenes, somit sich selbst Erkennbares mehr.« (DS 6:39) Die Erkenntnis dient also nicht einfach dazu, die eigene Identität zu etablieren, sondern schließt einen Ausschließungsvorgang mit ein. Das Selbst erkennt sich selbst, indem es die Bindungen zu seiner Gemeinschaft erspürt und die Unterschiede zwischen sich und den Fremden erkennt. Immer klarer arbeitet Wagner ein in sich geschlossenes Bild der Gemeinschaft heraus, die auf *Gleichartigkeit* beruht und aus Individuen besteht, die einander *ähnlich* sind.

In all seinen essayistischen Werken und in vielen seiner dramatischen Gedankenentwürfe entwickelt Wagner seine Argumente durch polarisierende Gegensatzstrukturen in Modellen, die auf Ausschließung des Fremdartigen beruhen. Der Dualismus von gleichartig und fremdartig, Freund und Feind, ist tief und fest in seinem Denken verwurzelt. In *Die Kunst und die Revolution* schreitet der Gedankengang durch Gegenüberstellung von diametral entgegengesetzten Bildern voran: das klassische Griechenland gegen Rom; das klassische Griechenland gegen das Christentum; die Rolle der Kunst im verlorenen, idealisierten klassisch-antiken Paradies gegen die Rolle der Kunst in der modernen Welt, wo sie kaum noch etwas Anderes ist als Futter für die Kulturindustrie. Hinter all diesen antithetischen Bildern steht der unmittelbare Vergleich von kategorisch unvereinbaren Gesellschaften. Die eine ist homogen und besteht nur aus gleich gesinnten, einander ähnlichen, zu einer gemeinschaftlichen Einheit verbundenen Menschen, die jene gemeinschaftlichen Bindungen erkennen können, von denen sie bereits wissen. Die andere hingegen ist *heterogen*, gemischt, voll unähnlicher, disparater, fremdartiger Elemente – und darum für Wagner minderwertig. Freund und Feind, Artverwandtes und Artfremdes bilden die unversöhnlichen Pole von Wagners Sozialtheorie auf der Grundlage des Erkennens von Ähnlichem, und der Abgrund zwischen beiden Bereichen blieb für ihn zeitlebens unüberbrückbar. (Noch in einem seiner letzten Essays, *Erkenne dich selbst* [1881], in dessen Titel Wagners allgegenwärtige Erkenntnis- und Gesellschaftstheorie abermals anklingt, heißt es: »Was nicht erkannt wird, darauf wird losgeschlagen [...].« [GS 14:182])

Für Wagner hatte der Untergang des antiken Griechenlands direkt mit dem Überhandnehmen des Individualismus und des heterogenen Partikularismus zu tun, die er in den späteren Gesellschaften Roms, des Christentums und der modernen Welt lokalisierte. Dieser Partikularismus zerstörte die gemeinschaftliche Vertrautheit und Homogenität der griechischen Polisgesellschaft, und Wagner brachte ihn mit Fremden unterschiedlicher nationaler Herkunft in Verbindung (aber auch mit deren vorrangiger Beschäftigung mit Geld, wie wir noch sehen werden). Unverkennbar dienen Griechenland und Rom hier als Folien für Wagners Gedanken zur Rolle der Künste im Deutschland des 19. Jahrhunderts und in den nichtdeutschen Ländern: Er verbindet den Niedergang des nachgriechischen Zeitalters, der für ihn mit der »egoistischen Individuation« der Fremden unterschiedlicher nationaler Herkunft zusammenhing, mit der Heterogenität des im Niedergang befindlichen modernen Europas:

Die Römer hatten einen Gott *Mercurius*, den sie dem griechischen Hermes verglichen. Seine geflügelte Geschäftigkeit gewann bei ihnen aber eine praktische Bedeutung: sie galt ihnen als die bewegliche Betriebsamkeit jener schachernden und wuchernden Kaufleute, die von allen Enden in den Mittelpunkt der römischen Welt zusammenströmten, um den üppigen Herren dieser Welt gegen vorteilhaften Gewinn alle sinnlichen Genüsse zuzuführen, welche die nächst umgebende Natur ihnen nicht zu bieten vermochte. Dem Römer [...] ward [...] der Gott der Kaufleute, Merkur, zugleich zum Gott der Betrüger und Spitzbuben.
Dieser verachtete Gott rächte sich aber an den hochmütigen Römern, und warf sich statt ihrer zum Herren der Welt auf: denn krönet sein Haupt mit dem Heiligenscheine christlicher Heuchelei, schmückt seine Brust mit dem seelenlosen Abzeichen abgestorbener feudalistischer Ritterorden, so habt ihr ihn, den Gott der modernen Welt, den heilig-hochadeligen Gott der fünf Prozent, den Gebieter und Festordner unserer heutigen – Kunst. Leibhaftig seht ihr ihn in einem bigotten englischen Bankier [...] vor euch, wenn er sich von den ersten Sängern der italienischen Oper [...] vorsingen läßt [...]. Das ist *Merkur* und seine gelehrige Dienerin, die *moderne Kunst*. (DS 5:284 f.)

Wagners Argumentation, die von der Welt der antiken Griechen zum modernen Europa fortschreitet, basiert auf der von ihm so gesehenen Verbindung zwischen Ausländern und Kommerz (zwischen disparaten, nicht vertrauenswürdigen ausländischen Elementen der Kultur und der Verwandlung von Kunst in eine Ware). Der Schritt von den durch umherziehende Kaufleute im alten Rom ermöglichten »sinnlichen Genüssen« zur modernen Verschmelzung nationaler Identitäten in der Privataufführung italienischer Opern für den englischen Bankier sorgt dafür, dass die mit den römischen Zuständen assoziierten Eigenschaften auf Wagners Sicht der nichtdeutschen Zivilisation (besonders in Italien, Frankreich und England) leicht zu übertragen sind. Umgekehrt bietet die idealisierte Gemeinschaft der Griechen ein Vorbild für Wagners utopische Vision eines zukünftigen Vaterlands. Die unversöhnlichen Gegensätze des Griechischen und Nichtgriechischen nehmen im Verlauf seines Essays immer spezifischere Konturen an, passend zu Wagners Kritik des modernen Zeitalters. Multiethnische Pluralität, Kommerz, Egoismus und Individualisierung stehen für die nichtgriechische (und nichtdeutsche) Welt, während Ähnlichkeit, Homogenität und Gemeinschaftsgeist als Kennzeichen der griechischen Gesellschaft und ihres Theaters erscheinen – eines Theaters, in dem sich das vereinte, gleichartige Gesamtwesen dieser Gesellschaft widerspiegelte. Und genau diese Merkmale spielten in Wagners Gedanken über Deutschland und das deutsche Theater eine entscheidende Rolle, besonders in seinen Vorstellungen von einem zukünftigen Deutschland, das von den Eigenschaften der nichtdeutschen Welt gereinigt wäre – Eigenschaften, die seinem geliebten und privilegierten Vaterland damals aber noch zu schaffen machten. Diese antithetischen Bilder der Gesellschaft stehen, wie noch zu zeigen sein wird, zu Wagners Metaphern des Auges und des visuellen Erkennens in enger Beziehung.

Die Kunst und die Revolution, die Schrift, in der Wagners ideologisches Programm so anschaulich dargestellt ist, befasst sich vor allem mit dem Egoismus als Gegenbegriff zur Gemeinschaft. (Im Bereich der Ästhetik zeigte sich der Egoismus im Partikularismus der getrennten, isolierten, individuellen Kunstgattungen, wie sie für die nachgriechische Kunst symptomatisch waren, aber auch in der »egoistischen«, vom Kommerz beherrschten Welt.) Wie bereits dem Titel des Aufsatzes zu entnehmen ist, geht es Wagner um ein revolutionäres Programm: für eine andere Art von Kunst, für eine andere Art von Theatererlebnis und für eine andere, von der selbstsüchtigen, ichbezogenen Individuation errettete Gesellschaft. In der antiken griechischen Welt war die Kunst laut Wagner keine Ware. Mithin dient Wagner die Kunst der römischen und der modernen Welt als Gegenbild zur idealisierten Öffentlichkeit und zur Funktion der Kunst im idealisierten Gemeinschaftserlebnis einer Theateraufführung im antiken Griechenland. In Wagners Gedankenwelt gehört der Kommerz in eine Welt, der die gemeinschaftliche Einheit abhanden gekommen ist, der Zusammenhalt all jener, die zu einer Gruppe gleichartiger und gleichgesinnter Menschen gehören. Die Welt des Kommerzes ist ein nachgriechisches, modernes Phänomen mit ausschließlich negativen Konnotationen; sie ist der Modus Vivendi der *Ausländer*, der »Betrüger und Spitzbuben« und der »bigotten englischen Bankiers«:

[Der] Geist [des Griechen] lebte nur in der Öffentlichkeit, in der Volksgenossenschaft: die Bedürfnisse dieser Öffentlichkeit machten seine Sorge aus […]. Zu dem Genusse der Öffentlichkeit schritt der Grieche aus einer einfachen, prunklosen Häuslichkeit: schändlich und niedrig hätte es ihm gegolten, hinter prachtvollen Wänden eines Privatpalastes der raffinierten Üppigkeit und Wollust zu frönen, wie sie heutzutage den einzigen Gehalt des Lebens eines Helden der Börse ausmachen; denn hierin unterschied sich der Grieche eben von dem egoistischen orientalisierten Barbaren. (DS 5:293)

Wagner argumentiert weiter, dass einst alle Menschen frei gewesen seien, ihre Gleichheit innerhalb der Gemeinschaft durch die Kunst zu feiern, dass jedoch jetzt, im Zeichen der partikularisierten Interessen der multikulturellen europäischen Gesellschaft des 19. Jahrhunderts, die meisten Menschen »Sklaven« seien, denen »von Bankiers und Fabrikbesitzern gelehrt wird, den Zweck des Daseins in der Handwerksarbeit um das tägliche Brot zu suchen.« (DS 5:294) Dieser Stand der Dinge sei auch für das Leben des modernen Künstlers typisch, der, so Wagner, allein dafür bezahlt werde, dass er Werke produziere, die aus isolierten, getrennten, disparaten Kunstelementen bestünden. Als Produkte der Kulturindustrie seien sie dazu bestimmt, in einer Institution wie der Pariser Grand Opéra rezipiert zu werden, die den gesellschaftlichen Prozess der Vereinzelung, Schichtenbildung und Entfremdung nur noch weiter vorantreibe. Die Bankiers und Fabrikbesitzer der modernen Welt und die Kaufleute, »Betrüger und Spitzbuben« im alten Rom, vereint im Zeichen des »Gottes der fünf Prozent« und an den unterschiedlichsten nationalen Orten anzutreffen, hätten also die längst verlorene Einheit der homogenen, aus nur einem Volksstamm bestehenden Gemeinschaft auf dem Gewissen. Ebendiese Einheit des Volkes aber war für Wagner der Nährboden einer Kunst, die, als ein dem Einzelnen nicht entfremdeter Teil der Öffentlichkeit, die vereinte Nation widerspiegelte.

Wagner behauptet, in der griechischen Vergangenheit habe das Kunstwerk »konservativ« sein können, weil es eine genuine Öffentlichkeit reflektiert und seinerseits verstärkt habe. In der modernen Welt hingegen müsse das authentische Kunstwerk (im Gegensatz zum für die Kulturindustrie produzierten Stückwerk und Schund) »revolutionär« sein. Es müsse sich gegen die Öffentlichkeit richten, um den sozialen Kontext zu verwandeln, damit es überhaupt authentisch existieren könne. So soll gemäß Wagners utopischem Programm das revolutionäre (Wagnersche) Kunstwerk der Zukunft gleichzeitig als Vorbild und *als vorauseilender Spiegel* einer zukünftigen, höheren Welt fungieren. Während das Gesamtkunstwerk im antiken Griechenland die Gemeinschaft eines vereinten, einheitlichen Volkes reflektierte, kann das revolutionäre Kunstwerk, das noch nicht auf einen entsprechend homogenen sozialen Kontext bauen kann, sein zukünftiges Publikum nur exemplarisch vorwegnehmen: Es vermag die Welt, für deren Realisierung es geschaffen wurde, lediglich zu postulieren, weil diese Welt noch nicht existiert. Indem das Kunstwerk der Zukunft sein schon vor langer Zeit verlorenes griechisches Vorbild in Erinnerung ruft, trägt es mit Hilfe seiner metaphorischen Fähigkeit, ein Ideal zu reflektieren, zur Wiederentstehung einer gemeinschaftlichen Identität bei, und damit auch zur Schaffung dieser höheren, zukünftigen Welt. Mithin stehen zwei fundamental unvereinbare Arten von Kunstwerken – einerseits ein Konglomerat aus disparaten, isolierten, egoistischen Elementen, andererseits ein einheitliches, »organisches« Ganzes – für zwei gegensätzliche Gesellschaftsordnungen, für die diametral entgegengesetzten Sphären des Kommerzes und der Gemeinschaft.

Selbst die unterschiedlichen Aufführungsbedingungen in den Theatern des antiken Griechenland und der modernen Welt, womit Wagner wohl das Theater in Epidaurus und das große Pariser Opernhaus meint, spiegeln für ihn die unterschiedlichen Funktionen des Theaters innerhalb der jeweiligen Gesellschaft wider: Hinter dem einen steht das Konzept der Inklusivität auf der Basis von Gleichen, während das andere, begünstigt von den Mächten des Kapitalismus und Egoismus, für Entfremdung und soziale Trennung steht. Im antiken Griechenland reichte die Bühne in den Zuschauerraum hinein, der sie an drei Seiten umgab. In dieser räumlichen Anordnung manifestierte sich für Wagner ein volksnahes, inklusives Theaterkonzept, das sich von dem der modernen Opernhäuser vollkommen unterschied: Dort war das Publikum vom Bühnengeschehen durch ein Proszenium und einen Orchestergraben getrennt. Vor dem Hintergrund dieser entgegengesetzten Darstellungsformen unterschiedlicher Gesellschaften mit unterschiedlichen Kunstauffassungen entwickelte Wagner sein Konzept für das Festspielhaus in Bayreuth. Dieses moderne griechisch-deutsche Theater sollte keine Logen haben; es war bewusst egalitär gestaltet (siehe Abbildung 6).

Wie fügen sich nun Wagners Metaphern des Sehens in seine diametral entgegengesetzten Gesellschaftsmodelle von Antike und Moderne ein? Welche Rolle spielt das Sehen in den Theatern, die für beide Gesellschaften stehen? Wagners Gesellschaftsbild basiert auf der Vorstellung, dass die aus gleichartigen Mitgliedern bestehende, in sich einige Volksgemeinschaft ihre Grenzen dadurch bestimme, dass sie das Andersartige identifiziere und zurückweise. Die andere, heterogene Gruppe hingegen verfüge,

6. *Das Innere des Bayreuther Festspielhauses (ohne Bestuhlung).*
Zeichnung von Louis Sauter, 1875 (Nationalarchiv der
Richard-Wagner-Stiftung/Richard-Wagner-Gedenkstätte, Bayreuth)

da sie lediglich eine äußerliche Ansammlung disparater Elemente sei, nicht über einen identitätssichernden visuellen Mechanismus. Und welche Merkmale bezeichnen die Differenz? Woran erkennt der Grieche oder der Deutsche die »schachernden und wuchernden Kaufleute« aus fremden Ländern, die »egoistischen orientalisierten Barbaren«? In der modernen Welt geschieht dies *durch die körperlich sichtbaren Rassenmerkmale.* An diesem Punkt gehen Wagners Gedanken über das Erkennen des Gleichartigen, über Egoismus, Kommerz und das Erscheinungsbild der modernen heterogenen Welt sowie über das für diese Welt stehende, in Einzelteile zerfallene Kunstwerk ineinander über. Denn in Wagners Theorien sind all diese Begriffe aufs Engste mit den Juden verbunden, und die Juden sind in Wagners Kultur – wie auch in seinen Werken – eindeutig an ihrer idiosynkratischen Physiognomie und am körperlichen Erscheinungsbild ihrer Rasse erkennbar.

Der korrumpierendste Einzelfaktor, der zu den Auflösungserscheinungen der modernen Welt beitrug, war für Wagner die Herausbildung der Machtinteressen von Industrie und Staat, und er brachte diese Entwicklung in der für das 19. Jahrhundert typischen antisemitischen Manier auf das Engste mit dem jüdischen Einfluss in der Finanzwelt in Verbindung.[10] Wagners Argument läuft darauf hinaus, dass die Juden – mit ihrer Prominenz im Bankwesen und im expandierenden Verlagswesen, mit ihrem präzedenzlosen Einfluss in der modernen Welt im Allgemeinen, und speziell in den Theater- und Musikinstitutionen Europas – keine Deutschen seien. Aus seiner Sicht verfügten sie über ein Übermaß an »nichtdeutschen« Eigenschaften – ebenjenen Zügen, die er in *Die Kunst und die Revolution* mit der nachgriechischen Kultur assoziiert hatte: Habgier, Egoismus, Lieblosigkeit, Unmoral, ein von fleischlichen Gelüsten bestimmtes Wesen sowie die Fähigkeit, die Gesellschaft, in der und durch die sie lebten, nachzuahmen (wenn auch nicht bis zur Perfektion).[11] Schon 1841, lange vor seiner konzentrierten Abfassung von Essays in den Exiljahren unmittelbar nach der Revolution von 1848/49, ließ Wagner antisemitische Bemerkungen über den Komponisten Giacomo Meyerbeer fallen. Dessen »jüdische« Neigung, finanziell gute Geschäfte zu machen, hatte ihm laut Wagner in Paris Wohlstand und Erfolg gebracht. Außerdem habe Meyerbeer maßgeblichen Einfluss auf Erscheinungsbild und Rezeption der Musik in der internationalen Kulturszene gewonnen. All dies formulierte Wagner unverblümt in seinem Essay *Pariser Fatalitäten für Deutsche*, der sich unter dem Pseudonym »V. Freudenfeuer« an ein deutsches Publikum richtete:

[Gelangt ein deutscher Musiker in Paris] zu höheren Glücksstufen, z. B. wird er gesetzgebender Komponist der Großen Oper, wie Meyerbeer, so hat er dies nur als Bankier bewirkt, denn ein Bankier kann alles in Paris, selbst Opern komponieren und aufführen lassen.
[…] Die *deutschen Bankiers*, deren es hier eine ziemliche Anzahl gibt, gelten aber nicht mehr als Deutsche; sie sind über alle Nationalität, somit über alle Nationalvorurteile erhaben; sie gehören dem Universum und der Pariser Börse an. […] Rothschild ist in ihren Augen mehr Universaljude, als Deutscher […]. (DS 5:62)

Als wohlhabender Jude mit großem Einfluss in der Musikwelt (als Mitglied der »Börse«) ist Meyerbeer also kein Deutscher mehr, sondern Mitglied einer multikulturellen, pluralistischen Gesellschaft. Er wird den »egoistischen orientalisierten Barbaren« zugerechnet – einer Gruppierung, die im alten Rom aus bunt zusammengewürfelten, ethnisch disparaten »schachernden und wuchernden Kaufleuten« bestanden hatte und die nun im modernen Europa aus »bigotten« Bankiers bestand, für die die moderne Kunst lediglich eine »gelehrige Dienerin« war. (Noch vierzig Jahre später beklagte Wagner in *Erkenne dich selbst* den Zustand der damaligen Zivilisation als »barbarisch-judaistisches Gemisch« [GS 14:186].) Für Wagner hatte Meyerbeer seine nationale Identität verloren und stellte implizit eine Gefahr für die deutsche Kunst dar, weil er die Kunst in der modernen Welt zur Ware machte.[12] In Wagners Sicht sind Kunst und ihre Rezeption immer ein Kennzeichen der jeweiligen Gesellschaft. Darum stellt die jüdische Präsenz in den Künsten stets eine Bedrohung und ein Hindernis für die Errichtung einer einheitlichen, gleichartigen Gesellschaft und für die Wiedergeburt des griechischen Geistes in einem zukünftigen Deutschland dar, das frei sein sollte von fremdartigen jüdischen Elementen.

Wagners Antisemitismus ist bereits in seinen Essays aus den frühen 1840er-Jahren erkennbar, die er während seines Parisaufenthaltes zu Papier brachte. Doch die Verschmelzung seines Judenhasses mit seinen sozialkritischen Anliegen ist am klarsten entwickelt in den disparaten, auf den ersten Blick vor allem ästhetischen und sozialkritischen Reflexionen seiner ersten Exiljahre, 1848 bis 1851 (siehe Abbildung 7). Dies gilt besonders für den Essay *Das Judentum in der Musik*, den so viele apologetische Kritiker aus dem Kontext zu reißen versuchen und als Verirrung abtun, der aber – sowohl chronologisch als auch hinsichtlich seiner Bedeutung für Wagners utopische Pläne – unverrückbar seinen Platz inmitten der anderen revolutionären Schriften hat.[13] In diesem Aufsatz (dessen Rassismus nur offensichtlicher ist, aber keineswegs heftiger oder wesentlich anders als jener, der den anderen Essays zugrunde liegt) stellt Wagner emphatisch fest, die finanzielle Kontrolle der europäischen Kulturinstitutionen durch die Juden habe dazu geführt, dass der öffentliche Geschmack und damit auch die öffentliche Rezeption der Musik verdorben wor-

7. *Wagner in Paris im Jahre 1850, dem Erscheinungsjahr
von* Das Judentum in der Musik.
*Porträt von Ernst Benedikt Kietz (Nationalarchiv der Richard-Wagner-
Stiftung/Richard-Wagner-Gedenkstätte, Bayreuth)*

den sei: »Daß aber die Unmöglichkeit, auf Grundlage derjenigen Stufe, auf welche jetzt die Entwicklung der Künste gelangt ist, ohne gänzliche Veränderung dieser Grundlage Natürliches, Notwendiges und wahrhaft Schönes weiter zu bilden, den Juden auch den öffentlichen Kunstgeschmack unsrer Zeit zwischen die geschäftigen Finger gebracht hat, davon haben wir die Gründe hier etwas näher zu betrachten« (GS 13:10). (In einem Brief an Ferdinand Heine vom 14. September 1850 – dem Erscheinungsjahr von *Das Judentum in der Musik* – brachte Wagner seinen »furchtbaren ekel für die banquier-musikhurerei« zum Ausdruck. Dies ist nur ein weiteres Beispiel für Wagners Hass auf die prominente Stellung der Juden im Finanzwesen und ihren Erfolg und Einfluss in der Musikindustrie.[14]) Genau dieser Gedanke taucht weniger explizit, aber mit gleicher Vehemenz in Wagners langem, 1867 als Buch veröffentlichtem Traktat *Deutsche Kunst und deutsche Politik* auf, in dem Wagner die oft zitiert Maxime prägte, »*Deutsch*« sein heiße, »die Sache die man treibt, um ihrer selbst und der Freude an ihr willen treiben; wogegen das Nützlichkeitswesen, d. h. das Prinzip, nach welchem eine Sache des außerhalb liegenden persönlichen Zweckes wegen betrieben wird, sich als undeutsch [herausgestellt habe]« (DS 8:320). Betrachtet man finanziellen Gewinn als »außerhalb liegenden persönlichen Zweck«, dann ist der »Undeutsche« in Wagners Weltsicht, der zufolge der jüdisch beherrschte bürgerliche Kapitalismus die Welt unter Kontrolle habe, eindeutig der Jude. 1865 schrieb Wagner bei seinem Versuch, die Titelfrage des – erst 1878 veröffentlichten – Essays *Was ist deutsch?* mit Negativbeispielen zu beantworten, abermals über das merkantile Wesen der Juden und deren verderblichen Einfluss auf die moderne Welt. Er bezeichnete diesen Einfluss als

Eindringen eines allerfremdartigsten Elementes in das deutsche Wesen [...]. Der Jude scheint den Völkern des neueren Europas überall zeigen zu sollen, wo es einen Vorteil gab, welchen jene unerkannt und unausgenutzt ließen. [...] Sämtliche europäische Völker ließen die unermeßlichen Vorteile unerkannt, welche eine dem bürgerlichen Unternehmungsgeiste der neueren Zeit entsprechende Ordnung des Verhältnisses der Arbeit zum Kapital für die allgemeine Nationalökonomie haben mußte: die Juden bemächtigten sich dieser Vorteile, und am verhinderten und verkommenden Nationalwohlstande nährt der jüdische Bankier seinen enormen Vermögensstand. (DS 10:91f.)[15]

Was »deutsch« ist, wird durch das definiert, was *nicht* deutsch ist. Das kommerzielle »Wesen« des Juden stellt ein »allerfremdartigstes Element« dar, und die Negation dieses Wesens bestimmt die Grenzen der homogenen deutschen Gemeinschaft. Diese Ideenkonstellation (der korrupte moderne Staat, die unpersönliche, auf Geld basierende Interaktion, die parasitäre Macht und vor allem das fremdartige Wesen des Juden) kommt in Wagners Denken häufiger vor. Der nach Höherem strebende deutsche Künstler, isoliert in einer kulturell und rassisch heterogenen Welt, die durch den habgierigen Partikularismus der Juden geprägt ist, sehnt sich nach einer Welt ohne solche Mannigfaltigkeit und ohne individuellen Konkurrenzkampf, nach einer Welt, der es nicht so eminent an nationalem Gemeinschaftgeist mangelt. (Die Juden ihrerseits galten Wagner als Abkömmlinge der umherziehenden barbarischen Stämme aus dem Orient, die zum Niedergang der idealen, vom Zusammenhalt geprägten, vereinten griechischen Gemeinschaft und ihrer Kunst beigetragen hatten.) Die wahren Gesamtkunstwerke der Zukunft, die dieser Künstler plante, sollten gegen die modernen kommerziellen Theaterinstitutionen gerichtet sein und einer andersartigen, erst noch zu schaffenden Gesellschaft den Spiegel vorhalten. Diese wäre dann geprägt durch die vertraute, homogene Gemeinschaft der buchstäblich *gegen* die Juden eingestellten Volksgenossen.

Die Autoren, die Wagners Antisemitismus bisher untersucht haben, besonders Leon Stein, Robert Gutman, Hartmut Zelinsky und Paul Lawrence Rose, haben sich ausführlich mit der antisemitischen Stoßrichtung vieler Aufsätze und Traktate des Komponisten beschäftigt, besonders mit Wagners Ansichten über den verderblichen merkantilen Einfluss der Juden auf die allgemeine Kunstentwicklung in der westlichen Welt und speziell die der Musik. Doch niemand hat bisher die große Bedeutung des Motivs des Sehens als Verbindungsglied zwischen Wagners antisemitischen Schriften und seinen sozialen und ästhetischen Reformessays erörtert. Das Sehen dient ihm als Metapher, um seine unterschiedlichen Anliegen zu vereinen. Zugleich dient es als Schlüssel zu dem ideologisch konsequenten rassistischen Programm, das Wagners disparaten Aussagen zu ästhetischen Fragen, zur Kulturgeschichte und zur modernen Welt zugrunde liegt. Denn in Wagners Denken ist Sehen und Aussehen jenes metaphorische Medium, durch das sich eine Gesellschaft selbst definiert. In der Vorstellungswelt des 19. Jahrhunderts konnte man den Juden – mit allen üblen Eigenschaften, die Wagner und viele seiner Zeitgenossen in ihm sahen – an seinem angeblich idiosynkratischen, typischen Äußeren erkennen, was die Zurückweisung natürlich erleichterte. Wie ich noch zeigen werde, verbindet die Metapher der Widerspiegelung auch Wagners Prosaschriften mit seinen Musikdramen.

Wer die Zusammenhänge zwischen Wagners Antisemitismus und der Spiegelmetapher erörtert, muss unbedingt im Auge behalten, dass hinsichtlich der Juden die *physiologische Dimension* dieser Metapher von zentraler Bedeutung ist: Wagners Erkenntnismodell garantiert den Deutschen die rassische und nationale Abgrenzung – und damit auch die Einhaltung dieser Grenzen – gerade deshalb, weil in ihrer Kultur der Jude mit einer körperlichen Ikonographie behaftet war, die ihn von den Nichtjuden unterschied. Genau an diesem Punkt zeigt sich, dass Wagners Vorstellung, man könne das »Wesen« des Selbst und der Gemeinschaft erspüren, nicht nur eine Abstraktion – eben eine Metapher – ist, sondern dass seine Vorstellung auf der Annahme beruht, sie *wurzele* für alle, die es selbst erlebten, *in der physischen Realität*. Der Deutsche könne – wie der hypostasierte Grieche – in seinem Kunstwerk generell ein recht unbestimmtes »Wesen« erkennen, allerdings, wie wir nicht vergessen sollten, nur ex negativo, durch das Erkennen des Andersartigen. In der deutschen Vorstellungswelt des 19. Jahrhunderts aber war das Andersartige und der Andere schlechthin der Jude, und was ihn wesensmäßig bestimmte und grundlegend vom Deutschen unterschied, war sein Körper. Überträgt man Wagners Erkenntnismodell aus dem idealisierten Griechenland auf die moderne Welt, so erscheint die physische Präsenz jener, die wesensmäßig als mit dem deutschen

Volk unvereinbar gelten, als konstitutives Merkmal für die Markierung der Grenzen der modernen Gesellschaft: An diesem Punkt gehen demnach die Metapher und das – in Wagners Kultur mit rassistischen Implikationen befrachtete – physische Abbild ineinander über.

Wagner verwendet seine Metapher auf eigenwillige Weise, doch die körperlichen Merkmale, die er damit verband, waren nicht seine Erfindung, denn sein Bild des Juden ging auf eine Vielzahl deutscher kultureller Traditionen zurück, die damals weit verbreitet waren. *Das Judentum in der Musik* dokumentiert die zu Wagners Zeit weit verbreitete Überzeugung, die Andersartigkeit des Juden zeige sich in einer Fülle stereotyp fremdartiger Körpermerkmale: in seinem Aussehen wie in den Tönen, die er von sich gebe. (Dass er außerdem stinke und hinke, sind weitere Komponenten im Repertoire antisemitischer Stereotype zu Wagners Zeit, die auch in den Musikdramen Wagners eine Rolle spielen, wie ich in den Kapiteln III und IV belegen werde.) Eine der notorischsten Aussagen Wagners aus diesem Essay lautet: »Der Jude [...] fällt uns im gemeinen Leben zunächst durch seine äußere Erscheinung auf, die, gleichviel welcher europäischen Nationalität wir angehören, etwas dieser Nationalität unangenehm Fremdartiges hat: wir wünschen unwillkürlich mit einem so aussehenden Menschen nichts gemein zu haben« (GS 13:11). Genau, »mit einem so *aussehenden* Menschen«: Eine Gemeinschaft hat ihre Kennzeichen, die all jenen verfügbar sind, die dazugehören; und diese Zeichen lassen sich von den Merkmalen anderer unterscheiden, ja sie sind sogar fundamental unterschiedlich. Die Metaphern des Sehens, Erkennens und der Differenzierung basieren auf der Physiologie des wahrgenommenen Objekts, das als andersartig ebendeshalb wahrgenommen wird, weil sein Körper Eigenschaften aufweist, die nicht zum Katalog der nationalen Physiognomie gehören. Diese fremdartigen, nichtdeutschen Merkmale gelten darüber hinaus immer auch als körperliche Anzeichen psychologischer Charakterzüge, die gleichfalls als undeutsch gelten: Habgier, Egoismus und der Mangel an familiärer und gemeinschaftlicher Pietät. Durch sein *Aussehen* enthüllt der Jude dem Deutschen seinen Charakter, sein »fremdartiges«

Wesen, und wegen seines Aussehens will der Deutsche nichts mit ihm zu tun haben. In seinen ausführlichen *Aufklärungen über ›Das Judentum in der Musik‹*, die 1869 zusammen mit dem Nachdruck des Essays veröffentlicht wurden, machte Wagner die Verbindung zwischen dem zersetzenden Einfluss der Juden auf die deutsche Kunst und ihrer physiologischen Natur explizit: »Denn über *eines* bin ich mir klar: so wie der Einfluß, welchen die Juden auf unser geistiges Leben gewonnen haben, und wie er sich in der Ablenkung und Fälschung unsrer höchsten Kulturtendenzen kundgibt, nicht ein bloßer, etwa nur physiologischer Zufall ist, so muß er auch als unleugbar und entscheidend anerkannt werden« (GS 13:50). Wenn Wagner an dieser Stelle die Physiologie in den Bereich des »bloßen Zufalls« rückt, dann ist das nur eine rhetorische Geste, die seine Essays und Musikdramen an vielen Stellen dementieren. Tatsächlich ist für Wagner der Körper des Juden mit seinem frevlerischen Wesen aufs Engste verbunden (weswegen beide in einem Atemzug erwähnt werden). Gerade er bietet das Merkmal, anhand dessen man das Fremdartige unterscheiden kann, das für die Zukunft der deutschen Kultur so bedrohlich ist. Selbst wenn Wagner die Metaphorik des Sehens in einem abstrakteren, theoretischeren Kontext verwendet, ist die Physiologie des Fremdartigen stets mit gemeint – sozusagen als Begleitung und körperliche Negativfolie für die erhabenen Vorstellungen und Gedanken darüber, was gut für die höhere Gemeinschaft sei.

Wagners metaphorische Erörterung der Musik im Kunstwerk der Zukunft als quasi körperliches Wesen, wie sie sich in *Oper und Drama* findet, gewinnt somit eine weitere Dimension, wenn man sie mit den ausdrücklicher formulierten antisemitischen Äußerungen vergleicht. Denn impliziert ist ja, dass ein solches Werk als körperliche Metapher seines Publikums dazu dienen soll, eine Gemeinschaft zu reflektieren, die *anders aussieht* als jene Außenseiter, die von der Gemeinschaft zurückgewiesen werden. Aufgabe dieses Kunstwerkes ist es, ein vorbildhaftes Modell einer anderen, einzigartig deutschen Welt zu entwerfen, und deren Charakterisierung als Körper bedeutet auch für die Körperlichkeit jener, die das Werk repräsentieren soll, nicht wenig. In der metaphorischen Beschreibung jenes Kunstwerks steht das Auge nicht zufällig an erster Stelle, garantiert es doch gesellschaftliche Abgrenzung auf der Basis körperlichen Aussehens. Und Juden galten eben als physiologisch unterschiedlich von, wenn nicht gar als gegensätzlich zu Deutschen. Im zweiten Teil seiner Schrift *Das Kunstwerk der Zukunft* befasst sich Wagner unter der Überschrift »Der Mensch als sein eigener künstlerischer Gegenstand und Stoff« mit dem »große[n], allgemeinsame[n] Kunstwerk der Zukunft« als einem Werk, in dem es *in erster Linie um die Körperlichkeit seiner Protagonisten* gehe, und in diesem Kontext ist die Rede vom Auge als einem Unterscheidungsinstrument: »Das Auge erfaßt *die leibliche Gestalt des Menschen*, vergleicht sie der Umgebung und unterscheidet sie von ihr. Der leibliche Mensch und die unwillkürlichen Äußerungen seiner, durch äußere Berührung empfangenen, Eindrücke in sinnlichem Schmerz oder sinnlicher Wohlempfindung, stellen sich dem Auge unmittelbar dar« (DS 6:32). Weil die Funktion des Gesamtkunstwerks für Wagner darin besteht, die Grenzen der Gemeinschaft festzulegen, und weil diese Grenzen wiederum durch körperliche Merkmale bestimmt werden, ist auch das Werk selbst im Sinne dieser Merkmale, dieser Physiologie konzipiert. Das Kunstwerk reflektiert also nicht einfach das Bild der Gemeinschaft, sondern es schärft auch den Blick für physiologische Unterschiede, Letzteres vor allem durch Bewertung des körperlichen Erscheinungsbildes. Wenn also das zukünftige deutsche Publikum sein Abbild in den ästhetischen Darstellungen des Gesamtkunstwerkes wieder erkennt, wird dieses Werk metaphorisch einen Körper bilden, der die körperliche Gegenwart der Zuschauer reflektiert. Dabei wird jedoch die physische Realität jener metaphorischen Idee von entscheidender Bedeutung sein, denn der Unterschied zwischen den Körpern der Zuschauer und der Körperlichkeit der zurückgewiesenen Welt wird als real empfunden werden, als in der verifizierbaren Physiologie begründet. Mehr noch, das Werk als Metapher wird selbst auf dem Sehen basieren, das aufgrund der charakteristischen Ikonographie des Körpers die soziale Abgrenzung herstellt.

Folglich ist es nur konsequent, dass Wagner sich so nachhaltig mit den Sinnen als Grundlage seiner neuen ästhetischen Gesellschaftstheorie beschäftigt. Das Publikum des zukünftigen wahren Kunstwerks werde, so Wagner, das Gesamtkunstwerk durch Einfühlungsvermögen mittels seiner »Empfindungen« und nicht allein mit dem Verstand wahrnehmen (was als kalt und typisch jüdisch galt). Auf diese Weise werde es im Vorgang des verjüngenden Gemeinschaftserlebnisses im Theater sinnlich mit dem Werk vereint sein. Als Widerspiegelung der utopischen Gemeinschaft ist die Kunst, wie Wagner in *Die Kunst und die Revolution* schreibt, »die höchste Tätigkeit des im Einklang mit sich und der Natur sinnlich schön entwickelten Menschen« (DS 5:281). Der erste Plan für das revolutionäre Musikdrama, den Wagner im Zusammenhang mit den theoretischen Schriften der Zeit nach 1848 entwickelte, konzentrierte sich ganz auf den körperlichen Eindruck, den sein Held auf das Publikum machen sollte: Siegfried in *Siegfrieds Tod*, das später zum *Ring des Nibelungen* ausgeweitet wurde (Wagners Paradigma für die Übel der modernen Welt und für die Notwendigkeit der Wiederbelebung und Reinigung Deutschlands von den Juden, wobei die Grundspannung in diesem Werk zwischen der Natur und dem Geld besteht). Siegfried, und besonders sein Körper, sollte ein ästhetisches Vorbild für die Welt der Zukunft abgeben – eine Welt, in welcher der jüdische Körper und der Partikularismus der Juden keinen Platz mehr haben sollten. In seinem ersten Entwurf der Figur in einem Brief vom 25. Januar 1854 an seinen Freund August Röckel bezeichnet Wagner Siegfried als »den mir begreiflichen vollkommensten Menschen« und als »Mensch[en] der Zukunft«.[16] Diese Vorstellung basierte auf dem physischen Eindruck des Helden, auf Siegfrieds Körper, wie Wagner in *Eine Mitteilung an meine Freunde* (1851) eindeutig klarstellte: »Was ich hier ersah, war nicht mehr die historisch konventionelle Figur, an der uns das Gewand mehr als die wirkliche Gestalt interessieren muß; sondern der wirkliche, nackte Mensch, an dem ich jede Wallung des Blutes, jedes Zucken der kräftigen Muskeln, in uneingeengter, freiester Bewegung erkennen durfte: der *wahre Mensch* überhaupt.« (DS 6:290) Die physische, körperliche Dimension Siegfrieds drängte sich in Wagners Vorstellungskraft in den Vordergrund. Denn es war die äußere Erscheinung des Helden, jener dem Auge unmittelbar erkennbare Aspekt, der die Grundlage für dessen Identität und für jenes Drama bildete, das ihn dem einfühlsamen, sinnlich wahrnehmenden Blick des zukünftigen Publikums präsentieren sollte. Der Körper des Wälsungenhelden sollte dem deutschen Publikum, dessen körperliches Erscheinungsbild für seine völkische Identität ebenfalls von zentraler Bedeutung war, als Mittel der Reflexion dienen, ebenso wie der metaphorische Körper des Werkes. In Wagners ästhetischer Theorie sozialer Errettung liegen physisches Erscheinungsbild und Körpermetaphorik nie weit auseinander. In *Eine Mitteilung an meine Freunde* führt Wagner aus, er habe sogar eine zu seinem jungen Helden passende Versform entworfen, eine sprachliche Entsprechung zu Siegfrieds Körper. Und dieser »Verskörper« sei dem des physiologisch minderwertigen, intellektuell geprägten, rationalen Dramas weit überlegen:

So, wie dieser Mensch sich bewegte, mußte aber notwendig auch sein redender Ausdruck sein; hier reichte der nur *gedachte* moderne Vers mit seiner verschwebenden, körperlosen Gestalt nicht mehr aus; der phantastische Trug der Endreime vermochte nicht mehr als scheinbares Fleisch über die Abwesenheit alles lebendigen Knochengerüstes zu täuschen, das dieser Verskörper nur als willkürlich dehnbares, hin und her zerfahrendes Schleimknorpelwerk noch in sich faßt. [...] [A]n dem [sic] urmythischen Quelle, wo ich den jugendlich schönen Siegfriedmenschen traf, traf ich auch ganz von selbst auf den sinnlich vollendeten Sprachausdruck, in dem einzig dieser Mensch sich kundgeben konnte. Es war dies der [...] *stabgereimte Vers*, in welchem einst das Volk selbst dichtete, als es eben noch Dichter und Mythenschöpfer war. (DS 6:308f.)

Wenn Siegfried vor den Augen des deutschen Zuschauers auf der Bühne erscheint, evozieren seine Gestalt und seine Töne eine Metaphernhierarchie, die auf Siegfrieds überlegener Physiologie basiert: Durch den Zusammenfall von Rhythmus und Bewegung (man vergleiche das oben in der Einleitung über Wagners Theorie der Gestik Gesagte) steht Siegfried für die Wiedervereinigung jener ästhetischen Elemente, die im idealen griechischen Gesamtkunstwerk einst untrennbar miteinander verbunden, dann jedoch im Zeitalter des Partikularismus auseinander gefallen waren. Die inneren Beziehungen von Siegfrieds stabreimender

Rede und die Ähnlichkeit ihrer Bestandteile dienen zugleich auch als Metapher für die auf Gleichartigkeit basierenden sozialen Beziehungen all jener, für die das wahre Kunstwerk geschaffen wurde. Die bewusst übertriebene Körperlichkeit von Verssprache, Musik und visueller Präsenz des Helden indes unterstreicht Siegfrieds Naturnähe. Die Siegfried in den Mund gelegten Verse begründen das tiefinnerliche »Wesen« der deutschen Kunst, und das deutsche Publikum sollte darin das Gegenteil eines minderwertigen modernen Verstyps erkennen, der kaum mehr war als ein System semantischer Oberflächenphänomene ohne Tiefgang. Solche Oberflächlichkeit mochte vielleicht dem Blick all jener genügen, die nicht wirklich sehen konnten, doch dem durchdringenden Blick der deutschen Gemeinschaft konnte sie nicht standhalten – einer Gemeinschaft, die durch die Oberfläche hindurch in die Tiefe zu blicken und Wagners »sinnlich vollendeten Sprachausdruck« zu erfassen vermochte. Zudem stellen all diese im physiologischen Eindruck von Siegfrieds Körper gründenden Bedeutungen auch eine Zurückweisung jenes anderen, minderwertigen Körpertyps dar, der im zukünftigen Publikum keinen Platz mehr haben sollte: Dieser andere Körper, das Gegenbild zu Siegfried, war ein rein rationales Wesen ohne »lebendiges Knochengerüst«, an dessen Stelle »willkürlich dehnbare[s], hin und her zerfahrende[s] Schleimknorpelwerk« getreten war. Ein solches Wesen würde das deutsche Auge sofort als ausländisch und fremdartig erkennen. (Wagners Zeitgenossen entgingen die rassistischen Implikationen seines Helden übrigens nicht: In seinem sensationell populären Buch *Geschlecht und Charakter* schrieb Otto Weininger zwei Jahrzehnte nach dem Tod des Komponisten, die Figur des Siegfried sei »das Unjüdischste […] was erdacht werden konnte«.[17])

Dass Sprache hier mit dem Körper verglichen wird, ist kein Zufall, denn in allen theoretischen Schriften Wagners wird die Sprache als Leistung des *Volkes* gesehen und mit einer homogenen Volksgemeinschaft in Verbindung gebracht. In *Was ist deutsch?* etwa machte Wagner die Verbindung zwischen Sprache und umschriebener Gemeinschaft explizit, indem er die Titelfrage mit einer (falschen) Etymologie beantwortete. Dabei suggerierte er, dass, was klar und deutlich sei, für die Gemeinschaft der Deutschen auch unmittelbar erkennbar und verständlich sei, also für all jene mit gemeinsamen Bindungen und gemeinsamem Erbe. Solche Klarheit zeige sich auch in der Sprache der Gemeinschaft:

> Das Wort »deutsch« findet sich in dem Zeitwort »deuten« wieder: »deutsch« ist demnach, was uns *deutlich* ist, somit das Vertraute, uns Gewohnte, von den Vätern Ererbte, unserem Boden Entsprossene. [...] Es sind damit also diejenigen Völker bezeichnet, welche, in ihren Ursitzen verbleibend, ihre Urmuttersprache fortredeten, während die [zuvor deutschen,] in den ehemaligen romanischen Ländern herrschenden Stämme die Muttersprache aufgaben. An der Sprache und der Urheimat haftet daher der Begriff *»deutsch«*. (DS 10:85f.)

Einwanderer aus fremden Ländern standen in Wagners Bild vom Niedergang des antiken Griechenlands und vom Aufstieg Roms als Vorläufer der modernen Welt für Degeneration. Die umherziehenden »orientalischen Barbaren« in ihrer Diasporasituation, die mit einem anderen Blut und Boden verbunden waren, mit anderer Sprache und anderem Aussehen, waren für Wagner jene Elemente, die die homogene »Deutlichkeit« des antiken Griechenlands verwischt hatten. Sie bildeten auch die Antithese zu all dem, was im Deutschland des 19. Jahrhunderts vertraut oder klar war – also zu allem, was »deutsch« war. So verwundert es nicht, dass Wagner im Juden einen Ausländer sah, der gar nicht in der Lage war, sich das linguistisch definierte Idiom der Gemeinschaft anzueignen und Mitglied der Sprachgemeinschaft zu werden. Denn die Sprache als Errungenschaft eines Volkes kann von denen, die außerhalb der Gemeinschaft stehen, nur unvollkommen und oberflächlich nachgeäfft werden. Das behauptet Wagner in *Das Judentum in der Musik* mit Bezug auf jüdische Sprechgewohnheiten:

> [E]ine unsrer nationalen Sprache gänzlich uneigentümliche Verwendung und willkürliche Verdrehung der Worte und der Phrasenkonstruktionen gibt diesem Lautausdrucke vollends noch den Charakter eines unerträglich verwirrten Geplappers [...]. (GS 13:13)
> [S]o konnte [...] nur noch nachgeplappert werden, und zwar ganz peinlich genau und täuschend ähnlich, wie Papageien menschliche Wörter

und Reden nachpapeln, aber ebenso ohne Ausdruck und wirkliche Empfindung, wie diese närrischen Vögel es tun. (GS 13:17)

Sprache hat hier dieselbe Funktion wie der Körper in Wagners Schriften: So wie das Sehen dem antiken Griechen, aber auch dem einfühlsamen Deutschen des romantischen Zeitalters, über eine ähnliche Physiognomie hinaus auch das gemeinsame innere Wesen eines ›Volksgenossen‹ enthüllte, dient auch die Sprache als Zeichen der Identität. Wagners Beschreibung von Siegfrieds Verssprache als überlegenem Körper ist somit folgerichtig und ideologisch bedeutungsvoll. Siegfrieds sprachlicher Körper ist von einer Art, dass ihn in Wagners Vorstellungswelt kein Jude je überzeugend übernehmen, geschweige denn innerlich besitzen konnte.

Weil das wahre Kunstwerk für all jene, die zu einer homogenen Gemeinschaft eine innere Bindung aufweisen, die physiologische und sprachliche (d. h. visuelle und akustische) Ähnlichkeit der Gleichartigen reflektiert, kann das Gegenteil eines wahren deutschen Kunstwerks – etwa die jüdische Musik Meyerbeers und Mendelssohns – den Deutschen kein reflektiertes Ebenbild bieten, sondern nur eine unscharfe, verzerrte Version deutschen Aussehens, deutscher Sprache und deutschen Wesens. Jüdische Kunst kann weder »deutlich« noch »deutsch« sein, weil der Jude das Deutsche einfach nicht so intuitiv »kennen« kann wie ein Deutscher (und *nur* ein Deutscher), weil er auch die verborgenen Tiefen der deutschen Identität nicht »empfinden« kann, die hinter und unter dem äußeren Erscheinungsbild deutscher Kunst liegen. Folglich ist er gezwungen nachzuäffen, und dabei kann nur eine unechte, oberflächliche Verzerrung des Wesens der deutschen Gemeinschaft herauskommen. Ob in Sprache und Semantik, im Körperlichen oder im Drama (wie im Falle Meyerbeers): dem Ausländer steht der wahre Spiegel des Deutschtums nicht zur Verfügung, weil sich der Blick der Ausländer – sowohl nomadischer Kaufleute in der klassischen Antike als auch moderner Bankiers – auf weit weniger hehre Ideale richtet als der Blick des Deutschen. So heißt es bei Wagner in *Das Judentum in der Musik*: »Die sinnliche Anschauungsgabe der Juden ist nie vermögend gewesen, bildende Künstler aus ihnen hervorgehen zu lassen: ihr

Auge hat sich von je mit viel praktischeren Dingen befaßt, als da Schönheit und geistiger Gehalt der förmlichen Erscheinungswelt sind« (GS 13:15). Weil der Jude nur die oberflächlichen Dinge des Kommerzes sieht, kann er auch nur das Äußerliche nachahmen, nicht jedoch die tieferen Wahrheiten deutscher Kunst:

> Seine ganze Stellung unter uns verführt den Juden jedoch nicht zu so innigem Eindringen in unser Wesen: entweder mit Absicht […] oder unwillkürlich […] horcht er daher auf unser Kunstwesen und dessen lebengebenden inneren Organismus nur ganz oberflächlich hin. […] Ihm wird daher die zufälligste Äußerlichkeit der Erscheinungen auf unsrem musikalischen Lebens- und Kunstgebiete als deren Wesen gelten müssen, daher seine Empfängnisse davon, wenn er sie als Künstler uns zurückspiegelt, uns fremdartig, kalt, sonderlich, gleichgültig, unnatürlich und verdreht erscheinen […]. (GS 13:20f.)

In Was ist *deutsch?* verwendet Wagner diese Metaphorik, um die angebliche *Bedrohung* durch das jüdische Kunstwerk zu betonen, das nur als Zerrspiegel fungieren könne, indem es den Deutschen nicht ein »deutliches« Bild der deutschen Kultur »zurückspiegele«, sondern nur eine Parodie seines wahren Wesens: »Und so sehen wir heute ein widerwärtiges Zerrbild des deutschen Geistes dem deutschen Volke als sein vermeintliches Spiegelbild vorgehalten. Es ist zu fürchten, daß das Volk mit der Zeit sich wirklich selbst in diesem Spiegelbild zu ersehen glaubt: dann wäre eine der schönsten Anlagen des menschlichen Geschlechtes vielleicht für immer ertötet. Wie es vor solchem schmachvollen Untergange zu bewahren sei, haben wir aufzusuchen« (DS 10:92). Die Verzerrung, die ein falsches, judaisiertes Kunstwerk mit sich bringt, das nur ein unwahres Bild der Betrachter widerspiegeln kann, stellt eine Bedrohung dar. Denn sie droht, die Reinheit und Integrität der Zuschauergemeinschaft zu untergraben, falls das deutsche Volk die papageienhafte ausländische Nachplapperei im barbarisch-orientalischen Kunstwerk nicht als Travestie ihres eigenen, wahren, in der Sprache wie im Körper gegründeten deutschen Wesens erkennen sollte – und damit zugleich die Gefahren, die der deutschen Kultur drohen.

So enthüllt also schon Wagners Metaphorik des Sehens, dass sein Antisemitismus nicht als nebensächliche, vorübergehende Verirrung gelten kann, die sich auf persönliche Antipathien eingrenzen lässt, sondern dass es sich um einen fundamentalen Bestandteil im ideologischen Programm seiner Sozialtheorien und seiner Schriften zum ästhetischen Erscheinungsbild eines neuartigen, sozial regenerativen Kunstwerks der Zukunft handelt. Überdies findet sich dieses ideologische, rassistische Programm nicht nur in Wagners Prosatexten, sondern es ist auch ein zentrales Element seiner Bühnenwerke. Man kann es also nicht als interessanten, aber weitgehend abstrakten Bestandteil seiner mehrere Bände umfassenden theoretischen Schriften abtun. Vielmehr bringen Wagners reife Musikdramen der nachrevolutionären Jahre, die im Zusammenhang mit diversen sozialästhetischen, antisemitischen Traktaten geschrieben und komponiert wurden, die Gedanken aus diesen Schriften auch auf die Bühne. Viele Wagnerforscher haben sich große Mühe gegeben, zwischen Wagners Theorien und seinen Musikdramen zu trennen, die heute weitgehend seinen Ruhm begründen, und dabei speziell jede Verbindung zwischen seinem Rassismus und seinen berühmtesten Musikdramen zu bestreiten. Doch ein Vergleich dieser Werke mit den Motiven und Argumenten aus Wagners Prosaschriften zeigt, dass in den Bühnenwerken Wagners Theorien – die deutsche Volksgemeinschaft müsse bewahrt und vor der Bedrohung durch die Juden in der modernen Welt geschützt werden – sehr wohl auch dramatischen Ausdruck gefunden haben.

Der Gedanke, die deutsche Kunst sei durch fremdartige, ausländische Einflüsse bedroht, ist beispielsweise für das ideologische Programm der *Meistersinger von Nürnberg* von zentraler Bedeutung. Als Wagner *Was ist deutsch?* schrieb, arbeitete er an der Komposition des dritten *Meistersinger*-Aktes, und dieses Werk lässt sich sowohl im Lichte von Wagners persönlichen Theorien über die Juden interpretieren wie auch als dramatisches Konstrukt, das auf dem Repertoire antisemitischer Bilder und Vorstellungen des 19. Jahrhunderts basiert. Im dritten Akt des Dramas wird auf der Bühne unverkennbar die Vorstellung präsentiert, Fremde verzerrten – und bedrohten – die deutsche Kunst, ebenjene Kunst, die Wagner in dem zeitgleich entstandenen Essay behandelt. In dieser Hinsicht ist das Musikdrama als moralisches Exempel für Deutschlands Zukunft zu verstehen. Wenn Wagner seinen glücklosen Stadtschreiber Sixtus Beckmesser ein »echt deutsches« Kunstwerk in verballhornter Form wiedergeben lässt – »fremdartig, kalt, sonderlich, gleichgültig, unnatürlich und verdreht« –, dann finden die entsprechenden Gedanken aus *Das Judentum in der Musik* und *Was ist deutsch?* hier ihren dramatischen Ausdruck. (Die Elemente von Beckmessers antisemitischer Körperikonographie – seine Stimme, sein Geruch und sein hinkender Gang – werden in den Kapiteln II bis IV erörtert.) Im Schlussakt der *Meistersinger* stößt Beckmesser zufällig auf ein Exemplar von Walther von Stolzings Traumgedicht, das dieser kurz zuvor aus seiner spontanen schöpferischen Fantasie heraus niedergeschrieben und Hans Sachs diktiert hatte. Beckmesser, mit seiner nächtlichen Serenade für Eva im zweiten Akt drastisch gescheitert, benötigt ein neues Lied für den bevorstehenden Meistersingerwettbewerb und ist darum hocherfreut, als ihm Hans Sachs das Textexemplar schenkt. Doch der nörglerische, pedantische Stadtschreiber schlägt Sachs' Warnungen bezüglich der Schwierigkeiten des Liedtextes in den Wind (MD, 472f.) – bezeichnenderweise wird er, den die Stadtbewohner zunehmend verachten und der auf die deutsche Maid Eva abstoßend wirkt, eher mit Intellektuellen als mit Handwerkern und Handarbeit in Verbindung gebracht (als einziger Meistersinger gehört er keiner Zunft an). Walthers poetische Schöpfung muss sich für den parasitären, lüsternen Repräsentanten alles dessen, was dem deutschen Geist fremd ist, als unerreichbar erweisen – während sich am Schluss des Musikdramas das Volk, als es das Lied von Walther richtig gesungen hört, spontan zu diesem Werk hingezogen fühlt. Beckmesser wird niemals in der Lage sein, in die »Tiefen« des »lebengebenden inneren Organismus« von Walthers Preislied vorzudringen, sondern wird dem Publikum, der Volksgemeinschaft, immer nur eine Verzerrung der »zufälligste[n] Äußerlichkeit der Erscheinungen« von Walthers Kunstwerk »zurückspiegeln«. Papageienhaft nachgeplappert und mit den Augen des Ausländers gesehen, muss der Organismus der deutschen Kunst

metaphorisch sterben. Die erste Strophe (der erste ›Stollen‹) von
Walthers Text hat folgenden Wortlaut:

Morgenlich leuchtend in rosigem Schein,
voll Blüt' und Duft
geschwellt die Luft,
voll aller Wonnen
nie ersonnen,
ein Garten lud mich ein,
Gast ihm zu sein. (MD, 465)

Aus diesem pantheistischen Schmuckstück macht Beckmesser,
ohne es zu merken, eine Travestie, weil er beim Vortrag nur verstohlen auf das Manuskript schauen (MD, 487) und deshalb hand-
schriftliche Einzelheiten nur unvollkommen erkennen kann. Er
vermag weder die Bildlichkeit noch das Wesen dessen zu erfassen,
wovon Walther singt:

Morgen ich leuchte in rosigem Schein,
voll Blut und Duft
geht schnell die Luft;
wohl bald gewonnen,
wie zerronnen;
im Garten lud ich ein
garstig und fein. (MD, 487)

Beckmessers Parodie wird durch winzige, banale Textverschie-
bungen bewirkt: aus »Blüt'« wird »Blut«, aus »Gast ihm zu sein«
»garstig und fein«. Mit geringfügigen Abwandlungen kann Wagner das Gemeinte fast ins Gegenteil verkehren. Was dem Publikum im Theater – und dem Publikum auf der Bühne, mit dem
sich der reale Zuschauer identifizieren soll – selbstverständlich
erscheint, bleibt für Beckmesser hinter einer Fülle potentiell aus-
tauschbarer Oberflächenzeichen verborgen, weil dieser Karikatur
eines Juden der Blick in die Tiefe verwehrt ist. Die Sprache
umreißt für Wagner die Grenzen des vereinigten, homogenen
Volkes, und sie schließt dabei den Fremden aus. Sie markiert seine
Andersartigkeit. Genau dieser Gedanke wird in *Das Judentum in
der Musik* offen ausgesprochen, wenn Wagner die jüdische

Sprechweise als »willkürliche Verdrehung der Worte und der Phrasenkonstruktionen« bezeichnet. Solche »Verdrehungen« indes reißen Beckmesser ins Verderben. Die zweite Strophe von Walthers organischem, lebensbejahendem Text lautet:

> Wonnig entragend dem seligen Raum,
> bot goldner Frucht
> heilsaft'ge Wucht,
> mit holdem Prangen
> dem Verlangen,
> an duft'ger Zweige Saum,
> herrlich ein Baum. (MD, 465)

Daraus wird in Beckmessers gewundener, unsensibler Version:

> Wohn ich erträglich im selbigen Raum, –
> hol Geld und Frucht, –
> Bleisaft und Wucht.
> Mich holt am Pranger
> der Verlanger
> auf luft'ger Steige kaum,
> häng' ich am Baum. (MD, 487)

Es wird immer deutlicher, dass, je weiter Beckmessers verdrehte Darbietung von Walthers volkstümlicher Kunst voranschreitet, diese Bloßstellung nicht nur dazu dient, Beckmessers Unfähigkeit zum Ausdruck zu bringen, das Wesen dieser Kunst zu erfassen und eine angemessene Form zu schaffen, in der sich das Volk selbst erkennen könnte. Sein Lied dient auch dazu, Wagners Rachefantasien gegenüber dem Objekt seiner antisemitischen Verhöhnung klammheimlichen Ausdruck zu verschaffen: Im Verlauf von Beckmessers unfreiwilliger, unvollkommener Parodie (in der natürlich auch das stereotype jüdische Gewinnstreben nicht fehlen darf – »Geld«) versteigt sich dieser sogar zur Projektion seiner eigenen öffentlichen Hinrichtung, zunächst durch unfreiwillige Hinweise auf Foltermethoden (»Pranger«, »Bleisaft und Wucht«) und dann auf den Galgen (»häng' ich am Baum«).[18] Nach dieser Strophe ruft das Volk aus:

Schöner Werber! Der find't wohl seinen Lohn.
Bald hängt er am Galgen! Man sieht ihn schon! (MD, 487)

Diese Vision vom Abgang des Sündenbocks wird in der Schluss-
strophe sogar noch klarer, in der nochmals verdeutlicht wird, dass
die Aneignung deutscher Kunst durch den Juden nur deren
Wesen verzerren kann, welches seiner eigenen Natur fremd ist.
Dafür verdient er nach den Maßstäben der Gerechtigkeit in Wagners Fantasie den Tod. Walters nächste Strophe lautet:

Sei euch vertraut,
   welch hehres Wunder mir geschehn:
an meiner Seite stand ein Weib,
   so hold und schön ich nie gesehn:
gleich einer Braut
   umfaßte sie sanft meinen Leib;
mit Augen winkend,
   die Hand wies blinkend,
was ich verlangend begehrt,
   die Frucht so hold und wert
vom Lebensbaum. (MD, 466)

Diesen Baum – das Zentralbild des »lebengebenden inneren
Organismus« deutscher Kunst – lässt Beckmesser sterben und
beschreibt dabei sogar noch seine eigene Tötung:

Heimlich mir graut,
   weil es hier munter will hergehn:
an meiner Leiter stand ein Weib; –
   sie schämt und wollt mich nicht besehn;
bleich wie ein Kraut
   umfasert mir Hanf meinen Leib;
mit Augen zwinkend –
   der Hund blies winkend,
was ich vor langem verzehrt,
   wie Frucht so Holz und Pferd
vom Leberbaum. (MD, 487f.)

Die phantasmagorische, paranoide Fantasie am Schluss dieses kümmerlichen Verliererliedes ist so ziemlich das einzige Anzeichen, das dafür spricht, dass Wagner auf irgendeiner Ebene seiner Vorstellungskraft vielleicht so etwas wie Mitleid mit seinem Opfer empfand. Ansonsten aber ist diese Travestie eine sprachliche Tour de Force, mit der die Unfähigkeit des Juden dramatisiert wird, deutsche Kunst zu verstehen und sich anzueignen, will heißen, angemessen und wahrhaftig das deutsche Wesen in einer ästhetischen Schöpfung widerzuspiegeln – als metaphorische Reflexion der deutschen Volksgemeinschaft. Wagners Musikdrama ist also die szenische Darstellung der Gedanken über das fundamentale Ausgeschlossensein des Juden aus dem deutschen Volk und aus der künstlerischen Darstellung dieses Volkes, die Wagner in *Das Judentum in der Musik*, in *Was ist deutsch?* und anderswo zum Ausdruck gebracht hatte. Zwar stirbt Beckmesser im Lauf des Dramas nicht, aber er wird geschlagen und vertrieben. Seine öffentliche Hinrichtung ist zur Schreckensfantasie ritueller Ausschließung sublimiert, die in Beckmessers letzter Liedstrophe enthalten ist.

Dagegen nimmt das Volk mit Sympathie am ästhetischen Erlebnis von Walthers Preislied teil, weil dessen Kunst ein Reflexionsmedium für das Wesen des eigenen Volkes ist. Nach der zweiten Strophe von Walters Lied ruft das deutsche Publikum:

So hold und traut, wie fern es schwebt,
doch ist es grad, als ob man selber Alles miterlebt! (MD, 490)

Und als sich Walther dem Ende seines Kunstwerks nähert, singt der Chor die Verse spontan mit – Verse, die diese Menschen aus dem Volk nie zuvor gehört hatten, die jedoch ihr eigenes Wesen reflektieren und die darum gleichzeitig aus ihren Körpern und aus der Stimme ihres reflektierenden Repräsentanten, des deutschen Meistersängers, entspringen. Intuitiv »kennen« sie das Werk, das es ihnen ermöglicht, sich selbst und die Grenzen ihrer Gemeinschaft zu »erkennen«.

Diese Polarisierung von Walthers und Beckmessers ganz unterschiedlicher Beziehung zum Volk erinnert, wie auch der entsprechende Gegensatz ihrer ästhetischen Werke (das eine ist ein organisches Ganzes, das andere minderwertiges Stückwerk), bis in Einzelheiten an Wagners Gegenüberstellung von »Dichter« und »Denker« in *Das Judentum in der Musik*. Diese Begriffe beziehen sich natürlich auf das Schlagwort von Deutschland als dem »Land der Dichter und Denker«. Doch anstatt Dichtung und Philosophie als unterschiedliche und doch verwandte Formen schöpferischer Aktivität zu betrachten, unterscheidet Wagner hier radikal zwischen ihnen, indem er dem aufstrebenden, anpassungswilligen, gebildeten Juden den Deutschen als den wahren Künstler entgegensetzt:

Fremd und teilnahmslos steht der gebildete Jude inmitten einer Gesellschaft, die er nicht versteht. […] In solcher Stellung haben wir unter den Juden Denker entstehen sehen: der Denker ist der rückwärtsschauende Dichter; der wahre Dichter ist aber der vorverkündende Prophet. Zu solchem Prophetenamte befähigt nur die tiefste, seelenvollste Sympathie mit einer großen, gleichstrebenden Gemeinsamkeit, deren unbewußten Ausdruck der Dichter eben nach seinem Inhalte deutet. (GS 13:16)

Walthers »tiefste, seelenvollste Sympathie« mit dem Volk wird durch die Folie des allzu kopfgesteuerten, elitären, egoistischen Beckmesser unterstrichen, dessen einziges »Amt« das des Stadtschreibers ist und der sich rein rückwärts gewandt an Kunstregeln orientiert, jedoch niemals vorausschauend ein Kunstwerk konzipieren kann, das mehr als seinen Egoismus und sein Gewinndenken widerspiegelt. Das Volk dagegen spürt seine intuitive Affinität zu Walthers emotionaler, revolutionärer, auf die Zukunft gerichtete Kunst. Die konstruierten Kopfgeburten des einheimischen Intellektuellen hingegen weist es zurück.

Die Verbindung zwischen dem ideologischen Programm in Wagners Essays und dem seiner Musikdramen beschränkt sich nicht nur auf die *Meistersinger* und die sechziger Jahre des 19. Jahrhunderts. Die durchgängig in Wagners Schriften der vierziger und frühen fünfziger Jahre anzutreffenden Metaphern und Themen weisen auch direkte Verbindungen zu den Texten seiner anderen nachrevolutionären Musikdramen auf. Am deutlichsten wird dies wohl in der Tetralogie *Der Ring des Nibelungen*, die ihn unablässig beschäftigte, als er seine Überlegungen zu sozialen und ästhetischen Reformen in den Jahren 1849 bis 1851 niederschrieb. Trotz eines verheerenden Rassebegriffs, trotz einer für moderne Ohren oft peinlich pompösen Sprache und trotz übertriebener Stabreimerei ist der *Ring* ein eindrucksvolles, subtil folgerichtiges musikdramatisches Werk. Aber es »verkörpert« nicht zuletzt verschiedene Motive, die in den Zusammenhang von Wagners letztlich völkischem Erkenntnismodell der Kunst gehören, in der eine intuitive Erkenntnis die Konstitution einer homogenen Volksgemeinschaft garantiert. Das Auge als Erkenntnismedium ist das Schlüsselbild, welches das sozialästhetische Programm der Essays mit den dramatischen Konfigurationen des Zyklus verbindet. Wie in einem Brennpunkt lässt sich so die Widerspiegelungsmetaphorik – Reflexion als Grenzbollwerk der Volksgemeinschaft – auch dramatisch darstellen.

Im *Ring* führt Wagner die Augenmetaphorik – mit allen sie begleitenden ideologischen Implikationen – in der Szene des Aufeinandertreffens der Wälsungen Siegmund und Sieglinde ein. In dem Augenblick, da sich die beiden erkennen, beginnt das Drama überhaupt erst, denn die Macht- und Ränkespiele von *Das Rheingold* haben nur den erforderlichen Hintergrund für *Die Walküre* bereitet. (Darum charakterisiert Wagner den Zyklus auch als »Trilogie mit einem Vorspiel«.) Am Anfang der *Walküre* kommt es zur Wiedervereinigung der Wälsungenzwillinge. Dabei dient die körperliche Ähnlichkeit der Zwillinge als realistische Untermauerung der metaphorischen Ebene der Wälsungenhandlung. Das Paar fungiert als metaphorisch-dramatische Parallele zu Wagners in seinen revolutionären Traktaten verstreuten Aussagen über das deutsche Volk. Belagert und doch widerstandsfähig, primitiv (im Sinne eines Mangels an zivilisatorischer Verfeinerung) und doch für höhere, wahre Werte offen, autark und misstrauisch gegenüber dem Fremden, ist das Volk – weil in den Fängen der entfremdenden, unnatürlichen, verräterischen modernen Welt – in verzweifelter Lage und rettungsbedürftig. (Wagner hat das Volk wiederholt definiert als »Inbegriff aller derjenigen, *welche eine gemeinschaftliche Not empfinden*« [DS 6:15]. – So suchen die

Wälsungen wie das von Wagner imaginierte deutsche Volk Freiheit von der Bedrängnis durch fremde Mächte, und sie finden sich – durch *Wiedererkennung* – in der Stunde ihrer »höchsten Not«. In seinem dramatischen Text *Jesus von Nazareth* (1849), dessen zeitliche Nähe zu den Reformschriften und zu den ersten Stadien des *Ring*-Projekts kein Zufall war, setzte Wagner Familie und Volk metaphorisch gleich, als er eine klare Verbindung zwischen dem »Egoismus der Familie« und dem »Egoismus des Vaterlands« zog.[19] Auch in *Das Kunstwerk der Zukunft*, ebenfalls 1849 verfasst, benutzte er die Familie als Schlüsselelement in seiner Definition des Volkes: »Das Volk war von jeher der Inbegriff *aller der Einzelnen*, die ein *Gemeinsames* ausmachten. Es war vom Anfange die Familie und die Geschlechter; dann die durch Sprachgleichheit vereinigten Geschlechter als Nation.« (DS 6:14)

Gemeinsamkeit, Sprache, Familie, Geschlecht und Nation bildeten in Wagners Denken eng miteinander verbundene, teils sogar austauschbare Elemente einer einzigen Vorstellung. Wenn wir uns daran erinnern, dass es die Sprache ist, die in Wagners anderen Schriften aus dieser Zeit das »Volk« definiert und verbindet, dann wird deutlich, dass »Familie«, »Geschlecht« (Rasse) und »Volk« nur unterschiedliche Ausdrücke für eine Gruppe gleich gesinnter, ähnlich sprechender, physiologisch verwandter (und ähnlicher) Menschen sind, wobei sich die Gruppe durch physiologische Unterschiede gegenüber anderen als solche definiert. Dieses Motiv war – wie andere, die sich bei Denkern des 19. Jahrhunderts wie Hegel, Feuerbach, E. T. A. Hoffmann, Novalis und Eichendorff fanden – nicht Wagners Erfindung, sondern Teil des Ideen- und Bildrepertoires, aus dem das kulturelle Vokabular seiner Zeit bestand. Schon Friedrich Ludwig (»Turnvater«) Jahn hatte die Familie in *Deutsches Volkstum* (1810) als biologisches Fundament des Volkes beschrieben, und dieser Gedanke hatte bereits weite Verbreitung gefunden, als Wagner ihn in seiner Tetralogie vom Niedergang einer homogenen deutschen Gemeinschaft metaphorisch verwendete.[20] Im *Ring*-Zyklus charakterisiert die Gleichsetzung von Familie und Volk die metaphorische Funktion des Wälsungengeschlechts und des Gegensatzes zwischen ihm und seinen fremden Widersachern: In der *Walküre* sind es die Neidinge, in *Siegfried* und *Götterdämmerung* das Geschlecht der Nibelungen. Wenn sich in der Eingangsszene der *Walküre* Siegmund und Sieglinde in die Augen sehen und darin jeweils die Widerspiegelung ihrer eigenen Identität, aber auch der Identität eines vor langer Zeit verlorenen, vertrauten Familienmitglieds erkennen, geben sie damit auch ein metaphorisches Beispiel dafür, wie Gleichartige ihr eigenes verborgenes Wesen in den äußeren Zeichen der Ähnlichkeit erkennen und wiedererkennen können.

Als Sieglinde dem Erschöpften Wasser zum Trinken gegeben hat, sieht dieser sie an und sagt etwas, das zunächst kryptisch erscheinen muss, sich dann aber als erste Manifestation eines metaphorischen Motivs erweist, das für die Ideenkonstellation des gesamten Zyklus von zentraler Bedeutung ist:

Kühlende Labung
gab mir der Quell,
des Müden Last
machte er leicht:
erfrischt ist der Mut,
das Aug erfreut
des Sehens selige Lust. (MD, 586)

Mit dem Mut des Erwählten, dessen überlegene Sehkraft ihn über Geringere erhebt, befürchtet Siegmund, seine eigene, von Blicken erfüllte Gegenwart könnte der Frau, die er vor sich sieht, Gefahr und Unglück (»Mißwende«) bringen. Darum ruft er aus:

Dir Frau doch bleibe sie fern!
Fort wend ich Fuß und Blick. (MD, 588)

Nachdem sie ihn zum Bleiben überredet hat, folgen einige Bühnenanweisungen, in denen die Visualisierung des Motivs deutlich beschrieben ist: Siegmund *»bleibt tief erschüttert stehen: er forscht in Sieglindes Mienen; diese schlägt verschämt und traurig die Augen nieder. […] Sein Blick haftet mit ruhiger und entschlossener Teilnahme an Sieglinde: diese hebt langsam das Auge wieder zu ihm auf. Beide blicken* *sich in tiefem Schweigen mit dem Ausdruck großer Ergriffenheit in die Augen«* (MD, 588). Damit ist das Paradigma verbal und visuell etabliert. Es wird im weiteren Verlauf des Musikdramas ein gedanklich zentrales Motiv bilden und dabei stets dramatisch-metaphorisch jene Ideen mit zum Ausdruck bringen, die Wagner in seinen theoretischen Schriften mit dem Blick, mit Sehen und Erkennen, verbindet.

Nachdem Siegmund und Sieglinde ihre Blicke getauscht haben, betritt Hunding seine Hütte. Und als er Siegmund zum ersten Mal sieht, erkennt er sofort die Wälsungen-Ähnlichkeit zu Sieglinde, auch in der Ähnlichkeit der rätselhaften, einzigartigen Blicke der beiden:

Wie gleicht er dem Weibe!
Der gleißende Wurm
glänzt auch ihm aus dem Auge. (MD, 589)

Eine kurze quellenkritische Betrachtung dieser Passage aus Wagners Drama ist recht aufschlussreich, entlehnte Wagner diese Verse doch fast wörtlich der *Völundarkvitha* (Das Lied von Wölund) aus der (älteren) *Lieder-Edda*, wo die Verse in hochdeutscher Übersetzung lauten:

Seine Augen gleichen	dem gleißenden Wurm;
Die Zähne fletscht er,	zeigt man ihm sein Schwert,
erblickt er den Ring	an Bödwilds Arm.[21]

In der *Edda* ist der »gleißende Wurm« (Drachen) im Auge mit einer Figur verbunden, die sich stark vom heroischen Wälsungen Siegmund unterscheidet, denn in dieser Quelle des *Rings* ist es Wölund (Wieland der Schmied), eines der Vorbilder für Wagners Nibelungenzwerg Alberich, der so beschrieben wird. Doch Alberich und die Wälsungen stehen, wie ich noch zeigen werde, an entgegengesetzten Punkten von Wagners rassischem Spektrum im *Ring des Nibelungen*. Darum übertrug Wagner das Motiv des Auges mit dem erkennenden, durchdringenden, heroisch bedrohlichen Blick vom Körper des Nibelungen auf die körperlich höherwertigen germanischen Wälsungenzwillinge. (Wagners

Abwandlungen seiner Quellen verdeutlichen oft den ideologischen Plan hinter seinen dramatischen Abläufen; darum werde ich auch bei anderen Gelegenheiten auf solche Änderungen zu sprechen kommen.) Das Motiv der Familienähnlichkeit war in Wagners ursprünglicher Konzeption des Dramas sogar noch viel deutlicher: Dort wird Wotan (noch Wodan genannt) Zeuge der inzestuösen Vereinigung seiner Kinder, und Hunding bemerkt die übernatürliche Ähnlichkeit zwischen allen drei heroisch-göttlichen Figuren: »Wodan, der als gastgeschenk Balmung [später Nothung genannt] bietet, gleicht Wälse; nicht nur Sieg. (der mehr mit Siegl. beschäftigt ist) sondern auch Hunding fällt dieß auf und legt ihm scheu auf.«[22] Die Bedeutung, die der Ähnlichkeit Gleichartiger zukommt, wird im ursprünglichen Dramenentwurf überall deutlich. Noch in der letzten Zeile der ursprünglichen Fassung der *Walküre* wird sie unterstrichen, wenn Wotan, als er den Walkürenfelsen mit Feuer umgibt und mit seinem Bann Brünnhilde vor den Nachstellungen unwürdiger Freier schützt, nicht einfach sagt: »Wer meines Speeres | Spitze fürchtet, | durchschreite das Feuer nie!« (MD, 651) (die Zeile, die Wagner schließlich vertonte), sondern: »Durch das feuer [sic], das ich durchschreite, wage sich keiner der mir nicht gleich!«[23] Dabei unterstreicht »gleich« nicht zuletzt die physische Ähnlichkeit.

Dass die Ähnlichkeit der Wälsungen mit ihrem Zwillingsstatus zu tun hat sowie mit ihrem Status als körperlich höhere Wesen, als potentiell unsterbliche Halbgötter, als Kinder Wotans, wird deutlich, als Sieglinde ihrem Bruder von den Ereignissen beim Festmahl in ihrer Hochzeitsnacht berichtet, in der ein »Greis in grauem Gewand« (den das Orchester mit dem Walhall-Motiv als Wotan identifiziert) mit einem Zauberschwert in Hundings Hütte trat. Sieglinde betont den abschreckenden Effekt, den der Glanz in den Augen des alten Mannes auf die anderen hatte, während er ihr Trost brachte:

Ein Fremder trat da herein:
ein Greis in grauem Gewand;
tief hing ihm der Hut,
der deckt ihm der Augen eines;

doch des andren Strahl,
Angst schuf es allen,
traf die Männer
sein mächtiges Dräu'n.
Mir allein
weckte das Auge
süß sehnenden Harm,
Tränen und Trost zugleich.
Auf mich blickt er
und blitzte auf Jene. (MD, 596)

Der Blick des Wanderers ist das Zeichen seiner familiären Beziehung zu seinen Kindern. Und so bietet er Sieglinde Trost, gestattet ihr, den Vater zu erkennen – etwas, das nur den privilegierten Mitgliedern einer eng gefassten Gruppe gewährt wird und darum Sieglinde auch Schutz gewährt vor jenen, die so ganz anders sind als sie selbst: eben vor jenen, die anders sehen. Nur das überlegene Auge des Deutschen kann familiäre, gemeinschaftliche Ähnlichkeit erkennen, und nur dieses Auge vermag nicht nur Blicke aufzunehmen, sondern auch mit Blicken zu *kommunizieren* – so wie Wotan in dieser Szene mit seiner Tochter Sieglinde. Sowohl in der oben zitierten Passage aus *Oper und Drama* als auch in der aus dem zweiten Abschnitt von *Das Kunstwerk der Zukunft* betont Wagner die Funktion des Auges – für das höhere, wahre Wesen und für das diesem Wesen entsprechende wahre Kunstwerk – als Medium der Erkenntnis und Kommunikation: »namentlich [...] durch den Ausdruck des Auges selbst, welches dem anschauenden Auge unmittelbar begegnet, vermag er [der leibliche Mensch als Subjekt des Kunstwerks der Zukunft] diesem [Auge] nicht nur die Gefühle des Herzens, sondern selbst die charakteristische Tätigkeit des Verstandes mitzuteilen« (DS 6:32). Die Szene im ersten Akt der *Walküre* kann somit auch als dramatische Schilderung der metaphorischen Selbsterkenntnis des Publikums im Kunstwerk gedeutet werden, als Austausch, der nur unter Gleichartigen möglich ist. Und ein solcher Prozess charakterisiert genau den privilegierten wechselseitigen Austausch zwischen dem göttlichen Vater und seiner Tochter, wie er in Sieglindes Monolog geschildert wird.

Als Siegmund und Sieglinde wiedervereint sind, verlieben sie sich ineinander, weil sie sich als körperlich ähnliche, verwandte Wesen zueinander hingezogen fühlen. In ihrem Liebesduett geht es um nichts weniger als um den Vorgang der Verifizierung und Etablierung dieser Affinität als *Familienbande* – was, im Kontext der assoziativen Muster von Wagners sozialästhetischen Theorien, im übertragenen Sinne bedeutet: Sie fühlen sich als Mitglieder einer homogenen, klar umrissenen Gruppe, des Volkes, zueinander hingezogen. Sie interpretieren ihre körperliche Erscheinung, sie »kennen« und »erkennen« einander. Im Kontext von Wagners Ideen ist das Auge als Metapher besonders geeignet, weil es zum einen als Organ fungiert, das visuelle Eindrücke eines anderen Subjekts empfängt, zum anderen aber als eine dem Wasser oder einem Spiegel ähnliche Oberfläche auch das Bild des sehenden Gegenübers reflektiert. Das Auge rezipiert die physischen Merkmale des Anderen und gestattet zugleich die Widerspiegelung – und damit das Erkennen – der eigenen Züge im physiologisch ähnlichen Gefährten sowie jener Züge, die das Ich vom Feind unterscheiden. Diese narzisstische Bildersprache kommt ausdrücklich in der ganzen Erkennungsszene der *Walküre* – und später auch im *Siegfried* – zum Tragen, weil sie dazu dient, das Thema der Erkennung des Selbst in anderen als Trost- und Gemeinschaftsgarantie zu unterstreichen.[24] Während Sieglinde Siegmund in die Augen schaut, ruft sie aus:

Fremdes nur sah ich von je,
freundlos war mir das Nahe;
als hätt ich nie es gekannt,
war, was immer mir kam.
Doch dich kannt ich
deutlich und klar;
als mein Auge dich sah,
warst du mein Eigen.
was im Busen ich barg,
was ich bin,
hell wie der Tag
taucht es mir auf, […]
als in frostig öder Fremde

zuerst ich den Freund ersah. [...]
O laß in Nähe
zu dir mich neigen,
daß hell ich schaue
den hehren Schein,
der dir aus Aug
und Antlitz bricht,
und so süß die Sinne mir zwingt. [...]
Im Bach erblick ich
Mein eigen Bild –
Und jetzt gewahr' ich es wieder:
wie einst dem Teich es enttaucht,
bietest mein Bild mir nun du! (MD, 599f.)

Außer Siegmund waren alle anderen, die Sieglinde sah, »fremd«, weil sie sie niemals »gekannt« hatte, doch Siegmund erkennt sie »deutlich« (schließlich sind sie »Deutsche«), denn er ist das genaue Ebenbild dessen, was in ihr als Erkenntnis ihres eigenen Wesens aufsteigt. Das Bild ihres eigenen Gesichts, das ihr der natürliche Spiegel des Baches reflektiert hatte, entspricht genau dem Bild, das sie im Spiegel des gleichartigen Bruders sieht. Auf Sieglindes narzisstische Bildbeschreibung erwidert Siegmund nur knapp, folgerichtig und leidenschaftlich: »Du bist das Bild, | das ich in mir barg« (MD, 600). Ihre Narzissmen sind reziprok, weil Siegmund und Sieglinde wahrhaft verwandte Geister sind. Die Wälsungen erleben und spielen hier die Metapher jener Gemeinschaft durch, die sich in der Reflexion ihrer auf physiologisch ähnlichen Erscheinungsbildern beruhenden Bindungen selbst erkennt. Als Teil von Wagners Gesamtkunstwerk führen die beiden stellvertretend für das Volk metaphorisch jene Erkenntnis bringende Reflexion herbei, indem sie sie auf der Bühne selbst erleben.

Doch die metaphorischen Implikationen einer privilegierten Wiedererkennung durch Wesensreflexion, wie sie die physischen Merkmale der Familienähnlichkeit gewähren, spielen nicht nur in dieser Begegnung im ersten Akt eine Rolle. Auch sind sie nicht auf die Wälsungen beschränkt, denn die metaphorische Familie hat weitere Mitglieder, die wie Siegmund und Sieglinde ihre familiären und volklichen Affinitäten ebenfalls durch das Bild der ähnlichen Augen enthüllen und zum Ausdruck bringen. Als sich in der Todesverkündigungsszene des zweiten Aktes der *Walküre* Brünnhilde Siegmund nähert und ihn dabei wahrscheinlich zum ersten Mal sieht (er jedenfalls hat sie noch nie gesehen), drängen sich diese Motive erneut in den Vordergrund. Sie müssen es auch, weil Siegmund Brünnhildes Halbbruder ist und Wagners motivisches Vokabular, das im *Ring* das Rassensystem zusammenfügt, notwendigerweise die Blutsbande unterstreichen muss. Allerdings erfährt Siegmund – in einer Modifizierung des Motivs, die durch die Komplexitäten der Handlungsstruktur bedingt ist – niemals, dass beide einen gemeinsamen Vater haben, dass Wälse kein anderer als der verkleidete Wotan war. Brünnhilde jedoch weiß es, und sie erkennt das Wesen ihres Bruders, als sie ihn s*ieht*. In Wagners Text wird dieser visuelle Aspekt hervorgehoben, wenn Brünnhilde ihrem zürnenden Vater Wotan im dritten Akt über ihr Zusammentreffen mit Siegmund berichtet:

Tod kündend
trat ich vor ihn,
gewahrte sein Auge,
hörte sein Wort; [...]
tönend erklang mir
des Tapfersten Klage [...].
Meinem Ohr erscholl,
mein Aug' erschaute,
was tief im Busen das Herz
zu heil'gem Beben mir traf. (MD, 645)

Die Feinheiten und die motivisch reiche Textur dieser Passage haben zu einigen bemerkenswerten Interpretationen der Rolle, welche die Sinne in dieser Szene spielen, Anlass gegeben. Wird Brünnhilde, der Todesengel, in erster Linie durch den Blick der Augen oder durch die Lauteindrücke des Ohrs als Familienmitglied wahrgenommen? Carolyn Abbate, die zu den innovativsten Wagnerkritikern der heutigen Zeit gehört, hält das Motiv des Sehens in dieser Szene für sekundär: »Die Ausdrücke für das Sehen sind neutral (sehen, gewahren, erschauen). Die Ausdrücke für das Hören hingegen sind emotional aufgeladen. Die gehörten Worte ›tönen‹, ›erklingen‹ und ›erschallen‹ ihrem Ohr wie Donnerhall. [...] Die Erfassung der ganzen Wahrheit hat, wie [Brünnhilde] erklärt, nicht in erster Linie mit dem Sehen zu tun (ein Gesicht oder einen Text lesen), sondern vielmehr mit dem Hören (von Stimmen).«[25] Im Zusammenhang eines weiter gefassten Arguments über Brünnhildes Fähigkeiten als Zuhörerin ergibt diese Interpretation durchaus einen Sinn, doch wird dabei das im ganzen Zyklus unablässig wiederkehrende Motiv des Blickes nicht beachtet, das dazu dient, Familienbeziehungen als Embleme der Gleichartigkeit zu unterstreichen. Die Ironie der Todesverkündigungsszene liegt darin, dass Siegmund als Halbgott, als höheres Wesen mit einem Adlerblick, eigentlich nach Walhall gehört, in die Heimat der Götter und Heroen, und dass seine Zurückweisung der Unsterblichkeit jemandem wie Brünnhilde unglaublich erscheinen muss, die seine Ansichten und sein Aussehen buchstäblich teilt und die dort als Mitglied der Götterfamilie lebt (obgleich ich zugestehen muss, dass Sieglindes willkürlicher Ausschluss aus Walhall Brünnhilde anscheinend wenig ausmacht). Sehendes Erkennen enthüllt solche Verbindungen wie die Blutsbande, von denen hier die Rede ist. Brünnhildes erste an Siegmund gerichtete Worte hatten denn auch gelautet: »Sieh auf mich!« (MD, 622). Und er hatte darauf mit einer Frage geantwortet:

Wer bist du, sag,
die so schön und ernst mir erscheint?
(Siehe Notenbeispiel 10, unten Seite 199)

Die Todesverkündigungsszene beginnt mit einem Austausch von Blicken, und die visuelle Dimension der Interaktion zwischen Wälsung und Walküre setzt sich in einer Reihe von Verben fort, die das Zentralmotiv variieren. Brünnhilde erläutert:

Nur Todgeweihten
taugt mein *Anblick*,
wer mich erschaut,

der scheidet vom Lebenslicht.
Auf der Walstatt allein
erschein ich Edlen,
wer mich *gewahrt*,
zur Wal kor ich ihn mir! (MD, 622; meine Hervorhebungen)

Das Sehen ist hier zentral, und auf diese Weise sollen die Bindungen unter den höheren Wesen bestärkt werden. Erst als Siegmund auf Brünnhildes Weigerung hin, Sieglinde in Walhall einen Platz an seiner Seite einzuräumen und somit die erwählte Familie als Ganzes zu erretten, heftig und bitter wird, verdüstert sich Siegmunds visueller Eindruck der Walküre:

So jung und schön
erschimmerst du mir:
doch wie kalt und hart
erkennt dich mein Herz! (MD, 625)

Wagners Metapherngebrauch ist bemerkenswert schlüssig und konsequent. Ziel der visuellen Erkenntnis ist die Bewahrung gemeinschaftlicher Bindungen, hier durch die Metapher der Familie dargestellt, doch wenn bereits bestärkte Bindungen (in diesem Fall die im ersten Akt zwischen Siegmund und Sieglinde vertieften Beziehungen) bedroht werden, gerät auch die Erkenntnis ins Schwanken. Jetzt sieht und erkennt Siegmund in Brünnhilde jemanden, der *anders* ist als er und seine Schwester. Sie wird immer »kälter«, als sie die familiären Bindungen jener bedroht, die durch ihre (innere wie äußere) Ähnlichkeit definiert sind, aber auch durch ihre Ablehnung des Fremden. Wie ich in den beiden folgenden Kapiteln zeigen werde, dienen Lautzeichen (die Stimme) und Geruchszeichen (die sinnlichen Blumendüfte, die Wagner mit dem Inzest verbindet) im ersten Akt der *Walküre* dazu, das Paradigma der visuellen Erkenntnis zu unterstreichen. Gleichwohl bleibt es dabei, dass das Sehen die wichtigste Rolle spielt. (Alle drei Motive – Aussehen, Stimme und Geruch – kommen nur bei gelungenen, vollzogenen Vereinigungen zum Tragen, die durch wechselseitige Erkenntnis geprägt sind, wie die von Siegmund und Sieglinde oder Siegfried und Brünnhilde.) Hier, im Zeichen frustrierter Auseinandersetzung, spielen nur die beiden ersten Elemente eine Rolle, das Sehen und Hören, und selbst diese nur unvollkommen. Dabei bleibt jedoch das Sehen zentral. Somit enthält *Die Walküre* eine dramatische Darstellung jener Ideen zur Definition und Bewahrung der Grenzen des Volkes, die sich in Wagners nachrevolutionären Essays finden. Im Musikdrama wie in seinen essayistischen Vorläufern dienen die Motive des Sehens und Erkennens dazu, die Integrität der Gemeinschaft zu sichern. Diese ist hier durch jene soziale Einheit repräsentiert, die den Gemeinschaften der Nation und der Rasse in Wagners Schriften vorangeht: die Familie.

Eine solche Bildersprache findet sich nicht nur im ersten der *Ring*-Dramen, in der Darstellung höherer menschlicher Wesen, sondern sie taucht immer dann auf, wenn die Beziehungen des Wälsungengeschlechts eine Rolle spielen. Wiederholt verwendet Wagner die Motive des Sehens, Widerspiegelns und Erkennens, um Siegfrieds Status als Kind dieses heroischen, ins Auge fallenden Zwillingspaares zu etablieren und zu unterstreichen. Als Kind dieser Verbindung ist natürlich auch er ein höheres, von den Göttern abstammendes Wesen. In Wagners ursprünglichen *Ring*-Plänen stand Siegfried im Zentrum, denn für Wagner stellte der junge Held die Verkörperung des germanischen Wesens dar. Deshalb stattete ihn der Komponist mit Eigenschaften aus, die er für typisch deutsch hielt: Siegfried ist geradeheraus, ehrlich und furchtlos und besitzt die körperlichen Eigenschaften eines Männerbildes, das Wagner nur zu gern in sich selbst verwirklicht gesehen hätte. (So verwundert es kaum, dass der Komponist als Ziel seiner ästhetisch-sozialen Revolution den »*starke[n] und schöne[n] Mensch[en]*« nannte [DS 5:300]; das Kunstwerk ist die Darstellung der dazu gehörigen Gesellschaftsordnung, und Siegfried, der »jugendlich schöne Mensch« mit »kraftvollen Muskeln«, sollte Vorbild und Reflexion dieser zukünftigen Welt sein.)

Siegfried steht in starkem dramatischen und rassischen Kontrast zum Nibelungenzwerg Mime, der wiederum ein Bruder des Erznibelungen Alberich ist. In der Interaktion zwischen Siegfried und Mime bricht die Spannung zwischen den Geschlechtern der Wälsungen und der Nibelungen offen aus. Dadurch wird *Siegfried* zu jenem Drama des *Ring*-Zyklus, dessen Antisemitismus am krassesten und offensichtlichsten ist und das in dieser Hinsicht mit den gleichfalls rassistischen *Meistersingern von Nürnberg* zu vergleichen ist.[26] So wie in Wagners Essays Identität durch das Erkennen der Differenz etabliert wird, gelangt auch Siegfried dadurch zur Selbsterkenntnis, dass er Mimes physiologische Unterschiede als andersartig wahrnimmt. Wagners Deutsche erkennen sich selbst nicht nur im ähnlichen, artverwandten Aussehen von Familie, Verwandten und Volksgenossen, sondern auch im Wahrnehmen des Erscheinungsbildes jener, die als unähnlich, unfreundlich und eindeutig artfremd gelten. Diese Polarität führt ins Zentrum der Bildersprache von Wagners *Ring*-Dramen. Deren Motive gewinnen ihren vorwärts drängenden Charakter eben dadurch, dass die Figuren extrem polarisiert sind: in einander ähnliche, überlegene, sympathische Wesen und solche, die als fremdartig, minderwertig und bedrohlich empfunden werden. Mime ist Siegfrieds Pflegevater, doch diese Konstellation dient allein dazu, ihre Unterschiedlichkeit zu unterstreichen, besonders im Rahmen der *Ring*-Paradigmen, die Familie mit Gleichartigkeit und letztlich mit der Volksgemeinschaft gleichsetzen. Mime (wenn je auf der Opernbühne eine jüdische Mutter auftrat, dann in dieser Rolle!) ist seinem Pflegesohn so unähnlich wie nur irgend möglich (siehe Abbildung 8). Er ist verschlagen und beherrscht die Kunst der Verstellung; er versucht, den Jungen als Mittel zur Verfolgung seiner eigenen Zwecke zu benutzen; er ist ein Feigling und zeigt Züge von Verfolgungswahn. Überdies ist er mit körperlichen Merkmalen ausgestattet, die ihn im Spektrum der körperikonographischen Rassenstereotype des 19. Jahrhunderts als diametral entgegengesetzt zum jungen ›Superman‹ ausweisen. Dass der Wälsung (als deutscher Held) das Gegenteil des Nibelungen (als Jude) ist, ist bereits dem Essay *Das Judentum in der Musik* zu entnehmen, wo Wagner schrieb: »Wir können uns auf der Bühne keinen antiken oder modernen Charakter, sei es ein Held oder ein Liebender, von einem Juden dargestellt denken, ohne unwillkürlich das bis zur Lächerlichkeit Ungeeignete einer solchen Vorstellung zu empfinden« (GS 13:11f.). Im Kontext rassistischer Stereotype ist also Mime, Wagners lächerliches Gegenbild eines »Helden«, gegenüber Siegfried der fremdartige Andere.

Indem Siegfried selbst die Aufmerksamkeit wiederholt auf den Unterschied zwischen seiner Physiognomie und der seines Pflegevaters lenkt, unterstreicht er Wagners Überzeugung, dass sich rassische Unterschiede unauslöschlich in körperlichen Merkmalen zeigen würden. Als der Zwerg versucht, Siegfried davon zu überzeugen, dass er ihm »Vater und Mutter zugleich« sei (MD, 668), erinnert sich der junge Germane an eine Art Epiphanie, einen visionären Augenblick, der ihm die eigene Identität als fundamental unterschiedlich von Mime verdeutlichte (siehe Abbildung 9):

Das lügst du, garstiger Gauch!
Wie die Jungen den Alten gleichen,
das hab ich mir glücklich ersehn.
Nun kam ich zum klaren Bach:
da erspäht ich die Bäum'
und Tier im Spiegel;
Sonn und Wolken,
wie sie nur sind,
im Glitzer erschienen sie gleich.
Da sah ich denn auch
mein eigen Bild: –
ganz anders als du
dünkt ich mir da;
so glich wohl der Kröte
der glänzende Fisch,
doch kroch nie der Fisch aus der Kröte! (MD, 668)[27]

Siegfrieds instinktiver Ekel gegenüber Mime basiert auf den physiologischen Unterschieden, denn er hasste den Zwerg und misstraute ihm schon lange, bevor er durch seinen narzisstischen Blick in das spiegelnde Wasser des Baches die Gründe für seine Abneigung erfahren hatte. Indem er »sich selbst erkennt«, erkennt Siegfried auch, was *nicht* ist wie er selbst, und begründet dadurch für Wagners Publikum seine angeborene Ähnlichkeit mit, und Zuneigung zu, seinen Wälsungeneltern. Diese hatten ihre eigene Identität zuvor auf ganz ähnliche Weise erkannt, indem sie das Spiegelbild ihrer selbst in einem Bach oder im feuchten Geschwisterauge gesehen hatten. Siegfrieds »natürli-

8. *Arthur Rackham*, Mime und der kleine Siegfried, *1911 (aus:* The Ring of the Nibelung, *übers.* Margaret Armour, Bd. 2 *[New York 1976])*

9. *Arthur Rackham*, Siegfried betrachtet sich selbst im Bach, *1911 (ebd.)*

che« Abneigung gegen Mime ist ein Zeichen seiner Gesundheit, denn der Zwerg steht für ein Wesen, das keine familiären Bindungen und keine Bindungen an eine Gemeinschaft hat. Überdies bedroht er sogar das Leben des Helden. (Die Gegenüberstellung von familiärer Wälsungenliebe und Geschwisterrivalität der Nibelungen – in der Nibelheim-Szene des *Rheingold* und im zweiten Akt des *Siegfried* – passt genau zur Funktion der Familie als Metapher für das deutsche Volk, welches sich in Wagners Augen fundamental von den angeblich kalten, egoistischen, habgierigen und lieblosen Juden unterscheidet.) In seiner Erörterung von Wagners Figurenkonzeption für Siegfrieds Pflegevater betont Ernest Newman:»Mime ist ein mächtiger Übeltäter, einer, der alles tun würde, was Alberich tat, hätte er nur das Glück, den Ring zu besitzen: Trotz seiner äußeren Erscheinung und seines Körperbaus ist er gefährlich. Und der Schauspieler, der uns dies alles nicht bewusst macht, sondern die Rolle so spielt, dass das Publikum der Ansicht ist, Mime sei bemitleidenswert statt gefährlich und hassenswert, und folglich sei Siegfried ein Monster jugendlicher Undankbarkeit, ein solcher Schauspieler stellt die Rolle falsch dar.«[28] Wagners Absicht war es nach Newmans Meinung, eine Situation darzustellen, in der Sympathie zwischen dem Publikum und dem Helden entstehen sollte. Siegfrieds Verhöhnung und später auch Tötung des Zwergs sollte nicht nur plausibel, sondern sogar *gerechtfertigt* erscheinen. Sie sollte – im wahrsten Sinne des Wortes – Beifall finden. Mime stellt für die Verkörperung alles wahrhaft Germanischen (Deutschen) eine Bedrohung dar, und seine böswillige Andersartigkeit ist durch sein fremdartiges, minderwertiges körperliches Aussehen auf Anhieb erkennbar.

Als metaphorisches Werk hat der *Ring* zahlreiche verschiedene Ebenen, und so stehen seine Figuren auch in mehreren thematischen Zusammenhängen gleichzeitig. Die körperliche Polarität von Siegfried und Mime ist auch der dramatische Ausdruck von Gedanken, die sich in *Deutsche Kunst und deutsche Politik* finden (einer Schrift, die überdies als ideologisches Pendant oder als Kommentar zu den Ideen gelesen werden kann, die in *Die Meistersänger von Nürnberg* auf der Bühne dargestellt werden).[29] In diesem Essay beschreibt Wagner die Unterschiede zwischen jener

Art von Kunstwerk, die er mit Frankreich in Verbindung bringt (dessen Theater seiner Meinung nach unter die Fuchtel der Juden gefallen waren), und seinem eigenen wahren Kunstwerk der Zukunft, das einzig und allein für die Deutschen gedacht ist. Den Unterschied zwischen dem »nachahmenden« und dem »nachbildenden« Künstler – ersterer kommt über das reine Kopieren nicht hinaus, weshalb der Begriff als Schimpfwort gemeint ist, während letzterer kreativ tätig ist, so wie der Komponist es sich für sich selbst wünschte – vergleicht Wagner in diesem Zusammenhang ausdrücklich mit dem Unterschied zwischen Affen und Menschen (DS 8:290ff.). Der »nachahmende« Künstler ist frankophil, nichtdeutsch und darum entweder philosemitisch oder ausdrücklich jüdisch; er hat vieles mit dem rückwärts gewandten, ästhetisch verkümmerten »Denker« gemein, der in die Figur des Beckmesser eingegangen ist. Der »nachbildende« Künstler dagegen ist wie der »Dichter«; er ist der deutsche Prophet der Zukunftskunst für eine zukünftige Gesellschaft. Denker und Dichter finden ihr *körperliches* Äquivalent hier im Affen und im Menschen. Außerdem beschreibt Wagner bezeichnenderweise den nachahmenden Künstler ausdrücklich als »Mimen«.[30] Der Mime ist wie ein Affe, und er wird mit einer minderwertigen Art von Kunst in Verbindung gebracht, wie man sie im französischen Theater findet. In Papageienmanier ahmt er seine Umwelt lediglich oberflächlich nach (hier ist an die Assoziation von Jude und Papagei in *Das Judentum in der Musik* zu erinnern), während sich der überlegene Künstler, der »Idealist«, mit dem höheren Gehalt, dem Wesen, auseinandersetzt, das er nachzubilden versucht (DS 8:291ff.). (Über Mimes Affenartigkeit ist im dritten Kapitel dieses Buches noch mehr zu sagen.) Das Kunstschaffen des nachbildenden Künstlers basiert eindeutig auf seiner Fähigkeit, unter den Myriaden von Oberflächenphänomenen ein höheres, wahres Wesen in der Tiefe zu erkennen. Das geht auch aus Wagners Begriffswahl hervor: »Nachbilden« evoziert Einfühlung und Vorstellungskraft (»Einbildung«), wie sie beispielsweise in Sieglindes gefühlsbetonter Faszination dramatisch zum Ausdruck kommt, als sie die Ähnlichkeit zwischen ihrem eigenen, im Bach erschauten Bild und dem Gesicht des Bruders, der vor ihr steht, erkennt.

Mime im *Siegfried* ist demnach als affenartiger, frankophiler Nachahmer zu sehen. Metaphorisch ist er, was sein Name über sein Wesen zum Ausdruck bringen soll: ein Mime, ein Schauspieler, während Siegfried metaphorisch unter anderem für den wahren Künstler steht, den Idealisten, der das Wesen der Beziehungen erfasst, die er hinter der Welt der Erscheinungen erkennen kann. Wagner behauptete bekanntlich, der Schöpfer des Kunstwerks der Zukunft stehe für das Volk, dem er zum Ausdruck verhelfe. Im *Ring* wird das Volk auf verschiedene Weise dargestellt. Unter anderem wird es metaphorisch durch das Wälsungengeschlecht verkörpert. Siegfried steht sowohl für das Volk als auch für den wahren Künstler in seiner Eigenschaft als Stimme (und Körper) des Volkes. Dieter Borchmeyer hat darauf hingewiesen, dass der metaphorische Charakter von Siegfrieds Schmieden des Schwertes besonders deutlich wird, wenn man Wagners Vorstudie zum *Ring*, den dramatischen Prosaentwurf »Wieland der Schmied«, eine überdeutliche Parabel auf den künstlerischen Schöpfungsvorgang, zum Vergleich heranzieht.[31] So verwundert es nicht, dass Mime nicht in der Lage ist, das zerbrochene Schwert, seinerseits eine Metapher für das Gesamtkunstwerk, neu zu schmieden. Dieses Werk war einst, in der idealisierten griechischen Vergangenheit, vereint gewesen, dann jedoch in disparate Einzelteile zerfallen (die getrennten Gattungen Musik, Tanz, Dichtung, Malerei, Bildhauerei und Architektur). Es befand sich inzwischen in der Obhut einer minderwertigen Rasse (der Juden, welche die Theaterinstitutionen des modernen Europa unter Kontrolle hatten), war jedoch dazu bestimmt, von einem höheren, wahren Wesen, der Verkörperung alles Deutschen, wieder zusammengeführt und vereinigt zu werden. Mime ist ein Meisterschmied – er wird im *Ring* als der größte aus dem »Geschlecht« der Schmiede dargestellt –, doch seine Kunst reicht nicht an die des naiven Helden heran. Die Gegenüberstellung von Mimes unzulänglichen Schmiedeversuchen am Anfang des ersten *Siegfried*-Aktes mit Siegfrieds triumphalem Verschmelzen der (ästhetischen) Teile des Schwertes am Ende dieses Aktes unterstreicht die metaphorische Funktion des Ganzen als Darstellung zweier unterschiedlicher Arten von Künstler: Der eine äfft nur nach, während der andere für Wagner der Inbegriff alles Deutschen ist. So überrascht es auch nicht, dass der Name des Schwertes »Nothung« lautet. Wie Siegfrieds Wälsungenvater als Vertreter des Volkes in der Stunde seiner »höchsten Not« zu diesem Schwert getrieben wurde – daran erinnern uns Siegmund und Wotan wiederholt (MD, 594, 602, 608) –, so fordert auch Siegfried als Repräsentant des Volkes Nothung für sich, als er sich von seinem artfremden Zwergenvater befreit, der für den Feind des Volkes, den Juden, steht. Dabei errichtet er metaphorisch das Kunstwerk der Zukunft, ein Instrument zur Zerstörung der nichtdeutschen Kunst und zur Beseitigung der ausländischen Präsenz im Reich des zukünftigen Volkes.

Die Tiersymbolik im Musikdrama bestärkt ihrerseits die Motive der Familienaffinität und der natürlichen Antipathie, die zwischen Wagners Held und dem Nibelungen herrscht. Die Tiermotive im *Ring* sind in sich schlüssige metaphorische Darstellungen der physiologischen Merkmale, die Wagner in seinen Essays als typische Merkmale rassischer Unterschiede deutet. In der Tetralogie sind die Helden mit schönen, wendigen, starken Tieren assoziiert, während Figuren mit Zügen, die als jüdisch galten, etwa Habgier, Egoismus und Lieblosigkeit, mit niedrigen, Ekel erregenden und unbeholfenen Kreaturen in Verbindung gebracht werden. Als Übermensch und höheres Wesen steht Siegfried der Natur und den Geschöpfen des Waldes nahe (Vögeln, Füchsen, Wölfen, Bären und Hirschen), aber auch den Fischen im Bach, mit denen er sich selbst vergleicht. So ist es auch sehr passend, dass er im zweiten Akt des Dramas den Waldvogel verstehen kann, nachdem er mit dem magischen Drachenblut in Verbindung gekommen ist. Wie schon häufig bemerkt wurde, ähnelt die Musik des Waldvogels bemerkenswert (und absichtlich) jener der Rheintöchter, der Naturgeister im *Rheingold*, dem *Ring*-Vorspiel. Siegfrieds Affinität zu Vögeln und Fischen wird auf diese Weise durch musikalische Echos subtil betont.[32] Diese Affinität ist bedeutsam und motivisch konsequent, denn sie ist Teil eines größeren Beziehungsgeflechts von Tiermotiven, das dazu dient, die fundamentale Unvereinbarkeit unterschiedlicher Rassen (»Geschlechter«) darzustellen. Die Gegenüberstellung von Fisch und Kröte, die sich von der Eingangsszene des *Rheingold* bis zu Mimes Tod im zweiten Akt des *Siegfried* erstreckt, ist nur ein herausragendes Beispiel dafür, wie Tiermotive das gegensätzliche Wesen von Deutschen und Juden unterstreichen; Vogel, Fisch und Kröte fungieren als dramatische Äquivalente für das, was Wagner und seine Kultur für eindeutige, Unterschiede begründende körperliche Rassenmerkmale hielten.[33] Siegfried, der der Natur so nahe steht, dass er sich mit Vögeln unterhalten kann, vergleicht sich selbst mit einem Fisch und distanziert sich damit vom Nibelungen, den er mit Begriffen beschreibt, die ihn als fundamental unterschiedliche Kreatur erscheinen lassen: primitiv, schleimig, amphibisch.

Das motivische Gegensatzpaar Fisch und Kröte mit seiner implizierten Polarität von natürlicher Schönheit und fremdartiger, unnatürlicher Hässlichkeit geht auf die erste *Rheingold*-Szene zurück, in der Mimes Bruder Alberich zwei ihm sich entwindende Rheintöchter wegen ihrer fischartigen Eigenschaften verflucht. Woglinde ruft er zu:

Wie fang ich im Sprung
den spröden Fisch? (MD, 528)

Anschließend sagt er zu Wellgunde:

Falsches Kind!
Kalter, grätiger Fisch! (ebd.)

Die Rheintöchter sollten, sagt er, doch »mit Aalen buhlen«:

Hei! So buhle mit Aalen,
ist dir eklig mein Balg! (MD, 529)

Doch im Rahmen des motivisch schlüssigen Bestiariums im *Ring* ist es gerade eine Kreatur, die dem Aal ähnelt, dagegen überhaupt nicht den glitzernden, überlegenen, verführerisch eleganten Fischen, mit der Floßhilde, die letzte der Rheintöchter, Alberich vergleicht: eine Kröte. Sie spricht ausdrücklich von Alberichs »Krötengestalt« (MD, 530). Darum ist es sehr passend, wenn sich Alberich, als er in Gegenwart von Loge und Wotan in der Nibelheim-Szene andere Tiergestalten annimmt, jene Kreaturen auswählt, die seiner eigenen Natur am nächsten kommen: Zunächst verwandelt er sich in einen aalähnlichen Drachen, dann in eine Kröte. Die Formulierung seines entsprechenden Zauberspruchs greift Floßhildes Beschreibung seiner körperlichen Erscheinung als Kröte wieder auf:

> Krumm und grau
> krieche Kröte! (MD, 561)

Die metaphorische Gegenüberstellung von Fisch und Kröte im *Siegfried* ist demnach Teil einer größeren Konstellation von Tiersymbolen, die konsequent im ganzen *Ring* mit dem Ziel eingesetzt werden, fundamental gegensätzliche physiologische Wesensmerkmale zu unterstreichen. Weil Alberich und Mime Mitglieder derselben Familie sind, was bei Wagner immer auch bedeutet: Angehörige desselben »Geschlechts« (derselben Rasse), werden sie im Verlauf des Zyklus unabhängig voneinander von verschiedenen Figuren (den Rheintöchtern, Wotan, Loge und Siegfried) als Besitzer der Eigenschaften ein und desselben primitiven, schleimigen Tiers gesehen. Siegfried hingegen spürt automatisch seine Affinität zu einer Kreatur, die in der Vorstellung des Publikums bereits mit der makellosen, reinen Natur assoziiert ist: dem Fisch. In der Tat ist es das Eindringen des fremdartigen, krötengleichen Nibelungen Alberich in das güldene, jungfräulich unberührte Wasser des fischreichen Rheins, welches den Verlust des reinen Naturzustandes mit sich bringt. Und wenn Siegfried Mimes Andersartigkeit spürt, wird ebenfalls ein naturbedingter Gegensatz impliziert. Der Fisch ist ein Beispiel für die strahlende, sonnige Seite der Natur, während die Kröte ein amphibischer Erdbewohner ist, eine Kreatur der Dunkelheit. Kein Wunder, dass Siegfried dem Nibelungen zuruft:

> Seh ich dir erst
> mit den Augen zu,
> zu übel erkenn ich,
> was alles du tust! […]
> Alle Tiere sind
> mir teurer als du,

Baum und Vogel,
die Fische im Bach,
lieber mag ich sie
leiden als dich. (MD, 666)

Seine Augen ermöglichen ihm, sein eigenes Spiegelbild im Bach
zu erkennen, an jenem Ort also, an dem er auch seine Affinität mit
einem überlegenen Tier, dem Fisch, erkennt. Als er in den Wald
rennt, nachdem er erfahren hat, dass Mime in der Tat nicht sein
leiblicher Vater ist, vergleicht sich Siegfried selbst ausdrücklich
mit Fisch und Vogel – den beiden metaphorisch höherwertigen
Tiergestalten, die im *Ring* für höhere Wesen reserviert sind:

Wie der Fisch froh
in der Flut schwimmt,
wie der Fink frei
sich davonschwingt,
flieg ich von hier,
flute davon, […]
dich, Mime, nie wieder zu sehn! (MD, 672)

Wagner ist berühmt dafür, dass er eine ganze Reihe von Quellen
für seinen *Ring* radikal adaptiert und eingeschmolzen hat – vor
allem die *Lieder-Edda*, die *Prosa-Edda*, die *Völsunga-Saga* und das
Nibelungenlied.[34] Was indes viel weniger Beachtung gefunden hat,
ist die Konsequenz, mit der er sein Quellenmaterial so umge-
formt hat, dass ein zusammenhängendes Motivgewebe entstand,
dazu gedacht, sein ideologisches Programm zu vermitteln. So wie
er – darauf wurde bereits hingewiesen – den »Drachenblick« von
einem der Vorbilder für Alberich aus der *Völundarkvitha* auf seine
Wälsungenzwillinge übertrug, so modifizierte er auch das in seinen Quellen vorgefundene Fischmotiv mit ähnlicher Zielsetzung.
Wagner unterstreicht die gegensätzliche physiologische Natur
der Nibelungen und der Wälsungen durch die Gegenüberstellung von Fisch und Kröte, doch ein solcher Motivgegensatz findet sich nirgends in den Sagas. Ja, er widerspricht sogar dem
Motivvokabular der Quellen. Denn in der vierzehnten Erzählung
der *Völsunga-Saga* – in der deutschen Übersetzung lautet der
Kapiteltitel »Die Vorgeschichte des Hortes« – wird zum Beispiel

der Zwerg Andvari, eines von Alberichs Vorbildern in den diversen Quellen, mit einem Fisch verglichen; ja, er verwandelt sich sogar in einen Fisch. Dies erzählt Regin (in der Saga einer der Söhne Hreidmars und ein Vorbild für Wagners Mime) Sigurd (bei Wagner: Siegfried), als er vom Tod seines Bruders Otr berichtet:

Ein Zwerg hieß Andvari – fuhr Regin fort – der war immer in dem Wasserfall, der Andvarafors [»Andvaris Wasserfall«] hieß, in Hechtes Gestalt und fing sich da Speise, denn in jenem Wasserfall waren Fische die Fülle. Mein Bruder Otr fuhr auch immer in diesen Wasserfall, holte Fische in seinem Munde herauf und legte jedesmal einen aufs Land.
Odin, Loki und Hönir kamen einst auf ihrer Wanderung nach dem Andvarafors. Otr hatte einen Lachs gefangen und aß blinzelnd am Flußufer. Loki nahm einen Stein und warf Otr zu Tode. Die Asen wähnten sehr glücklich bei ihrem Fang zu sein und zogen den Balg von der Otter ab. Am Abend kamen sie zu Hreidmar und wiesen ihm ihre Beute vor. Da nahmen wir sie fest und legten ihnen als Buße und Lebenslösung auf, daß sie den Balg mit Gold füllten und ihn auch von außen mit rotem Golde verhüllten. Da sandten sie Loki, das Gold herbeizuschaffen. Er kam zu Ran [der Meeresriesin], erhielt ihr Netz, fuhr dann nach dem Andvarafors und warf das Netz vor den Hecht – der sprang hinein. [...]
Loki sah das Gold, das Andvari besaß; aber als dieser das Gold entrichtet hatte, da hatte er noch einen Ring übrig; auch den nahm ihm Loki fort. Der Zwerg ging in einen Stein und sagte, daß dieser Goldring jedem, der ihn besitze, den Tod bringen sollte [...].[35]

Wagner modifizierte das Fischmotiv, das in den Sagas zugleich in der Zwergenwelt wie bei den größeren Wesen beheimatet ist, dadurch, dass er es allein mit seinem Wälsungenhelden assoziierte. Zugleich machte er in der Szene, in der Loge (Loki) Zwerg, Gold und Ring an sich bringt, aus Andvari, dem Fisch (Hecht), Alberich die Kröte. Viele Handlungselemente aus *Das Rheingold* sind hier schon zu erkennen, doch Wagner formte sie zu einem in sich schlüssigen Motivgefüge um, das die physiologischen, rassischen Unterschiede betont.[36] Bei ihm ist die Gestalt des Fisches im *Ring*-Zyklus für die naturverbundenen, übermenschlichen Wesen reserviert: für die Rheintöchter und für jenen Mann, mit dem sich diese, Fischen ähnelnden Kreaturen, in der *Götterdämmerung* ernsthaft auseinander setzen: Siegfried.

Weil das Aussehen in Wagners sozialästhetischen Theorien und in deren dramatischer Darstellung im *Ring* der Schlüssel zur Identität ist, betrifft die erste Frage, die sich Siegfried hinsichtlich seiner Eltern in der Waldweben-Szene des zweiten *Siegfried*-Aktes stellt, nicht die Besonderheiten ihres Lebens, ihres Schicksals oder ihrer Gefühle, sondern nur ihr Erscheinungsbild.[37] Er fragt sich, wie sie wohl *aussahen*, und nicht, wie sie *waren*, denn Letzteres zeigte sich – in Wagners Vorstellungswelt wie im Denken der Kultur seiner Zeit – im Aussehen. Siegfried beginnt seine Gedanken über Vater und Mutter jeweils mit derselben Frage:

> Wie sah mein Vater wohl aus? […]
> Aber- wie sah
> meine Mutter wohl aus? (MD, 701)

Und doch kennt Siegfried die Antwort, zumindest auf die erste dieser Fragen, bereits, denn das Wesen kommt in den Merkmalen des Körpers zum Ausdruck, und es wird durch die Identität der Familie als Rasse (»Geschlecht«) umschrieben. Als Siegfried sich fragt, wie sein Vater ausgesehen haben muss, erkennt er letztlich nur, was in Wagners Kosmologie selbstverständlich ist:

> Ha, gewiß, wie ich selbst!
> Denn wär wo von Mime ein Sohn,
> müßt er nicht ganz
> Mime gleichen? (MD, 701)

Vor dem Hintergrund des Aussehens des Nibelungenzwerges rekonstruiert Siegfried die Gestalt seines Vaters, und so folgt ein Schwall von inzwischen vertrauten Bildern, die, mit der Kröte assoziiert, einem Katalog von im 19. Jahrhundert gängigen antisemitischen Stereotypen entnommen sind:

> Grade so garstig,
> griesig und grau,
> klein und krumm,
> höckrig und hinkend,
> mit hängenden Ohren, triefigen Augen. (MD, 701)

In seiner Vorstellung erkennt Siegfried das Aussehen seines Vaters auf dieselbe Art und Weise, wie er schon seine eigene Identität bestimmt hatte und wie sich in Wagners Essays der Deutsche stets selbst definiert: durch die Wahrnehmung des Erscheinungsbildes eines Anderen als anders- und fremdartig. Während er dem verwandten Geist der Vögel im Herzen der deutschen Natur lauscht, stellt sich der Übermensch das Aussehen des ihm ähnlichen Familienmitglieds vor – im Sinne der idealistischen Künstlermetaphorik *bildet* er es *nach* – und zwar durch Zurückweisung einer Physiologie, die er gegenüber der eigenen als von Natur aus gegensätzlich empfindet. In diesem Zusammenhang ist auch der Verweis auf Mimes Augen von Bedeutung. Während die Augen der Wälsungen höhere, überlegene Organe sind, die die Affinität von Gleichartigen erkennen können, verraten die Augen der Nibelungen deren Minderwertigkeit und Isolation; sie werden so unsympathisch wie nur irgend möglich beschrieben. Gegenüber den »hell schimmernden« Rehaugen der Mutter (»der Rehhindin gleich«, MD, 701) stehen Mimes abstoßende Triefaugen in scharfem Kontrast. In seiner ursprünglichen Beschreibung des Zwerges, die Wagner allerdings in der endgültigen Fassung des Dramas fallen ließ, sind die Augen »klein und stechend, mit rothen rändern«[38] (wie die seines Bruders Alberich, dessen Blick von Floßhilde als »stechend« [MD, 529] verspottet wird). Hier bietet also sogar das Auge selbst ein physiologisches Identitätsmerkmal. Wie im ersten Akt der *Walküre* ist es sowohl eine Metapher für das Sehen und Erkennen als auch ein Körpersymbol, ein Rassenmerkmal. (Mimes gerötete, triefende Augen lassen ihn auch hündisch erscheinen, was an das Wesen eines weiteren Feindes der Wälsungenfamilie, Sieglindes Gatten Hunding, erinnert.) Mit seinen Augen erkennt Siegfried Mimes fremdartiges Wesen, und so ist nach seiner angewiderten Beschreibung der »hängenden Ohren« und »triefigen Augen« des Zwerges sein unmittelbarer Wunsch, das *Bild* des Nibelungen aus seiner Umgebung zu verbannen. Er ruft aus:

Fort mit dem Alp!
Ich mag ihn nicht mehr sehn! (MD, 701)

Indem er die rassentypischen Merkmale von Mimes Aussehen betrachtet, erkennt Siegfried die Wesensunterschiede; und indem er sie benennt, weckt er die Erinnerungen des Publikums an die überlegenen, schönen Augen seiner Wälsungeneltern, die ihre eigene Familienidentität aus dem Blick des jeweils anderen herausgelesen hatten.

Dass Siegfried sich vorstellt, die Augen seiner Mutter seien wie Rehaugen gewesen, ist ebenfalls kein Zufall, sondern Teil einer Motivkonstellation, die seine Nähe zu Mutter Natur unterstreicht. Durch Beobachtung der Paarung von Waldtieren erfährt er etwas über die Liebe (die der lieblose, egoistische Mime niemandem nahe bringen konnte), und er entdeckt darin für sich natürliche Abbilder seiner selbst und seiner Familie:

> So ruhten im Busch
> auch Rehe gepaart,
> selbst wilde Füchse und Wölfe;
> Nahrung brachte
> zum Nest das Männchen;
> das Weibchen säugte die Welpen:
> da lernt ich wohl
> was Liebe sei,
> der Mutter entwandt' ich
> die Welpen nie. (MD, 667f.)

Wenn Mime Siegfried kurz vor seinem Tod »Wolfssohn« nennt, unterstreicht er die natürlichen Qualitäten des Jungen und – für ein mit der *Walküre* vertrautes Publikum – die Verwandtschaft des Kindes sowohl mit seinem Vater Siegmund, der sich selbst »Wölfing« nannte, als auch mit seinem Großvater Wotan, der, als Berserker »Wolfe« verkleidet, in Gestalt eines Wolfes mit dem Wälsungenkrieger als »Wolfsjunge« durch die Wälder streifte. So war es motivisch gesehen für Siegfried durchaus passend, von Wölfen und Rehen etwas zu lernen, was ihm sonst seine Eltern beigebracht hätten. Ebenfalls genau ins Gesamtbild passt, dass er sich die unzweifelhafte Schönheit des Aussehens seiner Mutter nicht in konventionelleren Bildern ausmalt, sondern sich auf ihre Rehaugen konzentriert – jene Augen, mit denen Sieglinde ihre eigene Gestalt im Körper ihres Zwillingsbruders wiedererkannte, dem Vater Siegfrieds.

Seine natürliche Antipathie gegen Mime bringt Siegfried unter einer großen Linde zum Ausdruck, in der sein natürlicher Seelenverwandter, der Waldvogel, wohnt. Darum ist es auch passend, dass Siegfried, als er Mime getötet hat, zu diesem Vogel über dessen »Brüder[n] und Schwestern« spricht, die er in den Zweigen über sich sieht, und sich nach einer ähnlichen Familie sehnt (MD, 714). Nachdem er ohne Familie und in Gesellschaft unvertrauter Wesen aufgewachsen ist, sehnt er sich nach seinesgleichen, und genau zu solchen engen Verwandten wird ihn der Waldvogel nun geleiten: zunächst zu Wotan und dann zu Brünnhilde, der Halbschwester seiner Eltern. Als er sie zum ersten Mal sieht, glaubt er, was kaum überrascht, sie sei seine Mutter: Was anderes könnte ein echter Wagner'scher Held auf der Suche nach der eigenen Identität erwarten, als eine Verwandte zu finden?

Wagner wiederholt das Augenmotiv im dritten Akt anlässlich der Begegnung von Siegfried mit dem einäugigen Wanderer, der bei der Unterhaltung mit seinem Enkel bemerkt:

Mit dem Auge,
das als andres mir fehlt,
erblickst du selber das eine,
das mir zum Sehen verblieb. (MD, 724)

Doch Wotan verursachte den Tod Siegmunds, seines Vaters, und darum ist es motivisch konsequent, wenn Siegfried hier den vor ihm Stehenden nicht als seinen göttlichen Großvater erkennt – darin setzt sich ein Motiv fort, das mit dem begrenzten Sehvermögen Siegmunds aus der Todesverkündigungsszene der *Walküre* eingeführt worden war, als Brünnhilde die Wälsungenfamilie bedroht hatte. Siegfried wird überhaupt nie die volle Identität des Wanderers erfahren, nur so viel, dass er seines »Vaters Feind« ist (MD, 726). Er nimmt Rache an dem alten Mann, ehe er mit seiner Wanderung fortfährt – auf der Suche nach jenem Wesen, das, ohne dass Siegfried es wüsste, seine Eltern zu retten versucht hat. Dieses Wesen kann er dann wieder erkennen.

Als Siegfried und Brünnhilde vereint sind, erkennen sie sich selbst und einander wechselseitig an ihren Blicken – ähnlich wie zuvor schon ihre Verwandten, die Wälsungenzwillinge. Siegfried ruft ihr zu: »Daß ich das Aug' erschaut, | das jetzt mir Seligem lacht!« (MD, 730), worauf Brünnhilde konsequenterweise erwidert: »Nur dein Blick durfte mich schaun« (MD, 730). Das Werben der beiden umeinander, das genauso kurz ist wie jenes von Siegmund und Sieglinde, besteht fast nur in einem Austausch von Blicken. Als Brünnhilde Angst vor dem Verlust ihrer Jungfräulichkeit bekommt, bedeckt sie ihre Augen, und in seinem Bestreben, sie für sich zu gewinnen, fleht Siegfried sie an, ihn anzuschauen. Er nimmt ihr die Hände vom Gesicht. Und dann gebraucht Brünnhilde dasselbe Bild, das schon Sieglinde verwendet hatte, als sie ihr eigenes Gesicht mit dem des Bruders verglich. Doch Brünnhilde formt es in ihrer vorübergehenden Angst vor sexueller Erweckung um, wenn sie sagt, Siegfried werde seine Freude am narzisstischen Wiedererkennen des Spiegelbilds verlieren, wenn er die von ihr gebotene Reflexion störe:

Sahst du dein Bild
im klaren Bach?
Hat es dich Frohen erfreut?
Rührtest zur Woge
das Wasser du auf,
zerflösse die klare
Fläche des Bachs, –
dein Bild sähst du nicht mehr,
nur der Welle schwankend Gewog!
So berühre mich nicht,
trübe mich nicht! (MD, 735)

Siegfrieds Entgegnung ist in Wahrheit eine Bestätigung des Motivs, wie es im ersten Akt der *Walküre* erschien. Denn mit seinen Worten, er wolle nur »Aug in Auge« (MD, 736) mit ihr sein, betont Siegfried das narzisstische Verlangen seiner Eltern aufs Neue. Und es ist dieses Verlangen, welches auch seine ihm durch höheres, göttliches Blut verbundene Tante Brünnhilde teilt, das letztlich deren Widerstand bricht. Am Ende des Dramas, als beide sich stürmisch vereinigen, als »der Blicke Strahlen sich zehren«

(MD, 737), wird die Wesensidentität der beiden in ihrer leidenschaftlichen Vereinigungsszene durch optische Metaphorik bestätigt. Dass in der Orchesterbegleitung zu dieser Passage auch das »Wurm«-Leitmotiv auftaucht, hat bei manchen Wagner-Hörern Befremden ausgelöst, doch das Motiv ergibt im Zusammenhang des thematischen Motivsystems für Familienähnlichkeiten im *Ring* durchaus Sinn, denn durch das »Wurm«-Motiv erinnert Wagner subtil an Hundings Beobachtung im ersten Akt der *Walküre*, der »gleißende Wurm« glänze sowohl im Auge seiner Frau als auch im Auge des fremden Eindringlings (Siegmund). Das Motiv erinnert den Hörer ferner daran, dass Mime im ersten *Siegfried*-Akt den kleinen Siegfried als »den kleinen Wurm« beschrieben hatte (MD, 665). (Und schließlich ist auch impliziert, dass Siegfried bereits einen Drachen »besiegt« hat und dass er jetzt kurz vor einer weiteren »Eroberung« steht.[39]) Damit unterstreicht auch die Musik das Thema des Blickes, das in allen Wagner-Szenen eine bedeutende Rolle spielt, in denen es zur Begegnung und Vereinigung Verwandter, Geistesverwandter und höherer Wesen kommt. Gegen Ende seines Lebens, als sein Antisemitismus durch die Schriften von Joseph Arthur Graf Gobineau angeblich wissenschaftliche Bestätigung erfahren hatte, erinnerte sich Wagner in rassistischem Kontext ausdrücklich an genau diese Szene am Ende des *Siegfried*. Dabei unterstrich er die zentrale Bedeutung des Blickmotivs als eines Garanten rassischer Identität. Am 17. Oktober 1882 notierte Cosima Wagner in ihrem Tagebuch: »»Das ist Gobineau-Musik‹, sagt R., hinzutretend; ›das ist Race [Rasse]. Wer soll mir diese beiden Wesen [Siegfried und Brünnhilde] geben, die in Jubel ausbrechen, wie sie sich ansehen […].«[40]

Dass der *Ring* motivisch so schlüssig und folgerichtig ist, ist ein Beleg für seinen subtilen Aufbau und die semantische Bedeutsamkeit der diversen Motive. Der Ring ist nicht einfach eine mythische Parabel vom Kampf zwischen Gut und Böse, Habgier und Liebe, sondern eine dramatische Darstellung dieser Themen vor dem Hintergrund rassischer Unterschiede. Wenn man die für den Gesamtentwurf so zentrale Komponente des Antisemitismus nicht erkennt, wirken die zahlreichen, wiederholten Bilder menschlicher und tierischer Körperlichkeit, vor allem physiologischer Unterschiede, in diesem Drama lediglich als märchenhafte Ausschmückungen in einem Werk über Natur und Magie. Doch Wagners Musikdramen bieten sichtbare, in dichterische Texte gefasste und hörbare Darstellungen von Gedanken, die Wagner in verschiedenen Essays und Traktaten nach der gescheiterten Revolution von 1848/49 im Detail dargestellt hatte, wobei es um die verderbliche Rolle der Juden in der modernen Welt ging und um die Notwendigkeit, die deutsche Volksgemeinschaft vor dem jüdischen Einfluss zu retten. Dass Wagner das Motiv des erkennenden Blickes in seiner *Ring*-Tetralogie als dramatisches Äquivalent für das in seinen sozialrevolutionären Traktaten stets aufs Neue erörterte Motiv des Erkennens von Gleichartigem wie Fremdartigem verwendete, wird zum einen durch die entstehungsgeschichtliche Nähe dieser unterschiedlichen Projekte nahegelegt, zum anderen durch die außerordentlich konsequent gefassten semantischen Implikationen dieses Motivs an den zahlreichen Stellen, an denen es in den Musikdramen erscheint.

Und doch ist der Blick hier nicht nur als Metapher zu verstehen, sondern auch als Grundlage eines Perzeptions- und Erkenntnismodells, das im Kontext der Kultur des 19. Jahrhunderts weitgehend auf der Erfassung der Physiologie als eines Merkmals von angeborenen, echten Wesensunterschieden basiert. Auf den Körper der Nation übertragen, enthüllen die Merkmale des individuellen Körpers für Wagner und sein zeitgenössisches Publikum die rassische wie auch die nationale Identität. Bei seiner Dramatisierung der Metaphorik von Auge, Widerspiegelung, Erkenntnis und Identitätsbestimmung durch Zurückweisung alles Fremdartigen griff Wagner, um seiner Darstellung sozialer Probleme unmittelbare Glaubwürdigkeit zu verleihen, auf ein Repertoire antisemitischer Stereotype zurück, das in seiner Kultur tief verwurzelt war. Seine Ideen waren zwar oft recht eigenwillige, persönliche Abwandlungen von Denk- und Begriffsmodellen anderer deutscher Denker des frühen 19. Jahrhunderts (Hegel, Feuerbach, E. T. A. Hoffmann, Novalis, Eichendorff u. a.), doch in seinen dramatischen Darstellungen verlieh er diesen Gedanken einen großen Konnotationsreichtum in Bezug auf spezielle Körperikonographien, die zu seiner Zeit weit verbreitet waren. Dabei schuf er seine Kunstwerke der Zukunft nicht zuletzt als Dokumente der Rassentrennung. Ihr Programm des Hasses vermittelten sie durch zahlreiche Bilder, die für Wagners Kultur fundamentale körperliche Unterschiede implizierten, durch die Völker, Kulturen und Rassen voneinander getrennt waren. Darum wollen wir uns jetzt der Untersuchung der speziellen Merkmale einer solchen Bildersprache des Körpers in Wagners Essays und Musikdramen zuwenden.

II. Kapitel

Stimmen: Koloraturen oder »tief und innig«?

Wagner selbst [versucht], die Förderung der Musik durch die Deutschen unter anderem auch so sich zu deuten [...], daß sie, des verführerischen Antriebs einer natürlich-melodischen Stimmbegabung entbehrend, die Tonkunst etwa mit dem gleichen tiefgehenden Ernst aufzufassen genötigt waren, wie ihre Reformatoren das Christentum.
Friedrich Nietzsche, Richard Wagner in Bayreuth

Die menschliche Stimme ist die praktische Grundlage aller Musik.
Richard Wagner, Bericht an Seine Majestät den König Ludwig II. von Bayern über eine in München zu errichtende deutsche Musikschule

Das Auge ist in Wagners sozialästhetischen Theorien wie in seinen Musikdramen eine Schlüsselmetapher, indes nicht die einzige. Auch steht das Auge als Metapher selten isoliert. Vielmehr sind in Wagners Gedankenwelt oftmals andere Körperteile metaphorisch mit dem Auge verbunden. Wie das Auge haben sie in seinen Schriften und Bühnenwerken die Funktion, Ähnlichkeiten zu erkennen und Deutsche von Nichtdeutschen zu unterscheiden. Identität oder Differenz – diese beiden dem Vorgang des Sehens zugrunde liegenden Leitmodelle haben für Wagner auch Gültigkeit, wenn es um die Rezeption anderer Sinneseindrücke geht. Bei einem Komponisten von Musikdramen sollte es allerdings niemanden überraschen, wenn nach dem Sehen die zweitgrößte Bedeutung dem Hören zukommt, der Wahrnehmung von Tönen. Angesichts der Bedeutung des Wagner'schen Erkenntnismodells mit den Zentralkategorien Gleichartigkeit und Fremdartigkeit ist auch nichts anderes zu erwarten, als dass der Komponist in seinen sozialästhetischen Schriften Hören und Sehen metaphorisch gleichsetzt und verbindet. Schließlich vermitteln beide Sinneswahrnehmungen Informationen, die im ideologischen Kontext denselben Zielen dienen. Dass Wagner in seiner Beschreibung der über das Visuelle hinausgehenden Elemente des Kunstwerks der Zukunft das Auge als Metapher für das innere Wesen des Menschen verwendet, wurde bereits erwähnt. Im folgenden Zitat fungiert das Auge als Metapher für die Melodie. »So ist die Melodie der vollendetste Ausdruck des inneren Wesens der Musik«, stellt Wagner in *Oper und Drama* fest, »und jede wahre, durch dieses innerste Wesen bedingte Melodie spricht auch durch jenes Auge zu uns, das am ausdrucksvollsten dieses Innere uns mitteilt« (DS 7:107). Optische und akustische Wahrnehmung können hier in Verbindung gebracht werden, weil in Wagners Theorie alle Sinneseindrücke dazu dienen, den Standort des Ichs zu definieren – entweder als gleichartiges Mitglied einer Gemeinschaft, die auf gemeinsamen Erfahrungen und auf Ähnlichkeit basiert, oder aber als andersartig im Vergleich zu einem als fremd empfundenen Wesen. In *Oper und Drama* verschmilzt Wagner in seiner Erörterung des sinnlichen Eindrucks, den das Kunstwerk der Zukunft machen soll, wenn es die Gefühle des deutschen Volkes erregt, Sehen und Hören zu einer Einheit aus vergleichbaren Bestandteilen. »Wir sehen also, daß, wo das Gehör zu größerer sinnlicher Teilnahme erregt werden soll, der Mitteilende sich unwillkürlich auch an das Auge zu wenden hat: Ohr und Auge müssen sich einer höher gestimmten Mitteilung gegenseitig versichern, um dem Gefühle sie überzeugend zuzuführen« (DS 7:310). Der Weg ins Herz der Volksgemeinschaft führt über die Sinne, und Auge und Ohr bestärken sich gegenseitig bei diesem Appell an die Sinne des Volkes. Grundlegend mit zu bedenken ist stets der intendierte Ausschluss von nicht volksverbundenen, mit Intellektualismus und Gefühlsarmut assoziierten Elementen, denn oberstes Ziel bleibt die Schaffung einer Gemeinschaftsidentität Gleichartiger. Somit haben auch Klänge und das Hören in Wagners Theorie vom sozialästhetischen Gemeinschaftsbildungsprozess eine metaphorische Funktion.

Weil für Wagner jedoch vor allem der Körper als Garant der Identität fungiert, sind es besonders die Töne des Körpers, die ein Individuum als zur Familie gehörig oder als fremdartig entlarven. Die wichtigsten Töne produziert die menschliche Stimme. Ihr Klang dient als eine Art physiologische Signatur, welche die Identität von Freund und Feind beglaubigt. Als solche spielt sie eine

Rolle in Wagners Reformschriften und in all seinen Bühnenwerken, die nach der gescheiterten Revolution von 1848/49 entstanden. In *Das Kunstwerk der Zukunft* etwa findet sich folgende typische Passage:

Unmittelbar teilt sich [...] der innere Mensch dem Ohre mit, und zwar durch den *Ton seiner Stimme.* Der Ton ist der unmittelbare Ausdruck des Gefühls, wie es seinen physischen Sitz im Herzen, dem Punkte des Ausganges und der Rückkehr der Blutbewegung, hat. Durch den Sinn des Gehöres dringt der Ton aus dem Herzensgefühle wiederum zum Herzensgefühle: Schmerz und Freude des Gefühlsmenschen teilen sich durch den mannigfaltigen Ausdruck des Tones der Stimme wiederum dem Gefühlsmenschen unmittelbar mit [...]. (DS 6:32)

Das »Gefühl« aber, an das sich diese Stimme als beglaubigendes Wesensmerkmal mittels sinnlicher Kommunikation richtet, gehört, wie wir schon gesehen haben, zur deutschen Volksgemeinschaft – jener ethnischen Gruppe, die mit den kalten, abstrakten, blutleeren, trickreichen Machenschaften der als fremdartig Erkannten nichts zu tun hat. (Dass die Kommunikation über die Sinne und nicht über den Intellekt läuft, ist entscheidend, denn die der Volksgemeinschaft fremde Sphäre des Intellektuellen gilt bei Wagner als undeutsch.)

Metaphern haben bei Wagner stets auch eine körperliche Dimension; für ihn enthüllt die physiologische Qualität der menschlichen Stimme auch die nationale und rassische Identität. Und was unterscheidet nun die deutsche von der nichtdeutschen Stimme? Wie klingt ein fremdes Stimmorgan? In Wagners Welt ist die Stimme des Nichtdeutschen – im metaphorischen wie auch im physiologischen Sinne – *höher* als die des Deutschen. Diese Vorstellung taucht in Wagners Essays immer wieder auf – in den Aufsätzen aus dem Jahre 1840 über die Pariser Kulturindustrie ebenso wie in den berühmteren Traktaten der Jahre 1849–1851, in denen es um ästhetische Reformen und die Notwendigkeit einer Veränderung und Reinigung der deutschen Gesellschaft geht. Selbst in seinen Analysen des öffentlichen Theaters aus den Jahren nach der Reichsgründung von 1871 treffen wir diese Vorstellung noch häufig an.[1] Überdies findet sich die Wahrnehmung der Stimme als akustisches Rassen- und Nationalkennzeichen nicht nur in Wagners theoretischen Schriften, sondern sie beeinflusste auch die Komposition jener Gesangswerke entscheidend, mit denen man Wagner bis heute am nachhaltigsten identifiziert: *Der Ring des Nibelungen, Tristan und Isolde, Die Meistersinger von Nürnberg* und *Parsifal*.

Mit seiner Vorstellung, die nichtdeutsche Stimme sei höher als die des Deutschen, stand Wagner durchaus nicht allein da, denn diese Ansicht reflektierte, verwendete und perpetuierte lediglich eine Körperikonographie, die in der europäischen Kultur des 19. Jahrhunderts weit verbreitet war. An den zeitlichen Enden eines solchen Spektrums stehen Werke wie Rossinis *Mosè in Egitto* (1818) und Richard Strauss' *Salome* (1905).[2] Dieses ideologische und kompositorische Element in Wagners Werk ist für das Verstehen der Körpermetaphorik im Kontext seiner Ideen von einem neuen Kunstwerk und einer neuen Gesellschaft, in der und für die seine Zukunftsmusik erklingen sollte, schlechthin zentral. Es darf in keiner Diskussion vernachlässigt werden, die sich mit diesem Komponisten befasst, der vor allem für die Schaffung einer revolutionären, neuartigen Vokalmusik steht.

Wagners Suche nach seinem eigenen Stimmideal begann in Paris im Dienste eines wohlhabenden deutschen Juden und Musikverlegers, Moritz Adolf Schlesinger, und aus diesen Erfahrungen in den frühen 1840er-Jahren rührt sein endloses In-Verbindung-Bringen von Juden mit den Anfängen der Kulturindustrie her, die er in *Das Judentum in der Musik* und in anderen Traktaten aus der Zeit nach der Revolution von 1848/49 so heftig geißeln sollte (siehe Abbildung 10).[3] Moritz Adolf Schlesinger war der Sohn von Adolf Martin (eigentlich Abraham Moses) Schlesinger, dessen Berliner Verlagshaus als eines der wichtigsten seiner Art in Preußen galt.[4] Moritz Adolf konnte sich im europäischen Opernzentrum Paris eines ähnlichen Erfolges erfreuen, wobei er sich auf die Veröffentlichung der Werke ebenjener Komponisten spezialisiert hatte, die Wagner verachtete: Als sich Schlesinger 1846 zur Ruhe setzte, hatte er mehr als fünfzig Klavierauszüge und zwei Dutzend komplette Orchesterpartituren von Werken wie Meyer-

10. *Wagner in Paris, 1840 oder 1842. Zeichnung von Ernst Benedikt Kietz*
(Nationalarchiv der Richard-Wagner-Stiftung/
Richard-Wagner-Gedenkstätte, Bayreuth)

beers *Robert le diable* (Robert der Teufel) und *Les Huguenots* (Die Hugenotten) sowie Opern von Adolphe Adam und Gaetano Donizetti herausgebracht. Er publizierte außerdem Gesamtausgaben von Beethovens Klavierwerken, Streichtrios, Streichquartetten und Quintetten sowie frühe Werke von Mendelssohn und Berlioz, darunter die Erstausgabe der *Huit Scènes de Faust (Acht Faust-Szenen)* und die komplette Partitur der *Symphonie fantastique*.[5] Wagner beneidete Schlesinger zweifellos um dessen Position in der Pariser Gesellschaft, die zum Teil durch das angesehene Journal *Gazette musicale de Paris* abgesichert war, das Schlesinger 1834 gegründet und im Folgejahr mit der erfolgreichen *Revue musicale de Paris* zusammengelegt hatte.[6] Die neue Zeitschrift subventionierte eine Konzertreihe speziell für Werke von Schlesingers Lieblingskomponisten, von denen viele Juden waren. Außerdem stand ihm mit der *Gazette* ein Forum für die Besprechung und Propagierung dieser Werke zur Verfügung.[7] Sowohl die Konzerte als auch das Journal waren Medien, die sich Wagner niemals richtig zunutze machen konnte, um seinen eigenen Ruhm als Komponist zu fördern, obwohl er es wiederholt versuchte.[8]

1840 bestellte Schlesinger bei Wagner für die *Gazette musicale* einen Artikel über die deutsche Musik, der in zwei Teilen am 12. und 26. Juli zunächst unter dem Titel *De la musique allemande* erschien und der in Deutschland später unter dem Titel *Über deutsches Musikwesen* nachgedruckt wurde.[9] Wie wir dies bereits im Falle des Essays *Die Kunst und die Revolution* aus der Zeit unmittelbar nach dem Scheitern der Revolution von 1848/49 festgestellt hatten, der Themen und Gedankenassoziationen enthielt, die für Wagners späteres sozialästhetisches Programm von zentraler Bedeutung waren, enthüllt auch dieser frühe Pariser Essay eine Fülle von Motiven und damit verbundenen Ideen, die in den größeren, reiferen Aufsätzen an prominenter Stelle wiederkehren. Dazu gehören auch Wagners Vorstellungen von der menschlichen Stimme. Noch 1871 hielt er diesen Essay für wichtig genug, um ihn in Band 1 seiner *Gesammelten Schriften und Dichtungen* aufzunehmen, während er dort die meisten der Besprechungen und Aufsätze ausließ, die er in Paris für die deutsche Presse geschrieben hatte: für August Lewalds *Europa: Chronik der gebildeten Welt* in Stuttgart, Robert Schumanns *Neue Zeitschrift für Musik* in Leipzig und Theodor Winklers *Dresdner Abendzeitung*. Deshalb muss *Über deutsches Musikwesen* selbst für den alten Wagner noch ein gültiger Ausdruck der grundlegenden Konstanten seines Denkens gewesen sein. Als Schlesinger *De la musique allemande* bestellte, bekam Wagner Gelegenheit, seine endlosen Ressentiments gegen jene institutionellen Kräfte theoretisch zu begründen, die in der modernen Welt das künstlerische Leben bestimmten. Diese Kräfte brachte er ausdrücklich mit den Juden in Verbindung, vor allem zehn Jahre nach *De la musique allemande* in *Das Judentum in der Musik*.[10]

Zwar enthält Wagners Aufsatz von 1840 viele freundliche Bemerkungen über die französische Wertschätzung deutscher Musik sowie darüber, dass die politische Zentralisierung Frankreichs erkennbar die Stärke des französischen Kulturlebens fördere. Auch schließt der Essay mit der Hoffnung, Deutsche und Franzosen möchten doch einträchtig zusammenarbeiten, um ihre unterschiedlichen Kunstansätze, die sich bestens ergänzten, zum Wohle beider Nationen zu fördern. Doch waren solche Passagen höchstwahrscheinlich nur dazu gedacht, der Betroffenheit über die durchgängig antifranzösische Einstellung des Autors entgegenzuwirken.[11] Der Essay entfaltet sich in jenem Spannungsfeld von Abhängigkeit, Neid und Ressentiment, das Wagner bei seinem Wirken für Schlesinger spürte. Am Anfang steht die Befürchtung, die deutsche Kunst lasse sich nur allzu leicht von ausländischen Einflüssen in den Hintergrund drängen:

[M]an kann selbst sagen, daß die Franzosen durch ihre bewiesene bereitwillige Anerkennung fremder Produktionen sich mehr auszeichneten, als die Deutschen, die im übrigen jedem fremden Einflusse schneller und beinahe schwächer unterliegen, als es wiederum zur Aufrechterhaltung einer gewissen Selbständigkeit gut ist. Der Unterschied ist dieser: – der Deutsche, der selbst nicht die Fähigkeit besitzt, eine Mode aufzubringen, nimmt sie unbedenklich an, wenn sie ihm vom Auslande zukommt; in dieser Schwäche vergißt er sich selbst und opfert blindlings dem fremden Eindrucke sein eigenes Urteil auf. (DS 5:152)

Der Machtkampf, den Wagner im europäischen Kulturleben sieht, führt zu einem ungleichgewichtigen Austausch zwischen den verschiedenen nationalen Kräften. Die von Verzweiflung geprägte Kriegsmetaphorik von überrannten Grenzen und drohender Unterwerfung unterstreicht die schlimme Lage des deutschen Künstlers, denn an ihm ist es, die Integrität des belagerten Heimatlandes zu bewahren. Dieses Denkmodell, in dem Kultur als Mittel für nationale Angriffe und nationale Verteidigung fungiert, wird fortan in Wagners Schriften bis an sein Lebensende anzutreffen sein. Im nationalistischen Traktat *Deutsche Kunst und deutsche Politik* von 1867 ist es ebenso gegenwärtig wie im antisemitischen *Erkenne dich selbst* (1881) und in dem frühen xenophoben Essay von 1840.

Um dieser Bedrohung zu begegnen, entwickelt Wagner in seinen Erörterungen die Gegenstrategie, der konkurrierenden Kultur ihren Wert abzusprechen: Die ausländische Kultur wird als oberflächlich und käuflich dargestellt, überdies fehle es ihr an breiter Unterstützung im Volk. Ganz nebenbei wird auch dadurch die Bedrohung der Deutschen akzentuiert. Jede nationale Identität ist mit der sie repräsentierenden Kultur gekoppelt:

[D]er Italiener ist Sänger, der Franzose Virtuos, der Deutsche – Musiker. Der Deutsche hat ein Recht, ausschließlich mit »Musiker« bezeichnet zu werden, – denn von ihm kann man sagen, er liebt die Musik ihrer selbst willen, – nicht als Mittel zu entzücken, Geld und Ansehen zu erlangen [...]. Der Deutsche ist imstande, Musik zu schreiben bloß für sich und seinen Freund, gänzlich unbekümmert, ob sie jemals exekutiert und von einem Publikum vernommen werden solle. [...] Gehet hin und belauscht sie eines Winterabends im kleinen Stübchen; dort sitzen ein Vater und seine drei Söhne um einen runden Tisch; die einen spielen Violine, der dritte die Bratsche, der Vater das Violoncello; was ihr so tief und innig vortragen hört, ist ein Quartett, das jener kleine Mann komponierte, der den Takt schlägt. – [...] [D]as Quartett, was er komponierte, ist kunstvoll, schön und tiefgefühlt. (DS 5:153f.)

Hier ist eine ganze Reihe systematischer Gegensatzpaare zu erkennen, die als Grundlage für Wagners Argumentation dienen. Das spezifische Wesen der ausländischen Gefahr wird in Polarisierungen herausgestellt, die den Unterschied zwischen den romanischen Kulturen und der deutschen unterstreichen und die dialektischen Argumente aus Wagners postrevolutionären Essays vorwegnehmen: Der Virtuose wird dem Künstler gegenübergestellt, die implizierte aristokratische Gesellschaft der explizit dargestellten Biedermeieridylle, das öffentliche Publikum der häuslichen Privatsphäre, und vor allem das oberflächliche Ausland dem Bild von Deutschlands kulturellem Wesen als »tief«, »innig« und »tiefgefühlt«. Solche Gegensatzpaare überlagern die bereits im letzten Kapitel besprochene Raummetaphorik, der zufolge unter einer banalen Oberfläche in der Tiefe das innerste Wesen des Deutschtums liegt. Auf diese Weise erhalten die schon erörterten Metaphern der Wahrnehmung (Oberfläche gegen Tiefe) eine zusätzliche, spezifisch ideologische und kulturelle Bedeutung. Es ist kein Zufall, dass Wagners Hans Sachs später sein »in Deutschlands Mitten« gelegenes »liebes Nürenberg« preist (MD, 462) oder dass die Rheintöchter am Ende von *Das Rheingold* lamentieren: »Reines Gold! | O leuchtete noch | in der Tiefe dein laut'rer Tand! | Traulich und treu | ist's nur in der Tiefe: | falsch und feig | ist, was dort oben sich freut!« (MD, 577)

Wagners in *Über deutsches Musikwesen* eingeführtes Bild der menschlichen Stimme ist im Kontext dieser ideologisch bedeutsamen metaphorischen Gegensatzpaare zu sehen. Denn für Wagner ist die Stimme sowohl eine physiologische Realität, in der sich rassische Unterschiede zeigen, als auch die metaphorische Darstellung einer nationalen Identität. Die Vorstellung vom Vorzug der Tiefe, weil sie natürlicher, gemeinschaftsfördernd, familienorientiert und unberührt sei von den Entfremdungsphänomenen einer minderwertigen, andersartigen, »höheren« modernen Zivilisation, taucht auch in Wagners Beschreibung der physiologischen Grundlagen der Kunst im europäischen Süden, besonders der italienischen Vokalmusik, auf. Wie bereits dargelegt, adaptierte Wagner die Polarität zwischen wesenhafter Tiefe und überflüssigen, banalen Oberflächenerscheinungen, die er bei seinen romantischen Vorläufern E. T. A. Hoffmann, Eichendorff und Novalis vorgefunden hatte, in seiner eigenen visuellen Metaphorik vom unterscheidungsfähigen (griechischen und deutschen) Auge. Jetzt aber wird dieses metaphorische Modell nicht nur auf den Unterschied zwischen deutscher und nichtdeutscher Kultur angewandt, sondern auch auf die Gegensätze der stimmlichen Klangregister von hoch und tief. Die Kultur als Metapher hat für Wagner auch eine realistische, wörtlich zu nehmende Komponente, die auf den körperlichen Eigenschaften jener beruht, die diese Kultur erschaffen, erleben und daran teilhaben:

Sowohl die Natur als die Einrichtung seines Vaterlandes setzt dem deutschen Künstler harte Schranken. Die Natur versagt ihm die leichte und weiche Bildung eines Hauptorganes, des Gesanges, wie wir sie in den glücklichen italienischen Kehlen finden; – die politische Einrichtung erschwert ihm die höhere Öffentlichkeit. Der Opernkomponist sieht sich genötigt, eine vorteilhafte Behandlung des Gesangs von den Italienern zu erlernen, für seine Werke selbst aber die Bühnen des Auslandes zu suchen, da er in Deutschland nicht diejenige findet, auf der er sich einer Nation zeigen kann. (DS 5:155)

Der Italiener ist Sänger, der Franzose Virtuose, doch nur der Deutsche, dessen Gemeinschaftsleben auf häuslicher Harmonie gründet, einer Harmonie, die sich im physischen Erscheinungsbild seiner tiefen Vokalregister widerspiegelt, ist ein wahrer Musiker. »Tief« im Herzen Europas verborgen, muss er sich die oberflächlichen Exzentrizitäten ausländischer Kultur aneignen, um in der »höheren Öffentlichkeit« zu reüssieren, die nur außerhalb von Deutschland zu finden ist. Hohe Stimmen gehören in den mediterranen Bereich; sie sind kultiviert, überzivilisiert, ausländisch. Und zwischen ihnen und den tiefen Registern der deutschen Massen in der tiefen Mitte Europas liegen Welten.[12] Dieses metaphorische Modell differenziert kaum zwischen Mitte (Nürnbergs Lage im Zentrum Deutschlands, Deutschlands Lage im Herzen Europas) und Tiefe (in der das Wesen des deutschen Geistes liegt und darauf wartet, unter den Oberflächenerscheinungen von gleich gesinnten, mit gleichen Stimmen ausgestatteten Landsleuten erkannt zu werden). Mitte und Tiefe stehen gleichermaßen gegen die entwertete Oberflächlichkeit der äußeren und höheren Register – kulturell wie stimmlich.[13]

Solche physiologischen Kulturmetaphern unterstreichen die Eindringlichkeit der Wahrnehmung: In Wagners Augen ist die deutsche Nation kulturell ernsthaft bedroht. In seinen kulturellen Untergangsfantasien gilt die moderne Zivilisation als zersetzend, als Gegensatz zur wahren Kunst und ihrer Rezeption. Auch die Arenen der wirtschaftlichen und politischen Macht, in denen die unechte »Hochkultur« Verbreitung findet, fügen sich aus dieser Sicht bemerkenswert glatt in das Bild ein.[14] Denn in Frankreich, England und Italien führt die Veräußerlichung der auch buchstäblich höheren (lies: ästhetisch und gesellschaftlich minderwertigen) Kunst als Ware dazu, dass diese drei Länder sich kulturell immer ähnlicher werden, während sie sich von Deutschland fundamental unterscheiden. Wagners ironische Beschreibung des italienischen Tenors Giovanni Rubini, für den Bellini und Donizetti zahlreiche Opernrollen schrieben und der sich in Paris wie in London eines großen Erfolges erfreuen konnte, verdeutlicht, dass der Virtuose in der Kulturindustrie aller drei Länder gleichermaßen zu Hause war, nicht jedoch in Wagners Heimatland (DS 5:31f.). Moralisch ähneln sich diese Nationen wie in ihrer Kunst, und auch in dieser Hinsicht unterscheiden sie sich von Deutschland. Die fromme Religiosität, die sich in der Einstellung des Deutschen zu seiner nationalen Kunst zeigt, fehlt der sinnlichen, aufreizenden Frivolität der italienischen und französischen Musik und ihrer Rezeption in den kulturellen Zentren Englands und Frankreichs. Man braucht sich nur Wagners Beschreibung der modernen Kunst als Sklavin eines »bigotten englischen Bankier[s]« zu vergegenwärtigen (*Das Kunstwerk der Zukunft*, DS 5:285), um die Konstanz und Folgerichtigkeit von Wagners metaphorischen Gedankengängen zu diesem Thema zu bemerken. Deshalb betont Wagner in seiner Beschreibung des Pariser Musiklebens den Gedanken, Engländer und Franzosen hätten – anders als die Deutschen – häufig in der französischen Hauptstadt Mätressen, und zwar nicht selten aus dem Kreis der Künstlerinnen und Tänzerinnen an der Oper (DS 5:50f.). Fazit: Die Deutschen sind moralisch aufrecht, keusch – und sie haben vermutlich alle Baritonstimmen.

Folgt man Wagners Insinuationen, dann degeneriert der deutsche Musiker moralisch, wenn er seine Stimme in die Höhe führt. Er verliert seine Aufrichtigkeit, wenn er sich die unmoralische italienische Virtuosität aneignet, die in Paris so viel Beifall findet, denn er hat weder die dafür erforderlichen Stimmbänder noch die Gesangstechnik, um mit musikalisch virtuoser Sinnlichkeit ein Höhenfeuerwerk ausländischer Kultur zu entfachen:

> [Der deutsche Musiker ist, wie seine Musik,] rein und unschuldig, aber eben deshalb edel und erhaben. – Stellt aber diese herrlichen Musiker nun vor ein großes Publikum, in einen glänzenden Salon, – so sind es nicht mehr dieselben. [...] Nun werden sie sich angstvoll bemühen, euch auch glänzende Passagen vorzumachen; dieselben Stimmen, die das schöne deutsche Lied so rührend sangen, werden sich in der Eile italienische Koloraturen einüben. Diese Passagen und Koloraturen wollen ihnen aber nicht glücken. [...] Und doch sind diese Stümper die wahrsten Künstler [...]. Sie waren zu bescheiden und schämten sich ihrer Natur. (DS 5:154f.)

Der Ausländer kann solche Passagen singen, ja er bevorzugt sie sogar, aber der wahre deutsche Musiker kann und tut es nicht. Kultur, wie Wagner sie sieht, steht in engem Zusammenhang mit den physiologischen Merkmalen eines Volkes. Sie ist das Markenzeichen der Nation. Sie ist dem Nationalcharakter ebenso unauslöschlich eingeprägt, wie die Physiognomie des nationalen Erscheinungsbildes die Grenzziehung zwischen einheimischer und ausländischer Identität sichert. Wagner impliziert, dass man seine angeborene kulturelle Identität genauso wenig ändern kann wie sein Gesicht oder die körperlichen Voraussetzungen der eigenen Stimme. Für ihn bringt der Versuch, es trotzdem zu tun, einen Verlust traditioneller Werte mit sich, wie sie mit einem physiologisch definierten und abgegrenzten Volk assoziiert sind.[15]

Wagners Bemerkungen über die Stimmlage der Vokalmusik als Kriterium nationaler Identität stehen in Einklang mit seinen häufigen generellen Aussagen zu Sprach- und Stimmäußerungen. In *Das Kunstwerk der Zukunft* heißt es: »Die Sprache ist das verdichtete Element der Stimme, das Wort die *gefestigte Masse* des Tones.« (DS 6:33) Für Wagner ist, wie schon in Kapitel I gezeigt, die Sprache eines der Elemente, die die Gemeinschaft verbinden und definieren: »Das Volk«, heißt es im selben Essay, habe »die *Sprache* erfunden« (DS 6:20). Dies ist einer der Gedanken, die eine Verbindung schaffen zwischen den ästhetischen Traktaten, die (so sehen es zumindest Wagners Apologeten) frei sind von Rassismus, und den ausdrücklich antisemitischen Schriften. Das wird bei einem Vergleich dieser Aussagen mit einer Passage aus *Das Judentum in der Musik* deutlich: »Eine Sprache [...] ist nicht das Werk einzelner, sondern einer geschichtlichen Gemeinsamkeit: nur wer unbewußt in dieser Gemeinsamkeit aufgewachsen ist, nimmt auch an ihren Schöpfungen teil. Der Jude stand aber außerhalb einer solchen Gemeinsamkeit« (GS 13:13).[16] Sprache ist für Wagner das singuläre Produkt eines vereinigten Volkes, und für ihn waren die Juden, wie wir schon gesehen haben, kalt und lieblos sowie ohne familiäre (sprich: gemeinschaftliche) Bindungen. Deshalb missversteht Beckmesser den Text von Walthers Traumgedicht vollkommen – eines Werkes, das für die engen, aber nach außen hin abgegrenzten Bindungen der Gemeinschaft repräsentativ ist. Und dieser Gemeinschaft gehört der Held, Walther von Stolzing, anders als der kopfgesteuerte Stadtschreiber von Natur aus an. Dieser explizit antisemitische Gedanke findet sich in weniger offensichtlicher Form bereits in *Das Kunstwerk der Zukunft*, wenn dort der – implizit jüdische – Intellektuelle von jenen abgesondert wird, die durch die Sprache einander verbunden sind: »Nicht Ihr Intelligenten seid daher erfinderisch, sondern das Volk, weil es die Not zur Erfindung treibt [...]. Nicht Ihr habt die *Sprache* erfunden, sondern das Volk« (DS 6:20). Wenn aber nun die Sprache als gemeinschaftliches Konstrukt nur jenen vollkommen verfügbar ist, aus deren Gemeinsamkeit und gemeinschaftlicher Not sie erwachsen ist, dann kann sie auch immer nur unvollkommen von jenen beherrscht werden, die ausländisch, fremdartig und – für Wagner – physiologisch andersartig sind.

Weil Sprache »das verdichtete Element der Stimme« ist, wird die Identität der Sprachbenutzer nicht nur semantisch, sondern auch – und gerade – durch die lautliche Komponente der stimmlichen Kommunikation definiert. Für Wagner reflektieren Töne das nationale Wesen, und deshalb vermittelt das Stimmregister der Sprache analog zum Stimmregister in einem Lied auch Merkmale nationaler Identität. Dies gilt für alltägliche Unterhaltungen genauso wie für die Bühnendeklamation im Theater. In seinem, ein Jahr nach der Wiederveröffentlichung von *Über deutsches Musikwesen* geschriebenen Aufsatz *Über Schauspieler und Sänger* (1872) argumentiert Wagner, die »höhere« Kultur des französischen Theaters – die von den deutschen Bühnen übernommen worden, aber dem deutschen Geist entgegengesetzt sei – basiere auf der andersartigen Physiologie französischer Stimmbänder. Hier verbindet sich eine Metapher (»hohe« Kultur) mit der physischen Realität (der höheren Stimme) zu einem einzigen Bild. Der Franzose auf der Straße spricht theatralisch in jener falschen Manier, die emblematisch für sein nationalkulturelles Wesen steht und die dem sprachlich und stimmlich andersartigen Deutschen äußerst zuwider ist: »[D]enn so spricht und benimmt sich der Franzose […]. Dem Deutschen ist nun aber jedes, diesem französischen irgendwie nahekommende Pathos durchaus unnatürlich; hält er es für nötig, sich seiner zu bedienen, so muß er es durch lächerliche Verstellung seiner Stimme und Heraufschraubung seiner Sprachgewohnheiten nachzuahmen suchen« (DS 9:206). Dieses metaphorische Bild ausländischer Kultur als »höher« wird wörtlich genommen, wenn es auf die Sprechorgane bezogen ist, denn diese höheren Töne sind dem Deutschen physisch widerwärtig. Wagner fährt mit seiner Klage fort, indem er kritisiert, dass die lautliche Dimension der fremdartigen Deklamationskunst sogar Deutschlands größte Dichter beeinflusst habe. »Ja«, schreibt er, »lasse man unseren besten Dichter seine Verse uns vorlesen, sofort verfällt er in ein Falsett seines Sprachorganes und in die Anwendung aller dieser pomphaften und törigen [sic] Verstellungen« (DS 9:207). Nichtdeutsche aller Art klingen einfach anders als Deutsche, und weil die Kunst eine Reflexion des Körperlichen und des Sozialkörpers ist, klingt sie falsch, wenn ein Ausländer sie sich aneignet. Wenn ein Deutscher versucht, wie ein Italiener zu singen oder wie ein Franzose zu sprechen, verliert er seine Identität und klingt wie ein sexhungriger Eunuch, der sich zum Gespött macht (und erinnert überdies an die Kastraten, die in der Entwicklung der ausländischen Oper eine so wichtige Rolle spielten). Zugleich nimmt er das fremdartige ausländische Wesen eines Wagner'schen Bösewichts wie

Klingsor vorweg. Die höheren Sprachregister sind also unnatürlich – für die deutsche Stimmlage ebenso wie für den deutschen Volksgeist, der sich in der Stimme des Volkes wie in seiner Kunst widerspiegelt.

Die sozialen Implikationen der Tonhöhe in Wagners Gedanken über Sprache und Musik in der modernen Welt beziehen sich allerdings nicht nur auf das national Identifizierbare, also auf Franzosen, Engländer und Italiener. Denn dieses Kriterium für Zugehörigkeit zum – oder Ausschluss vom – deutschen Volk kommt nicht nur in den fremdenfeindlichen Schriften an herausgehobener Stelle vor, sondern auch in Wagners ausdrücklich antisemitischen Schriften. Wir hatten ja bereits gesehen, dass er der Ansicht war, die Juden hätten alle Nationen der modernen Welt unterwandert. Lange bevor er *Über Schauspieler und Sänger* schrieb, hatte Wagner das dort verwendete Bild, mit dem er die Unvereinbarkeit deutscher und nichtdeutscher Theaterkunst und Stimmlagen verdeutlichte, schon in *Das Judentum in der Musik* verwendet, anlässlich der Besprechung von Werken jüdischer Komponisten: »Jüdische Musikwerke [bringen] auf uns oft den Eindruck [hervor,] als ob z. B. ein Goethesches Gedicht im jüdischen Jargon uns vorgetragen würde« (GS 13:21). So wie sich der Deutsche lächerlich macht, wenn er versucht, ausländische Kunstwerke zu singen oder zu deklamieren, und so wie ausländisch-fremdartige Deklamationsstile wahre deutsche Poesie zur Travestie verkommen lassen, so wirkt umgekehrt der Jude lächerlich, wenn er versucht, in die geheiligte Sphäre der physiologisch andersartigen deutschen Kunst einzudringen. Wir dürfen annehmen, dass Wagner hier mit »jüdischem Jargon« (zu Wagners Zeit sprach man von »mauscheln«, wenn Deutsch mit jiddischem Akzent gesprochen wurde)[17] unter anderem die hohe Tonlage meinte, die er mit ausländischer Deklamation assoziierte. Wie schon im ersten Kapitel gezeigt, behauptete Wagner, die Antipathie des Deutschen gegenüber dem Juden beruhe auf deren andersartigen jüdischen Sprachmustern, in denen sich das Fehlen nationaler Wurzeln spiegele. In seinen Bemerkungen bringt er ein Bild der jüdischen Stimme ins Spiel, das mit seinen Vorstellungen von der Minderwertigkeit ausländischer »Hochkultur«

zusammenfällt.[18] »Entscheidend wichtig«, heißt es in *Das Juden-tum in der Musik*, sei »die Beobachtung der Wirkung auf uns, welche der Jude durch seine Sprache hervorbringt [...]. Der Jude spricht die Sprache der Nation, unter welcher er [...] lebt [...] immer als Ausländer. [...] Als durchaus fremdartig und unangenehm fällt unserm Ohre zunächst ein zischender, schrillender, summsender und murksender Lautausdruck der jüdischen Sprechweise auf« (GS 13:12 f.). Und so wie die *Sprechweise* des Juden als schrill, seine Stimmlage als höher empfunden wird als die der Deutschen, gilt Ähnliches auch für sein *Singen*. Auch hier sind angeblich natürliche Unterschiede im Spiel, wie eine andere Passage aus *Das Judentum in der Musik* ausdrücklich hervorhebt: »Wenn die Eigentümlichkeiten dieser jüdischen Sprech- und Singweise in ihrer grellsten Sonderlichkeit [...] an [den Juden] haften [bleibe]«, führt Wagner aus, so sei »dieses Mißgeschick rein physiologisch zu erklären« (GS 13:17 f.). Wir haben es hier also mit einer Überlagerung von metaphorischen Denkweisen zu tun: Im Gedanken, die von den Juden korrumpierte und kontrollierte ausländische Kunst sei oberflächlich und von den Tiefen authentischer deutscher Kunst weit entfernt, äußert sich die bereits untersuchte Raummetaphorik, und diese überlagert die physiologische Ikonographie der entgegengesetzten jüdischen und deutschen Stimmlagen. Hohe Kunst und hohe Stimmen tönen schrill in jenen Regionen, die weit über der wunderbaren Kunst liegen, die im Herzen Europas tief in der deutschen Seele zu Hause ist, der die tiefere deutsche Stimmlage genau angemessen ist.

Das Bild vom hohen Gesang der Juden als Körpermerkmal findet sich sowohl in Wagners Essays als auch in seinen Musikdramen – und verbindet somit beide Bereiche. Das wird deutlich, wenn man Wagners diverse Aussagen über Sprech- und Singweisen mit dem musikalischen Material seiner beiden am stärksten antisemitisch geprägten Bühnenwerke vergleicht: *Die Meistersinger von Nürnberg* und *Siegfried*. Wenn man bedenkt, dass für Wagner die Präsenz von Juden im ästhetischen Bereich eine Gefahr bedeutete, und zwar eine Gefahr für die Entwicklung der deutschen Kunst und für die in dieser Kunst dargestellte Volksgemeinschaft, dann ist es nur folgerichtig, dass für Wagner die in den kulturellen Institutionen Frankreichs, Italiens und Englands vorgetragene virtuose Musik – die seiner Meinung nach überall jüdischer Kontrolle unterlag – zum *Ebenbild jüdischer Vokalkomposition selbst geworden* war. Genau diese aber wollte Wagner von der Musik des deutschen Volkes radikal getrennt wissen. In *Das Judentum in der Musik* findet sich eine kurze, in unserem Zusammenhang aber sehr erhellende Passage, die für die Analyse von Wagners musikalischem Material große Bedeutung hat: Die »Melismen und Rhythmen des Synagogengesanges nehmen seine [des Juden] musikalische Phantasie ganz in der Weise ein, wie das unwillkürliche Innehaben der Weisen und Rhythmen unseres Volksliedes und Volkstanzes die eigentliche gestaltende Kraft der Schöpfer unserer Kunstgesang- und Instrumentalmusik ausmachte« (GS 13:20). Wenn sich Wagner hier auf den Synagogengesang bezieht, geht er von der Annahme aus, seine Leser würden sich wie er selbst dabei dünne, hohe, nasale Töne vorstellen. Genauso stellte man sich schon lange vor Wagner in der europäischen Fantasie diesen Gesang vor. Die gedankliche Verbindung von hoher Stimmlage und eigentümlich nasalem Tonfall zu einem typisch jüdischen Merkmal ist, wie Sander Gilman in einer brillanten Studie gezeigt hat, auch die Grundlage von Richard Strauss' Anspielungen auf den jüdischen Musiker Gustav Mahler in der Oper *Salome*.[19] Gilmans Kommentar zum kulturellen Hintergrund der antisemitischen musikalischen Codes in Strauss' Oper aus dem Jahre 1905 hat auch einen direkten Bezug zum Traditionszusammenhang, in den Wagners (zeitlich frühere) rassistische Konzeption der Vokalmusik gehört:

Es gab im 19. Jahrhundert bereits eine Tradition, wie Äußerungen von Juden auf der Opernbühne als andersartig dargestellt wurden. Stendhal kommentiert in seiner Rossini-Biografie die Bemerkung eines Bekannten des Komponisten, der Rossini während der Arbeit an *Mosè in Egitto* vorgeschlagen hatte: »Wenn du einen Judenchor haben willst, warum gibst du ihnen nicht einfach eine nasale Intonation, etwa so, wie man es in der Synagoge hört?« […] Rossinis musikalisches Zitat […] ist nichts anderes als die Verwendung musikalischer Intertextualität, um eine Illusion der jüdischen Welt zu schaffen.[20]

Wagners Hinweis auf den Synagogengesang in *Das Judentum in der Musik* bezog sich also auf eine kulturelle Tradition, der zufolge die jüdische Stimmlage ungewöhnlich und eigentümlich hoch war. Genau diese Tradition aber spielt auch bei der musikalischen Charakterisierung Beckmessers in *Die Meistersinger von Nürnberg* ein wichtige Rolle.

Die Beckmesser-Partie ist äußerst anspruchsvoll angelegt und durch eine sehr hohe Lage geprägt. Bezeichnenderweise war der einzige Sänger, mit dem Wagner bei der prestigeträchtigen Uraufführung des Werkes 1868 in München nicht zufrieden war, der erste Darsteller des Nürnberger Stadtschreibers: der Bassist Gustav Hölzel aus Wien,[21] der sich ausgiebig über die gnadenlos langen Noten beschwert hatte, die bis in extreme, eigentlich den Tenören vorbehaltene Höhen geführt werden und dort lange aus-zuhalten sind. Wagner erklärte ihm brieflich: »Mit einer Baß->buffo‹partie alten Styles ist diese komische Charakterrolle in kei-ner Weise zu vergleichen: die musikalisch hohe Tonlage resultiert einzig aus dem leidenschaftlichen, kreischenden Sprachton, in wel-chem das Meiste herauszubringen ist.«[22] Der Komponist bat den Hamburger Bassisten Rudolf Freny sogar ausdrücklich, er möge mit einer »überschlagende[n] Stimme« singen, »wenn er in Zorn gerät «.[23] Von allen Rollen in den *Meistersingern* stellt diese die größten stimmlichen Ansprüche; nur wenige Sänger sind ihr ge-wachsen gewesen. Wagner assoziierte Beckmessers hohe Stimm-lage mit jener Art »judaisierter« Sprechweise im Sprechtheater, in der die fremdartigen Falsettlaute des französischen Deklamations-stils überwogen. Vielleicht hängt damit auch zusammen, dass Cosima Wagner in ihrer Bayreuther Inszenierung der *Meistersinger* von 1888 diese Rolle nicht einem Sänger, sondern dem Schauspie-ler Fritz Friedrichs anvertraute, dessen Stimme innerhalb des Opernensembles seltsam, dünn und – in Anbetracht der außeror-dentlichen Höhenlage der Partie – zweifellos nasal und falsetthaft geklungen haben muss (siehe Abbildung 11). Und genau dieser Ton war es, der für Wagner und sein Publikum Beckmessers Wesen zum Ausdruck brachte.

Kürzlich haben bereits Paul Lawrence Rose und Barry Milling-ton angemerkt, dass Beckmessers Gesang ungewöhnlich hoch sei,

11. *Der Schauspieler Fritz Friedrichs als Sixtus Beckmesser in Cosima Wagners Inszenierung der* Meistersinger *im Jahre 1888 (Nationalarchiv der Richard-Wagner-Stiftung/ Richard-Wagner-Gedenkstätte, Bayreuth)*

doch haben beide meiner Meinung nach übersehen, dass in Wagners musikalischem Porträt eine Spannung besteht zwischen der metaphorischen Funktion solcher Töne und ihrem Ort innerhalb der Ikonographien, die in der deutschen Kultur des 19. Jahrhun-

derts mit den Juden verbunden waren. Denn diese hohen Töne
sind sowohl musikalischer Ausdruck von Wagners individueller
Vorstellung, die judaisierte Kultur sei oberflächlich und darum
verwerflich, als auch Teil einer traditionellen Denkweise und Vorstellung, der zufolge der jüdische Körper – hier konkret die Her-
vorbringung von Tönen – andersartig war als der von Nichtjuden.
Wenn Beckmesser im ersten *Meistersinger*-Akt Walthers neue
Musik verurteilt, weil es ihr an Koloraturen mangele, dann erhält
diese Kritik die Form einer geschmeidigen Gesangslinie, die
überwiegend in den Höhen über dem Bassschlüssel liegt und sich
charakteristischerweise mit übertriebenen Melismen zum hohen
Ges emporschwingt (siehe Notenbeispiel 1):

Notenbeispiel 1. Beckmessers Lob der Koloratur in seinem Verriss
von Stolzings Lied im ersten Akt der Meistersinger

Beckmessers Musik demonstriert somit genau jene Art von
Gesang, die der einflussreiche Kritiker im ästhetisch so andersartigen Lied Walther von Stolzings, dem »Lied der Zukunft«, ver-
misst. Melisma und Koloratur verschmelzen und signalisieren
nichtdeutschen Einfluss. Zwar unterscheiden Musikwissenschaftler zwischen Melisma (»expressive Vokalpassage, die auf einer
Silbe gesungen wird«) und Koloratur (»schnelle Passage, Lauf,
Triller oder ähnliche virtuose Schreibweise, besonders in den
Gesangslinien von Opernarien des 18. und 19. Jahrhunderts«).[24]
Doch hatten diese beiden Arten der Vokalkomposition für Wagner anscheinend eine ähnliche, bisweilen sogar identische ideologische Bedeutung, zumal beide für ihn auf Annahmen über den
Körperbau von Ausländern basierten. Jüdischer Gesang mit seinen Melismen und hohen Tönen erinnerte Wagner an die Kolo-
raturen der italienischen und französischen Musik.[25]

Diese Merkmale erweisen sich im Verlauf des Musikdramas als akustische Symbole für eine Gestalt und für zahlreiche andere damit assoziierte Merkmale, die als gegensätzlich zu Walther von Stolzing und zum deutschen Volk empfunden und dargestellt werden. Eine solche musikalische Symbolik kann teilweise als Beispiel für das dienen, was Peter Kivy als »werkinterne Darstellungselemente« bezeichnet, die »nur aufgrund einer Konvention« funktionieren, die »innerhalb des musikalischen Werkes gilt« – allerdings nur teilweise, weil bei der Interpretation mit zu bedenken ist, dass diese Art musikalischer Charakterdarstellung auch auf einer rassistischen Ikonographie der Stimme basiert, die zu Wagners Zeit weit verbreitet war.[26] Der Komponist kalkulierte seine musikalischen Effekte nicht zuletzt unter diesem Gesichtspunkt, trug damit aber auch selbst zur Fortführung der entsprechenden Rassensymbolik bei. Die internen Verweise in den *Meistersingern* (Koloratur und Melisma als Ausweis des Fremdartigen) sind Bestandteile der musikalisch-semantischen Sprache des Werkes. Doch diese schien Wagner (und seinen Zeitgenossen?) insgesamt besonders überzeugend und glaubhaft zu sein und kann darum auch nicht als willkürliche ästhetische Entscheidung eines einzelnen Komponisten im Kontext der rassistischen Körperikonographie des 19. Jahrhunderts gelten. Wagner nahm vielmehr die populäre Vorstellung von der jüdischen Stimme als Ausgangspunkt und kombinierte mit diesem Bild seine spezifischen Anzeichen für jüdischen Kultureinfluss: das Melisma (das ihn an die Synagoge erinnerte) und die Koloratur (als typisches Merkmal der nichtdeutschen Musikkultur in Europa). So verwundert es nicht, dass Beckmessers nächtliche Serenade im zweiten Akt Ausdruck einer Vorliebe für überladenen melismatischen Gesang im hohen Stimmregister ist, der – auch das passt ins Bild – wenig Gespür für die deutsche Sprache verrät (siehe Notenbeispiel 2).[27]

Beckmesser singt die »Melismen [...] des Synagogengesangs«, den Wagner in *Das Judentum in der Musik* als »Sinn und Geist verwirrende[s] Gegurgel, Gejodel und Geplapper« (GS 13:19) kennzeichnet, und begleitet sich mit Koloraturausschmückungen, die »Verzierungsformeln aus der Klavier- und Lautenmusik des 16. Jahrhunderts« gleichen.[28] Eben weil Beckmessers Gesang so

Notenbeispiel 2. *Beckmessers hohe, melismatisch geprägte Serenade im 2. Akt der* Meistersinger

schrill und hoch ist, provoziert er die Prügelei am Ende des zweiten Akts. Denn in Wagners Welt soll das gesunde deutsche Volk heftig auf die Tonschöpfungen jener reagieren, die rassisch fremdartig sind:[29]

Was heult denn da? Wer kreischt mit Macht?
Ist das erlaubt so spät zur Nacht?
Gebt Ruhe hier! 's ist Schlafenszeit.
Mein', hört nur, wie dort der Esel schreit!
Ihr da! Seid still und schert Euch fort!
Heult, kreischt und schreit an anderm Ort! (MD, 452)

Es handelt sich wirklich um ein Geheul, denn die Partie des glücklosen Stadtschreibers führt (im dritten Akt) sogar bis zum eingestrichenen A hinauf; sie bewegt sich oft im Bereich zwischen dem eingestrichenen C und dem darüber liegenden Fis und ist somit für die meisten Bassisten und sogar für Bassbaritone

unmöglich hoch gesetzt. Wagners Zeitgenossen erkannten im
hohen, übermäßig verzierten Gesang des Stadtschreibers die
Karikatur jüdischer Kunst und der jüdischen Physiognomie durch
den Komponisten: Als das Musikdrama zum ersten Mal in Mannheim und Wien aufgeführt wurde, protestierten die jüdischen
Gemeinden in beiden Städten vehement.[30]

Die musikalische Darstellung der Andersartigkeit der jüdischen
Stimme beschränkt sich in *Die Meistersinger von Nürnberg* durchaus nicht auf die Gesangsstimmen. Wagner komponierte auch
Instrumentalmusik, die als akustisches Äquivalent für die hohen
und dezidiert nasalen Töne seines lächerlichen Stadtschreibers
dient – eine gar nicht mehr dezente Anspielung auf die in Wagners Kultur weit verbreitete Ikonographie des Juden mit der über-
großen Nase (ein Stereotyp, das in vielen Wagner-Karikaturen
aus dem 19. Jahrhundert sogar mit Bezug auf den Komponisten
selbst ausgeschlachtet wurde, denn oft ist Wagner darin mit einer
typisch »jüdischen« Nase zu sehen; siehe Abbildungen 3 und 4).[31]
Egon Voss hat treffend über Wagners Verwendung des Fagotts
innnerhalb der Orchesterstelle geschrieben, die Beckmessers
Auftritt im Haus von Hans Sachs im dritten Akt begleitet, am
Morgen, nachdem der Stadtschreiber von Sachs' Lehrbuben
David verprügelt wurde (siehe Notenbeispiel 3, Fag[ott] 1). Voss'
Bemerkungen passen gut zur Interpretation von Beckmessers
typisch nasalen stimmlichen Eigentümlichkeiten:

Notenbeispiel 3. Die für Beckmesser stehende hohe Fagottstimme

Ein besonders hoch geführtes Fagott findet sich im dritten Akte der *Meistersinger*. Zu Beginn der dritten Szene sucht ein derartiger Fagottklang dem zerschundenen Beckmesser zu entsprechen. Das Instrument hat auf dem »c²« einzusetzen, und bringt überwiegend gequält anmutende Töne hervor, weil es sich um eine Randlage handelt, in welcher das Fagott hier eingesetzt ist; die Töne klingen jedoch nicht allein deshalb gequält, weil die Grenze der dem Instrument möglichen Töne erreicht ist, sondern auch, weil der ständige Einsatz in tieferer Lage den Spielern im allgemeinen nicht Gelegenheit gibt, die hohen und höchsten Töne so zu kultivieren und zu verfeinern, wie es mit den tieferen Tönen durch ständige Übung laufend geschieht. Wagner hat die Tatsache genutzt, daß die höchsten Töne innerhalb der eingestrichenen Oktave den Fagottisten nicht elegant und makellos gelingen und ihre Produktion mit Unsicherheit verbunden ist. So hat er einen Klang gewonnen, der originell und sehr charakteristisch ist und in Analogie zu stehen vermag zur Situation Beckmessers, von der es [in den Szenenanweisungen] heißt: »Dann hinkt er vorwärts, zuckt aber zusammen, und streicht sich den Rücken.«[32]

Nachdem Wagner schon eine Verbindung zwischen dem Stadtschreiber und hohem Gesang hergestellt hat, führt er die Figur an dieser Stelle zu einer musikalischen Begleitung ein, die sowohl den verletzten Mann als auch sein akustisches Markenzeichen, die hohe Stimmlage, verspottet. Darüber hinaus wird auch die besondere Qualität dieses Markenzeichens, der »nasale« Klang, der durch Beckmessers Verbindung mit diesem Holzblasinstrument nachdrücklich unterstrichen wird, im ganzen weiteren Verlauf des Dramas an ihm hängen bleiben. Die gleiche Tonsymbolik sollte später auch Richard Strauss in *Salome* bei *seinen* musikalischen Porträts von Juden anwenden. Strauss, bedeutendster Erbe der musikalischen Tradition Wagners (und ihm als Komponist auch im Selbstverständnis nahe), konnte in seiner mit antisemitischen Unter- (und Ober-)tönen gesättigten Oper durch Verwendung der hohen, dünnen, angestrengten Töne der Oboe subtil auf das schon 1868 in den *Meistersingern* erkennbare Klischee anspielen, Juden hätten typischerweise eine hohe, dünne, nasale Stimme. Möglich war dies nicht zuletzt, weil in seiner Kultur die für Wagners Gedankenwelt zentralen Motive und Überzeugungen noch immer lebendig waren. Und dieses Stereotyp, basierend auf der Vorstellung, der Körper des Juden unterscheide sich grundlegend von dem des Deutschen, war in der gesamten europäischen Kultur des 19. Jahrhunderts anzutreffen.

Wagners gesamtes Metaphernsystem, in seinen Essays wie in seinen Bühnenwerken, beruht auf der Gegenüberstellung polarer Gegensätze. Und so, wie der jüdische Körper für alles steht, was Schrecken erregt und für den Deutschen bedrohlich ist, so steht das Gegenteil, der deutsche Körper, für die Rettung der deutschen Kunst und der privilegierten deutschen Gemeinschaft. Dies gilt gleichermaßen für die vom Auge wahrgenommenen Körpermerkmale wie für die gehörten Töne. Deutsche Laute klingen anders als die von Ausländern, und die Tonwahrnehmung dient dazu, die inneren Bindungen der deutschen Gemeinschaft zu stärken, die auf einer nach außen hin abgegrenzten Gleichartigkeit beruht. Für Wagner schließt die authentische Rezeption deutscher Musik genau jene Elemente aus, die er in der judaisierten Welt verachtete. Das wird schon in *Über deutsches Musikwesen* angedeutet: »Mit Recht müssen wir [...] annehmen, daß die Musik in Deutschland bis in die *unterste* und unscheinbarste Gesellschaft verzweigt sei, ja vielleicht hier ihre Wurzel habe [...]. Unter diesen einfachen, schlichten Gemütern, wo es sich nicht darum handelt, ein großes, *gemischtes* Publikum zu unterhalten, streift natürlicherweise die Kunst jede kokette und prunkende *Außen*hülle ab« (DS 5:157; meine Hervorhebungen). Den tiefen Wurzeln des Deutschen und seiner Kunst steht die hohe »kokette und prunkende Außenhülle« der nichtdeutschen Kunst gegenüber, die sich – und das ist entscheidend – an ein »*gemischtes* Publikum« richtet. Während der Virtuose im Ausland vor einem gemischten Publikum auftritt, erfordert die deutsche Kunst ausdrücklich eine uniforme Rezeption. Ihr Publikum ist nicht gemischt und öffentlich, sondern besteht im Rahmen der nationalen »Familie« aus gleich gesinnten, musikalischen, physiologisch ähnlichen Individuen, deren Körper, wie sich in ihren Stimmen zeigt, von anderer Art sind als die der Nichtdeutschen. Der Vater und seine Söhne spielen daheim, innerhalb der Grenzen einer metaphorischen Familiengemeinschaft, »tief und innig« eine »tiefgefühlte« Musik. Und in diesem Mikrokosmos stellt sich zugleich das größere gesellschaftliche Reformprogramm dar.

Wie in Wagners Bemerkungen über das Theater im antiken Griechenland wird das Gleichartige dem fremdartigen Ausländischen vorgezogen, das Uniforme dem Disparaten. Die Homogenität des wahren ästhetischen Erlebnisses spiegelt das bevorzugte Bild der deutschen Nation. »Gemischt« heißt zahlreich, zahlreich vielfältig, und vielfältig ist gleichbedeutend mit gefährlich und »höher«.

Weil die Kunst ihren sozialen Kontext reflektiert, weil sie für Wagner aber auch vorausgreifendes Modell einer anderen, utopischen Zukunft sein kann, entfaltet sich seine Alternative zur verachtenswerten, von Juden kontrollierten kulturellen Praxis nicht nur vor einem anderen Publikum, sondern sie umfasst zugleich auch eine andere Art von ästhetischem Material, das auf einer anderen Art von Körper basiert. Das »tiefe« deutsche, nichtjüdische Werk wird den virtuosen Spezialisten, den Bankiers der oberen Klassen und den Besuchern der Salons nicht zur Verfügung stehen, sondern allen Mitgliedern einer ausschließlich gleichartigen Gemeinschaft, weil die ästhetische Gestalt dieses Werkes – anders als die Virtuosenmusik – der deutschen Physiologie dieser Gemeinschaft angepasst sein wird. Diese Idee ist zum Beispiel in Wagners Beschreibung einer protestantischen Gemeinde in *Über deutsches Musikwesen* erkennbar, die aktiv an ihren musikalischen Traditionen teil hat. Wie das deutsche Volk ist auch die lutherische Gemeinde in der Lage, am musikalischen Geschehen mitzuwirken, weil ihre nichtvirtuose Musik für die *Stimmen der einfachen Leute* geschrieben ist, die das *wahre deutsche Musikwesen* ausmachen:

Der Glanz der deutschen Vokalmusik blühte in der Kirche; die Oper wurde den Italienern überlassen. Selbst die katholische Kirchenmusik ist in Deutschland nicht zu Hause, dafür aber ausschließlich die protestantische. […] Statt allen Prunkes genügte […] in den älteren protestantischen Kirchen der einfache Choral, der *von der gesamten Gemeinde gesungen* und von der Orgel begleitet wurde. […] Die Passionsmusik, fast ausschließlich dem großen Sebastian Bach eigen, hat die Leidensgeschichte des Heilandes zum Grunde, wie sie von den Evangelisten geschrieben ist; der ganze Text ist wörtlich komponiert; außerdem sind aber an den einzelnen Abschnitten der Erzählung auf die jedesmaligen Momente derselben sich

12. *Der Choral am Anfang der ersten Szene des ersten* Meistersinger-Aktes
im zweiten vollständigen Entwurf (Orchesterskizze) von 1862
(Nationalarchiv der Richard-Wagner-Stiftung/
Richard-Wagner-Gedenkstätte, Bayreuth)

beziehende Verse aus den Kirchengesängen eingeflochten, an den wichtigsten Stellen sogar der Choral selbst, *der auch wirklich von der gesamten Gemeinde gesungen wurde.* Auf diese Art ward eine Aufführung einer solchen Passionsmusik eine große religiöse Feierlichkeit, an der die *Künstler wie die Gemeinde* gleichen Anteil nahmen. [...] Die Kirchenmusik hatte somit ihren Ursprung, wie ihre Blüte, dem *Bedürfnisse des Volkes* zu danken. (DS 5:161ff., meine Hervorhebungen)

In einer deutschen Kirchengemeinde kann jeder einen lutherischen Choral singen. Die Stimme des Volkes erhebt sich also in jenen tieferen Melodien der deutschen Liturgie, die allen Angehörigen der Nation verfügbar sind. Wir müssen uns nur vergegenwärtigen, dass laut Wagner das Volk seine Sprache aus der »Not« erschafft, um die enge Verbindung zu erkennen, die hier zwischen Musik, Sprache, Sprechweise und Rasse besteht. Und wir müssen uns nur Wagners Beschreibung des wahren ästhetischen Gemeinschaftserlebnisses im antiken Griechenland vergegenwärtigen, um das utopische Programm hinter dieser Vision einer deutschen Kirchengemeinde zu erkennen, die sich aktiv ihrer musikalischen Tradition vergewisserte. Alle vokalen Ausdrucksformen entspringen hier einer gemeinsamen Quelle, und sie bieten authentische Möglichkeiten, sich nicht nur des eigenen Glaubens, sondern auch der eigenen rassischen und nationalen Identität zu versichern.[33] So herrscht denn auch in den *Meistersingern* eine untergründige Spannung zwischen zwei unterschiedlichen Arten religiöser Musik, die bei Wagner für Juden und Deutsche stehen: zwischen Synagogengesang einerseits, der in *Das Judentum in der Musik* erwähnt und in Beckmessers nächtlicher Serenade parodiert wird, und lutherischem Choral andererseits, den Wagner in *Über deutsches Musikwesen* bespricht und der das Musikdrama des Volkes programmatisch eröffnet (siehe Notenbeispiel 4). (Auch in der Festwiesenszene des dritten Aktes kommt ein Choral vor.) Die deutsche ästhetische Alternative zum Klangbild des Juden hat eine soziale Dimension. Überdies gründet sie auf antithetischen Bildern vom Körper des Deutschen und des Juden.

Die gefährlichen Töne, welche undeutsche Körper von sich geben – besonders Koloraturen, die innerhalb des Werkes klar als eine Musik gelten, der die Wurzeln im Volk abhanden gekommen sind und die stattdessen mit Pedanterie und Intellektualismus assoziiert wird –, bringt allerdings nicht nur Sixtus Beckmesser hervor. Denn in den *Meistersingern* geht es nicht zuletzt um die

Notenbeispiel 4. Kothner liest aus der »Tabulatur«
(A = psalmodierender Sprechgesang; B = melismatischer Gesang)

Bedrohung, die von einer ausländischen, fremdartigen Ästhetik für die Entwicklung der deutschen Kunst ausgeht. Darum macht Wagner schon am Beginn des Werkes klar, dass die Musik, für die Beckmesser eintritt (und die für Wagner verabscheuenswert ist), auch in den akustischen Äußerungen der anderen Mitglieder der Meistersingergilde bereits erste Spuren hinterlassen hat. Beckmessers Koloraturen stellen für die Zukunft der deutschen Kunst

gleiche Me-lo-dei ha-ben sol-len; der Stoll aus et-li-cher Vers Ge - bänd, der

Vers hat sei-nen Reim am ___ End. ___

Weis, deß Lied er-werb sich Mei - ster -

preis!"___

eine Gefahr dar – und damit, so Wagner, selbstverständlich auch für die kulturelle Identität Deutschlands, für das deutsche Wesen. Die Funktion der Koloratur als musikalische Darstellung der Pedanterie wird deutlich, als Kothner – ein gleich gesinnter, konservativer Anhänger Beckmessers – Walther von Stolzing die auf einer Wandtafel, der »Tabulatur«, verzeichneten Regeln für den wahren »Meistergesang« vorliest (MD, 421). Nach der Logik von Wagners musikalischer Ikonographie muss solch pedantischer Intellektualismus so undeutsch wie möglich in hohe, überladene Koloraturen gefasst sein. Im Notenbeispiel 4 ist die pompös-pedantische religiöse Aura der – für Beckmesser und seine Gesinnungsgenossen zum Fetisch gewordenen, verknöcherten – Regeln in der liturgischen Qualität der Musik zu Beginn einer jeden Strophe Kothners (A) erkennbar, während die Strophen jeweils mit üppigen gesanglichen Verzierung von der Art enden, die Beckmesser so sehr schätzt (B).[34] Dass in den *Meistersingern* letztlich die Koloraturen als gefährlich gelten, und nicht die pseudoreligiöse Litanei am Anfang von Kothners Gesangslinien, zeigt sich nicht zuletzt darin, dass die liturgisch anmutenden Zeilenanfänge auch in Hans Sachs' »Taufmusik« im dritten Akt wiederkehren, als der vom Volk geliebte Schuster/Künstler, der in der Lage ist, ästhetische Neuerungen mit der deutschen musikalischen Tradition zu verschmelzen, Walthers musikalischer Traumfantasie seinen Segen gibt. Dass Kunst zur Religion geworden ist (wozu sich Wagner in seinem antisemitischen Essay *Religion und Kunst* [1880] später nochmals äußerte), ist nicht so bedenklich wie die gegen das Volkstümliche gerichtete Pedanterie, die sich der Kunst bemächtigen will und die sich in den elitären, virtuosen, hohen Koloraturen zeigt, mit denen Beckmesser und Kothner hervortreten. Im Spektrum von Wagners musikalischem Vokabular stellt Walthers Traummusik die Antithese zur oberflächlichen Pedanterie dar. Seine Fantasie spricht das Volk instinktiv an, was sich – wie schon im ersten Kapitel des Buches erörtert wurde – nicht nur in der spontanen, enthusiastischen Begeisterung des Volkes über sein Preislied zeigt, sondern auch in der Tatsache, dass die Musik zu Walthers Traumlied erstmals im Orchester erklingt, und zwar schon zu Beginn des Dramas, in den Pausen des von der Gemeinde gesungenen Chorals. Auf diese Weise gilt Walthers volkstümliche Musik von Anfang an als Gegensatz zu Beckmessers oberflächlichen, technisch konstruierten, rein aufs Virtuose ausgerichteten Arien.

Als Hans Sachs dann Walthers spontanes, antiintellektuelles, bald populär werdendes Traumlied tauft, das aus dem Geist des Volkes erwachsen ist, bereitet Wagners Orchester die ideologische Bühne, indem es Sachs' Ausspruch »Ein Kind ward hier geboren« mit der Musik des pseudolutherischen Chorals begleitet, der am Anfang des Dramas erklang (siehe Notenbeispiel 5). In

Notenbeispiel 5. Der Choral aus der ersten Szene des ersten Meistersinger-*Aktes und Sachs' »Ein Kind ward hier geboren« mit der Choralmelodie als Begleitung (im dritten Akt)*

der Taufszene werden der volkstümliche Choral und Walthers Musik, die sich daraus entwickelt und folglich damit assoziiert bleibt, ausdrücklich dem musikalischen Material von Beckmessers Koloraturen gegenübergestellt – und damit auch den Ideen, die im Verlauf des Dramas damit verbunden wurden: speziell ihrem höchst verderblichen Einfluss auf das Wachstum der deutschen Kunst. Nach dem Zitat der Choralmusik intoniert Sachs die Eingangsmusik von Kothners Verlesung der Regeln aus der Tabulatur, aber er *ersetzt Kothners Koloraturpassagen durch die Musik des einleitenden Chorals* (siehe Notenbeispiel 6). Wagners musikalisches Material übernimmt hier eine werkinterne Darstellungs- und Verweisfunktion; es vermittelt durch leitmotivische Assoziationen spezifische Ideen, die im Lauf der Aufführung damit verbunden werden und die im Drama auch verbal ausgedrückt werden. Die Regeln der Meistersinger werden bei der Feier der ›Geburt‹ von Walthers Musik ins Spiel gebracht, unterstrichen durch Anspielungen auf Kothners feierlichen Kantorengesang im ersten Akt, doch die Tatsache, dass Walters Lied in emphatischem Sinne volkstümlich ist, dass es irgendwie zur »Not« und zum Wesen des Volkes in Beziehung steht, wird durch Bezugnahme auf den Choral des Volkes gerade an jener Stelle unterstrichen, an der der Pedant Kothner in seiner Arie Koloraturen gesungen hatte. Das absolut nicht volkstümliche, für Spezialisten reservierte musikalische Idiom der Koloratur wird durch eine Vokalmusik ersetzt, die den tieferen Stimmen der deutschen Volksgemeinschaft zu Gebote steht, wie beim Vergleich von Kothners virtuosen Melismen mit den tieferen, schwerfälligen Basslinien des Chorals deutlich wird. So wird in Sachs' Taufe Beckmessers frevlerischer musikalischer Einfluss musikalisch beseitigt. Musikalisch tritt an die Stelle seiner Gegenwart die des Volkes, dem in der Ideologie der *Meistersinger* zu Recht die Zukunft der deutschen Kunst gehört. Auf der Grundlage seiner Ikonographie der menschlichen Stimme schafft Wagner mit seiner Musiksprache in sich schlüssige Bilder von fundamental unterschiedlichen, ja sogar gegensätzlichen Arten von Menschen, die, wie in ihren Stimmen und in ihrer jeweiligen Art von Musik symbolisch deutlich wird, als Mitglieder einer Gemeinschaft –

Notenbeispiel 6. *Sachs tauft im dritten* Meistersinger-*Akt Walthers Lied*
(A = Kothners psalmodierender Sprechgesang; C = Choralmelodie)

oder aber als Außenseiter – definiert sind. Am Schluss der *Meistersinger* werden Beckmessers Koloraturen verbannt sein, und das Volk hat Sachs' Warnung vernommen, dass die für Deutschlands geheiligte und doch lebendige musikalische Traditionen verderblichen ausländischen, welschen, nichtdeutschen Elemente in der Zukunft eine Gefahr darstellen könnten.

Wagners Überzeugung von der Andersartigkeit der jüdischen Stimme ist sowohl in seinen Bemerkungen über die zeitgenössische europäische Kulturpraxis erkennbar als auch in der Musik, die er in *Die Meistersinger von Nürnberg* für die Parodie eines typischen Juden schrieb. Aber sie bildet auch die Grundlage für das akustische Idiom in einer der musikalisch ungewöhnlichsten Szenen des *Siegfried*, jenes Werkes, in dem sich so deutliche Belege für Wagners rassistische Vorurteile finden. In der Streitszene des zweiten Aktes zwischen Alberich und Mime nach Siegfrieds Kampf mit dem Drachen, also in der ersten Konfrontation zwischen zwei Nibelungen seit der Nibelheim-Szene des *Rheingold*, parodiert Wagner musikalisch Eigenschaften, die als typisch jüdisch galten, ferner jüdische Sprechweisen und vor allem die angebliche physiologische Andersartigkeit der jüdischen Stimme.[35]

Während der antisemitischen Natur von Beckmessers Musik viel Beachtung geschenkt wurde, hat man die Dialoge zwischen den Nibelungen im *Ring* kaum beachtet, die, will man Wagners Bild und Darstellung der jüdischen Sprechweise und der jüdischen Stimme verstehen, von besonderer Bedeutung sind, weil seine Musik nur in diesen Szenen eine Zwiesprache schildert, die nicht zwischen einem Germanen und einem fremdartigen Juden stattfindet, sondern zwischen zwei Angehörigen der jüdischen Rasse. (Außer den beiden Szenen zwischen Alberich und Mime in *Das Rheingold* und *Siegfried* gibt es noch einen dritten derartigen Dialog zwischen Nibelungen im *Ring*, in der nächtlichen Begegnung von Alberich und Hagen in der ersten Szene des zweiten Aktes der *Götterdämmerung*, die ich allerdings erst im fünften Kapitel eingehend behandeln werde, wenn es um die Verwendung von weiteren Körperikonographien der Andersartigkeit geht.)

Durch die Nibelungen-Dialoge macht Wagner deutlich, wie er sich den Versuch des Juden vorstellt, in der Interaktion mit Nichtjuden Sprechweise und Stimme zu tarnen (beispielsweise in Mimes Zwiegespräch mit Siegfried). Sind sie jedoch unter sich, wie in der Unterhaltungen von Alberich und Mime, fällt die Tarnung weg, und die Juden zeigen sich in ihrer Redeweise als das, was sie »wirklich« sind (und nicht als Repräsentationen kulturell encodierter Wahrnehmungen, wie wir heute, anders als Wagner, sagen würden). Beim Streit der Nibelungenbrüder geht es um Geiz und Habgier, jene Eigenschaften, die man am häufigsten mit Juden in Verbindung bringt, denn beide Gestalten sind von dem Gedanken besessen, den Ring, und damit Wohlstand und grenzenlose Macht in ihren Besitz zu bringen. Indem Wagner eine abwertende und übertrieben groteske Musik erfand, konnte er die angebliche Kluft zwischen dem »wahren« Wesen des Juden und jener Maske betonen, derer sich das fremdartige Wesen bedient, wenn es darauf aus ist, sich mit Nichtjuden zu vermischen (oder, antisemitisch gedacht: wenn es versucht, die nichtjüdische Gemeinschaft zu unterwandern).

Man sollte dabei unbedingt beachten, dass sich Wesen und Funktion der Konfrontation von Alberich und Mime im Verlauf der Entstehung und Entwicklung von Wagners *Ring*-Projekt verändert haben. Weil Wagner den Ring ursprünglich nur als ein einziges Drama (*Siegfrieds Tod* genannt) plante und die vorangehenden Dramen erst später hinzufügte, um die Vorgeschichte des Schlusswerkes klärend auszuarbeiten, war das Material, das er in der ursprünglichen *Siegfried*-Fassung präsentierte, in erster Linie für die *erzählende* Informationsvermittlung von Bedeutung.[36] Das erste Drama, um das er *Siegfrieds Tod* (in der endgültigen Fassung *Götterdämmerung* genannt) ergänzte, *Der junge Siegfried* (später: *Siegfried*), sollte vor allem dazu dienen, Charaktere und Ereignisse auf der Bühne darzustellen, welche die Intrigen des abschließenden Werkes verständlicher machen sollten. Weil Wagner in der Tetralogie von hinten nach vorn arbeitete, enthalten nun aber *Götterdämmerung*, *Siegfried* und *Die Walküre* noch immer ausführliche Erzählungen, in denen Ereignisse aus *Das Rheingold* berichtet werden – ja sogar noch weiter zurück Reichendes (wie im Gespräch der Nornen in der Eingangsszene der *Götterdämmerung*). Deshalb war, als Wagner 1851 das Textbuch zu *Der junge Siegfried* verfasste, das erzählte Material für die Informationsvermittlung an die Zuschauer noch von größter Bedeutung.[37] Als er dann später die Musik zu *Siegfried* komponierte, war der Informationsaspekt des erzählenden Materials, nachdem Text und Musik von *Das Rheingold* und *Die Walküre* fertig waren, nur noch zweitrangig. Es wurden nur noch Begebenheiten wiederholt, die zuvor schon auf der Bühne zu sehen gewesen waren. Somit hatte, als Wagner im Sommer 1857 daran ging, die Szene zwischen Alberich und Mime im *Siegfried* zu vertonen, der Aspekt der *Figurencharakteristik* wesentlich größere Bedeutung erlangt als die inhaltliche Informationsvermittlung.[38] Die Nibelungenbrüder aber werden durch eine Parodie der als idiosynkratisch empfundenen Merkmale jüdischer Sprechweise und Körperlichkeit charakterisiert.

Im Handlungszusammenhang des *Ring* sind Alberich und Mime Brüder, doch gleichen sie einander nicht. Alberich ist der mächtigere der beiden, der potentielle Herrscher, der im Verlauf des Werkes eine Art tragischer Größe gewinnt, während Mime mehr eine Art *Quetsch* oder *Schlemiehl* ist, ein tragikomischer, ewiger Verlierer, der ständig sein Schicksal bejammert und dazu verdammt ist, einen schändlichen Tod zu erleiden. Zusammen genommen stellen sie – auch musikalisch – einen deutlich markierten Gegensatz zu Siegfried dar. Sind die beiden jedoch unter sich, dann nehmen sie stärker unterschiedliche Charaktere an. In jedem Fall aber klingen sie ganz anders als der jugendliche deutsche Held.

Als Siegfried den Drachen Fafner erschlagen hat, betritt er, von der Stimme der Natur in Gestalt des Waldvogels dazu animiert, die Drachenhöhle. Dabei werden seine Bewegungen von einer ruhigen, strahlenden Musik der Hörner und Streicher begleitet. Als Siegfried jedoch außer Sichtweite ist, wechselt Wagners musikalisches Material zu einem gehetzten, ungestümen, abrupten Motiv in den Holzbläsern (»Schnell und drängend«), das an eine aggressive, ungelenke Gangart und an nervöse Anspannung erinnert: Mime »*schleicht heran, scheu umherblickend*« (MD, 706) und wird sofort fast gewaltsam von seinem Bruder gestellt (siehe Abbildung 13). Im nun folgenden »Allegro con impeto« sind die Gesangslinien der beiden Nibelungen durch wild absetzende, dissonante, herrische Gesten und durch Stakkato-Attacken in den oberen Registern der Sänger charakterisiert (siehe Notenbeispiel 7). Alberichs wiederholt aufsteigende Gesangsfiguren sind durch schnelle Achtelläufe und zahlreiche Alterationen (das heißt, durch

13. *Arthur Rackham*, Die Zwerge streiten sich über Fafners Leichnam, *1911 (aus:* The Ring of the Nibelung, *übers. Margaret Armour, Bd. 2 [New York 1976])*

Notenbeispiel 7. *Der Beginn der Streitszene zwischen Alberich und Mime in der dritten Szene des zweiten* Siegfried-*Aktes*

im tonalen Zusammenhang buchstäblich »fremde« Töne) geprägt; oft wird das eingestrichene Des, D oder Es erreicht. Mimes Ausbrüche dagegen, in denen sich die Aufregung nicht selten in noch schnelleren Sechzehntel-Bewegungen zeigt, verweilen häufig in den Regionen des eingestrichenen E, F und Ges; an einer Stelle in seiner Eingangspassage erreicht er sogar ein hohes, klagendes G. Von der jüdischen Vokalmusik, die Wagner in *Das Judentum in der Musik* mit jüdischen Sprechgewohnheiten assoziierte, behauptete der Komponist, sie zeige oft »prickelnde Unruhe« (GS 13:21). In seiner Beschreibung der akustischen Eigenheiten einer solchen Sprechweise betonte er die »nervöse Energie« des Juden: »Die kalte Gleichgültigkeit des eigentümlichen ›Gelabbers‹ […] steigert sich bei keiner Veranlassung zur Erregtheit höherer, herzdurchglühter Leidenschaft« (GS 13:14). Diese Steigerung habe für einen Deutschen keinen anderen erkennbaren Grund als die angeborene andersartige, nervöse Physiologie des Juden. Wie schon im Fall von Beckmessers gesanglichem Markenzeichen stellt auch der musikalische Diskurs der Nibelungen-

171

Streitszene – besonders, was ihren lebhaften, »nervösen« Charakter betrifft – eine akustische Abbildung (dieser Auffassung von) jüdischer Tonproduktion dar.[39] Der »zischende, schrillende, summsende und murksende Lautausdruck« (GS 13:13) der Juden, den Wagner in *Das Judentum in der Musik* hervorhebt, ist im heftigen Streitgespräch der Nibelungenbrüder größtenteils deshalb wahrzunehmen, weil weite Teile ihrer Rede stakkatohaft und dissonant in der oberen Hälfte der jeweiligen Gesangsregister vertont sind.

Das wird besonders prägnant gegen Ende ihres Dialogs deutlich, kurz bevor Siegfried aus der Drachenhöhle zurückkehrt, als Alberich Mime – trotz dessen schmeichlerischem Bemühen, zu feilschen und einen Kompromiss zu erreichen – mitteilt, er werde niemals auch nur eine Unze Gold bekommen, nicht einmal einen Nagel. Das Tempo steigert sich zum Vivace (»Schnell«), und beide Nibelungen erheben ihre Stimmen in höchste Höhen (bei Mime steht in der Partitur als Anweisung noch »kreischend«). Hinzu kommen als typische musikalische Charakterisierungsmittel Sforzandi, Fortissimo, Stakkato und aggressive Verzierungen (siehe Notenbeispiel 8). Hier erinnert Alberichs Redeweise an eine der frühesten verbalen Charakterisierungen der Nibelungen im *Ring*, an Floßhildes Beschreibung der Stimme des Zwergs als »Gekrächz« (MD, 530) – ein lautmalerischer Ausdruck, bei dem man sich einen Laut vorzustellen hat, der tiefer ist als Kreischen, aber rauer als ein Vogelschrei. Krächzen und Kreischen sind einander hinreichend ähnlich, aber nicht identisch – wie die Brüder Alberich und Mime. Die Hörer im 19. Jahrhundert waren für die rassistischen Implikationen des musikalischen Materials, das Wagner zur Charakterisierung der Nibelungen verwandte, offen und sensibel. Dass in Mimes Musik vermeintliche jüdische Charakterzüge dargestellt wurden, vermerkte kein Geringerer als Gustav Mahler – ein Mann, der sich in der Rolle des Antisemitismus in der europäischen Kultur des 19. Jahrhunderts und in der Verwendung von Musik als kulturellem Code bestens auskannte. In seinem Brief vom 23. September 1898 an Natalie Bauer-Lechner schrieb er nieder, was (meiner Meinung nach) Wagners Zeitgenossen klar war: »Diese Gestalt [Mime] ist die leibhaftige, von Wagner gewollte Persiflage eines Juden (in allen Zügen, mit

Notenbeispiel 8. Mimes hysterisches »Mauscheln«
im zweiten Akt des Siegfried

denen er sie ausstattete: der kleinlichen Gescheitheit, Habsucht und dem ganzen *musikalisch wie textlich* vortrefflichen Jargon)« [meine Hervorhebung].[40] Der »Jargon«, an den Mahler hier denkt und auf den sich Wagner schon in *Das Judentum in der Musik* bezogen hatte, war dadurch bestimmt, dass die Stimme des

Juden als andersartig, nasal, nervös und hoch wahrgenommen wurde. Dieses Bild des jüdischen Körpers und seiner charakteristischen Stimme findet sich später auch in Strauss' *Salome* wieder, wo in einem Judenquintett nicht weniger als vier Tenöre einem einzigen Bass gegenüberstehen. Diese Ikonographie war keine Erfindung Wagners, sondern eine in seiner Kultur tief verwurzelte Vorstellung. Wagner war nur entschlossen, diese Konventionen nachdrücklich auszubeuten und sie auf der Bühne in seinen musikdramatischen Judenkarikaturen darzustellen.

Mussorgskis Nibelungen

Das charakteristischste Merkmal der Nibelungenmusik ist ihre fundamental andere Tonqualität, wodurch sich das Gespräch der Brüder von dem der Germanen unterscheidet. Ihr Gesang ist zwar nicht ausschließlich, aber doch offenkundig als Gegensatz-folie zur Musik jener Repräsentanten gedacht, die für deutsche Qualitäten stehen – also als Gegensatz zur Musik der Götter, des Wälsungenpaares und Siegfrieds. Hinzu kommt, dass diese Musik auf der Gegenüberstellung *zweier* unterschiedlicher Judenstereo-type basiert, die im 19. Jahrhundert weit verbreitet waren: auf der Typik des reichen und der des verarmten Juden.[41] Beide Stereo-type sind, wie wir im vorigen Kapitel gesehen haben, bereits in *Das Judentum in der Musik* ersichtlich, denn Wagner widmet in dieser Schrift den Eigentümlichkeiten des »gebildeten« Juden einen ganzen Abschnitt – jenen Eigenheiten, die diese Gestalt von der großen Zahl seiner »niederen« Glaubensgenossen abheben (GS 13:16). Der *gebildete* Jude ist vornehmer und deshalb wahr-scheinlich auch wohlhabender, als sein stärker »östlich« gepräg-ter Landsmann. Doch beide, der Jude aus der Oberschicht und der Jude aus der Unterschicht – die Gestalt, die höher hinaus will, und die ganz offenkundig verarmte, verzweifelt klagende Figur – sind gleichermaßen von der herrschenden Kultur entfernt, die alle Juden zurückweist. (Bei Wagner kommt noch die innere Ent-fernung von einer authentischen Beziehung zur Mehrheitskultur und ihrer Kunst hinzu.) Beide Typen sind Klischees, Manifesta-tionen der Differenz gegenüber der abendländischen Kultur, und beide sind, obwohl sie sich in puncto Reichtum gravierend von-einander unterscheiden, durch ungezügelte Habgier geprägt. Einerseits haben Alberich und Mime als Judenkarikaturen bestimmte diskursive Eigenschaften gemeinsam, doch anderer-seits sind ihnen als den Stereotypen des reichen und verarmten Juden zwei getrennte, deutlich voneinander unterschiedene, typische Tonsprachen zugeordnet, wodurch sie sich für westliche Ohren glaubhaft unterscheiden. (Es war kein Zufall, dass Wagner gegen Ende seines Lebens in *Erkenne dich selbst* mit Bezug auf Alberichs Ring von einem »Börsenportefeuille« sprach [GS 14: 186].[42]) Obwohl Alberich böse, ungehobelt und abstoßend ist und somit eher dem Stereotyp des Ostjuden gleicht, ist er zweifellos auch – wenngleich nur vorübergehend – mit außerordentlichem Reichtum assoziiert und somit eine Verkörperung des Westjuden, der sich um Anerkennung in einer Welt bemüht, die ihn einfach nicht akzeptieren will. Das wird in seinen zahlreichen von Ressentiments erfüllten Äußerungen gegenüber Wotan klar.) Und so, wie die Vorstellung, die Stimme des Juden sei höher als die des Nichtjuden, Teil des kulturellen Vokabulars war, dessen sich Wagner bediente, so war auch die Zweiteilung der Juden in zwei Stereotype, von denen jedes seinen ganz eigenen Klang hatte, durchaus nicht Wagners Erfindung. Sie basierte vielmehr auf antisemitischen Bildern, die in der gesamten Kultur des 19. Jahrhunderts verbreitet waren.

Viele haben gezögert anzuerkennen, dass sich in der Musik der Nibelungenbrüder antisemitische Stereotype finden, weil Wagner die beiden niemals ausdrücklich als Juden bezeichnet hat. Doch ein Vergleich dieser Musik mit einer anderen Komposition aus dem 19. Jahrhundert, die einen ausdrücklichen Hinweis auf jüdische Protagonisten enthält, legt den Schluss nahe, dass vor gut einhundert Jahren ein musikalisches Idiom wie das von Wagner verwendete aus musikalischen Zeichen bestand, die sich ausdrücklich auf weithin akzeptierte Stereotype bezogen oder diese zumindest evozierten. Meine These lautet, dass die musikalische Gegenüberstellung Alberichs und Mimes auf bemerkenswerte Weise dem musikalischen Porträt *Zwei Juden, einer reich, einer arm: Samuel Goldenberg und Schmuyle* aus Mussorgskis *Bilder einer Ausstellung* (1874) ähnelt. Komponiert wurde dieser Klavierzyklus zum Gedenken an den Maler Victor Hartmann (1834–1873), der selbst Jude war.[43] Die Themen der beiden jüdischen Gestalten sind in Notenbeispiel 9 zu sehen. Die Ähnlichkeit zwischen Wagners und Mussorgskis musikalischem Material beleuchtet Annahmen und Assoziationen, die mit Wagners Partitur in seiner eige-

Goldenberg   Schmuÿle

Notenbeispiel 9. Mussorgskis Themen für Goldenberg und Schmuyle

nen Zeit verbunden waren. Denn in Wagners Musikdrama wie in
Mussorgskis Klavierstück sind kontrastierende Stereotype von
Juden in gegensätzlichen akustischen Idiomen dargestellt – musikalischen Codes, die auf im 19. Jahrhundert kulturell weit verbreiteten Vorstellungen von Juden basieren. Alberichs und Goldenbergs musikalische Porträts sind bestimmt durch dunkle, kräf-
tige Klangfarben und durch erregte, abrupte, laute Sforzando-
Attacken. Sowohl für Hörer im 19. Jahrhundert als auch, wie ich
meine, für heutige Ohren evozieren solche Töne die Vorstellung
von Selbsterhöhung, autoritärer Attitüde und Gewalttätigkeit.
Die ähnliche Musiksprache beider Figuren kontrastiert markant
mit den gleichfalls ähnlichen Tonmerkmalen, die Mime und
Schmuyle zugeordnet sind. Der Figurengegensatz wird teilweise
durch unterschiedliche Timbres bewirkt: bei Wagner durch die
Gegenüberstellung einer Bass- und einer hohen Tenorstimme
(obwohl Alberich, wie auch Mime, oft in den höchsten Lagen seines Stimmregisters zu singen hat), bei Mussorgski durch den
unterschiedlichen Klangcharakter der Themen Goldenbergs und
Schmuyles. Zur Darstellung Mimes und Schmuyles dienen
Motive in hohen Lagen mit Trillern und Ornamenten – bei Wagner in den hohen Holzbläsern und Streichern, bei Mussorgski in
den Diskantlagen des Klaviers. Man kann darin ein Wehklagen
hören. Auch werden in der Vorstellung schmeichlerische und
hyperaktive Wesen evoziert. Darauf kommt der russische Musikwissenschaftler Michail Zetlin in seiner Beschreibung von Mussorgskis Klavierstück offen zu sprechen: »Es folgt die amüsante
Szene von zwei sich streitenden Juden, der eine reich, pompös
und wie eine Bulldogge bellend, der andere arm, in zeterndem
Diskant vor ihm sich windend.«[44] Michael Russ' Beschreibung
der technischen Merkmale von Mussorgskis Stück – und des seiner Meinung nach darin enthaltenen Dramas – würde mit nur

geringfügigen Modifizierungen auch auf Wagners Vokal- und Orchestermusik für die Nibelungenbrüder passen:

Zunächst spricht Goldenberg einschüchternd und polternd, wobei die rhythmisch komplizierten Ornamente und die übermäßigen Intervalle eine gewisse orientalische Qualität aufweisen. Er spricht langsam und deutlich mit tiefer, mächtiger Stimme, in gemessenen Abschnitten, mit Atempausen. Dann jammert der arme Jude fast unkontrollierbar mit hoher Stimme und einem Triolen-Tremolo, das für Zähneklappern oder seinen zitternden Körper stehen könnte. Die b-moll-Passagen am Ende von Schmuyles Gedanken weisen einen Hauch von Orientalismus auf. Am Ende gibt Goldenberg, ein böswilliger, verschlagener und gemeiner Typ, Schmuyle überhaupt nichts. Er erteilt ihm eine Abfuhr und scheucht ihn einfach fort.[45]

Wagner und Mussorgski verwenden akustische Gesten, welche die Erwartungen und Vorurteile der Hörer ansprechen, indem sie an stereotype Bilder von Juden erinnern – Bilder, die der Maler Hartmann verinnerlicht haben muss (und die sich darüber hinaus natürlich auch in den diversen Orchesterfassungen von Mussorgskis Werk finden).[46] Während Alberich und Mime einerseits aus metaphorischen und angeblich physiologischen Gründen in hohen Registern singen und dabei ein bestimmtes antisemitisches Stereotyp (die hohe, nasale Stimme der Juden) musikalisch repräsentieren, weisen sie andererseits ein radikal unterschiedliches Stimmtimbre auf, wodurch sie den unterschiedlichen Klischees des reichen und des armen Juden entsprechen.

Letztlich ist es genau diese Koppelung der beiden Stereotype mit ihren unterschiedlichen Redeweisen, die uns eine Verbindung zwischen Wagner und Mussorgski ziehen lässt, denn wie der Deutsche bemühte sich auch der Russe, die *Sprechmuster* seiner imaginären jüdischen Figuren musikalisch darzustellen. Die musikalische Darstellung der Sprechweise war für Mussorgskis Realismuskonzept von zentraler Bedeutung, ein Schlüsselelement seiner Kompositionsästhetik. Hier liegt der Grund, warum sich Mussorgski als Komponist immer besonders der Vokalmusik, der Lieder- und Opernkomposition widmete. Diesen Punkt unterstreicht auch Russ in seiner Erörterung von *Bilder einer Ausstellung*:

»Wahrheit«, was im Russischen sowohl Aufrichtigkeit als auch Gerechtigkeit bedeutet, ist ein Schlüsselbegriff des Realismus. Bei Mussorgski bezieht er sich auf die authentische Umsetzung russischer Sprachtöne in Musik und auf die Wahrheit in der Darstellung des russischen Lebens. In seinen Liedern und Opernprojekten bestand sein Hauptziel darin, akkurat zu schildern und [...] Tonporträts russischer Charaktere aus vielen verschiedenen Lebensbereichen und in ganz unterschiedlichen Situationen, sowie ihrer Redeweise zu zeichnen. Vokalmusik ist das Herzstück des Realismus. [...] In *Bilder einer Ausstellung* erleben wir Mussorgski häufig bei der Imitation von Vokalmusik, weniger bei der Ausschöpfung der eigentlich pianistischen Klangqualitäten. [...]
Auch ohne einen Text ist die realistische Schilderung von Charaktertypen in *Bilder einer Ausstellung* wichtig; möglich wird sie durch Nachahmung von Sprechmanierismen.[47]

Wenn wir bedenken, dass Wagner in *Das Judentum in der Musik* die Aufmerksamkeit auf die idiosynkratische Sprechweise des Juden lenkte, und wenn wir überdies im Gespräch zwischen seinen Nibelungen (dessen Charakteristik innerhalb der musikalischen Stile des *Ring* auf diese beschränkt bleibt und so eine Sonderstellung einnimmt) Echos auf spezifische charakteristische Merkmale heraushören, die Wagner für typisch jüdisch hielt, dann liegt ein Vergleich mit Mussorgskis Musik durchaus nahe. Und dort wurden die dargestellten Charaktere ja ausdrücklich als Juden identifiziert. Beide Komponisten strebten anscheinend danach, in ihrer Musik Sprechmuster darzustellen, die sie für typisch jüdisch hielten, und sie bedienten sich dabei ganz ähnlicher musikalischer Idiome. Die Ähnlichkeiten in ihren musikdramatischen Porträts verweisen auf im 19. Jahrhundert weit verbreitete, gleichwohl einheitlich standardisierte Judenbilder.

So wie in *Die Meistersinger von Nürnberg* Beckmessers Gesang im Gegensatz zu den tiefen Gesangslinien der Volksgemeinschaft steht, sind im *Ring* die grotesk hohen Töne der Nibelungen von den musikalischen Zwiesprachen des germanischen Wälsungenpaares Siegmund und Sieglinde abgesetzt. Der Gedanke von der vokalen Bestätigung rassischer und nationaler Identität bildet die Grundlage von Wagners musikalischen Figurenporträts der Wälsungen – für ihn (wie bereits im vorigen Kapitel erörtert) eine Metapher des deutschen Volkes. Siegmund und Sieglinde vereinigen sich aus der »Not« des Volkes heraus, um den rassisch reinen Siegfried zu erschaffen. Ihre Vereinigung ist im *Ring* das mikrokosmische, symbolische Äquivalent zur zahlenmäßig größeren vereinigten Volksgemeinschaft in den *Meistersingern*. Die vielen visuellen Motive, die ihre Identität als physiologisch Gleichartige – als »Familie« – unterstreichen, werden von einer Fülle akustischer Motive begleitet, die die gleiche metaphorische Funktion haben. Natürlich sind es die Augen, durch die die Wälsungen am Anfang ihre gemeinsame Identität erkennen, doch Wagners theoretische Überlegungen über das Kunstwerk der Zukunft lenken die Aufmerksamkeit wiederholt auf die Beziehungen zwischen Auge und Ohr, wie sie sich im neuen, revolutionären Werk darstellen sollen. Dies wird in der am Anfang dieses Kapitels zitierten Passage aus *Oper und Drama* sehr deutlich. Darum ist es auch nur konsequent, dass Sieglinde, als sie Siegmunds *Stimme* hört, sich selbst erkennt – in dem Augenblick, als sie den Blick auf ihren physiologisch so ähnlichen Zwillingsbruder richtet und als sie ihm im Liebesduett im ersten Akt erklärt:

> Was im Busen ich barg,
> was ich bin,
> hell wie der Tag
> taucht es mir auf:
> wie tönender Schall
> schlug's an mein Ohr,
> als in frostig öder Fremde
> zuerst ich den Freund ersah. [...]
> O still! Laß mich
> der Stimme lauschen:
> mich dünkt, ihren Klang
> hört ich als Kind –
> doch nein! Ich hörte sie neulich,
> als meiner Stimme Schall
> mir widerhallte der Wald.
> SIEGMUND. O lieblichste Laute,
> denen ich lausche! (MD, 599ff.)

Ihr Hören dient demselben Zweck wie ihr Sehen: Sie können kaum zwischen ihren eigenen Stimmen und denen ihres Familienmitglieds unterscheiden. Wenn sie zuhören, sehen (hören) sie die Reflexion ihres eigenen (akustischen) Bildes. Diese Passage stellt eine dramatische Parallele zu Wagners Aussage in *Das Kunstwerk der Zukunft* dar: »[N]ur was sich liebt, kann sich [...] verständigen, und lieben heißt: den anderen anerkennen, zugleich also sich selbst erkennen« (DS 6:38). »Sich selbst erkennen« heißt, sich in der physiologischen Ähnlichkeit der eigenen Landsleute selbst zu erkennen, nicht nur in ihrer visuellen Erscheinung, sondern auch in ihren Stimmen – und in der Stimme der Kunst dieser Nation, die sich aus gemeinsamer Not herausgebildet hat. In *Die Walküre* fanden Wagners theoretische Reflexionen aus *Oper und Drama* bezüglich der visuellen und akustischen Komponenten des Kunstwerks der Zukunft ihre dramatische Darstellung. Wenn Auge und Ohr im ersten Akt der *Walküre* ihre »egoistische« Individuation aufgeben und als gleichberechtigte Partner in einer »höheren Kommunikation« aufgehen, erinnert man sich an Wagners Gedanken über die zukünftige Beziehung zwischen den verschiedenen Teilkünsten im Gesamtkunstwerk. Dieser Prozess stellt wiederum selbst eine Metapher für den Vorgang der De-Individualisierung innerhalb einer lange verlorenen (griechischen) und einer zukünftigen, wahren (deutschen) Volksgemeinschaft dar. Sehen und Hören verschmelzen im Wagner'schen Gesamtkunstwerk so, wie der einzelne Grieche oder Deutsche in Wagners utopischen Reflexionen die eigene Identität im gemeinschaftlichen Körper des verwandten Volkes aufgehen lässt. Wenn Wagner über die Beziehung zwischen »Auge und Ohr«, zwischen Gebärde und der »Sprache des Orchesters« schreibt, dann ist pointiert vom »schwesterlichen Auge« (DS 7:315) die Rede, um die angeblich natürliche, familiäre und darum im Volk verankerte Beziehung zwischen Sehen und Hören zu unterstreichen.

In diesem Kontext ist der Inzest von Siegmund und Sieglinde metaphorisch schlüssig. Wenn die germanische Familie eine Metapher für die rassische und nationale Gemeinschaft ist, dann bewahrt die Inzucht das nationale Wesen vor dem Eindringen ausländischen Schmutzes. Genau diesen Gedanken betonte Wagner später in *Erkenne dich selbst*, als er sagte, Deutschland müsse aus sich selbst Nachwuchs schaffen, wenn es die Drohung jüdischen Einflusses abweisen wolle. Anscheinend wäre es also besser, eine aus Inzucht entstandene nationale Musikerfamilie zu gewinnen (deren Überlegenheit sich im Übermenschen Siegfried manifestiere) als etwa zuzulassen, dass die hohen, nervösen Melismen einem schleimigen Beckmesser eine deutsche Maid in die Hände spielten.

An diesem Punkt unserer Erörterung lohnt es, einen Augenblick innezuhalten und über die Tatsache nachzudenken, dass sich in den Essays, die Wagner vor seinem Parisaufenthalt von 1840 bis 1842 – also vor *Über deutsches Musikwesen* – schrieb, ein völlig anderes Verständnis der Vokalmusik äußert. Ehe Wagner (widerwillig) für Moritz Schlesinger zu arbeiten begann, scheint er großen *Respekt* vor der mit Italien assoziierten Gesangskunst gehabt zu haben, wie seine frühen, zwischen 1834 und den ersten Pariser Essays entstandenen Schriften belegen. Erst nach den frustrierenden Erlebnissen Anfang der 1840er-Jahre entwickelte Wagner eine in sich schlüssige Interpretation der menschlichen Stimme als Zeichen rassischer Identität, so wie er sie dann metaphorisch in seinen diversen, gleichwohl innerlich eng verbundenen Essays und Musikdramen vertrat. Mit anderen Worten, das kulturelle Vokabular im Europa des frühen 19. Jahrhunderts hielt zwar das akustische Bild der jüdischen Stimme mit ihrem hohen, nasalen Klang schon bereit, wie die Schriften Stendhals und die Musik Rossinis belegen, aber Wagner scheint dieses Bild damals noch nicht übernommen (und adaptiert) zu haben. Dies geschah erst, als sein eigener Antisemitismus sich zu einer zentralen Komponente seines Verständnisses der Künste in der modernen Welt entwickelt hatte.

Von der Zeit, als Wagner 1834 seinen ersten Artikel, *Die deutsche Oper*, schrieb, bis zu seinem Parisaufenthalt waren seine Bemerkungen über die italienische und französische Oper und über die Merkmale hoher Sangeskunst unter ideologischen Gesichtspunkten jenen Aussagen diametral entgegengesetzt, die er nach seiner Übersiedlung in die französische Hauptstadt machte.[48] In seinem ersten veröffentlichten Traktat (der im Juni 1834 in Heinrich Laubes *Zeitung für die elegante Welt* erschien), lobte Wagner in höchsten Tönen die Schönheiten der italienischen Gesangsproduktion und deren Überlegenheit gegenüber dem deutschen Gesang. Nachdem er die Tatsache beklagt hat, dass sogar sein geliebter Weber es nicht verstanden habe, eine dem physiologischen Vorgang des Singens adäquate Musik zu schreiben (er behauptete, Weber habe »nie den Gesang zu behandeln verstanden« [DS 5:9]), hebt Wagner hier die Werke des Italieners Bellini hervor sowie die französische Oper von Gluck bis Grétry und Auber. Die italienische Oper basiere auf »Gesangsschönheit«, die ihre Gestalten »sinnlich-warm« mache. Er beschließt seinen ersten kurzen Essay mit einer Idealvorstellung: Die ideale Oper sei eine, welche die schönsten Merkmale der italienischen und der französischen Tradition kombiniere (!) (DS 5:11f.).

In seinem nächsten Essay, *Pasticcio*, der fünf Monate später, im November 1834, in der *Neuen Zeitschrift für Musik* erschien, und zwar unter dem (in unserem Zusammenhang entlarvenden) Pseudonym Canto Spianato (»ruhiger, gleichmäßiger Gesang«), setzte Wagner seine frühe Abwertung des deutschen Gesanges und seine Verherrlichung der italienischen Vokalisation fort. Er weist jede instrumentale Behandlung der menschlichen Stimme in der Art der Bach-Nachfolger zurück (angesichts der ideologischen Bedeutung der Bach-Passionen in seinen späteren Schriften eine überraschende Aussage!) und spricht sich stattdessen für eine deutsche Version des »guten italienischen Kantabilitätsstil[s]« (DS 5:18) mit dessen natürlichen Grundlagen von »Atemholen und Artikulation« aus. In diesem Zusammenhang ist es bedeutsam, dass Wagner im *Bericht an Seine Majestät den König Ludwig II. von Bayern über eine in München zu errichtende deutsche Musikschule* von 1865 darauf bestand, ein deutscher Gesangsstil solle gerade nicht auf dem »Modell des italienischen Gesangs« basieren. Vielmehr erstrebte er eine sorgfältige, reflektierte Aneignung der italienischen Gesangschule, wobei er gerade die *Unvereinbarkeit* der physiologischen Stimmorgane des Italieners und des Deutschen hervorhob (GS 12:243). Weil diese deutsche Stimme mitsamt ihrem Gesang in Wagners Schriften nach 1848 physiologisch so eng mit der deutschen Sprache verbunden ist, hält Wagner auch in seinem Bericht für den König als Ziel einer zukünftigen deutschen Musikschule fest, es gehe vorrangig darum, »den Gesang mit der Eigentümlichkeit der deutschen Sprache in das richtige Verhältnis zu setzen« (GS 12:242). Für den Wagner der Jahre nach 1840 stand fraglos fest, dass nur Deutsche wie Deutsche sprechen und singen können; jeder andere, der dieses versuche, müsse unweigerlich wie ein Fremder, ja sogar wie ein Papagei klingen. Doch in den 1830er-Jahren, in *Pasticcio*, war Wagner sogar bereit, in seine deutsche Aneignung der Gesangskunst die Kunst der Belcanto-Ornamente einzubeziehen. Eine solche Aussage wäre nach seiner Zusammenarbeit mit Schlesinger in Paris undenkbar gewesen. In den *Meistersingern* wurde sie später sogar als blanker Unsinn dargestellt und parodiert.

Der nächste Essay aus dieser Periode, *Der dramatische Gesang* (1837), behält den Duktus der beiden ersten Arbeiten bei und lobt die für die italienischen Schule paradigmatische »höchste Reinheit des Tones, die höchste Präzision und Rundung, die höchste Glätte der Passagen« (DS 5:22). Später kehrte Wagner die metaphorische Qualität dieser Wertigkeit (hoch = besser) genau um. Der nächste Aufsatz aus dem Jahre 1837, *Bellini. Ein Wort zu seiner Zeit*, lobt die Oper *Norma* und das Talent dieses Komponisten, eine »klare Melodie« zu schreiben, sowie den »einfach edle[n] und schöne[n] Gesang« (DS 5:26). Dies war auch die Zeit, in der Wagner Bühnenwerke schrieb, die sich bewusst (und voller Hochachtung) an der Tradition der italienischen und französischen »großen Oper« orientierten: *Das Liebesverbot* (eine »große komische Oper« von 1835) und *Rienzi* (eine »große tragische Oper«), die Wagner 1838 begann, ehe er Schlesinger begegnet war, und 1840 in Paris vollendete.[49] In *Eine Mitteilung an meine Freunde* gab Wagner selbst zu, dass ihn in *Rienzi* noch »der italienisch-französische Melismus« bestimmt habe (DS 6:304). Gemessen an der nationalen Herkunft ihrer musikalischen Stile stehen somit *Rienzi* und *Die Meistersinger von Nürnberg* an den entgegengesetzten Enden des Spektrums.

Bezeichnenderweise schreibt Wagner aber selbst in diesen frühen pro-italienischen und pro-französischen Essays schon über die physiologischen Unterschiede zwischen deutschen und nichtdeutschen Stimmen. Weil die ausländischen Kulturen hier aber noch nicht als Teil einer judaisierten Kulturindustrie verstanden wurde – als Ware also – und daher als der Entwicklung der deutschen Kunst feindlich gesinnt, erwähnt Wagner diese physiologischen Unterschiede nur im Vorübergehen. Er schreibt lediglich, dass sie Deutschen die Aneignung italienischer Gesangskultur erschwere. Selbst in diesem frühen Stadium aber glaubte Wagner schon an physiologische Unterschiede zwischen den Kehlen unterschiedlicher Nationen. Nur wurden die Unterschiede der Stimmproduktion noch nicht metaphorisch als Kennzeichen nationaler und rassischer Unterschiede verwendet. In *Pasticcio* verlangt Wagner zum Beispiel, dass die physischen, technischen und psychologischen Grenzen des einzelnen (deutschen) Sängers beachtet werden müssten, wenn dieser den italienischen Gesangsstil erlerne (DS 5:15). Und in *Der dramatische Gesang* fragt Wagner, als er vom deutschen Belcanto spricht: »Was kann der Affekt hervorbringen, wenn er die organischen Fähigkeiten überschreitet?« (DS 5:23) Eindeutig ist auch hier der Deutsche mit einem anderen – tieferen – Stimmorgan begabt, doch erst später sollte Wagner aus diesen angeblichen organischen Unterschieden ideologische Schlussfolgerungen ziehen.

Vergleicht man die frühen Aufsätze mit den Essays, die Wagner nach seiner Übersiedlung nach Paris und nach seinen ersten Erfahrungen mit der »judaisierten« Musikwelt schrieb, so bieten sie ideologisch gesehen einen verblüffenden Kontrast zu Wagners späterem Verständnis der menschlichen Stimme als einer Ikone rassischer und nationaler Identität. Nachdem der Komponist bereits in den Essays der 1830er-Jahre die Ansicht geäußert hatte, ausländische (italienische und französische) Stimmen seien höher als deutsche, und nachdem er in einer Kultur aufgewachsen war, in der an Körperbildern wirklich kein Mangel herrschte, denen zufolge Juden anders und minderwertig aussahen, musste Wagner nur noch seine Auffassung des in der italienischen und französischen Musikwelt einflussreichen Juden mit seiner Überzeugung von den physiologischen Unterschieden der jüdischen und der deutschen Stimme vereinigen, um auf ein ausdrucksmächtiges

Rassenmerkmal zu stoßen, das seine Zeitgenossen metaphorisch wie realistisch ansprechen konnte. Nach Wagners Erfahrungen mit Moritz Schlesinger blieb die Vorstellung, jüdische und italienische Stimmen seien den wahren, tiefen, deutschen Tönen diametral entgegengesetzt, für den Rest seines Lebens fester Bestandteil seines Denkens.

Wagners *Pilgerfahrt zu Beethoven*

In *Über deutsches Musikwesen*, jenem Aufsatz, in dem die Umwertung stimmlicher und gesanglicher Unterschiede zwischen Deutschen und Ausländern erstmals in Wagners Gedankenwelt erscheint, ist vom Judentum noch nicht die Rede. Daher grenzt er sich auch noch nicht von jüdischer (und von Juden infizierter) Kunst und Vokalkomposition ab. Zwar sind in Wagners Musikdramen der gemeinschaftlich gesungene Choral in den *Meistersingern* oder die klangliche Vereinigung der Wälsungen in der mythischen Vergangenheit des *Rings* als Darstellungen exemplarischer Momente aus der deutschen Vergangenheit zu verstehen, doch legt *Über deutsches Musikwesen* gleichwohl den Schluss nahe, dass der Choral nicht mehr den Erfordernissen der Gegenwart entspreche. Darum gilt er Wagner auch nicht als zeitgemäßes Medium für die Wiedererlangung einer kulturellen und nationalen Einheit, die vom Ausland ebenso bedroht wird wie von den rassisch fremdartigen Bewohnern Deutschlands im 19. Jahrhundert. Vielmehr lokalisiert Wagners früher Essay die erwünschte Gemeinsamkeit des Volkes in einer weiteren, zeitgemäßeren, anders und doch typisch deutsch geprägten Kunstform, die ebenfalls gemeinschaftliche Anstrengungen gleich gesinnter, musikalisch interessierter Mitglieder der Nation erfordert und die für Wagner gleichfalls eng mit der Physiologie der menschlichen Stimme verbunden ist: Das moderne Medium für die ästhetische Rettung der deutschen Gemeinschaft ist die deutsche Orchestermusik, besonders die Beethovens. Denn diese ist im provinziellen Ambiente von Wagners damaligem deutschen Heimatland allgegenwärtig. Wagner setzt die Hinwendung zur – vor allem

Beethoven'schen – Instrumentalmusik ausdrücklich mit einer nationalen Botschaft gleich: Zurückweisung ausländischer Stimmen und einer ausländischen Gesangstechnik, wie sie den Erwartungen der internationalen Musikszene entsprachen:

[D]er Mangel an schöner Stimmbildung verweist den Deutschen auf die Instrumentalmusik. Hier […] ist es, wo der Künstler, frei von jedem fremden und beengenden Einflusse, imstande ist, am unmittelbarsten an das Ideal der Kunst zu reichen […]. Um sich die Meisterwerke dieses Genres der Kunst zu versinnlichen, bedarf es keiner […] kostbaren ausländischen Sänger […]. Und ist es denn möglich, daß mit der üppigsten Zutat aller andern Künste ein prachtvolleres und erhabeneres Gebäude aufgerichtet werden könne, als ein einfaches Orchester imstande ist, in der Aufführung einer Beethovenschen Symphonie zu erbauen? Gewiß nicht! (DS 5:158f.)

Beethovens Instrumentalmusik ermöglicht dem modernen Deutschland ein ästhetisches Gemeinschaftserlebnis, wie es einst integraler Bestandteil der Kunstrezeption im antiken Griechenland war, aber auch Bestandteil des liturgischen Gesanges des frommen Volkes in den Bach-Passionen. Denn die Deutschen sind, wie Wagner ausdrücklich feststellt, von Natur aus musikalisch, und sie finden sich ganz natürlich zu einer Gemeinschaft zusammen, wenn sie die kollektive Aufführung eines wahren, wesenhaft deutschen Kunstwerkes erleben. Beethovens Symphonien bieten dem modernen – und dem zukünftigen – Deutschland ein hoffnungsvolles Vorbild. So verwundert es nicht, dass Wagner wiederholt die Verbindung zwischen seinen eigenen Kunstwerken der Zukunft und den Werken Beethovens betonte. Seine eigenen Werke würden nur eine – seiner Meinung nach – spezifisch deutsche ästhetische Gemeinschaftstradition fortsetzen. Das Symbol der Stimme dient somit als Verbindungsglied zwischen Wagners Urteilen über die ausländische Kulturproduktion und seinen Aussagen über die wahre Ästhetik des deutschesten unter seinen musikalischen Vorfahren, Ludwig van Beethoven.

Nachdem Wagner die Stimme in *Über deutsches Musikwesen* erstmals als körperliches Merkmal von Nation und Rasse verwendet hatte, benutzte er sie zu diesem Zweck erneut in einer für

Schlesinger verfassten Novelle: *Eine Pilgerfahrt zu Beethoven.*
Diese erschien kurz nach *Über deutsches Musikwesen* unter dem
französischen Titel *Une visite à Beethoven, épisode de la vie d'un
musicien allemand* im November und Dezember 1840 in Fortset-
zungen in vier Nummern der *Gazette musicale.*[50] Diese Novelle
kann in der Tat als fiktionale Darstellung von Gedanken und
Konzepten gelesen werden, die im vorangehenden Essay ausführlicher dargelegt worden waren. In seiner rachsüchtigen Autobiografie von 1870, *Mein Leben*, charakterisierte Wagner Schlesinger
als »monströse Bekanntschaft«. Schlesinger habe die Notlage des
jungen Komponisten ausgebeutet und ihn gezwungen, Aufgaben
zu übernehmen, die er hasste, etwa für den Verleger Klavierauszüge von Opern, Arrangements für Trompete, Gitarre und
Streichquartett sowie Potpourris zu erstellen, ja sogar eine Schule
für das Erlernen des Kornettspiels (das *cornet à pistons* war damals
in Paris ein Modeinstrument).[51] Diese Einzelheiten finden sich in
scharfer Form auch in seinem Erzähltext. In *Eine Mitteilung an
meine Freunde* (1851) stellte Wagner klar, dass seine von Schlesinger in Auftrag gegebene Beethoven-Novelle einen Angriff auf den
Verleger und alles, wofür dieser Jude stand, darstellte:

Der Verleger der Gazette musicale gab mir, neben den Arrangements
von Melodien, um mir Geld zu verschaffen, auch auf, Artikel für sein Blatt
zu schreiben. Ihm galt beides vollkommen gleich: mir nicht. Wie ich in
jener Arbeit meine tiefste Demütigung empfand, ergriff ich *diese*, um mich
für die Demütigung zu rächen. Nach einigen, allgemeineren musikalischen Artikeln schrieb ich eine Art von Kunstnovelle: *eine Pilgerfahrt zu
Beethoven.* […] Hierin stellte ich, in erdichteten Zügen und mit ziemli-
chem Humor, meine eigenen Schicksale, namentlich in Paris, […] dar.
(DS 6:234)

Wagners Novelle war also als Racheakt konzipiert. Obwohl das
Thema der Stimmhöhe als Zeichen rassischer und nationaler
Identität in der *Pilgerfahrt* weniger offenkundig behandelt wird
als in dem vorangegangenen Essay, ist es auch hier gegenwärtig,
im Kontext widerstreitender Nationalmerkmale. Auch die
Novelle ist voller frankophober und antisemitischer Empfindungen, doch bemühte sich Wagner hier mehr, diese Züge zu kaschie-

ren, als in seinen sachorientierten Darlegungen in den Essays. Auch die Analyse der Beethoven-Novelle belegt jedoch die Verbindung zwischen Wagners frühen Pariser Schriften über deutsche und nichtdeutsche Kultur mit seinem späteren ästhetischen Programm, in dem die menschliche Stimme als rassistisches Körpermerkmal und Metapher eine zentrale Rolle spielte.

Als Wagners Protagonist »Herr R...«, der sich als »einfache deutsche Seele« beschreibt (DS 5:100), auf der ersten Etappe seiner Pilgerfahrt nach Wien eine Gruppe böhmischer Musikanten trifft, spielen sie gemeinsam am Straßenrand Beethovens Septett mit der naiven Spontaneität, die laut Wagner allein dem deutschen Charakter zu Gebote steht – im krassen Gegensatz zur Oberflächlichkeit der internationalen Kulturinstitutionen. Und wenn sie so musizieren, erinnern sie an das bescheidene häusliche Streichquartett, das in *Über deutsches Musikwesen* so idealisiert dargestellt wurde: »O, welches Entzücken! Hier, an einer böhmischen Landstraße, unter freiem Himmel das Beethovensche Septuor von Tanzmusikanten, mit einer Reinheit, einer Präzision und einem so *tiefen Gefühle* vorgetragen, wie selten von den meisterhaftesten Virtuosen!« (DS 5:90; meine Hervorhebung). Sofort nach dieser Aufführung taucht der Rachegeist dieser Erzählung erstmals auf, der üble Engländer, der R...s Pilgerfahrt auf Schritt und Tritt bedroht. Er bietet den Musikern für ihr Spiel ein »Goldstück« an, das diese aber zurückweisen. Der Gegensatz zwischen wahrer deutscher Musikalität und dem korrupten Merkantilismus des modernen nichtdeutschen Musikliebhabers ist überdeutlich. Bei jedem Wiederauftauchen des Engländers in der ganzen Erzählung wird er aufs Neue unterstrichen. Diese Gestalt nimmt den »bigotten englischen Bankier« aus *Die Kunst und die Revolution* als Symbol der Prostitution der Kunst in der modernen Welt vorweg (DS 5:285). In seiner Novelle assoziiert Wagner den Engländer mit Juden, Italienern und Franzosen.[52] Wie die international überall ausländischen, wohlhabenden Juden ist auch dieser Engländer reich und komponiert selbst. Am Ende der Erzählung fährt er weiter nach Italien – aus demselben oberflächlichen Grund, aus dem er auch Beethoven einen Besuch abstattete: »Ich will Herrn Rossini kennenlernen, denn er ist ein sehr berühmter

Komponist« (DS 5:112). Er verkörpert damit einen Musikge-
schmack, der ihn auch mit den Parisern verbindet, die an anderer
Stelle der Novelle als Kulturgeier charakterisiert werden. R...
verkörpert andererseits die deutsche Antithese zu England, Italien, Frankreich und dem internationalen Geldadel. Er wendet
sich am Ende seiner Pilgerfahrt wieder »dem Norden zu, in [s]ei-
nem Herzen erhoben und veredelt«. Zum Zwecke seiner Kultur-
kritik hätte Wagner den ausländischen Rachegeist natürlich auch
zum Franzosen machen können, aber er entschloss sich, ihn als
Engländer auf dem Weg nach Italien darzustellen, weil er für ein
französisches Publikum schrieb, das ja nicht wissen konnte, dass
in Wagners nationalistischer, rassistischer Weltordnung diese
drei Länder aus ideologischen Gründen ununterscheidbar geworden waren, weil sie allesamt als nichtdeutsch galten und darüber
hinaus seiner Meinung nach unter den schrecklichen, verderblichen Einfluss der Juden gefallen waren.

In Wagners Novelle wird das zentrale Thema der deutschen
Musikalität, die durch die Kräfte der Entfremdung in der modernen ausländischen Zivilisation bedroht wird, in Wien dramatisiert, dem Ziel von R...s Pilgerfahrt. An diesem Ort stellt Wagner
auch die beiden entgegengesetzten Bilder der menschlichen
Stimme vor: die eine ist virtuos und französisch, die andere ein
Teil der Gemeinschaft und darum urdeutsch. Um die bedrängte
und gefährdete Position der wahren deutschen Kunst und der
authentischen künstlerischen Gefühle im Europa des 19. Jahrhunderts zu unterstreichen, stellt Wagner Wien als eine Stadt dar,
die sowohl deutsch als auch undeutsch ist. Einerseits hat sie durch
die deutsche Sprache teil an Deutschlands Kulturtraditionen,
andererseits aber enthüllt sie durch die Oberflächlichkeit ihrer an
Paris erinnernden Kulturindustrie, wie sich die Verhältnisse auch
in Deutschland entwickeln könnten, wenn man nicht gegensteu-
ert. Wagners Beethoven, ein »armer, deutscher Musiker« (DS
5:88), beschreibt die Rezeption seiner Werke in Wien so, dass
man sich an *Über deutsches Musikwesen* erinnert fühlt: »Ich glaube
wohl, […] daß meine Kompositionen im nördlichen Deutschland
mehr ansprechen. Die Wiener ärgern mich oft; sie hören täglich
zu viel schlechtes Zeug, als daß sie immer aufgelegt sein sollten,

mit Ernst an etwas Ernstes zu gehen« (DS 5:106). Diese Einschätzung wird anfangs von R… geteilt, der von der »etwas oberflächliche[n] Sinnlichkeit der Wiener« spricht (DS 5:102), doch an einem bestimmten Punkt, nicht zufällig während einer *Fidelio*-Aufführung, beschreibt der Erzähler die Österreicher ausdrücklich als Deutsche: »*Wilhelmine Schröder* […] hat sich das hohe Verdienst erworben, Beethovens Werk dem deutschen Publikum erschlossen zu haben; denn wirklich sah ich an diesem Abende selbst die oberflächlichen Wiener vom gewaltigsten Enthusiasmus ergriffen« (ebd.).[53] Somit besteht für die Wiener doch noch Hoffnung! Sie sind wenigstens noch in der Lage, Kunst so zu erleben, wie es der deutschen Kunst geziemt, und sie könnten noch vom ausländischen Kultureinfluss gerettet werden, wenn sie sich nur häufiger dem Einfluss des Genies in ihrer Mitte aussetzen würden.

Doch ihr Geschmack ist dem der Pariser schon gefährlich ähnlich geworden. Die bei den Franzosen so beliebten Galopps und Potpourris sind, wie Beethoven sagt, auch in der österreichischen Hauptstadt sehr populär (DS 5:111). Und als er über die Schwierigkeiten eines Opernkomponisten lamentiert, der für ein Wiener Publikum mit Pariser Erwartungen schreibt, zieht Beethoven zwischen beiden Städten eine ausdrückliche Verbindung: »Wer es sich darum zu tun sein lassen muß, Frauenzimmern mit passabler Stimme allerlei bunten Tand anzupassen, durch den sie *bravi* und Händeklatschen bekommen, der sollte Pariser Frauenschneider werden, aber nicht dramatischer Komponist« (DS 5:107). Die Vorstellung einer virtuosen Stimme als eines Instruments, das zu den unorganischen, heterogenen Werken passe, die an der Grand Opéra aufgeführt werden, ist eine Vorstellung, die in den Zusammenhang der französischen Kulturindustrie und, im weiteren Sinne, auch zu den jüdischen Bankiers und Verlegern gehört, die mit diesem Kulturbetrieb verbunden sind. Es ist eine Art Stimme, die zu jenem Opernflickwerk gehört, dessen intendiertes – »gemischtes« – Publikum ein »barbarisch-judaistisches Gemisch« (GS 14:186) bildet, wie Wagner später in *Erkenne dich selbst* die moderne Zivilisation beschreibt. Das uneinheitliche, mannigfaltige Opernmachwerk reflektiert seinen sozialen Kontext, und sein beherrschendes vokales Kennzeichen ist die virtuose hohe Stimme.

Der verwerfliche Einfluss der Kulturindustrie macht sich nicht nur überall im deutschsprachigen Österreich bemerkbar, sondern auch im nördlicheren Deutschland, R…s Heimatland und Ausgangspunkt seiner Pilgerfahrt zu Beethoven. Dass sich die französisch-jüdische Verwandlung von Kultur in eine Ware selbst dort schon ausgebreitet hat, wird in R…s Geschäftsbeziehungen zu seinem deutschen Verleger deutlich. In diese Schilderungen haben viele lebhafte Details aus Wagners frustrierendem Verhältnis zu Moritz Schlesinger Eingang gefunden:[54]

Einige Klavier-Sonaten, die ich nach dem Vorbilde des Meisters komponiert hatte, trug ich hin zum Verleger, der Mann machte mir mit wenigen Worten klar, daß ich ein Narr sei mit meinen Sonaten; er gab mir aber den Rat, daß, wollte ich mit der Zeit durch Kompositionen ein paar Taler verdienen, ich anfangen sollte, durch Galopps und Potpourris mir ein kleines Renommee zu machen. […]
Zu meinem Unglück bekam ich aber diese ersten Opfer meiner Unschuld noch gar nicht einmal bezahlt, denn mein Verleger erklärte mir, daß ich mir erst einen kleinen Namen machen müßte. Ich schauderte wiederum und fiel in Verzweiflung. Diese Verzweiflung brachte aber einige vortreffliche Galopps hervor. Wirklich erhielt ich das Geld dafür […]. (DS 5:88f.)

Die Pilgerfahrt stellt somit eine Suche nach Erlösung (jener Wagner'schen *idée fixe*) dar – Erlösung der deutschen Musik von der Kommerzialisierung, vom Einfluss der gehobenen, oberflächlichen (und implizit jüdisch unterwanderten) Kultur. Nach seiner Begegnung mit Beethoven wird R… sich den Anforderungen jener, die die Kultur kommerziell ausbeuten, nie wieder unterwerfen.

Diese Beschwörung Schlesingers ist kein Zufall, denn Wagner konzipierte *Eine Pilgerfahrt zu Beethoven* als versteckten Angriff speziell auf den jüdischen Einfluss in der modernen Musikwelt, für die sein jüdischer Arbeitgeber in seinen Augen als typischer Vertreter stand. Und so wurde Schlesingers Person in Wagners Erzählung zur heimlichen Zielscheibe der Kritik. Wenn Schlesinger auch schon in der Charakterisierung von R…s Verleger erkennbar ist, so verspottete Wagner ihn doch in erster Linie in der Gestalt des Engländers: Dieser ist nichts anderes als ein Porträt Moritz Schlesingers, der 1819 im Auftrage des Verlagshauses seines Vaters selbst nach Wien gereist war, um sich von Beethoven die Rechte an dessen Werken Opus 108 bis 112, 132 und 135 zu sichern. Erst nach dem erfolgreichen Abschluss dieser Mission übersiedelte Schlesinger dann nach Paris. Dort veröffentlichte er 1822 und 1823 simultan mit der Berliner Ausgabe die Erstausgaben von Beethovens Klaviersonaten op. 110 und 111. 1827 folgten die Streichquartette op. 130, 132, 133 und 135.[55] Somit war genau in jenem Zeitraum, in dem Wagners Novelle spielt (es handelt sich um die ersten Monate des Jahres 1824, als Beethovens Neunte Symphonie schon komponiert, aber noch nicht aufgeführt war),[56] der jüdische Unternehmer Schlesinger exakt in jene Aktivitäten verwickelt, die in Wagners Erzählung kritisiert werden.

Wie aber konnte der Besitzer der *Gazette musicale* die Kritik, die sich gegen seine Person, seine Wahlheimat und seine Rasse richtete, so gründlich übersehen? Die Antwort könnte in der Tatsache liegen, dass Schlesinger Wagners Erzählung zweifellos mit einer anderen, weit schmeichelhafteren fiktionalen Schilderung seiner Reise zu Beethoven in Verbindung brachte, die er sechs Jahre zuvor in seinem Journal veröffentlicht und höchstwahrscheinlich sogar selbst beim Autor bestellt hatte. Die ersten beiden Ausgaben seiner *Gazette musicale* im Jahre 1834 enthielten eine Novelle von Jules Janin mit dem Titel *Le Dîner de Beethoven, conte fantastique*. Dieser Text spielt im Jahre 1819 und schildert den Besuch eines Franzosen bei Beethoven. Nur dieser Franzose weiß, anders als die unsensiblen Deutschen, das Genie des Musikers zu schätzen.[57] Janins Arbeit war offenkundig eine verdeckte Hommage an Schlesinger, und der Verleger hatte durchaus nichts dagegen, sie in seinem neu gegründeten Journal zu verbreiten. Wagner lernte diese Erzählung entweder durch Janin selbst kennen, den er während seiner Pariser Jahre zweimal im Druck erwähnte und der – als Kollege von Berlioz und als einflussreicher Kritiker des *Journal des Débats* – eine wohlbekannte Figur im Pariser Musikleben war, oder Schlesinger selbst lenkte Wagners Aufmerksamkeit auf

Janins Erzählung, indem er indirekt oder offen darauf hinwies, dass sich dieser Text bei den französischen Lesern als erfolgreich erwiesen habe und Wagner als Vorbild dienen könne. Denn Wagner war damals noch jung und im erzählenden Genre unerfahren.[58]

Wagner könnte zahlreiche oberflächliche Motivähnlichkeiten mit Janins Text absichtlich beibehalten haben, um bei seinem Verleger und beim französischen Publikum gut anzukommen, während er andererseits seine Erzählung so wendete, dass sie Janins frankophile und implizit pro-jüdische Einstellung heimlich lächerlich machte. Wagners Text verherrlicht wie der Janins einen Besuch bei Beethoven. Untergründig stellt er jedoch eine Verbindung zwischen Wagners biografischer Vorlage, dem Juden Schlesinger, und einem Kunstverständnis her, für das Wagner nur Verachtung übrig hatte. Strukturell ergibt sich die größte Abweichung von der Vorlage durch die Aufteilung von Janins französischem Erzähler in zwei Figuren, den Engländer und R…, die es Wagner gestattete, eine ähnliche Handlung zu entwickeln wie der Text von 1834, dabei jedoch die ideologischen Verhältnisse genau umzukehren.

Janin gibt den Beruf seines Erzählers nirgends ausdrücklich an. Sein Beethoven sagt jedoch, dass es sich um einen Franzosen handele, während Wagner seinen R… schon ziemlich zu Anfang als aufstrebenden Musiker einführt und ihm damit einen überaus deutschen Beruf gibt. Janins Erzähler behauptet, Beethoven sei der *einzige* wahre deutsche Musiker (»le pauvre malheureux Beethoven est encore le seul musicien d'Allemagne«). Eine solche Aussage wäre jedoch in der Welt von Wagners Novelle undenkbar, weil hier das musikalische Genie am besten in seinem Vaterland verstanden wird, aufgrund der gemeinsamen, angeborenen Musikalität aller Deutschen. Solche Annahmen stehen im Gegensatz zu *Le Dîner de Beethoven, conte fantastique*, denn am Schluss dieser Erzählung ruft der Erzähler aus, Beethovens Isolation und Vernachlässigung führten dazu, dass sich der Franzose für Deutschland und Europa schäme (»honteux pour l'Allemagne et pour l'Europe de la misère et de l'abandon où je le voyais«): Janin impliziert, dass nur der Franzose (ein Franzose wie Schlesinger?)

in der Lage sei, Beethovens Genie zu würdigen, in geringerem Maße immerhin die Engländer, die dem Komponisten als Geschenk ein Klavier übersandt hatten. Ebenso wenig lässt sich Janins Beschreibung von Beethovens Spiel an diesem ungestimmten Instrument als »plus abominable charivari qu'on pût entendre« mit Wagners Gedanken und Gefühlen vereinbaren. Wagners Beethoven würde sich niemals derartig zum Narren machen. Die unmusikalischste Gestalt in der ganzen *Pilgerfahrt* ist in der Tat der Engländer, Wagners Ersatzrepräsentant der judaisierten Kultur Frankreichs. Vor dem Hintergrund von Schlesingers realem Besuch bei Beethoven erinnert der Engländer in der Geschichte an den in einer Kutsche nach Wien eilenden Verleger, der an nichts Anderes denken kann als an Geld und Prestige, während R… mit den lautersten Absichten die ganze Reise zu Fuß unternimmt. So lässt Wagner Beethoven und die Kommerzialisierung der Kunst in Frankreich als polare Gegensätze erscheinen, während Schlesingers reale Wien-Reise und Janins fiktionale Schilderung der Reise diese beiden Aspekte gerade verschmolzen hatte. Dem konnte sich Wagner nur dadurch entziehen, dass er eine künstlerische Allegorie erfand. So konnte er die Beethoven-Figur von der kommerziellen Befleckung befreien und sie in seiner Darstellung so überliefern, dass sie nur den Deutschen wirklich zugänglich war.

Und so ist es auch nur R…, der Deutsche, und nicht der Engländer (oder Schlesinger), dem Wagners Beethoven das Geheimnis seiner neuen Ästhetik der menschlichen Stimme enthüllt. Beethovens Bemerkungen bedeuten genau das Gegenteil der Pariser Vermarktung des virtuosen Vokalinstruments, und so entspricht auch die Polarisierung zweier unterschiedlicher Stimmarten in Wagners Erzählung der Aufteilung von Janins französischem Erzähler in die beiden Figuren des Engländers und R…s:

Warum sollte aber die Vokalmusik nicht ebensogut als die Instrumentalmusik einen [sic] großen, ernsten Genre bilden können, der zumal bei der Ausführung von dem leichtsinnigen Sängervolke ebenso respektiert würde, als es meinetwegen bei einer Symphonie vom Orchester gefordert

wird? Die menschliche Stimme ist [...] ein bei weitem schöneres und
edleres Tonorgan als jedes Instrument des Orchesters. [...] Denn gerade
der seiner Natur nach von der Eigentümlichkeit der Instrumente gänzlich verschiedene Charakter der menschlichen Stimme würde besonders
herauszuheben und festzuhalten sein, und die mannigfachsten Kombina-
tionen erzeugen lassen. [...] Man bringe nun diese beiden Elemente
zusammen, man vereinige sie! (DS 5:108f.)

Betrachtet man Wagner Schriften sowohl aus der Zeit direkt vor
dieser Novelle als auch aus der postrevolutionären Periode, dann
ergibt sich, dass die neue, hier von Beethoven beschriebene Art
der Vokalkomposition implizit auch als Medium der Emanzipation dient – der Emanzipation der deutschen Musik von fremden Nationen und von den Juden. Darum berichtet Beethoven
nur R... von seiner Neunten Symphonie, dem ersten Beispiel des
neuen deutschen Vokalstils, der später auch als ästhetisches und
ideologisches Vorbild für Wagners Kunstwerk der Zukunft dienen sollte:

»Sie werden bald eine neue Komposition von mir kennenlernen, die Sie
an das erinnern wird, worüber ich mich jetzt auslieβ. Es ist dies eine Symphonie mit Chören. [...]«
Noch heute kann ich das Glück kaum fassen, das mir dadurch zuteil ward,
daß mir Beethoven selbst durch diese Andeutungen zum vollen Verständnis seiner riesenhaften letzten Symphonie verhalf, die damals höchstens eben erst vollendet, keinem aber noch bekannt war. (DS 5:109)

Beethovens Vision einer neuen Art von Zukunftskunst ist für ein
anderes Deutschland gedacht, denn eine Ästhetik, die danach
strebt, die menschliche Stimme und das Orchester zu vereinigen
und sie als gleichberechtigte Partner zu behandeln, basiert auf der
Vorstellung, die Einheit dieser Elemente reflektiere die Vereinigung der Gemeinschaft. Während die hierarchischen und zersetzenden Tendenzen der ausländischen Grand Opéra die als vir-
tuoses Instrument angesehene Gesangsstimme in den Mittelpunkt stellen, sieht Beethoven in einem solchen »Tonorgan« nur
einen Bestandteil einer ganzen Gruppe von Elementen. Überdies
weigert er sich, in der Stimme ein Instrument zu sehen und sie
entsprechend zu behandeln. In dieser Hinsicht ist die Beetho-

ven'sche Gesangsstimme genau das Gegenteil der jüdischen Stimme, die durch die hohen Register eines Holzblasinstruments, des Fagotts, imitiert und parodiert werden kann. Die ausländische Oper spiegelt das unzusammenhängende Erscheinungsbild einer heterogenen Gesellschaft wider, die aus vielen Nationalitäten und diversen Rassen besteht, während sich Beethovens Vision allein an ein homogenes deutsches Publikum richtet. Wegen dieser nationalistischen Untertöne muss die Neunte Symphonie in Wagners Novelle vor dem als Engländer verkappten Juden geheim gehalten werden. Später wird sie als Schlussstein der Wagnerschen Ästhetik dastehen. So verbirgt sich hinter den vielfältigen Negationen in Wagners Novelle – der Ablehnung Schlesingers, Janins, der Grand Opéra, der kommerzialisierten Kultur und überhaupt der Franzosen und Engländer – ein Verständnis der menschlichen Gesangsstimme als kulturelle Metapher, aber auch als objektives, physiologisches Phänomen. Die Zurückweisung der hohen Stimmregister bedeutet auch die Negation der kulturellen Praxis, in deren Rahmen solche hohen Töne zu hören sind.

Die Erfindung des Heldentenors

Die von Wagner nach seinem Parisaufenthalt veröffentlichten theoretischen oder fiktionalisierten Erörterungen eines übergreifenden nationalen und rassistischen Programms für die deutsche Musik, besonders die Vokalmusik, beleuchten nicht nur die ideologischen Implikationen seines Kunstverständnisses in den frühen 1840er-Jahren. Sie lassen sich auch direkt mit der Vokalmusik vergleichen, die Wagner komponierte, nachdem er sich von Schlesinger und dem für ihn mit den Juden assoziierten Gesangsstil abgewandt hatte. Nun sind Wagners postrevolutionäre Essays und musikalische Darstellungen zwar im Kontext der Kultur des 19. Jahrhunderts keine Einzelfälle, wie sich beim Vergleich mit der Musik und den Briefen Rossinis, Mussorgskis und Mahlers zeigt, doch sie bilden – anders als bei Wagners Zeitgenossen – die Kehrseite eines größeren, extensiveren, konsequenten ästheti-

schen Programms mit dem Ziel, gegensätzliche Charaktere darzustellen. Denn Wagner komponierte nicht nur eine bestimmte
Vokalmusik, um die Andersartigkeit des Juden darzustellen, sondern zugleich auch eine andere Art, die, auf der Annahme grün-
dend, dass der deutsche Körper privilegiert und andersartig sei,
die Überlegenheit des Deutschen darstellen sollte. Das Gegenstück zu seinen Judenporträts mit (über)hohen Stimmen ist sein
Entwurf eines vollkommen neuen Stimmfaches, das es auf der
Opernbühne zuvor nicht gegeben hatte: des Heldentenors, dessen neuer, andersartiger Stimmklang das ästhetische Ergebnis
einer fremdenfeindlichen, antisemitischen Ikonographie der
menschlichen Stimme war.

Wagners Erfindung des Heldentenors stellte in der Geschichte
der Opernkomposition einen wagemutigen, revolutionären Akt
dar. Die stimmlichen Anforderungen der Heldentenorrollen im
Ring, im *Tristan* und im *Parsifal* erfordern einen Sänger mit einem
Stimmorgan, das für weite Teile des italienischen und französischen Opernrepertoires aus der Mitte des 19. Jahrhunderts unge-
eignet ist. Diese Stimmlage stellt somit auch eine Zurückweisung
jener Klänge dar, die Wagner mit Schlesinger und der Pariser
Kulturindustrie in Verbindung brachte. Der Heldentenor beginnt seine Karriere oft als Bariton, und im Timbre seines reifen
Gesangs schwingt die tiefere Ursprungslage der Stimme noch
mit. Der dänische Sänger Lauritz Melchior etwa, der generell als
der größte Interpret des 20. Jahrhunderts für Wagners heroische
Tenorpartien gilt, sang erst fünfzehn Bassbariton- und Bariton-
rollen, ehe er den Übergang ins höhere Fach wagte.[59] Jene
Gesangsart, die ihn später berühmt machte, war mit einem ungewöhnlich dunklen, tiefen und schweren Klang assoziiert. Melchiors Biografin Shirlee Emmons beschreibt den Wagnerschen Heldentenor mit folgenden Worten:

Das Heldentenorfach erfordert eine große Tenorstimme von ungewöhnlicher Kernigkeit und mehr Kraft in den tiefen Registern, als andere
Tenöre normalerweise aufbringen. Diese Stimme entwickelt sich in der
Reifezeit oft aus einem hohen Bariton. Man könnte sie sogar als Tenor-
baritonstimme bezeichnen. [...] Es war [Melchiors] Überzeugung, dass

1. Akt

da bleicht die Blü - te, das Licht ver - lischt; näch - ti - ges Dun - kel

deckt mir das Au - ge: tief in des Bu - sens Ber - ge glimmt nur noch licht- lo - se Glut.

2. Akt

Wer bist du, sag, die so schön und ernst mir er - scheint?

Der dir nun folgt, wo - hin führst du den Hel - den?

Notenbeispiel 10. Siegmunds tiefes C am Ende seines Monologs im ersten Akt und sein tiefes Stimmregister am Anfang der Todesverkündigungsszene im zweiten Akt der Walküre

sich ein Heldentenor niemals unter den helleren lyrischen Tenorstim-
men finden lasse, denen einfach die Kraft in den tiefen Registern fehle.
[…] Und diese Überzeugung wurde weithin bekannt. […] Einer von Melchiors letzten Begleitern, Leonard Eisner, erinnert sich, dass »Melchior
glaubte, es sei für einen echten Heldentenor beinahe unverzichtbar,
zunächst Bariton gesungen zu haben. Er hielt diese Entwicklung für eine
logische Abfolge.«[60]

Während der hohe, lyrische Tenor des italienischen Fachs in der
Lage sein musste, in einem weiten Stimmregister flexibel zu singen und ein markantes *hohes* C (das zweigestrichene C) hervorzu-
bringen, muss der Heldentenor ein kräftiges *tiefes* C singen können, zwei Oktaven unter der gefeierten hohen Note des Italieners. Dies zeigt sich zum Beispiel in einer Passage aus Siegmunds
Monolog im ersten Akt der *Walküre*, der ersten Heldentenorrolle,
die Wagner komponierte, nachdem er *Das Judentum in der Musik*
geschrieben hatte, aber auch in der Todesverkündigungsszene im
zweiten Akt desselben Werkes. Immer wieder sinkt Siegmunds
Stimme in Tiefen hinab, die kein Komponist von großen Opern
einem italienischen Tenor zugemutet hätte. Im ersten Akt singt

Siegmund eine Reihe von tiefen Cs, und im zweiten Akt verharrt das Stimmregister der Rolle bisweilen im untersten Viertel des Stimmumfangs, zwischen dem tiefen Cis und Fis (siehe Notenbeispiel 10). Vom Heldentenor wird nur selten erwartet, dass er höher kommt als bis zum eingestrichenen A, und diese hohe Note singt Siegmund in der *Walküre* nur ein einziges Mal. Auch der junge Siegfried und Parsifal erreichen die ganz hohen Töne fast nie. Dagegen muss der Bassbariton Beckmesser im dritten Akt der *Meistersinger* in vier Takten das hohe A meistern. Der Stadtschreiber singt wie die meisten von Wagners Judenkarikaturen gern hoch, Wagners germanische Helden dagegen nicht. Die Interpreten des Siegmund beschweren sich häufig, dass diese Rolle im unteren Stimmbereich so viel Kraft erfordert, in einem Stimmbereich, in dem das Singen mit großer Kraft für einen lyrischen Tenor stimmschädigend wirkt. Um diese Tiefen zu erreichen, singen sich manche Sänger vor der Vorstellung nicht richtig warm (die Opernstimme wird normalerweise im Verlauf einer Aufführung höher).[61] Als *Die Walküre* in den 1960er-Jahren unter Georg Solti für die Schallplatte aufgenommen wurde, wurde die Rolle zunächst nicht einem Heldentenor angeboten, sondern dem berühmten Bariton Dietrich Fischer-Dieskau, der jedoch ablehnte, ehe das Management dann James King engagierte, einen Tenor mit kräftigen mittleren und tiefen Registern, der wie Melchior seine Karriere zunächst als Bariton begonnen hatte.[62] Zu Wagners Zeit war der beabsichtigte Klang eines Heldentenors noch neu. Er war dunkler, tiefer und für Wagner mit der Vorstellung von einem reineren, natürlicheren Deutschland verbunden, welches von »höheren« Nationen und fremden Rassen unbefleckt war. Dieser neue Klang war Metapher und physiologische Realität zugleich, eine ideologisch-akustische Ikone, die sich der in Wagners Kultur verbreiteten Auffassung bediente, die Stimme des Juden unterscheide sich grundlegend von der des Deutschen. Sie brachte metaphorisch Wagners Überzeugung von der physiologischen Abgrenzung der deutschen Identität zum Ausdruck.

So war also die Erfindung dieser neuen Stimmkategorie ein ästhetisch revolutionärer, professionell durchaus riskanter Akt. Denn indem Wagner seine Vision eines neuartigen Sängertyps in

14. *Gustav Doré*, Die Heldentenöre *(aus: Eduard Fuchs und Ernest Kreowski*, Richard Wagner in der Karikatur *[Berlin 1907])*

die Partituren seiner Musikdramen hineinschrieb, wandte er sich von den etablierten Stimmfächern und Stimmpraktiken in den europäischen Operninstitutionen ab, von denen er als Komponist für die Aufführung seiner Werke abhängig war. Die Erfindung des Heldentenors ist somit ein praktisches Beispiel für Wagners Auffassung seiner eigenen Werke nach 1848 als revolutionäre, paradigmatische Vorbilder für eine andere Welt. Die verblüffend tiefe Heldentenorstimme ist der Ort, an dem die metaphorische Dimension der Körperikonographien in Wagners Dramen ihre anspruchsvollste physische Realisierung fand. Sicher war sich Wagner der ungewöhnlichen Anforderungen bewusst, die er stellte, als er ein neues Stimmfach für die Opernbühne erfand, aber genau darum ging es ihm. Das neue Werk, das Kunstwerk der Zukunft, gedacht für eine neuartige Welt und ein andersartiges Publikum, wies die etablierten Stimmen zurück, die mit jenen Teilen der heterogenen Welt zusammengehörten, die Wagner so gründlich verachtete. (Gustav Dorés Karikatur dieses neuen Sängertyps traf hinsichtlich der grandiosen Prätentionen genau ins Schwarze; siehe Abbildung 14.) Die Gegenüberstellung von

Mimes hohem Stimmregister und Siegfrieds tieferem Gesang in der dritten Szene des zweiten *Siegfried*-Aktes ist ein Beispiel für die ideologischen Implikationen der Komposition für die Stimmfächer des hohen lyrischen Tenors und des Heldentenors. Siegfried ist bekanntlich die revolutionäre metaphorische Verkörperung eines zukünftigen Deutschlands und seiner Kunst. Und weil das Gesamtkunstwerk für die neue utopische Kollektivordnung steht, ist es nur konsequent, dass die physiologischen Eigenschaften von dessen paradigmatischem Emblem Siegfried andere sind als die von Wagner für minderwertig gehaltenen, die er überall in der modernen »judaisierten« Zivilisation wieder erkannte. Die Heldentenorstimme als akustisches Merkmal von Siegfrieds Körper ist jener Spiegel, in dem sich ein physiologisch heroisches Kollektiv mit ähnlichen Stimmen gespiegelt sehen und selbst erkennen sollte. Siegfrieds Stimme ist wie die Walther von Stolzings in den *Meistersingern* die Stimme des Volkes, und die tieferen Register dieser Stimme bezeichnen für Wagner das deutsche Wesen. Mimes höheres Stimminstrument hingegen nimmt die Stimme jenes musikdramatischen Konstruktes vorweg, das besonders stark antisemitisch geprägt und stärkstem Spott ausgesetzt ist: Sixtus Beckmesser.

Die dritte Szene des zweiten *Siegfried*-Aktes ist eine von Wagners bemerkenswertesten musikdramatischen Schöpfungen, denn hier entsteht mit subtilen musikalischen und textlichen Mitteln ein Band der Identifikation zwischen dem Publikum und dem jungen Übermenschen, während Mime, die Karikatur jüdischen Wesens, als fremdartig und gefährlich dargestellt wird. So kann die intendierte Gemeinschaft Mimes Ermordung am Ende der Szene als durchaus gerechtfertigt empfinden. Wagners Nibelungen-Jude ist ein verschlagener Schauspieler, der einen Giftanschlag auf den von ihm aufgezogenen Pflegesohn plant, um an den Ring des Nibelungen zu kommen. Doch Siegfried durchschaut (und ›durchhört‹) Mimes Ränkespiel: Weil er vom magischen Drachenblut getrunken hat, kann er nun auch das Zwitschern des Waldvogels verstehen, der ihn vor Mimes finsteren Absichten warnt. Schon lange vor Wagner galt es im deutschen Märchen- und Sagengut als ausgemacht, dass Juden Mörder seien, die Gift bevorzugten, und dass sie die Sprache der Tiere verstehen könnten.[63] Diese Topoi aus der deutschen Kulturtradition könnten eine Erklärung für Siegfrieds ansonsten verblüffende Aussage bieten, er habe von Mime erfahren, man könne die Sprache der Vögel verstehen lernen – zumal wenn man die schon im ersten Kapitel angesprochene Verbindung der Vögel mit Siegfried bedenkt:

Ein zankender Zwerg
hat mir erzählt,
der Vöglein Stammeln
gut zu verstehn,
dazu könnte man kommen.
Wie das wohl möglich wär? (MD, 702)

Doch im zweiten Akt des *Siegfried* ist die überlegene und natürliche Hörfähigkeit des Helden deutlich Mimes verarmter Wahrnehmung der natürlichen Welt gegenübergestellt, denn der Zwerg hört den Waldvogel nicht (oder er hört ihm nicht zu, versteht ihn nicht). Und er bekommt auch nicht mit, dass Siegfried seine, Mimes, Verstellungskünste durchschaut – eine Einsichtsfähigkeit, zu der dem jungen Helden die Stimme der Natur selbst verholfen hat. Das Publikum hört nie den Text von Mimes Ansprache an Siegfried, sondern vernimmt – wie der Held selbst – nur die innersten Gedanken Mimes, in denen dieser seine Mordpläne enthüllt (ohne sie in Worte zu fassen, die er selbst hört). Wagners Vokalmusik für Mime indes kommt dem ungehörten Text sehr nahe; für ein mit den musikalischen Codes von Wiegenliedern und Familienliebe vertrautes, westliches Publikum klingt sie schmeichelnd süß, trällernd und salbungsvoll. Während Siegfried mit dem Waldvogel kommuniziert, singt Mime, als sei er ein dramatisches Ausdrucksmedium für Gedanken aus *Das Judentum in der Musik*, wie ein Papagei: Er imitiert (und mimt) die fröhliche Süße der Liebeslaute, zu denen er selbst keinerlei innere Beziehung hat, von denen er jedoch annimmt, sie würden den jungen deutschen Helden überzeugen und täuschen. (In dieser Hinsicht nimmt Mimes Text Beckmessers oberflächliches, parodistisches Preislied vorweg.) Mimes *Stimme*, sein

Gesang, verrät ihn also genauso wie der Geheimtext seines Vorhabens, denn erst durch die Spannung zwischen den musikalischen Codes und der Gewaltbereitschaft seiner verbalen Äußerungen wird Mime als der Intrigant enthüllt, der er ist. Im Verlauf des Werkes versucht Mime immer wieder, sich Siegfrieds Redeweise anzunähern und eine »nichtjüdische« Ausdrucksweise als Tarnung anzunehmen, so wie Wagner in seinen Schriften immer wieder behauptet hat, die Juden würden die Kultur, in der sie lebten, nur nachäffen, um ihre wahre Identität zu verbergen. Doch wenn man dem Text folgt, wird die Funktion von Mimes Redeweise als Tarnung offen gelegt, und so wird sich das Publikum, wie Wagner annimmt, mit dem jungen Helden, dem Ziel bösartiger Täuschungsversuche eines Fremdrassigen, identifizieren. Das spezifische Wesen der Vokalmusik, die Wagner für Mime schrieb, ist ein Merkmal des physiologischen Erscheinungsbildes, das der Zwerg nicht verbergen kann. Mime kann noch so sehr versuchen, seine Redeweise zu verändern, singen kann er nur als hoher Tenor. Das Wesen seiner Stimme, die physiologisch einfach anders geartet ist als die des deutschen Heldentenors, kann er nicht verändern. Sein hohes Stimmregister, das sich von Siegfrieds tieferem Gesang abhebt, entlarvt ihn für Wagners Zeitgenossen, die in einer Kultur aufgewachsen waren, in der das Klischee herrschte, dass die jüdische Stimme hoch, nasal und andersartig sei.

Das wird auch durch die gegensätzlichen musikalischen Idiome der beiden verdeutlicht, als Siegfried den Zwerg fragt, ob er darauf sinne, ihm Schaden zuzufügen. Während die Frage in der mittleren Stimmlage vorgetragen wird, liegen große Teile von Mimes Antwort über dem eingestrichenen C, und im Verlauf seiner vergeblichen Versuche, Siegfried mit Schmeicheleien zu beruhigen, wird Mimes Gesang immer höher. Seine vorletzte Phrase, ein salbungsvoller Täuschungsversuch, bewegt sich gar im Bereich des hohen (eingestrichenen) Fis, G und A (siehe Notenbeispiel 11). Auf ähnliche Weise erhebt sich, als Mime Siegfried beschwört, den vergifteten Trank zu sich zu nehmen, damit er, Mime, sich Siegfrieds Schwert und »mit ihm Helm und Hort« (MD, 711) aneignen könne, die Stimme des Zwergs vom eingestrichenen C zum D, einem tonartfremden E, sodann zum F

Notenbeispiel 11. Unterschiedliche Stimmregister als Paradigmen der Andersartigkeit im Wortwechsel zwischen Siegfried und Mime im zweiten Akt des Siegfried

und einer Reihe von »kichernden« Stakkato-Gs. Diese Phrase sang der deutsche Charaktertenor Gerhard Stolze oft im reinen Falsett (siehe Notenbeispiel 12). Siegfrieds Antwort liegt charakteristischer- und gegensätzlicherweise tiefer, seine Gesangslinie ist viel ruhiger (siehe Notenbeispiel 13). Diese Gegenüberstellung von hoch, fremdartig, ausländisch und verräterisch auf der einen Seite und tief, natürlich, aufrichtig und germanisch-deutsch auf der anderen Seite gilt für die gesamte Szene. Dieser Kontrast bildet die Grundlage für Wagners musikalisches Porträt von Mimes bösartigem Anderssein. Während Siegfried, von der Natur gewarnt und damit auch auf ihrer Seite stehend, sein Wesen in den ruhigen, kräftigeren, tieferen Noten jener Rasse zum Ausdruck bringt, für die Wagner sein Werk geschrieben hat (und die sich Wagners Erwartungen nach in den Aufführungen

Notenbeispiel 12. *Mimes kichernde hohe Gs*

Notenbeispiel 13. *Siegfrieds ruhiger Gesang in mittlerer Lage*

mit seinem Helden identifizieren sollte), unterstreicht die extrem hohe Lage von Mimes musikalischer Sprache sein Wesen als grundlegend von dem des Helden und des Publikums abweichend: Ihm fehlt es an familiären Bindungen, dafür dominieren sein Egoismus und seine verschlagene Unaufrichtigkeit.

Die melodisch vielleicht schönste Phrase der gesamten Szene vertont ausgerechnet die verwerflichsten Worte, nämlich Mimes ausdrückliche Ankündigung seiner Absicht, einen Mord zu begehen. Wagners Szenenanweisung zu dieser Melodie lautet: »*Er bemüht sich, den zärtlichsten Ton anzunehmen*« (MD, 712). Nicht zufällig ist gerade diese Phrase mit ihrem anrührend süßen hohen B auch die höchste der gesamten Rolle, und dieser Ton liegt nur knapp unter dem berühmtesten Ton der italienischen Oper, dem hohen (zweigestrichenen) C. Um die Zwiespältigkeit und Verschlagenheit dieser Gestalt, die in der höchsten Tenorlage singt, noch zu unterstreichen, verlangsamt Wagner an dieser Stelle das Tempo und vermerkt bei der Orchesterbegleitung »ausdrucksvoll« und »dolce«, als Mime die Worte singt: »Ich will dem Kind

Notenbeispiel 14. Mimes hohes B: »Ich will dem Kind
nur den Kopf abhau'n!«

nur den Kopf abhau'n!« (siehe Notenbeispiel 14). Im gesamten
Werk Wagners gibt es kein bündigeres Beispiel für eine extrem
hohe Stimme als Merkmal körperlicher Andersartigkeit, welche
den Verrat bezeichnet, von dem die deutsche Familie – und damit
auch das deutsche Volk – bedroht ist.

Wagners Paradigma für die Stimme als Rassenmerkmal im *Ring*
könnte auch bei der Komposition der Vokalpartien in *Tristan und
Isolde* eine Rolle gespielt haben. Dieses Musikdrama gilt gemeinhin als ideologisch nicht so belastet wie die *Ring*-Tetralogie und
die *Meistersinger*.[64] Allerdings könnte Wagner die ideologische
Bedeutung des Stimmfaches im *Siegfried* durchaus weiter beschäftigt haben, als er 1857 am Ende des zweiten Aktes die Komposition seines dritten *Ring*-Dramas abbrach, um sich mit dem *Tristan*
der Schaffung einer Apotheose der Liebe zuzuwenden, seinem
gefeiertsten (und sinnlichsten) Werk dieser Art. Im *Tristan* mögen
sich zwar nicht so viele und weniger krasse Beispiele für Wagners
Rassismus und Nationalismus finden, doch ist es möglich, dass die
Erfahrungen der gerade abgeschlossenen Vokalkomposition für
unterschiedliche Tenöre im *Siegfried* auch in der Musik, die er für
die Tenöre im *Tristan* schrieb, ihre Spuren hinterließen. Die
stimmliche wie dramatische Konstellation von Siegfried und
Mime könnte aus folgenden Gründen als Vorbild für die Konstellation von Tristan und Melot gedient haben: Dramatisch lassen
sich Mime und Melot vergleichen, weil sie ihr ganzes Leben in
der Nähe und in Konkurrenz zu den jeweiligen Protagonisten
gelebt haben, die sie zu vernichten trachten, um sich den Besitz

des Heldentenors zu sichern: das Gold beziehungsweise die ›goldene‹ Prinzessin.[65] Obwohl – anders als im Fall Mimes – die Kurzauftritte Melots nicht die gleiche Art von Vokalkontrast, und damit auch nicht den ideologisch-ikonographischen Kontrast, zur neuartigen Vokalmusik für den Haupthelden bieten können, deutet sich auch hier – wie im *Ring* – eine Verbindung zwischen einer wegen ihrer Andersartigkeit minderwertigen, unheroischen Stimme und Begriffen wie Habsucht, Täuschung, körperlicher Unterlegenheit und Verrat an. In beiden Werken unterscheidet sich die Stimme des Helden fundamental von der des Verräters (allerdings muss hinzugefügt werden, dass Melot stimmlich wesentlich tiefer liegt als Mime). Siegfried und Tristan dagegen ähneln sich stimmlich (in der Tat versuchen sich die meisten Tenöre, die eine der beiden Rollen singen, danach – mit der bemerkenswerten Ausnahme von Jon Vickers – auch an der anderen). Beide Partien liegen deutlich tiefer als die meisten Rollen für Operntenöre, und sie stellen ungewöhnliche, außerordentlich hohe Anforderungen an Durchhaltevermögen und Stimmgewalt der Sänger.

Man könnte sogar argumentieren, dass Wagner, hätte er sich konsequent von der Vorstellung leiten lassen, eine hohe Stimme sei undeutsch, niemals eine so ungewöhnlich hohe Tenorpartie wie die seines jungen Poeten Walther von Stolzing in den *Meistersingern* geschrieben hätte – eine Rolle, die Melchior, Vickers und zahlreiche andere Wagner-Tenöre niemals auf der Bühne gesungen haben.[66] Und doch könnten ausgerechnet die Bemerkungen eines bekannten Wagnerforschers, dem alle Untersuchungen zu Wagners Antisemitismus notorisch gegen den Strich gingen, die scheinbare ideologische Inkonsequenz in der Vokalkomposition der *Meistersinger* erklären helfen. Carl Dahlhaus erklärt Wagners Gründe dafür, Walther von Stolzing ausgerechnet eine solche Musik auf den Leib zu schreiben, folgendermaßen: »Daß der Dramatiker Wagner auf die Idee verfiel, Stolzing als Repräsentanten des musikalischen ›Fortschritts‹ mit einer Musik auszustatten, die um 1865 als ›fortschrittlich‹ gelten konnte, wurde offenbar durch den Theaterpraktiker Wagner verhindert, der für den triumphierenden Heldentenor [sic] eine

Musik brauchte, die dem Publikum, das sich mit dem ›Volk‹ der Festwiese identifizieren sollte, unmittelbar einleuchtete.«[67] Wenn Dahlhaus Recht hat, dass Wagner vielleicht davon Abstand nahm, der Partie des Stolzing eine tiefere Stimmlage zu geben, weil eine solche Musik ironischerweise als *zu* revolutionär gegolten hätte, dann ist dies nichts anderes als eine Bestätigung der bilderstürmerischen Qualität von Wagners neuem Stimmfach des Heldentenors. Die Gesangspartie, die, weil höher, als weniger innovativ empfunden wurde, stellte im Rahmen der europäischen Kultur des 19. Jahrhunderts für das Theater ein geringeres Risiko dar als die Musik eines Siegmund, Siegfried oder Tristan – also jener Figuren, die, anders als Stolzing, die Grenzen der sozialen Konventionen so massiv überschreiten, dass die in sich schlüssigen inhaltlichen Programme der jeweiligen Dramen zwingend ihren Tod erfordern. Stolzing dagegen, dessen Stimmregister höher liegt und darum konventioneller ist, ist am Ende der *Meistersinger* in die Nürnberger Gesellschaft integriert – ja, diese Integration ist sogar zweifellos eines der Schlüsselthemen dieses Werkes. Mit anderen Worten, was zunächst im ideologischen Plan von Wagners Vokalkompositionen als Ausnahme erscheinen mag, könnte sich als durchaus schlüssig erweisen: Ist der Tenor nämlich ein veritabler revolutionärer Außenseiter, dann ist seine Stimme auf unerhörte Weise heroisch (und damit tief), während dann, wenn die Revolution in soziale Harmonie mündet und die zunächst bedrohte Gesellschaft den Außenseiter integriert, sich auch seine Stimme in konventionellere Höhen erhebt.

Angesichts der extremen Anforderungen seines neuen Gesangsprofils versuchte Wagner, König Ludwig II. davon zu überzeugen, dass er in München eine Musikschule für die Ausbildung deutscher Sänger finanzieren müsse, in der ein spezifisch deutsches Gesangsorgan eine seiner einzigartigen physiologischen Natur angemessene Ausbildung erhalten sollte (*Bericht an Seine Majestät den König Ludwig II. von Bayern*). An diese Bemühungen erinnerte sich Wagner in seinen von Leidenschaft geprägten *Erinnerungen an Ludwig Schnorr von Carolsfeld*, jenem Tenor, den er als beinahe vollkommenes Exemplar der in seinen Werken geforderten neuen deutschen Gesangskunst hervorhob.

Schnorr von Carolsfeld war, kurz nachdem er 1865 in München bei der Uraufführung die Titelpartie des *Tristan* gesungen hatte, gestorben. In seinen lobenden Erinnerungen an den Sänger betont Wagner den extremen Gegensatz zwischen dem stärker »weiblich« geprägten italienischen Gesangsideal und dem neuen, »männlichen«, deutschen Kunstwerk der Zukunft:

Nun ist aber bisher die Gesangsstimme einzig nur nach dem Muster des italienischen Gesanges ausgebildet worden: es gab keinen anderen. Der italienische Gesang war aber vom ganzen Geiste der italienischen Musik eingegeben: diesem entsprachen zur Zeit ihrer Blüte am vollkommensten die Kastraten, weil der Geist dieser Musik ein nur auf sinnliches Wohlgefühl, ohne alle eigentliche Seelenleidenschaft, gerichteter war, – wie denn auch die männliche Jünglingsstimme, der Tenor, zu jener Zeit fast gar nicht, oder, wie es später der Fall war, im falsettirenden [sic] kastratenartigen Sinne verwendet wurde. Nun hat sich aber die Tendenz der neueren Musik, unter der unweigerlich anerkannten Führung der deutschen Tonkunst, namentlich durch Beethoven zu der Höhe wahrer Kunstwürde erst dadurch erhoben, dass sie nicht nur das Sinnlich-Wohlgefällige, sondern auch das Geistig-Energische und Tiefleidenschaftliche in das [sic] Bereich ihres unvergleichlichen Ausdrucks gezogen hat.[68]

Es ist kein Zufall, dass Wagners deutscher Text die Polarität zwischen dem »Tiefleidenschaftlichen« des Deutschen und der unnatürlich hohen Stimme des Italieners betont – ein Gegensatz, den er durch die ausdrückliche, maliziöse Charakterisierung der italienischen Musik als verweiblicht noch unterstreicht. Infolge von politischen Intrigen und Wagners eigenem unmäßigen Lebensstil, der weithin publik wurde, ließ sich der Plan für eine deutsche Musikschule niemals verwirklichen. Von wenigen Ausnahmen abgesehen, blieb der Komponist bis an sein Lebensende von der Gesangsqualität frustriert, die er auf deutschen Bühnen vorfand, selbst im eigenen Festspielhaus in Bayreuth.[69]
Es wäre allerdings töricht, davon auszugehen, dass Wagners Bemerkungen über die menschliche Stimme ein striktes Programm darstellten. Sie können höchstens dazu dienen, öfter wiederkehrende Tendenzen und Implikationen innerhalb der einzelnen Musikdramen zu beleuchten, nicht jedoch eine in sich schlüssige Gleichsetzung von Tonhöhe und Rasse zu enthüllen. Wag-

ners Auffassung, dass die menschliche Stimme ein Rassenmerkmal darstelle, beeinflusste seine musikalischen Porträts zweifellos, aber sie stellte keinen Generalplan für die Komposition bereit. Wäre dem so gewesen (das heißt, wäre Wagner in dieser Hinsicht wirklich konsequent gewesen), hätten all seine Helden tiefe Bässe sein müssen, und all seine Figuren mit angeblich semitischen Zügen (Alberich, Hagen, Beckmesser und Klingsor, aber auch Mime) hätten als hohe lyrische Tenöre besetzt werden müssen.[70] Gleichwohl verhelfen uns die Einsichten in die ideologischen Hintergründe von Wagners Konzept des Heldentenors dazu, Implikationen in seinem musikalischen Material hervorzuheben, die man sonst übersehen könnte. Natürlich übten auch andere Anforderungen der Operntradition (wie sie sich etwa in den Werken Mozarts, Beethovens und Webers zeigen), zum Beispiel die Tradition, dass Schurkenrollen mit einem Bassbariton zu besetzen seien, ihren Einfluss auf Wagners Kompositionsstrategien aus. Doch Wagners Judenkarikaturen singen definitiv musikalisch anders, teilweise, weil lange Passagen dieser Partien in den höchsten Registern dieser Stimmlagen liegen, ganz gleich, ob es sich um Bässe, Baritone oder Tenöre handelt. Demgegenüber weisen die Verkörperungen wahren, überlegenen Deutschtums im Sinne der physiologischen Metaphorik ein anderes musikalisches Erscheinungsbild auf: Sie haben andere Körper und damit auch andere, tiefere Stimmen.

Die Stimme des verweichlichten Juden

Wagners Kommentare über die »männliche« Natur von Schnorr von Carolsfelds Gesang beleuchten eine sexuelle Dimension, die in der ganzen bisherigen Diskussion über die Stimme als körperliches Merkmal nur untergründig mitschwang: die implizite Verweiblichung des Juden. Wenn Wagner über Juden schreibt oder sie porträtiert, meint er meistens männliche Gestalten, die eine sexuelle Bedrohung darstellen. Mit der Darstellung des Juden als eines mit eigentümlich hoher Stimme ausgestatteten Wesens schuf Wagner aber auch ein verleumderisches Gegenstück zu einer solchen Gefahr: das Charakterbild des verweichlichten und verweiblichten Juden. Dies könnte erklären, warum die meisten Wagner-Heroinen das zweigestrichene A und höhere Noten singen müssen, während den Heldentenören die höchsten Lagen erspart bleiben. (Es ist allerdings hinzuzufügen, dass einige von Wagners postrevolutionären Sopranrollen auch außerordentliche Anforderungen in den tiefen Stimmregistern stellen. Am deutlichsten wird dies in Sieglindes Neigung zu tiefen Tönen, die unterhalb des Violinschlüssels notiert sind, besonders in ihrem Monolog aus dem ersten *Walküren*-Akt, »Der Männer Sippe«.) Die deutsche Frau kann bei Wagner mit ideologischem Nachdruck hoch singen, nicht jedoch der deutsche Mann – denn wenn er es täte, würde er sich in die metaphorisch und physiologisch oberflächliche, mithin kulturell minderwertige Sphäre des Ausländischen begeben. Das Ineinander-Übergehen von Jüdischem und Weiblichem war um die Mitte des 19. Jahrhunderts in der deutschen Kultur wohl weit verbreitet; ausdrücklich findet sich diese Verschmelzung in Nietzsches Werken aus den frühen 1870er-Jahren (besonders in *Die Geburt der Tragödie aus dem Geiste der Musik*), und natürlich war sie auch in der österreichischen Kultur des Jahrhundertendes allgegenwärtig.[71] Selbst in Wagners frühen Schriften ist sie bereits impliziert.

Die Verweiblichung des italienischen Gesangs – und des Juden, mit dessen Wirken Wagner schon bald die italienische Oper auf das Engste assoziierte – lässt sich auf die frühen Erlebnisse des Komponisten mit dem männlichen italienischen Sopran Sassaroli zurückführen, der in Wagners Kindheit oft als Gast in dessen Elternhaus weilte. Wagner beschrieb ihn in *Mein Leben* als »mir gespenstisch widerwärtig«; dieser »rundbäuchige Koloß« habe ihn »durch seine hohe Weiberstimme« entsetzt. Daraufhin sah Wagner später, wann immer er jemanden italienisch sprechen oder singen hörte, das »Teufelswerk dieser Spukmaschine« am Wirken.[72] Angesichts solcher Kindheitserlebnisse erscheint Wagners Enthusiasmus für die italienische Oper in den 1830er-Jahren umso bemerkenswerter, während die Heftigkeit, mit der Wagner anschließend die italienische – und die jüdische – Musikwelt zurückwies und die ihren Ausdruck in Metaphern suchte, die ihm dafür im Rahmen seiner Kultur zur Verfügung standen, auf tiefere Schichten von Wagners musikalischer Sozialisation zurückwies.

In Wagners theoretischen Schriften und in den metaphorischen Darstellungen vieler seiner Grundideen in den Bühnenwerken werden der Jude und das Weibliche einander stark angenähert. Am Ende des ersten Teils von *Oper und Drama* etwa charakterisiert Wagner die Musik als »weiblichen«, »gebärenden«, empfangenden Organismus (DS 7:112), die Dichtung hingegen als »männlich«. Diese Kennzeichnungen erlangen zentrale Bedeutung für die sexuelle Dimension seiner metaphorischen Darstellung des jüdischen Musikers: »[D]er Organismus der Musik [vermag] die wahre, lebendige Melodie nur zu gebären, wenn er vom Gedanken des Dichters befruchtet wird. Die Musik ist die Gebärerin, der Dichter der Erzeuger« (DS 7:114). Wegen dieser polarisierten, geschlechtsspezifischen metaphorischen Charakterisierung der beiden Künste kann Wagner nun behaupten, dass, für sich genommen, jede Kunst steril sein müsse. Er suggeriert, dass erst die Mischung der beiden Künste in seiner eigenen Person, dem Musiker, der zugleich Dichter ist, das wahrhaft »produktive« und – so wird impliziert – sexuell aktive Wesen seiner eigenen künstlerischen Schöpfung gewährleiste. Somit werden also die Kunstwerke der Zukunft die erfolgreichen Produkte eines im übertragenen Sinne heterosexuellen, sexuell aktiven, natürlich-schöpferischen (Zeugungs-)Prozesses sein. In Anbetracht von Wagners zahlreichen Äußerungen, die seinen eigenen Status als legitimer Erbe von Beethovens künstlerisch-»völkischem« Vermächtnis zum Gegenstand haben, verwundert es nicht, dass Wagner auch seinen deutschen Vorgänger in genau dieser sexuell aufgeladenen Metaphorik beschreibt:

Bei Beethoven [...] erkennen wir den natürlichen Lebensdrang, die Melodie aus dem inneren Organismus der Musik heraus zu gebären. In seinen wichtigsten Werken stellt er die Melodie keineswegs als etwas von vornherein Fertiges hin, sondern er läßt sie aus ihren Organen heraus gewissermaßen vor unseren Augen *gebären*; er weiht uns in diesen Gebärungsakt ein, indem er ihn uns nach seiner organischen Notwen-

digkeit vorführt. Das Entscheidendste, was der Meister in seinem Haupt-
werke uns endlich aber kundtut, ist die von ihm *als Musiker* gefühlte Notwendigkeit, sich in die Arme des Dichters zu werfen, um den Akt der *Zeu-*
gung der wahren unfehlbar wirklichen und erlösenden Melodie zu vollbringen. Um *Mensch* zu werden, mußte Beethoven *ein ganzer*, d. h.
gemeinsamer, den geschlechtlichen Bedingungen des *Männlichen und*
Weiblichen unterworfener Mensch werden. (DS 7:109f.)

Beethoven ist aktiv und produktiv, weil sein Kunstschaffen,
anstatt sich auf eine rein ästhetische Form zu konzentrieren, die
männlichen und weiblichen Elemente des zukünftigen Gesamtkunstwerks erfolgreich verschmilzt. Und weil das authentische
Kunstwerk selbst eine »Reflexion« des betrachtenden Kollektivs
ist, dürfen wir davon ausgehen, dass dieses Bild eines potenten,
zeugungsstarken Gemeinschaftswerkes auch einiges über die
sexuelle Natur jenes überlegenen Publikums aussagt, für welches
es steht – eines homogenen, heterosexuell »produktiven« Publikums ohne Juden. Für Wagner führt Beethovens heterosexuell
aktive, zeugungsstarke Schöpferkraft zur Vereinigung von Text
und Musik sowohl im *Fidelio* als auch in der Neunten Symphonie,
die im Schlusssatz aus dem Geist der Musik nach Schillers Dichtung greift. Beide Werke sind natürlich auch in Wagners *Pilger-*
fahrt von zentraler Bedeutung; ihre sexuellen und stimmlichen
Implikationen sind sowohl in *Oper und Drama* als auch in der
Novelle zu erkennen.
Beethovens Verschmelzung des Weiblichen und des Männlichen bildet die sexuelle Parallele zum Begriff des wahren ästhetischen Erlebnisses als »natürlichem« Ereignis, in dem sich Gleichartige (wieder)erkennen und zueinander finden; eine solche Vereinigung wird produktiv sein und die zukünftige Einheit der
Nation als Familie garantieren. Genau dies ist die metaphorische
Funktion der Vereinigung von Siegmund und Sieglinde; man
kann sagen, dass die beiden Geschwister die Wiedererkennung
und Vereinigung des deutschen Volkes mit sich selbst darstellen,
zugleich auch die Vereinigung von Musik (weiblich) und Dichtung (männlich). Überdies stellen sie metaphorisch – durch Verschmelzung ihrer vorher getrennten sexuellen Identitäten – die
Verschmelzung der Elemente des wahren, natürlichen Kunst-

werks der Zukunft dar. Und darin wiederum spiegelt sich die wahre Volksgemeinschaft wider.

Diese Gemeinschaft verabscheut, wie wir gesehen haben, Andersartigkeit und Partikularisierung. Angesichts der sexuellen Natur von Wagners metaphorischer Erörterung ästhetischer Fragen überrascht es nicht, dass in seinen Schriften das jüdische Kunstwerk und der jüdische Musiker auch in sexueller Hinsicht als andersartig gegenüber dem wahren Deutschen dargestellt werden. Der Körper des Juden ist entweder mit eroberungssüchtiger Sinnlichkeit oder mit Sterilität geschlagen, und in Wagners metaphorischer Darstellung der jüdischen Kunst schwingt der Gedanke körperlicher Andersartigkeit mit, ganz allgemein wie auch speziell unter dem Gesichtspunkt sexueller Minderwertigkeit. Für Wagner sind Meyerbeer und Mendelssohn als Vertreter des künstlerisch erfolgreichen Juden im modernen Zeitalter von der zeugungsstarken Formkraft eines Beethoven oder des künftigen Meisters aus Bayreuth in metaphorisch-sexueller Hinsicht Welten entfernt. Sie sind nicht in der Lage, das Poetische und das Musikalische zu verschmelzen; Ersteres werten sie ab und konzentrieren sich stattdessen auf Letzteres. Besonders Meyerbeer sieht, wie Wagner behauptet, beim Kompositionsprozess einer Oper in seinem Librettisten Scribe nur einen zweitrangigen Zuarbeiter, und so bleibt Meyerbeers eigene musikalische Produktion in Wagners Augen armselig und steril (vgl. DS 7:95–105). Diese Musiker befassen sich allein mit der Musik und nicht mit der Schöpferkraft der Worte; ihr Künstlertum bleibt deshalb auch ausschließlich »weiblich«.

Folglich beschreibt Wagner den Unterschied zwischen seinen eigenen, deutschen Werken und den ausländischen Opern, die für ihn mit der jüdischen Musikwelt verbunden sind, mit Hilfe von sozial gegensätzlichen Bildern von Frauen: In *Oper und Drama* schreibt er, man könne das Kunstwerk der Zukunft mit der Beziehung zwischen einer Frau (der Musik) und einem Mann (der Dichtung) vergleichen, in der die Frau den Drang spüre und zugleich stolz sei, den Geliebten zu empfangen. Diese Liebe gehe so weit, dass sie bereit sei, sich aufzugeben. (Daher haben die zahlreichen Heldinnen Wagners, die sich selbst opfern sollen, innerhalb seiner Musikdramen auch metaphorische Funktion.) Jede Frau, die »nicht mit diesem Stolze der Hingebung liebt, liebt in Wahrheit gar nicht«, behauptet Wagner. Ein Weib, das nicht liebe, sei dagegen »die unwürdigste und widerlichste Erscheinung der Welt« (DS 7:115). Genau dieses »verwahrloste Weib« repräsentiert in Wagners theoretischen Überlegungen die andersartigen Formen der modernen Oper, die seiner Meinung nach allesamt von jüdischen Musikern beeinflusst und mit ihnen, aber auch mit der Finanzkraft der Juden in der Musikwelt eng verbunden sind: Die italienische Oper sei eine »Lust*dirne*« (DS 7:115), die französische Opernmusik eine »*Kokette*« (DS 7:116); und jene Art deutscher Opernmusik, die in Wahrheit nur eine arme Verwandte der italienischen und französischen Oper sei, gilt ihm als eine »*Prüde*« (DS 7:116). In Wagners Vorstellung vereinigen sich deutsche Männer und Frauen zeugungskräftig, und das Ergebnis ist, metaphorisch gesprochen, jenes Kunstwerk, um das es in den theoretischen Schriften Wagners geht, in Entsprechung zum wahren, überlegenen, halb göttlichen Menschen im *Ring*. Der Jude aber wird als von Geburt an im Wesentlichen *weiblich* und somit in seiner Isolation unfähig charakterisiert, überhaupt etwas zu »zeugen«. Noch 1881 konnte Wagner in seinem Tagebuch notieren: »Bei der Vermischung der Racen verdirbt das Blut der edleren Männlichen durch das unedlere Weibliche.«[73] Wenn von Juden die Rede ist, dann bildet das »Weibliche« (das anscheinend in jüdischen Männern genauso vorhanden ist wie in jüdischen Frauen) eine gefährliche, verwerfliche Bedrohung des deutschen Volkes. Nur im Kontext des »edlen« Blutes, etwa in Wagners Bemerkungen zur »rassischen« Anziehungskraft zwischen Siegfried und Brünnhilde, die im vorigen Kapitel zitiert wurden, kann das Weibliche eine erlösende Funktion haben – wie in praktisch allen Musikdramen Wagners und in seinen Erörterungen des Kunstwerks der Zukunft. In *Das Kunstwerk der Zukunft* evoziert Wagner den extremen Gegensatz zwischen dem fruchtbaren deutschen Volk und den sexuell minderwertigen Juden in einer Passage, welche die Bedrohung der Zukunft des deutschen Volkes beschreibt:

216

Das *Volk* also wird die Erlösung vollbringen, indem es sich genügt und zugleich seine eigenen Feinde erlöst. Sein Verfahren wird das Unwillkürliche der Natur sein: mit der Notwendigkeit elementarischen Waltens wird es den *Zusammenhang* zerreißen, der einzig die Bedingungen der Herrschaft der Unnatur ausmacht. Solange diese Bedingungen bestehen, solange sie ihren Lebenssaft aus der vergeudeten Kraft des Volkes saugen, solange sie – *selbst zeugungsunfähig* [meine Hervorhebung] – die Zeugungsfähigkeit des Volkes nutzlos in ihrem egoistischen Bestehen aufzehren, – so lange ist auch alles Deuten, Schaffen, Ändern, Bessern, Reformieren in diesen Zuständen nur willkürlich, zweck- und fruchtlos. (DS 6:21)

Der blutsaugerische Egoismus des Fremden vereinigt sich mit dessen Unfähigkeit zu »zeugen«, zu »produzieren«. Diese Vorstellung ist in Wagners Metaphorik zur Präsenz der Juden in der Welt der Kunst allgegenwärtig, und sie betont auch die physische Gegenwart der Juden – als sexuell minderwertige, andersartige Wesen.

In *Das Judentum in der Musik* äußerte sich Wagner explizit zur Verbindung zwischen Rasse und Zeugungsunfähigkeit: »Wir müssen die Periode des Judentums in der modernen Musik geschichtlich als die der vollendeten Unproduktivität [...] bezeichnen« (GS 13:21). In *Eine Mitteilung an meine Freunde* widmete er sich dem Thema erneut; dort heißt es ausdrücklich, diese moderne Kunst sei ihrem Wesen nach weiblich. Doch sind die sexuellen Konnotationen – im Rahmen der moralischen Koordinaten von Wagners Kultur gesehen – an dieser Stelle noch diskriminierender:

Das, was den *Künstler* als solchen zuerst bestimmt, sind jedenfalls die rein künstlerischen Eindrücke; wird seine Empfängniskraft durch sie vollständig absorbiert, so daß die später zu empfindenden Lebenseindrücke sein Vermögen bereits erschöpft finden, so wird er sich als *absoluter* Künstler nach der Richtung hin entwickeln, die wir als die weibliche, d.h. das weibliche Element der Kunst allein in sich fassende, zu bezeichnen haben. In dieser treffen wir alle die Künstler an, deren Tätigkeit heutzutage eigentlich die Wirksamkeit der modernen Kunst ausmacht; sie ist die vom Leben schlechtweg abgesonderte Kunstwelt, in welcher die Kunst mit sich selbst spielt [...]. (DS 6:217)

Hier ist der Künstler der Moderne also nicht nur weiblich und unproduktiv, sondern auch noch im *l'art-pour-l'art* gefangen, im masturbatorischen Spiel der Beschränkung auf sich selbst, ohne Bindungen zur Gemeinschaft und zur »realen« Welt. (Die metaphorischen und ikonographischen Implikationen der Masturbation in Wagners Welt werden im fünften Kapitel dieses Buches ausführlicher erörtert.) Sowohl Mendelssohns absoluter Musik – etwa seinen Symphonien – als auch den Opern seiner jüdischen Kollegen ist es nicht gegeben, die Virilität der männlich »drängende[n] Kraft der höchsten dichterischen Absicht« mit der weiblichen, empfängnisbereiten, liebenden Kraft der Musik im Akte einer ästhetischen ›Geburt‹ zu vereinigen, wie Wagner seinen eigenen Schaffensprozess in *Oper und Drama* charakterisierte (DS 7:246).

Der Jude ist also »weibisch« (DS 7:246) und unproduktiv, metaphorisch gesehen masturbiert er und hat keine Verbindung zur Leben spendenden, zeugungskräftigen Gemeinschaft. Dieser Gedanke liegt zahlreichen dramatischen Darstellungen jüdischer Stereotype in Wagners Musikdramen zugrunde. Mime hat selbst keine Nachkommen, und Beckmesser ist metaphorisch, vielleicht sogar real unfruchtbar, denn anders als Walther (und Hans Sachs, der eigene Kinder hat) zeugt er kein künstlerisches »Kind« und singt außerdem in einem überhohen, »unmännlichen« Stimmregister.[74] Sachs könnte kein Lied-Kind von Beckmesser taufen, selbst wenn er es wollte, denn es gibt kein solches Kind.

Gleichwohl argumentiert Wagner in *Oper und Drama*, das jüdische Kunststreben bemühe sich überhaupt nicht, diese eigentümlichen sexuellen Defizite zu überwinden. Er behauptet, das »ganze Geheimnis der Unfruchtbarkeit der modernen Musik« liege in ihrem Verlangen, »nicht nur gebären, sondern auch zeugen« zu wollen – einem Verlangen, das er »den Gipfel des Wahnsinns« nennt und ausdrücklich mit dem Juden Meyerbeer assoziiert (DS 7:114, vgl. auch 104f.). Doch ein solches Verlangen muss nach Wagner scheitern, denn in seiner Welt kann kein Jude wahrhaft produktiv sein. Ein Jude kann seine (allzu weibliche) Physiologie nicht ändern oder die Defizite überwinden, welche die Sexualmetaphorik impliziert. Was im wahren, deutschen Wagner'schen Kunstwerk eine positive Verschmelzung unterschiedlicher sexueller Identitäten bedeutet, wird als unmöglich, unangemessen und sogar potenziell androgyn abgewertet, wenn es in einem ausländischen, jüdischen Werk vorkommt. (Es ist auch als metaphorischer Hinweis auf dieses Thema zu verstehen, wenn der Künstler Mime dem jungen Siegfried gegenüber albern darauf beharrt, er sei für ihn »Vater und Mutter zugleich« [MD, 668]).[75] Sterilität, Masturbation, Androgynie und Weiblichkeit werden hier metaphorisch verwendet, doch all diese Vorstellungen basieren auf und beziehen sich auf Überzeugungen von der Andersartigkeit des jüdischen Körpers, auch in sexueller Hinsicht. Und alle diesbezüglichen Vorurteile vereinigen sich im Bild der nichtdeutschen Stimme als hoch, verachtenswert und lächerlich.

Lachend verspottet auch Kundry den kastrierten Klingsor im zweiten Akt des *Parsifal* – in einem Werk, in dem es um die Bedrohung der Integrität der Gralsritter geht, eines arisch-christlichen Ordens. Bei der szenischen Darstellung dieser Bedrohung werden hemmungslos antisemitische Klischees ausgebeutet. Seit Theodor W. Adorno und Robert Gutman ihre Angriffe auf Wagner veröffentlichten, ist die Frage, ob der *Parsifal* seinem Wesen nach antisemitisch sei, heftig umstritten – nicht zuletzt im Hinblick auf das Verhältnis von Klingsor und Kundry.[76] Manche Forscher haben sich besonders schwer damit getan, eine Verbindung zwischen Wagners ausdrücklicher, enthusiastischer Bezugnahme auf die rassistischen Traktate von Arthur Graf Gobineau (besonders in seinem Essay *Heldentum und Christentum* von 1881, der wie *Erkenne dich selbst* eine Ergänzung zur Schrift *Religion und Kunst* aus dem Jahre 1880 darstellt) und dem Text seines letzten Bühnenwerkes zuzugeben.[77] Doch egal, ob man nun die Idee vom unterschiedlichen Blut, auf die im *Parsifal* angespielt wird – das eine Blut ist rassisch rein und heilig, das andere minderwertig und bedrohlich –, als antisemitisch akzeptieren will oder nicht, niemand kann leugnen, dass im *Parsifal* Bilder der Kastration bemerkenswert in den Vordergrund treten, die in erster Linie, aber nicht ausschließlich mit Klingsor verbunden sind. Solche Bilder lassen sich ohne weiteres mit dem ikonographischen Sonderstatus des verweichlichten und verweiblichten Juden in Wagners Schriften und anderen Musikdramen vergleichen, in denen sich, wie gezeigt, zahlreiche antisemitische Klischees finden.[78]

Das »jüdische« Wesen des Zauberers Klingsor lässt sich durch thematische Parallelen zwischen ihm, Beckmesser und Alberich belegen. Wie jene ist Klingsor grundlegend anders als die Vertreter der herrschenden Ordnung, und wie Beckmesser und Alberich sucht er sich der Machtquelle einer Gesellschaft zu bemächtigen, die sich weigert, ihn zu akzeptieren: Beckmesser will den Meistersingerwettbewerb gewinnen, Alberich den gestohlenen Ring, Klingsor den Heiligen Gral. Im gegenwärtigen Kontext ist dabei besonders relevant, dass bei Klingsor wie bei Alberich (und vielleicht auch bei Beckmesser) der Widerwille gegen seinen Status als zurückgewiesener, verhöhnter Außenseiter zu *sexueller* Bösartigkeit führt. Alberichs Warnung an Wotan in der Nibelheim-Szene des *Rheingold* macht die sexuelle Natur *seiner* Bedrohung der herrschenden Ordnung schonungslos deutlich:

Habt Acht! Habt Acht!
Denn dient ihr Männer
erst meiner Macht,
eure schmucken Frau'n,
die mein Frei'n verschmäht,
sie zwingt zur Lust sich der Zwerg,
lacht Liebe ihm nicht! –
Hahahaha!
Habt ihr's gehört?
Habt Acht! (MD, 558f.)

Alberich dringt in der Tat sexuell in den Bereich der germanischen Festung ein, als er mit einer unglücklichen deutschen Frau, Grimhild, seinen Sohn Hagen zeugt. Beckmessers sexuelle Bedrohung besteht natürlich in dem Versuch, die Hand Evas, der vollkommenen deutschen Maid, zu gewinnen, die ihn aber abstoßend findet.

Wir müssen allerdings im Auge behalten, dass die Stereotypen jüdischer Sexualität Extreme darstellen: Während Alberich den lüsternen, unheilbar geilen Juden repräsentiert, ist Mime sein sexuelles Gegenteil, ein kinderloser Weichling (und darum ist es bedeutsam, dass Alberich, anders als Mime, einen Nachkommen hat). Beckmesser verkörpert beide Stereotype: Einerseits stellt er Eva nach, andererseits ist er mit allen Insignien eines Kastraten ausgestattet.[79] Wie wir bereits gesehen haben, besteht eine der wesentlichen Spannungen in Wagners theoretischen Schriften und Musikdramen darin, dass der Jude einerseits offenbar anders ist als der Deutsche, dass er zugleich aber wie ein Chamäleon ist, die Deutschen nachahmt und auf diese Weise die deutsche Gesellschaft unterwandert. Die Ängste, die sich in dieser Grundspannung spiegeln, sind genau jene, die in der polarisierten Widersprüchlichkeit des Bildes vom männlichen Juden als einerseits verweichlicht, andererseits böswillig sexuell ihren aggressiven Ausdruck finden. Diese Spannung liegt auch den kategorial unterschiedlichen antisemitischen Karikaturen im *Ring* zugrunde.

Klingsor ist wie Beckmesser eine Figur, die die besagten Extreme in sich vereint. Er stellt eine sexuelle Bedrohung dar, ist aber selbst zum Geschlechtsakt nicht in der Lage. Er ist in Wahrheit ein Kastrat, übt seine sexuelle Bösartigkeit aber indirekt, durch die Hexe und Verführerin Kundry aus, das gebannte Werkzeug seiner Wut. Als Wagner seinen *Parsifal* entwarf, wurden die Juden im Zeichen einer langen kulturellen Tradition auch mit Kastration in Verbindung gebracht. Denn die Beschneidung, Kennzeichen für die Andersartigkeit der Geschlechtsorgane des Juden, evozierte in der antisemitischen Vorstellungswelt den Gedanken der Kastration. Überdies war die Beschneidung mindestens seit dem späten Mittelalter mit dem Aberglauben verbunden, auch jüdische Männer menstruierten. In seiner Erörterung des Motivzusammenhangs von Beschneidung als »Wunde« und der angeblichen Menstruation jüdischer Männer zitiert Leon Poliakov Beschuldigungen, die gegen Juden in einem Gerichtsverfahren wegen »Ritualmordes« im Jahre 1494 in Tyrnau vorgebracht wurden: »Erstens wird ihnen in der Überlieferung ihrer Vorfahren gesagt, daß das Blut eines Christen ein hervorragendes Mittel sei, um eine durch die Beschneidung hervorgerufene Wunde zu heilen. [...] Drittens haben sie festgestellt, daß für an monatliche Blutungen Leidende, ob sie Mann oder Frau sind, das Blut eines Christen ein hervorragendes Heilmittel bildet.«[80] Diese Motivtradition ist für Klingsors ikonisches Erscheinungsbild von Belang. Im ersten *Parsifal*-Akt berichtet Gurnemanz, eher ein Erzähler aus den Tiefen der Handlung als ein Akteur, den jungen Knappen und Möchtegern-Gralsrittern die schreckliche Geschichte von Klingsors Selbstverstümmelung, von der Kastration des Zauberers:

Ohnmächtig, in sich selbst die Sünde zu ertöten,
an sich legt er die Frevlerhand […]. (MD, 828)

Diese Tat hat dem Zauberer jene ungewöhnliche Macht gebracht, mit der er die Gralsritter bedroht:

Darob die Wut nun Klingsorn unterwies,
wie seines schmähl'chen Opfers Tat
ihm gäb zu bösem Zauber Rat: –
den fand er nun. (MD, 829)

Klingsors Andersartigkeit beruht also nicht nur auf seinem unwiderruflich lüsternen Wesen (der Quelle seiner Unfähigkeit, »heilig« zu werden, wie Gurnemanz mit leichtem Spott berichtet), sondern ausdrücklich auch auf dem physiologischen Merkmal seiner Differenz – seiner Kastration. Solche Selbstverstümmelung indes, wie man sie seit dem Mittelalter mit den Juden in Verbindung brachte, gilt als Bedrohung für den Orden deutscher Brüder im Geiste, für die (mittelalterlichen) Gralsritter, deren gesunde Physiologie sich grundlegend von der seinen unterscheidet.

Im *Parsifal* ist das Motiv der Kastration nicht nur mit dem bösen Zauberer verbunden. In allen reifen Musikdramen Wagners stellen Figuren mit erkennbar jüdischen Zügen stets eine Bedrohung für ihre deutschen und germanischen Gegenspieler dar, und zwar deshalb, weil ihr frevlerisches Wesen, so wie es gezeigt wird, die Grenzen von Gemeinschaft und Rasse bereits überschritten hat. In den *Meistersingern* zeigt sich Beckmessers Bedrohung der Entwicklung der deutschen Kunst in seinem Einfluss auf Kothner. Im *Ring* finden Alberichs Habgier, Willkür und Zügellosigkeit ihre bedauerliche Entsprechung bei Wotan, dem Gründer der rassisch überlegenen Familie; auch führen sie zum genetischen Verfall der germanischen Gibichungenlinie, wie sich an Alberichs körperlich leidendem Sohn Hagen zeigt. So werden im *Parsifal* die für schädlich gehaltenen Züge ebenfalls nicht einfach als andersartig, isoliert und somit leicht aus dem Wirkungsfeld der überlegenen Wesen zu verbannen dargestellt; sie sind vielmehr eng mit der unsicheren Zukunft der überlegenen Ordensritter verknüpft. Klingsor und der Führer der Gralsritter gleichen sich aus ebendiesem Grund. Amfortas leidet an genau denselben Verfehlungen wie der ausgestoßene Zauberer – man könnte sogar sagen, dass, psychologisch gesehen, Amfortas' Kampagne gegen den Zauberer letztlich ein Kampf gegen jene Teile seines Selbst ist, die er ebenso fürchtet wie verachtet. (Ganz nebenbei wirft diese Konstellation auch ein bezeichnendes Licht auf die psychischen Kräfte, die in Wagners eigener Auseinandersetzung mit den Juden am Werk waren.) Mehrfach im Verlauf der beiden Monologe des Amfortas im ersten und dritten Akt, jeweils in der Gralshalle, begleitet die mit Klingsor assoziierte Musik den König, wenn dieser vom Fließen des eigenen »sündigen« Blutes singt – erstmals in der folgenden Passage (siehe Notenbeispiel 15):

Des eig'nen sündigen Blutes Gewell
in wahnsinniger Flucht
muß mir zurück dann fließen,
in die Welt der Sündensucht
mit wilder Scheu sich ergießen […]. (MD, 836)

Ein zweites Mal dringt Klingsors wilde Chromatik in Amfortas' kirchentonale Gelassenheit im dritten Akte ein, als er die Gralsritter anfleht, seinem Leben ein Ende zu bereiten (siehe Notenbeispiel 16):

Taucht eure Schwerte
tief, tief – bis ans Heft! (MD, 863)

Die gedanklichen Implikationen der Musik aus dem ersten Akt, die im dritten Akt nochmals zu hören ist, werden dem hörenden Zuschauer allerdings erst verdeutlicht, als diese Musik im Vorspiel zum zweiten Akt erneut erscheint und als akustisches Idiom

Notenbeispiel 15. Die Musik des sündigen Blutes in Amfortas' Monolog
aus dem ersten Akt des Parsifal

des Zauberers enthüllt wird (siehe Notenbeispiel 17). (Amfortas'
erster Monolog nimmt in der Orchesterbegleitung zu den Wor-
ten »das heiße Sündenblut entquillt, | ewig erneut aus des Seh-
nens Quelle« [MD, 836] auch noch eine weitere Passage aus dem
Vorspiel zum zweiten Akt vorweg. Die aus zwei Achtelnoten,
einer punktierten Achtelnote und einer Sechzehntelnote bestehende musikalische Figur findet sich hier, und sie taucht in der

Notenbeispiel 16. Klingsors Musik dringt im dritten Akt des Parsifal
in die Gralshalle ein

*Notenbeispiel 17. Die Musik des Zauberers aus dem Vorspiel
zum zweiten Akt des* Parsifal

Begleitung zur bereits zitierten Passage aus dem dritten Akt wieder auf. So unterstreichen zwei unterschiedliche Leitmotive die Verbindung zwischen dem Zauberer und dem König, zunächst vorausdeutend [im ersten Akt], dann durch Rückerinnerung [im dritten Akt].) Die nicht zu unterdrückende und doch frustrierte Natur von Amfortas' sexuellem Verlangen – wofür sein »heißes« Blut steht – verbindet ihn teilweise mit dem Zauberer, der sich darüber beklagt, dass er trotz seiner Kastration weiterhin von sexuellem Verlangen überwältigt wird. Er verdeutlicht dies in einem kurzen Dialog mit Kundry in der Eröffnungsszene des zweiten Aktes:

Furchtbare Not! –
Ungebändigten Sehnens Pein,
schrecklichster Triebe Höllendrang,
den ich zum Todesschweigen mir zwang,
lacht und höhnt er nun laut
durch dich, des Teufels Braut? (MD, 841)

Die Worte »Ungebändigten Sehnens Pein« werden im Orchester von den Streichern in einer chromatischen, impulsiven Passage eingeführt (siehe Notenbeispiel 18), die jener ähnelt – und zu ihr in Beziehung steht –, die im Vorspiel zum zweiten Akt erklang, aber auch zu jener, die in den beiden Klageszenen des Amfortas in die Orchesterbegleitung eindringt. Mit Hilfe der musikalischen Intertextualität wird ein wichtiger Punkt unterstrichen, der das Wesen der unterschiedlichen Blutarten betrifft, die thematisch mit Heiligkeit und Verdammnis in Verbindung stehen. Denn so wird suggeriert, dass Klingsors Fehler auch die des Amfortas sind – und diese Fehler werden ausdrücklich mit minderwertigem, »sündigem« Blut assoziiert, wie aus der Vereinigung von Klingsors Musik mit dem Text von Amfortas' Monolog im ersten Akt des *Parsifal* folgt. Das niedrige, hartnäckige, lüsterne Blut des Fremden Klingsor – der in eine Grenzregion des Gralsritterreiches, also ins Ausland, verbannt ist – wird als fremde Macht präsentiert, die in das überlegene Reich der keuschen Ritter, in das religiöse und auserwählte Zentrum dieser Welt, eindringt und es angreift.

Die Ähnlichkeiten der beiden Figuren erstrecken sich auch auf den Bereich der Ikonographie. Die Ironie von Klingsors Situation wird durch seine Kontrolle über den »phallischen« Speer unterstrichen (wie Barry Emslie dazu witzig schreibt, ist ein »Eunuch im Besitz eines Phallussysmbols ein lächerlicher Widerspruch in sich«.[81]) Dieser Speer dient dazu, das Fehlen seines Geschlechtsteils zu unterstreichen – wovon das Publikum schon lange, bevor es Klingsor zum ersten Mal sieht, erfahren hat. Doch Klingsors

226

Notenbeispiel 18. Die musikalische Darstellung von Klingsors sündigem Verlangen

Kastration wird ikonographisch auch durch ein Bild dargestellt, das er ebenfalls mit dem ihm allzu wesensverwandten Amfortas teilt: die offene Wunde des Königs, »die nie sich schließen will« (MD, 827). Die Bedeutungsvielfalt dieses Bildes ist in der Tat mächtig und groß; evoziert werden die männlichen wie die weiblichen Genitalien. Zum einen geht es natürlich um die Kastration der Hoden, zum anderen aber auch um die Vagina, die sich ebenfalls nicht »schließen« kann und die in regelmäßigen Abständen blutet. So wird nicht zuletzt auch auf die ikonische Tradition des menstruierenden männlichen Juden Bezug genommen.[82] (In seiner Filmversion des Musikdramas entschied sich der Regisseur Hans Jürgen Syberberg dafür, die Wunde sichtbar – und rätselhaft unpersönlich – zu machen, so als stünde sie allen zu Verfügung, indem er sie schaumbedeckt, blutend und ausdrücklich in Gestalt einer Vagina auf einem Thronpodest zeigt, das im Lauf des Films herumgerollt wird.[83]) Die thematischen Verbindungen zwischen dem König und Klingsor dienen auch dazu, die Aufmerksamkeit auf die fast identischen Wunden zu lenken, die beider Bild bestimmen.[84] Amfortas leidet unter einer Körperöffnung, die in Wolfram von Eschenbachs *Parzival*, der literarischen Quelle für Wagners Musikdrama, ausdrücklich im Lendenbereich angesiedelt ist:

Einst ritt er wiederum allein – [...]
Und suchte wehrhaft neuen Strauß.
In freud'ger Liebe zog er aus;
Erfüllung hoffte sein Begehr.
Doch ach, von einem gift'gen Speer
Ward er in der Leiste wund,
Wovon er nimmer ward gesund.
Ein Heide war's, der mit ihm stritt
Und ihm zur Tjost entgegenritt,
Geboren in Ethnise,
Wo aus dem Paradiese
Der Tigris rinnt. Dort kam er her.
Sein Name stand auf seinem Speer.
Er war gewillt in festem Glauben,
Durch seine Kraft den Gral zu rauben.[85]

In der Vorlage für Wagners *Parsifal* ist Amfortas' Wunde also eindeutig sexueller Natur, sie kommt einer Kastration praktisch gleich. Der »Heide« aus exotischen Landen ist in Wolframs Text nicht Klinschor, der kastrierte Zauberer,[86] denn Wagner hat in Klingsor zwei Gestalten kombiniert (den turnierenden Heiden und Klinschor) und seinen Zauberer dem König jene Wunde beibringen lassen, die der eigenen Wunde so sehr ähnelt. Auf Klingsors Selbstverstümmelung wird im Verlauf von Wagners Musikdrama mehrfach hingewiesen: durch Gurnemanz, Kundry und Klingsor selbst. Die Affinität zwischen dem Zauberer und dem leidenden König wurde also von Wagner bewusst gestaltet, und sie bleibt auch wegen der musikalischen Querverbindungen und der Hinweise im Text unmissverständlich.

So ist es also nur konsequent, dass ganz am Schluss dieses Musikdramas – nachdem zuvor schon der Zauberer am Ende des zweiten Aktes durch die erlösende Kraft des »phallischen« Speers gebannt wurde (welchen ein junger Heldentenor triumphierend in die Höhe reckt) – die Wunde seines Gegenspielers Amfortas durch dieselbe Waffe geschlossen wird, die so sehr an männliche Bilder von Macht und Männlichkeit erinnert. Genauso schlüssig fügt es sich, dass Kundry, die einzige Frauenrolle, die im ganzen Werk außerhalb des Zaubergartens zu hören ist (mit Ausnahme allein der körperlosen Engelsstimme am Ende des ersten Akts), am ende »entseelt« dahinscheidet. Nicht nur diese Frau, sondern das Weibliche überhaupt wird beseitigt, selbst in der »Umgestaltung« seiner so sehr an Kastration und Menstruation erinnernden symbolischen Manifestationen. Der Kastrat ist fort, die Wunde geschlossen, und die mit dem Eunuchen wie mit der Wunde so eng verbundene Verführerin ist gestorben. Wie ihr Mitrepräsentant jüdischer Merkmale und Eigenschaften in diesem Werk, der allzu verweiblichte Zauberer, erleidet auch sie durch die Rückkehr des »mächtigen« Speers eine Niederlage. Dieser Speer, dem unreinen, verweichlichten, ausländischen Zauberer aus der Hand genommen (so wie Mime im *Ring* das Schwert entwunden wird), wurde in seine rechtmäßige, »männliche« Domäne zurückgebracht.

Ein ganzes Beziehungsgeflecht ikonischer Traditionen in der deutschen Kultur – der männliche Jude als jemand, der eine hohe Stimme hat, kastriert und verweichlicht ist und menstruiert – verleiht diesen Bildern in Wagners Musikdramen eine rassistische Dimension. Die Verbindung dieser Figuren mit für jüdisch gehaltenen Charaktereigenschaften ist demnach kulturell motiviert und in sich schlüssig, sowohl in der Vorstellungswelt des Komponisten als auch im Bewusstsein des Publikums der damaligen Zeit. Das Bild des kastrierten, menstruierenden Juden fügte sich nahtlos in die Auffassung vom Fremden als sexuell minderwertig, zeugungsunfähig und entmannt ein – in sexueller Hinsicht war dieses Bild des Juden also vom angeblich virilen, männlichen Deutschen so weit wie möglich entfernt. Überdies verlieh es der metaphorischen Dimension von Wagners dramatischen Darstellungen jüdischer Stereotype im Rahmen der damaligen Kultur ein gewisses Maß an Legitimität und Glaubwürdigkeit. Solche Metaphern basieren auf der Annahme einer Andersartigkeit jüdischer Körper, die sich unweigerlich in den Körpermerkmalen zeige. Eines der für Wagner als Musiker wichtigsten Merkmale war dabei die hohe Stimme der Juden, ein an sexuellen Untertönen überaus reiches Klangsymbol, und diese Untertöne wiederum brachten eine Fülle metaphorischer Implikationen mit sich.

Wenn wir die enge Beziehung zwischen Wagners antisemitischen Tiraden, seinen ästhetischen Reformschriften und seinen Musikdramen ignorieren, dann verschließen wir unsere Augen vor der verwerflichen Ideologie, die seiner überwältigend verführerischen Musik zugrunde liegt. Wagners Zeitgenossen indes, in einer Tradition aufgewachsen, der zufolge die jüdische Redeweise entstellt und nasal war, überhörten jene antisemitischen und sexuellen Untertöne, die wir heute so oft nicht mehr wahrnehmen – die kulturell encodierte Botschaft seiner physiologischen und metaphorischen Zeichensysteme – wahrscheinlich nicht. Mahler und Strauss hörten sie am Ende von Wagners Jahrhundert noch, doch in unserer Zeit weigern sich viele, solche Bedeutungen aus Wagners Musik herauszuhören. Die im Körperlichen gründenden Bilder seiner Werke sollten als Wegweiser für das Erscheinungsbild des idealen Publikums dienen, für das die Kunstwerke der Zukunft gedacht waren. Noch eine Generation nach dem Tod des Komponisten sahen diese Zeichen vertraut aus, klangen vertraut und überzeugend. Doch heute, da die Zukunft dieser Kunstwerke längst angebrochen ist, müssen wir uns fragen, ob auch wir auf diese sicht- und hörbaren Zeichen des Hasses reagieren können bzw. wollen – oder ob die für Wagner und sein zeitgenössisches Publikum unmittelbar einleuchtenden körperlichen Bilder in einem fernen, post-Wagnerschen Zeitalter andere Bedeutungen angenommen haben. Hat im Rahmen des ikonischen Vokabulars des westlichen Rassismus der Ausländer immer noch eine hohe Stimme? Wenn ja, prägt eine solche Überzeugung unsere Reaktion auf Wagners ästhetische Gebilde, oder ist dieses Bild im andersartigen kulturellen Kontext der heutigen Wagner-Rezeption verloren gegangen? In welches Dilemma kämen wir, wenn wir beim Hören von Wagners Musik heimlich darauf achten würden, wie und mit welchen Mitteln sich sein Gesang an die Deutschen richtet, ohne dabei die gequälte Seele hinter Beckmessers schrillen, ausländischen Koloraturen zu überhören.

III. Kapitel

Gerüche: deutscher Duft
und jüdischer Gestank

Und mitten in sie hinein ging der Duft, direkt ans Herz,
und unterschied dort kategorisch über Zuneigung und Verachtung,
Ekel und Lust, Liebe und Haß.
Patrick Süskind, Das Parfüm: Die Geschichte eines Mörders

Ob es sich nun um den austausch zwischen dem Ich und gleichartigen Deutschen oder Andersartigen handelt – bei Wagner entwickeln sich Interaktionen je nach Identitätsbestätigung durch Sinneseindrücke, die vom anderen Körper ausgehen: vor allem durch visuelle oder akustische (stimmliche) Eindrücke. Das Auge sieht und, metaphorisch gesprochen, hört es sogar. Doch das Ich des Subjekts empfängt in Wagners Welt noch ein weiteres sinnliches Zeichen körperlicher Gegenwart: den Geruch. Zwar kommen Geruchseindrücke in Wagners Schriften seltener vor als die Sinneseindrücke von Auge und Ohr, aber sie haben dieselbe Funktion: Sie etablieren und verstärken nationale, gemeinschaftliche und rassische Abgrenzungen. Wie nicht anders zu erwarten, verwendet Wagner in seinen Werken nicht nur visuelle und akustische Impulse in ihrer Doppelfunktion als sinnliche Phänomene und Metaphern, die eine Fülle ideologischer Themen evozieren, sondern auch Geruchsmotive. In einer Fußnote gegen Ende von *Oper und Drama* illustriert er zum Beispiel seine Etymologie von »Geist« mit einer Geruchsmetapher: »Ähnlich können wir uns ›Geist‹ sehr schön aus der ihm gleichen Wurzel ›gießen‹ deuten: nach einem natürlichen Sinne ist er das von uns sich ›*Ausgießende*‹, wie der Duft das von der Blume sich Ausbreitende, Ausgießende ist.« (DS 7:318). Geist und Duft werden in ihrer Wirkungsweise gleichgesetzt. Das Bild ist uns inzwischen wohlvertraut: Vom jeweiligen Objekt geht etwas aus, sodass eine Kommunikation mit den Sinnesorganen des Rezipienten zustande kommt. Dieser »weiß« dann sozusagen körperlich, ob er sich in

Gemeinsamkeiten »wiedererkennen« kann oder ob er sich durch Zurückweisung des Andersartigen abgrenzen und selbst definieren muss. Wie andere physiologische Merkmale hat auch der Geruch bei Wagner eine spezifisch ideologische Funktion. Er ist eine Körperikone, eine mit metaphorischen Implikationen aufgeladene physiologische Realität. Darum ist er ohne weiteres mit den bereits erörterten visuellen und akustischen Ikonen vergleichbar: Zu Auge und Ohr kommt die Nase hinzu.

Wagner assoziierte vielleicht mehr als jeder andere Komponist vor ihm Ideen mit bestimmten Düften. Er war in einer Zeit aufgewachsen, in der Geruchseindrücke nach Vorgaben und Empfindlichkeiten des sich herausbildenden Bürgertums kategorisiert und stigmatisiert wurden (weshalb ihnen auch größere soziale Bedeutung zukam als im vorindustriellen Zeitalter). So erbte Wagner auch die das 19. Jahrhundert prägenden Vorurteile und Überzeugungen in Bezug auf Gerüche.[1] Wiederum entwickelte er eine Körperikonographie als Ausdruck seines ideologischen Programms: Das motivische Gewebe seiner eigenen Theorien verschmolz mit den ideologischen Konnotationen, die sein Zeitalter mit den entsprechenden körperlichen Ikonen verband – in diesem Fall mit Duft oder Gestank des Körpers. In Wagners Theorien wird Gerüchen zwar vergleichsweise wenig Raum gegeben, doch in seinen Musikdramen sind sie als ideologische Kennzeichen allgegenwärtig. In Wagners Bühnenwerken bilden Gerüche, Sexualtabus, Angst vor den Juden und deutscher Nationalismus eine häufig wiederkehrende Motivkonstellation, wobei Wagner das kulturelle Material seiner Zeit als Grundlage für die eigenen sozialästhetischen Anliegen diente. Die assoziative Verbindung zwischen Geruch, Sex, Antisemitismus und Patriotismus durchzieht Wagners Werke auf ähnliche Weise wie die Thematik von Erlösung und Treue, die mit nur geringfügigen Abwandlungen in seiner gesamten künstlerischen Entwicklung eine Rolle spielte. Diese Verbindung illustriert einen mächtigen, kulturell encodierten psychologischen Mechanismus, der Sinneseindrücke je nach ideologischen und psychologischen Erfordernissen einordnet. Dabei wird die sinnliche Wahrnehmung des Körpers – sie gilt als »real«, weil man von ihrer Verankerung in der physiologischen, objektiv verifizierbaren Realität überzeugt ist – zugleich benutzt, um Urteile über das wahrgenommene Objekt zu verbreiten. Wahrnehmung ist nämlich nicht frei von Werten – Werten, die durch die kulturellen Erfahrungen der Gemeinschaft determiniert sind.[2]

Ob Wagner nun mit unterschiedlichen Geschmacksempfindungen experimentierte, wie bei der Komposition von *Tristan und Isolde*, oder ob er, wie bei der Arbeit am *Parsifal*, durch diverse Düfte beflügelt wurde – Wagners Nase und Gaumen spielten eine wichtige Rolle bei der Formulierung zentraler Ideen seiner Musikdramen.[3] Wie Robert W. Gutman darlegte, erreichte Wagners Manie, sich durch Gerüche stimulieren zu lassen, im Alter, zur Entstehungszeit des *Parsifal*, ihren Höhepunkt:

In seinen letzten Jahren, als die Sinne nachließen, wurde sein Interesse an Duftstoffen immer größer. Judith [Gautier] mußte ungeheure Mengen an Ambra, Irismilch (von der er eine halbe Flasche für sein tägliches Bad brauchte) und Rose de Bengale besorgen, und er verlangte Riechpulver, mit denen die Stoffe bepudert wurden. […] Sein Arbeitszimmer in Wahnfried lag unmittelbar über dem Badezimmer, das er mit seltenen Düften zu überschwemmen pflegte. Wenn er am Schreibtisch saß in seinen ungeheuren Seiden- und Pelzkreationen, die mit Duftstoffen getränkt waren, atmete er die aromatischen Düfte, die von unten hochstiegen. […] In einer Szenerie, die würdig Huysmans' Helden Des Esseintes gewesen wäre, entstand der erste Akt des »religiösen« Dramas *Parsifal*.[4]

Indes, Wagners Duftfetischismus ging noch viel weiter, als solche Anekdoten aus seinem Leben suggerieren. Düfte fungieren nämlich in fast all seinen großen Bühnenwerken als bedeutsamer körperlicher Subtext. Wird ein Duft in den Text eines Wagnerschen Musikdramas eingeführt, so bringt er oft den Hauch des erotisch Verbotenen mit sich, und dieser Augenblick hat im Zusammenhang des utopischen Programms der Wagner'schen Werke eine immense ideologische Bedeutung. Denn der Prozess des Einatmens der Düfte eines oder einer anderen kommt fast einem sexuellen, zwischenmenschlichen Austausch gleich – wenn nicht gar dem Vorgeschmack, besser gesagt: Vorgeruch eines Sexualaktes. Damit einher gehen kann dann auch der Gedanke an Defloration.

Es handelt sich um einen fetischistischen Augenblick des Sinnenkitzels. Als ein solcher erscheint er zum Beispiel kurz vor dem Ende von *Tannhäuser*, als Frau Venus erneut vor dem Ritter auftaucht. Sie versucht, ihn zu sich zu locken, weg vom strikten Moralkodex seiner Gesellschaft hin zu einem Leben ewiger Ausschweifungen und sexueller Hingabe. Als Venus erscheint, verknüpfen sich unzulässige Sexualität und ungewöhnliche Düfte für einen kurzen Moment thematisch. Tannhäuser ruft seinem Begleiter Wolfram zu:

> Ha! Fühlest du nicht milde Lüfte? [...]
> Und atmest du nicht holde Düfte? (MD, 249)

An dieser Stelle taucht die – aus mehreren Gründen typische – Motivverbindung erstmals in Wagners Werken auf. Im Wortschatz von Wagners Musikdramen schließt »atmen« das Wahrnehmen von Gerüchen mit ein; oft ersetzt dieses Wort das weniger poetische, direktere »riechen«. Auch »Duft« wird bei Wagner in einer etwas ungewöhnlichen Bedeutung verwendet. Wir wissen, dass er sich als Librettist große Mühe gab, seine Texte mit sprachlich antiquierten Wendungen und mittelalterlichen Ausdrücken zu durchsetzen – wobei er oft die philologisch ermittelten Grundbedeutungen der Wörter wählte. »Duft« kommt bei Wagner häufig in emotional aufgeladenen, erotischen Kontexten vor, doch weichen alle derartigen Bedeutungsnuancen vom historischen Begriffsgebrauch ab. Wenn Wagner unter »Duft« einen angenehmen, betörenden Geruch versteht, projiziert er in seine Schauplätze aus Mittelalter und Reformationszeit ein modernes Begriffsverständnis hinein: Heute evoziert »Duft« vor allem positive Geruchsassoziationen, doch noch in der frühen Neuzeit verwandte man dieses Wort für »Dunst, Nebel, feuchte Winde«.[5] Das Verständnis von »Duft« als einem verführerischen Geruch mit gefährlich erotischer Dimension muss für Wagner wichtiger gewesen sein als etwa die Tatsache, dass sich »Duft« auf »Luft« reimt. Denn der konsequente Begriffsgebrauch in Kontexten, die mit Sinnenkitzel und Gefahren verbunden sind, legt den Gedanken nahe, dass es vor allem psychologische Gründe für das wiederholte Vorkommen von »Duft« in dieser Motivkombination gab.

Auch im *Lohengrin*, in der Brautgemachszene im dritten Akt, hat »Duft« diese Funktion. Hier singt der fremde Ritter gegenüber Elsa von der bevorstehenden sexuellen Vereinigung. Blumen und deren Düfte sind die Metaphern, die Lohengrin hier verwendet, um das Geheimnis seiner geheiligten, verborgenen Identität zu unterstreichen, die selbst beim Geschlechtsakt gewahrt bleiben müsse. So ist es bei Wagner: Wenn etwas sexuell attraktiv ist, dann ist es verboten und duftet herrlich. Lohengrins und Elsas duftumwobene Hochzeitsnacht ist allerdings kein völlig ungetrübtes Vergnügen, weil sich das Motiv des Geruches schon sehr bald mit dem Motive des Geheimen, Mysteriösen, Verbotenen verbindet:

> Atmest du nicht mit mir die süßen Düfte?
> O, wie so hold berauschen sie den Sinn!
> *Geheimnisvoll* sie nahen durch die Lüfte,
> *fraglos* geb ihrem Zauber ich mich hin. – [...]
> Wie mir die Düfte hold den Sinn berücken,
> nahn sie mir gleich aus rätselvoller Nacht –
> so deine Reine mußte mich entzücken [...].
> (MD, 299f.; meine Hervorhebungen)

Weil das Atmen in diesen Werken auch das Aufnehmen von Gerüchen beinhaltet, wird in Lohengrins überschwänglicher Anrufung Elsas in der Hochzeitsnacht eine Gleichsetzung von Düften und Sex angedeutet:

> O gönne mir, daß mit Entzücken
> ich deinen Atem sauge ein. (MD, 301)

Worauf spielt Wagners konsequent verwendetes Motivvokabular nun an? Auf nichts weniger als Inzest, jene Metapher der höheren, privilegierten Vereinigung, die – im Zusammenhang von Wagners sozialästhetischen Theorien und deren Darstellung auf der Bühne – mit ideologischer, rassischer und nationaler Bedeutung geradezu überladen wird.[6] Dies wird ganz deutlich, wenn die Sphäre der mit sexuellen Tabus verbundenen Gerüche wesentlich klarer in der *Walküre* wieder erscheint, zumal dort die spezifische Natur der verbotenen Beziehung als inzestuöser Geschlechtsakt enthüllt wird.[7] Als Sieglinde ihren Bruder Siegmund erstmals seit ihrer Kindheit wieder sieht, bietet sie ihm »Des seimigen Metes | süßen Trank« an (MD, 587), und als die wechselseitige Zuneigung immer mehr zunimmt und zur Vereinigung drängt, singt Siegmund sein Lied über die inzestuöse Vereinigung von *Liebe* und *Lenz*, als Schwester und Bruder dargestellt. Auf dem Höhepunkt dieses Liedes taucht auch das Motiv der »holden Düfte« auf:

Durch Wald und Auen
weht sein Atem [d.h. der Atem des Lenzes] […].
Holde Düfte
haucht er aus;
seinem warmen Blut entblühen
wonnige Blumen,
Keim und Sproß
entspringt seiner Kraft! […]
Die bräutliche Schwester
befreite den Bruder;
zertrümmert liegt
was je sie getrennt:
jauchzend grüßt sich
das junge Paar,
vereint sind Liebe und Lenz! (MD, 598f.)

Die inzestuöse Vereinigung von Liebe und Lenz ist ein Vorverweis auf die »Natürlichkeit« der bevorstehenden Vereinigung der Wälsungen (Sieglinde sagt Siegmund ausdrücklich, er sei der Frühling, nach dem sie sich immer gesehnt habe [MD, 599]) – eine privilegierte, positiv gesehene Vereinigung, aus der die schönste Blüte, Siegfried, hervorgehen wird. So verwundert es nicht, dass Siegmund in der Schlusszeile des ersten Aktes ekstatisch auf das »Blühen« des »Blutes« verweist:

Braut und Schwester
bist du dem Bruder –
so blühe denn Wälsungen-Blut! (MD, 603)

Wagner umgibt die Vereinigung der Wälsungen konsequent mit den süßesten Düften der Natur. Die inzestuöse Defloration ist ein Akt des Aufblühens, der explizit werden lässt, was schon seit dem

Tannhäuser unter der Oberfläche von Wagners Libretti gelauert hatte: In der Vorstellung des Dramatikers verbanden sich sinnliche Gerüche mit einer Art sexueller Vereinigung, die von der konventionellen Gesellschaft missbilligt wurde, die bei ihm jedoch jenen gewährt wird, die für die Rettung Deutschlands und der deutschen Rasse stehen.

Auf ähnliche Weise erhält auch die nur mühsam verhüllte ödipale Konstellation in *Tristan und Isolde* (Stiefsohn verliebt sich in Stiefmutter)[8] im Verlauf der dramatischen Beziehung zwischen den Liebenden mehrfach eine Geruchsdimension – erstmals bei der sexuellen Vereinigung im zweiten Akt, die mit folgender Szenenanweisung beginnt: »*Tristan zieht Isolde sanft zur Seite auf eine Blumenbank nieder*« (MD, 355), und dann auch in Tristans Vision von Isolde im dritten Akt:

Auf wonniger Blumen
sanften Wogen
kommt sie licht
ans Land gezogen. (MD, 376)

Dasselbe gilt für Isoldes orgastische Apotheose am Ende des Dramas, an deren Ende wir, besonders in Anbetracht der rhythmisch und akustisch nachgeahmten sexuellen Ermattung, annehmen müssen, Isolde sei mit ihrem Liebhaber wiedervereint. Isolde erlebt diese Vereinigung so, als würde sie von beispiellosen Duftwolken überwältigt:

[S]ind es Wellen
sanfter Lüfte?
Sind es Wolken
wonniger Düfte?
Wie sie schwellen,
mich umrauschen,
soll ich atmen,
soll ich lauschen?
Soll ich schlürfen,
untertauchen?
Süß in Düften
Mich verhauchen? (MD, 384)

Tristan und Isolde ist natürlich das am stärksten synästhetisch geprägte Werk Wagners, und die ödipale Hochspannung seines suggestiven psychologischen Inhalts wird durch die ästhetische Verschmelzung der Textelemente noch verstärkt. Vielleicht liegt den ästhetischen Zielen der Synästhesie psychologisch unterschwellig ein Verlangen zugrunde, die Grenzen des Raumes durch metaphorische Grenzüberschreitungen zu überwinden. Dieses Verlangen wird zeitweilig durch die Wahrnehmung des Geruchs des geliebten Partners stimuliert.

Verschmelzungen und Grenzüberschreitungen stehen auch im Zentrum von Wagners Idee des revolutionären, die Gesellschaft transformierenden Gesamtkunstwerks, dessen Programm geradezu darin besteht, ästhetische wie soziale Unterteilungen und Kategorien zu Fall zu bringen. Mit anderen Worten, eine psychologische Deutung der Implikationen, die Geruchsempfindungen bei Wagner haben, könnte uns – überraschenderweise – besser verstehen lassen, warum hinter den vielen sexualisierten Metaphern, mit denen Wagner sein neues Kunstwerk der Zukunft erörtert, ein solches Drängen zu spüren ist. Überdies stellt diese neue Kunst ja häufig sexuelle Grenzüberschreitungen und ödipales Verlangen dar. In *Tristan und Isolde* sind die Grenzen sexueller, sozialer und olfaktorischer Natur: In der Vereinigung von Sinneswahrnehmungen ist eine sexuelle Vereinigung impliziert, die jedoch nach den Normen der im Drama dargestellten Gesellschaft *verboten* ist.

An die Stelle der »wonnig« duftenden Beziehung zwischen Tristan und Isolde, deren ödipaler Charakter weitgehend verhüllt bleibt, tritt im *Siegfried* eine offene Verbindung zwischen dem primitivsten, am stärksten sanktionierten Verlangen – der sexuellen Vereinigung von Mutter und Sohn – und dem Sinnenrausch der Gerüche. Erneut begleiten ätherische Düfte die höheren, miteinander verwandten Wesen, deren Vereinigung die Grenzen einer vordergründigen, minderwertigen Welt außer Kraft setzt. Als Siegfried im dritten Akt des Dramas seine Tante Brünnhilde sieht, hält er sie für seine Mutter, und Wagners Assoziationsmechanismus evoziert sofort einen Bilderreichtum, der reich an – uns inzwischen hinreichend bekannten – Geruchsempfindungen ist:

O Mutter! Mutter! […]
Süß erbebt mir
ihr blühender Mund. –
Wie mild erzitternd
mich Zagen er reizt!
Ach! dieses Atems
wonnig warmes Gedüft! […]
So saug ich mir Leben
aus süßesten Lippen, –
sollt ich auch sterbend vergehn! (MD, 729)

Nachdem er Brünnhilde geweckt hat, fragt er sie »*leise und schüchtern*«:

So starb nicht meine Mutter?
Schlief die minnige nur? (MD, 731)

In dieser Szene sind die drei Motivkriterien des vertrauten Blickes, der Stimme und des süßen Duftes vereint, um als körperliche Ikonen Siegfrieds und Brünnhildes Status als körperlich und geistig verwandte Wesen zu etablieren und bekräftigen. Als Siegfried zu ihr sagt:

Deines Auges Leuchten
seh ich licht;
deines Atems Wehen
fühl ich warm,
deiner Stimme Singen
hör ich süß […]. (MD, 732)

sind die Kennzeichen familiärer Identität vollständig beisammen. Der nun folgenden Vereinigung steht nichts mehr im Wege.[9] Es passt in diesen Zusammenhang, dass in der Todesverkündigungsszene zwischen Siegmund und Brünnhilde die Geruchsmotive fehlen; denn hier misslingt die Kommunikation. Und so, wie Brünnhildes Bild dort dunkel und umwölkt wird, bleibt das Motiv der Blumen und der süßen Düfte allein auf die Frau beschränkt, mit der Siegmund Inzest begeht: Sieglinde. Der Geruch des Inzests umweht Brünnhilde erst, als sie mit Siegfried zusammentrifft. Nachdem Siegfried sie entjungfert hat, erscheint die Konstellation von Geruch und Inzest im *Ring*-Zyklus erst wieder, als Hagen dem Helden einen mit Kräutersaft gewürzten (und damit implizit auch duftenden) Trank aus seinem Horn reicht, der Siegfrieds Erinnerung an genau diese grundlegende und – im Zusammenhang der repressiven Gesellschaft der *Götterdämmerung* – höchst anstößige Szene wecken soll:

> Trink erst, Held,
> aus meinem Horn:
> ich würzte dir holden Trank,
> die Erinnerung hell dir zu wecken,
> daß Fernes nicht dir entfalle! (MD, 806)

Als Wagner in seinen Werken mit Variationen über das Thema Inzest experimentierte – von vagen Andeutungen des Verbotenen in *Tannhäuser* und *Lohengrin* über die offene Vereinigung von Bruder und Schwester in der *Walküre* und eine nur leicht verhüllte Vereinigung von Mutter und Sohn in *Tristan und Isolde* bis hin zur offeneren Evokation einer solchen Verbindung in *Siegfried* – assoziierte er solche Szenen immer mit Duftmotiven. In allen oben genannten Szenen löste das sexuell Verpönte in der Fantasie des Librettisten automatisch Geruchsempfindungen aus. Eine Ehe ohne verbotene Triebe hingegen, wie die des bürgerlichen Paares Eva und Walther von Stolzing in den *Meistersingern*, erweckt diese Bilderwelt nicht zum Leben. (Man könnte allenfalls an die Formulierung »Blüt und Duft« in Walthers Preislied denken [MD, 489], dessen ästhetische Machart zwar revolutionär ist, das der Gesellschaft aus Volk und Meistersingern aber trotzdem gefällt.) Nur wenn die Identität des Sexualpartners an Tabus rührt und auf früheste Begierden verweist, erfordern die assoziativen Abläufe in Wagners Psyche und die natürliche Bildersprache von Wagners sozialästhetischem Programm das Geruchsmotiv der wonniglichen, freilich oft auch trennenden, abgründigen Düfte. Wonnige Düfte sind für wonnige Wesen bestimmt – vor allem für jenen Geschlechtsakt, der metaphorisch die einzigartige, höhere Natur dieser Wesen bewahrt.

Die Assoziation von verbotenem Sex mit Geruchsempfindungen war natürlich auch zu Wagners Zeit schon ein Klischee. Dass diese Motivverbindung in seinen Werken erscheint, könnte also lediglich ein Zeichen dafür sein, dass sie im kulturellen Vokabular der Zeit fest verankert war. Doch Wagners Musikdramen fügen sich nicht einfach nur in eine kulturelle und literarische Tradition ein, der zufolge Düfte ins Reich der Mätressen gehörten, ins Boudoir und zum unerlaubten Sex, während die pointierte Abwesenheit solcher Düfte zur sichereren Welt passte, in der sich der Sex im Rahmen einer akzeptierten Sozialordnung, etwa der geheiligten Ehe, abspielte. Das Besondere an Wagners mehrfach wiederkehrender Verbindung von Düften und außerehelicher Sexualität besteht vielmehr darin, dass die verbotenen Partnerschaften letztlich mehr oder weniger deutlich mit Inzest zu tun haben. In Wagners Werken suggeriert jede von betörenden Düften begleitete romantische Situation ein inzestuöses Verlangen. Wagner erweitert auf diese Weise das Spektrum des klischeehaften Motivgegensatzes von asozialen Düften und geruchlosem, gesellschaftlich akzeptiertem Sex um die Opposition von Inzest und bürgerlicher Ehe. In dieser Hinsicht erweitern seine persönlichen Assoziationsmuster, verbunden mit der Metaphorik seiner sozialästhetischen Theorien, die Motivtradition.

Gerüche und Wagners Musik

Außer der konsequenten Wiederholung in den zitierten, einander ähnlichen dramatischen Situationen erscheint das Geruchsmotiv, ganz im Sinne des Wagnerschen Gesamtkunstwerks, auch in ähnlichen musikalischen Kontexten. Das mit bestimmten dramatischen Konfigurationen (hier: den süßen Düften des Inzests) assoziierte ideologische Programm könnte also ebenfalls mit dem musikalischen Material der Bühnenwerke verbunden sein. Denn so wie die Duftmotive eine verbotene, aber deutlich in höheren Sphären angesiedelte sexuelle Vereinigung suggerieren, die in unterschiedlichem Maße an Inzest (sowie an die damit verbundenen Ideen von rassischer Überlegenheit und völkischer Gemeinschaft) denken lässt, so werden diese Motive auch von musikalischen Zügen begleitet, die einander beträchtlich ähneln. Natür-

241

lich kann es in der Musik kein »gestisches« Äquivalent zu Geruchswahrnehmungen geben, doch scheinen Wagners Werke ein musikalisches Element – die Triole – zu enthalten, das ziemlich konsequent eingesetzt wird, wenn die dramatischen Situationen verführerische Düfte suggerieren. (Hinzu kommt vielleicht noch der Triller, wenn man bedenkt, dass in zahlreichen Situationen, in denen Gerüche eine Rolle spielen, Triller erklingen: etwa wenn Venus im *Tannhäuser* als Verführerin naht, wenn Siegfried Hagens Trank zu sich nimmt, wenn Isolde inmitten von Düften ihren Liebestod stirbt, aber auch in der Musik, die mit Mimes Gestank oder den Düften von Klingsors Zaubergarten im *Parsifal* verbunden ist; dazu im Folgenden mehr.) Damit ist nicht gesagt, dass Triolen und Triller musikalische *Darstellungen* von Gerüchen bieten, sondern nur, dass diese beiden musikalischen Elemente sich oft finden, wenn im Text von Gerüchen die Rede ist. Es könnte sich also um Ausdrucksmittel handeln, die Wagner mit jenen Ideen assoziierte, die in seinen Dramen auch mit Geruchswahrnehmungen verbunden sind. Die Triole fungiert als akustische Metapher nicht für Gerüche als solche, sondern für eine Idee, die durch Gerüche evoziert oder mit Gerüchen assoziiert ist. Sie findet sich vor allem dann, wenn Wagners dramatische Situationen einen Protagonisten zeigen, dessen Sinneswahrnehmung sich durch olfaktorische Reize verändert.

Als der geläuterte Tannhäuser beispielsweise in der oben zitierten Passage gegen Ende des Dramas das Herannahen der Venus spürt, verändert sich der rhythmische Puls der Musik. Der ziemlich gradlinige, vorherrschende 4/4-Takt gerät durcheinander (siehe Notenbeispiel 19). Als der Ritter die »milden Lüfte« fühlt, die die »holden Düfte« sinnlichen Vergnügens mit sich bringen, wird der für den *Tannhäuser* und Wagners andere Werke, die dem *Ring* vorangingen, so typische gerade Vierertakt vorübergehend durch ein interpoliertes, fremdartig wirkendes rhytmisches Element unterbrochen, besser gesagt: suspendiert. An dieser Stelle, wo der Text deutlich macht, dass Tannhäuser die wie Drogen wirkenden Düfte von Venus' verführerischen Parfüms einatmet (oder gar ihr sexuelles Wesen?) und dadurch in einen anderen Wahrnehmungsbereich, in einen Bewusstseinszustand versetzt

Notenbeispiel 19. Das Zusammentreffen von Triolen und
»milden Lüften« im Tannhäuser

wird, der sich von der sanktionierten, mittelalterlichen höfischen
Etikette vollkommen unterscheidet, da gestattet sich auch die
Musik, kurz aus dem Tritt zu geraten. (Vielleicht ist hier ja sogar
eine Geste des Schauderns intendiert.) Jedenfalls zeigt dieser
Wechsel eine deutliche Verschiebung gegenüber der musikalisch-
dramatischen Bewegung vor dem Erscheinen der Venus an. In
ihrer Analyse der Romerzählung im *Tannhäuser* charakterisiert
Carolyn Abbate Wagners musikalisches Material treffend als den
»Opern-Körper«, als akustisch-metaphorische Darstellung physiologischer Zustände und ihrer Wahrnehmung. Abbates Beobachtungen lassen sich ohne weiteres auf einen Moment wie den
hier erörterten übertragen, denn die metrische Abweichung bietet eine Darstellung der subjektiven Eindrücke des Protagonisten,
die dieser mit seinem Geruchsorgan wahrnimmt.[10] In diesem
ersten Beispiel eines mit Sexualität verbundenen Geruchsmotivs
in Wagners Werken fällt die Verzückung (durch Düfte) mit einer
(musikalisch-rhythmischen) Verrückung zusammen.

Diese Deutung, die für sich genommen den Eindruck erwecken
könnte, hier werde zu viel in ein zugegebenermaßen flüchtiges
musikalisches Motiv hineininterpretiert, wird durch das Auftreten von Triolen an zahlreichen gleichartigen Stellen gestützt. In
Wagners ansonsten metrisch gleichförmigstem (und darum
metrisch wohl auch langweiligstem) Bühnenwerk, in dessen drei
Akten fast ausschließlich der 4/4-Takt dominiert, im *Lohengrin*,
ändert sich der rhythmische Puls der Musik in der Szene im
Brautgemach plötzlich, als der Schwanenritter Elsa auffordert,
die »süßen Düfte« des Blumengartens in sich aufzunehmen (siehe
Notenbeispiel 20).[11] Die anhaltende Triolenbegleitung in den
Holzbläsern bildet im Kontext dieser Oper einen ungewöhnlichen rhythmischen Kontrast zu den geraden Takt- und Noten-
werten der Vokalstimme und großer Teile der Orchesterbeglei-

243

Notenbeispiel 20. *Die gleichzeitige Einführung der Triolen und der Düfte des Blumengartens in* Lohengrin

tung. Dass Wagners musikalisches Material sich rhythmisch unvermittelt verändert, hängt mit der Einführung des Duftmotivs im Text zusammen. Wiederum sind die Triolen nicht als akustisches Geruchszeichen zu verstehen; vielmehr schaffen sie einen musikalischen Kontrast, der die neu gefundene, plötzlich sexuell erregte Sinneswahrnehmung begleitend widerspiegelt.

Und so geht es auch in anderen vergleichbaren Szenen in Wagners Werken weiter: Wenn seinen Helden oder Heldinnen der Ausbruch aus der irdischen Existenz gelungen ist, wird ihre neue Erfahrung oft im Text von Hinweisen auf Geruchsstimulation, in der Musik von einem Wechsel der rhythmischen Bewegung begleitet. Oft wird dann eine Triolenbewegung in einen musikalischen Kontext eingeführt, der ansonsten vom Zweier- oder Viererrhythmus bestimmt ist. Diese Verschmelzung von Geruchsmotiv und fließenden Dreierrhythmen könnte auch für den Wechsel zum 9/8-Takt verantwortlich sein (die Taktbezeichnung lautet »9/8 = 3/4«), der am Anfang von Siegmunds Frühlingsarie »Winterstürme wichen dem Wonnemond« stattfindet. Hier singt

244

der Wälsung verzückt vom »Atem« der Natur, den »holden Düften« und »wonnigen Blumen« der Jahreszeit der Liebe. Und als Isolde in ihrer Liebestod-Szene »sanfte Lüfte« und »Wolken wonniger Düfte« empfindet und sich fragt, ob sie »süß in Düften [s]ich verhauchen« solle, nimmt das musikalische Material ihrer Gesangslinie plötzlich interpolierte Triolenfiguren auf, die eine Transformation ihrer zeitlich-sinnlichen Erfahrung suggerieren. In all diesen Fällen könnte der Gedanke der Verzückung und Veränderung, den der jeweilige Text nahe legt, mit dem musikalischen Material selbst assoziiert sein, um die Erfahrungen der Protagonisten im Zeichen sinnlicher Stimulation und eines Bewusstseinswandels zu vermitteln. Es ist das imaginierte Wesen dieses unirdischen sexuellen Zustandes, welches sowohl das Motiv der mit Sinnlichkeit verbundenen wonnigen Düfte evoziert als auch das musikalische Ausdrucksmittel der Triole – als Metapher für eine Wahrnehmungsveränderung, für einen Schock, der aus dem Bereich der Normalität heraus führt, oder für eine plötzliche physiologische wie emotionale Unsicherheit.

Auf Verunsicherung basiert auch ein weiterer Schlüsselaspekt der Geruchsideologie in Wagners Vorstellungswelt. Die Verbindung zwischen Wohlgeruch und Inzest, in Wagners Libretti explizit, implizit auch in den mit seiner Musik verbundenen Assoziationen erkennbar, hat nämlich auch eine anrüchige Kehrseite, die ebenfalls mit dem ideologischen Gehalt von Wagners Theorien, überdies auch mit der biografischen Zielrichtung seines Hasses zu tun hat.

In den oben zitierten Passagen impliziert der Geruchssinn eine Aufhebung körperlicher Grenzen. Im Akt der Geruchswahrnehmung schwinden die Grenzen der körperlichen und zeitlichen Identität vorübergehend dahin, und das Subjekt gerät in einen Zustand, der eine überpersönliche Kommunikation suggeriert. Dieser psychologische Prozess, durch den die Individuation aufgehoben wird, erklärt zugleich eine andere hartnäckige Gedankenverbindung in Wagners assoziativem Gedankengebäude, nämlich die Kehrseite der bislang behandelten positiven Motivverbindung: die Verbindung von Juden mit üblen Gerüchen. In der *Dialektik der Aufklärung* heißt es dazu bei Max Horkheimer und Theodor W. Adorno im Kapitel *Elemente des Antisemitismus*:

Von allen Sinnen zeugt der Akt des Riechens, das angezogen wird, ohne zu vergegenständlichen, am sinnlichsten von dem Drang, ans andere sich zu verlieren und gleich zu werden. Darum ist Geruch, als Wahrnehmung wie als Wahrgenommenes – beide werden eins im Vollzug – mehr Ausdruck als andere Sinne. Im Sehen bleibt man, wer man ist, im Riechen geht man auf. So gilt der Zivilisation Geruch als Schmach, als Zeichen niederer sozialer Schichten, minderer Rassen und unedler Tiere.[12]

Im Zusammenhang der Diskussion über die Angst vor den Juden verweist diese Bemerkung auf einen psychischen Mechanismus: Man identifiziert sich heimlich mit dem verachteten Objekt – in diesem Fall: den Juden – und ist doch zugleich gezwungen, sie als stinkend wahrzunehmen. Wir haben bereits mehrere Elemente von Wagners Ängsten bezüglich seiner Verbindung mit Juden beobachtet: seinen Verdacht, er könne väterlicherseits vielleicht von Juden abstammen; seine Angst, beruflich mit dem Komponisten Meyerbeer verglichen zu werden; und, wenn Adorno Recht hat, sein mögliches Erschrecken über die Erkenntnis, dass seine ursprüngliche Beschreibung des Nibelungenzwerges Mime (selbst die Karikatur eines Juden) auch als Selbstkarikatur zu lesen sei. Diese Ängste verweisen alle darauf, dass sich Wagner psychisch auf verschiedenen Bewusstseinsebenen mit dem Bild des Juden identifizierte. So überrascht es nicht, dass derselbe schaffenspsychologische Prozess, der bei einer sexuellen Identifikation (im Inzest) das Motiv des Wohlgeruchs evoziert, auch dann aktiviert wird, wenn in Wagners Musikdramen Figuren auftreten, die mit dem Judentum assoziiert werden. In beiden Fällen ist die psychische Identifikation mit Geruchswahrnehmungen verbunden.

Selbst wenn man nichts von der langen Kulturtradition in Europa wüsste, derzufolge Juden mit üblen Gerüchen verbunden waren, würde man erwarten, in Wagners Werken im Bereich der Geruchsempfindungen auf Äquivalente zu den bisher erörterten physiologischen Erkennungsmerkmalen jüdischer Körper zu stoßen. So kommt zum anderen Aussehen und zur hohen Stimme noch ein fremder Geruch hinzu. Wenn die Gleichartigen bei

Wagner gleich aussehen und gleich klingen, weil sie mit einem großartigen, überlegenen Aussehen und einer tiefen, kräftigen, sonoren und heldenhaften Stimme ausgestattet sind, dann sollte man auch erwarten, dass sich diese gleichartigen höherwertigen Wesen an besonderen, hochwertigen Düften erkennen, um sodann mit sich selbst eins zu werden. Genau dies ist in den zitierten Passagen aus *Die Walküre*, *Siegfried* und *Tristan und Isolde* der Fall. Analog gilt aber auch: Wenn sich das Selbst dadurch definiert, dass es an den physiologischen Merkmalen des Fremden, an dessen Aussehen und Stimme, sinnlich wahrnimmt und erkennt, was es *nicht* ist, dann ist es nur folgerichtig, dass auch dieser andere, fremde Körper mit Geruchszeichen versehen ist, die sein entschieden anderes, nichtdeutsches Wesen kundtun.

Dass Fremde andersartig sind, wird bei Wagner auch hinsichtlich ihres Geruches überdeutlich. In seinen Werken fungiert als Geruchsikone des Juden stets der Gestank. Folglich finden sich bei allen Figuren, die wir bisher als Träger diverser jüdischer Merkmale und antisemitischer Assoziationen erörtert haben – bei Alberich, Mime und Beckmesser – im Kontext der jeweiligen Musikdramen Hinweise auf abstoßende Gerüche. Eine der ersten Beschreibungen Alberichs – jenes kleinen, dunklen, haarigen, geldgierigen Außenseiters – gibt uns die Rheintochter Wellgunde, die sogleich den Schwefelgeruch hervorhebt, den er um sich verbreite:

Pfui! du haariger,
höck'riger Geck!
Schwarzes, schwieliges
Schwefelgezwerg! (MD, 528)

Selbst wenn er von Wasser umgeben ist, stinkt Alberich. Dass dieser Zug sich nicht auf den Erznibelungen beschränkt, sondern ein Merkmal aller Angehörigen seiner »Rasse« ist, zeigt sich darin, dass der Abstieg nach Nibelheim, in die Heimat der Zwerge, durch eine Kluft führt, die mit »Schwefeldampf« und »schwarzem Gewölk« gefüllt ist (MD, 550). Schwefel wurde traditionell außer mit dem Teufel auch mit allen möglichen anderen Figuren des Bösen assoziiert, wie sich zum Beispiel auch in Goethes *Faust* zeigt, wenn Mephisto bei seinem Besuch in Gretchens Kammer einen leichten Schwefelhauch hinterlässt (auf den allerdings nur verdeckt angespielt wird, während die »schwüle und dumpfige« Luft im Zimmer emphatisch betont wird).[13] Im *Rheingold* ist der Hinweis auf den Schwefelgestank überdies mit einer Tradition der deutschen Kultur verbunden, die Gestank ausdrücklich mit Juden in Verbindung bringt.

Als Wagner Figuren auf die Bühne brachte, die üble Gerüche verbreiteten und die aus verschiedenen antisemitischen Stereotypen zusammengefügt waren, konnte er sich auf einen Topos des stinkenden Juden berufen, der bis weit ins Mittelalter zurück reichte und der im 19. Jahrhundert ein fester Bestandteil im kulturellen Bewusstsein der Deutschen war. Der österreichische Dichter Seifried Helbling stellte schon im 13. Jahrhundert unumwunden fest:

ez wart sô grôz nie ein stat
sie waer von drîzec juden sat
stankes unde unglouben.[14]

[Nie war ein Staat so groß, dass nicht dreißig Juden ausgereicht hätten, ihn mit Gestank und Unglauben auszufüllen.]

Genau diese Kombination von Gestank und Unglauben prägte das Judenbild des Mittelalters.[15] Wie Sander Gilman gezeigt hat, war der *foetor judaicus* (»Judengestank«) als Motiv schon populär, als ihn im 18. Jahrhundert der Pamphletist Johann Jacob Schudt dem vermeintlichen Mangel an persönlicher Hygiene und der angeblich unterschiedslosen Vorliebe für Knoblauch zuschrieb.[16] Arthur Schopenhauer, jener Philosoph des 19. Jahrhunderts, der auf Wagner den größten Einfluss ausübte, führte in seinem antisemitischen Essay *Über Religion* (in *Parerga und Paralipomena*) diese Motivtradition fort, als er ausdrücklich von »Judenpech« und »Foetor Judaicus« sprach.[17] August von Platen und Wolfgang Menzel nutzten später die populäre Gedankenverbindung von Juden und Körpergerüchen bei ihren notorischen, rachsüchtigen Angriffen auf Heinrich Heine. Menzels berühmter Kommentar über den deutsch-jüdischen Dichter lautet: »Die Physiognomie des jungen Deutschland war die eines aus Paris kommenden, nach der neuesten Mode gekleideten, aber gänzlich blasierten, durch Lüderlichkeit entnervten Judenjünglings mit spezifischem Moschus- und Knoblauchgeruch.«[18] Heine selbst benutzt dieses Stereotyp – um sich davon abzusetzen – in seinen frühen Werken als Kennzeichen der Ostjuden aus Polen, obwohl er später, in *Die Bäder von Lucca*, die Karikatur eines stinkenden Juden aus der Hamburger Unterschicht zeichnete (und dabei unmissverständlich versuchte, sich selbst vom Bild des verarmten Ostjuden zu lösen, das im vorigen Kapitel dieses Buches geschildert wurde).[19] Damit soll nun aber nicht gesagt sein, dass Wagner in dieser Hinsicht von den Schriften Platens, Menzels oder Heines beeinflusst war. Vielmehr war die Vorstellung vom Judengeruch zu seiner Zeit so populär, dass er dieses kulturelle Motiv entweder bewusst ausbeutete oder aber sich unbewusst zu ihm hingezogen fühlte und es in seine beleidigenden Darstellungen jüdischer Stereotype integrierte. Ob Wagner bewusst oder unbewusst handelte, ist jedoch kaum von Belang. Wichtiger ist, dass ihm und seiner Kultur dieses Motiv zweifellos sinnvoll erschien und dass es seinen metaphorischen Darstellungen des Juden als Gegenbild zum Deutschen bei seinen Zeitgenossen Glaubwürdigkeit verlieh.

Wenn in Wagners Welt eine pseudosemitische Figur auftritt, dann stinkt sie (nur *Parsifal* ist in dieser Hinsicht ungewöhnlich; dort wird, wie ich noch zeigen werde, die Andersartigkeit des Pseudojuden durch eine andere Art von Geruch hervorgehoben). Auch Mime leidet wie sein Bruder Alberich unter einem Mangel an Wohlgeruch. Im ersten Akt des *Siegfried* wird dies nur angedeutet, als der Zwerg für den Helden einen übel riechenden Trank aus Eiern bereitet. Siegfried, der Mimes Kochkünste nicht ausstehen kann, sagt: »was er kocht, ich kost es ihm nicht!« (MD, 688). Die Beziehung der beiden ist im Drama auch durch unvereinbare Geschmäcker getrübt. Das Motiv des übel riechenden Gebräus ist dabei impliziert. Aber von »Schmecken« ist sogar die Rede, als Siegfried den Zwerg ermordet. In seinem Zornesausbruch sagt Siegfried:

Schmeck du mein Schwert,
ekliger Schwätzer! (MD, 713)

Auf dieses Motiv wird auch in der *Götterdämmerung* angespielt, als Siegfried von dieser Szene berichtet und Hagen kommentiert:

Was nicht er geschmiedet
schmeckte doch Mime! (MD, 806)

Bei Wagner impliziert »schmecken« immer auch eine Geruchswahrnehmung. Geschmacksgrenzen und der Umstand, ob Nahrung angenommen oder abgelehnt wird, unterstreichen anscheinend auch die Grenzen rassischer Reinheit und fungieren somit in Wagners sinnlicher Kosmologie ähnlich wie Gerüche, Stimmen und Aussehen. Siegmund nimmt Sieglindes Trank an, aber es gibt keinen Hinweis darauf, dass er gemeinsam mit Hunding isst, obwohl dieser ihn dazu drängt (MD, 589). Brünnhilde reicht Wotan Met, ebenso Wotans Tochter Sieglinde seinem Sohn Siegmund, und auch die Walküre verspricht Siegmund einen Trank in Walhall (MD, 623). Außerhalb der Götterfamilie und der inzestuösen Familie aber wird dieser Trank niemals erwähnt. Bei der natürlichen Aufzucht des artgleichen Nachwuchses spielen Fütterung und Geruchswahrnehmung eine große Rolle: Im Wald beobachtet Siegfried, wie Rehe, Füchse und Wölfe ihre Jungen ernähren und aufziehen (MD, 667). Sein Ekel vor Mimes Nahrungsangebot spiegelt auch Siegfrieds Misstrauen gegenüber dem biologischen Erscheinungsbild des Zwerges wider. (Ganz im Sinne der Tradition, der zufolge Juden und Knoblauch zusammengehören, entschied sich auch Arthur Rackham, Mimes Höhle damit zu schmücken; in seiner Darstellung der Szene, in der Mime Siegfried einen widerwärtigen Trank anbietet, hängen deutlich sichtbar Knoblauchzehen über dem Zwerg [siehe Abbildung 8].) Wagner stellt den Austausch zwischen Mime und Siegfried als Paradigma rassischer Unterschiedlichkeit dar, denn letztlich kommt es einer Gefährdung der germanischen Rasse gleich, wenn einer ihrer Angehörigen Nahrung von einem außerhalb der Familie Stehenden annimmt. Hagens Gebräu trägt zu Siegfrieds Tod bei, doch als Siegfried im ersten Prosaentwurf zum *Ring* aus dem Jahre 1848, *Die Nibelungen Saga (Mythus)* (später unter dem Titel *Der Nibelungen-Mythus als Entwurf zu einem Drama*), stirbt, erscheint ihm in einer Vision Brünnhilde, die ihm Met reicht:

»Brünhild! [sic] Brünhild! Du strahlendes Wodanskind! Wie seh ich hell u. leuchtend dich mir nahn! [...] Mich Glücklichen, den du zum Gatten korst, mich leite nun nach Walhall, daß ich zu aller Helden Ehre Allvater's Meth mag trinken, den du, strahlende Wunschmaid, mir reichest! Brünhild! Brünhild! Sei gegrüßt!«[20] Auf jeden Fall heben also seit den ersten Entwürfen des *Ring* die zu sich genommene Nahrung und Getränke die rassische Identität ebenso hervor wie Gerüche.

Obwohl es den Anschein hat, als habe der Zwerg sechzehn oder zwanzig Jahre seines Lebens damit verbracht, dem jungen Siegfried Mahlzeiten zu bereiten, scheint es mit seinen Kochkünsten nicht weit her gewesen zu sein, denn Siegfried hasst Mimes Speisen, und diese verbreiten zweifellos keinen guten Geruch, weil auch die Ausdünstungen des Zwerges der empfindlichen Nase kein Vergnügen bereiten. Eine Anekdote aus den Proben zur allerersten kompletten *Ring*-Inszenierung im Jahre 1876 belegt, dass Wagner in Mime eine übel riechende Kreatur sah. Als Carl Schlosser, der Darsteller des Mime, in der Nibelheim-Szene des *Rheingold* nicht überzeugend genug herumhinkte und seinen Rücken kratzte, rief Wagner dem Sänger zu: »Sie können das Streichen des Rückens schon weiter ausdehnen und sich herzhaft den Arsch streichen! Die Piccolo-Flöte hat ohnedies so verdächtige Trillerchen.«[21] Natürlich machte Wagner einen Scherz, aber auch Scherze sind manchmal verräterisch. Unbewusst, und doch insgesamt nicht überraschend, könnte Wagner der erste Komponist gewesen sein, der das Furzen auskomponierte.[22] Diese »verdächtigen Trillerchen« in den höchsten Höhen des Orchesters unterstreichen nicht zuletzt eine Verbindung zwischen Gestank und Rasse, die auch in Text und Musik mehrerer anderer Musikdramen Wagners erkennbar ist – sozusagen die Kehrseite der Triller der Verzückung, die mit Venus' sanfterem Wesen oder mit den inzestuösen Frühlingsriten in der *Walküre* verbunden sind. Solche Triller, die das Entweichen von Schwefeldüften aus dem Hintern darstellen, sind natürlich niemals zu hören, wenn Götter und Helden singen.

In den *Meistersingern* wird das Motiv des »Judenpechs« übernommen, das Schopenhauer in seinem antisemitischen Aufsatz

Über Religion verwendet hatte. Wagner fand das Motiv des Juden, der Pechgestank ausdünstet, in den Werken jenes Autors, der auf seine geistige Entwicklung den größten Einfluss ausübte – vielleicht ließ er sich von diesem Motivfund aber auch nur bestärken. Schopenhauers *Parerga und Paralipomena* und *Die Welt als Wille und Vorstellung* hatte Wagner 1854 regelrecht verschlungen – also zu einer Zeit, da er die ersten Prosaentwürfe der *Meistersinger* von 1845 schon lange verfasst hatte, die endgültige Ausarbeitung des Librettos in Versform (1861/62) aber noch vor ihm lag.[23] (Nietzsche stellte später fest: »Schopenhauerisch ist Wagners Haß gegen die Juden«.[24])

In diesem Sinne könnte auch Beckmesser ein Bad nichts schaden. Denn er wird in der Szene zwischen Hans Sachs und Eva im zweiten Akt, als der Schuster Beckmessers Schuhe bearbeitet (im doppelten Wortsinn), mit Pech verbunden:

> SACHS: Kind,
> beid, Wachs und Pech, bekannt mir sind:
> mit Wachs strich ich die seidnen Fäden,
> damit ich dir die zieren Schuh gefaßt:
> heut faß ich die Schuh mit dichtren Drähten,
> da gilt's mit Pech für den derbren Gast.
> EVA: Wer ist denn der? Wohl was rechts?
> SACHS: Das mein' ich!
> Ein Meister, stolz auf Freiers Fuß;
> denkt morgen zu siegen ganz alleinig:
> Herrn Beckmessers Schuh ich richten muß.
> EVA: So nehmt nur tüchtig Pech dazu:
> da kleb er drin, und laß mir Ruh! (MD, 435)

Als Eva am Ende der Szene mit Sachs ausruft, es stinke nach Pech, meint sie zwar Sachs, aber die Verbindung zwischen »Pech« und Beckmesser ist schon hergestellt. Auf diese Weise bezieht sie sich nicht nur auf den Schuster, der bei der Arbeit an den Schuhen des Stadtschreibers mit diesem geruchsintensiven Material hantiert, sondern evoziert für das Publikum auch den (stinkenden) Beckmesser, der – wovor sie sich fürchtet – beim Gesangswettstreit ihre Hand gewinnen könnte:

Gleich, Lene, gleich! Ich komme schon!
Was trüg ich hier für Trost davon?
Da riecht's nach Pech, daß Gott erbarm: – (MD, 437)

In den *Meistersingern* muss sich der gute Deutsche auf seine Nase
verlassen, um zwischen Eklig-Fremdem und Schön-Vertrautem
zu unterschieden, wie es Hans Sachs' Reflexionen über den Flieder nahe legen, die ich weiter unten behandeln werde. Deswegen
ist es so wichtig – und das betont Wagners Text –, dass der oder
die Deutsche darauf achtet, was ihm die Nase mitteilt. Im Kontext
von Gestank und einem pseudojüdischen Rivalen erhält daher
auch die Redewendung »unter der Nase weg« eine zusätzliche
Bedeutung. Als Eva mit Sachs flirtet, bittet sie ihn im Hinblick auf
den Wettbewerb verdeckt um Hilfe gegen Beckmesser (seinen
Geruch und seinen Gesang) und mahnt ihn implizit, von seiner
Nase Gebrauch zu machen:

Am End auch ließ er sich gar gefallen,
daß unter der Nas ihm weg vor Allen
der Beckmesser morgen mich ersäng'? (MD, 436)

(Die Assoziation von Juden und Gestank bei Wagner könnte auch
zum weit verbreiteten Aberglauben in Beziehung stehen, die
große Nase des stereotypen Juden sei ein Anzeichen seiner sexuellen Andersartigkeit.[25] Zur Funktion der pseudojüdischen Figuren in Wagners dramatischen Werken gehört, außer bei Mime,
immer auch die sexuelle Gefahr, die von ihnen ausgeht. Sie basiert
auf der Wahrnehmung des jüdischen Körpers als andersartig.)

Doch nicht alle Gerüche in Wagners deutschestem Musikdrama
sind schrecklich. Wie in der *Walküre* und im *Siegfried* sind auch in
den *Meistersingern* sowohl die jüdische Bedrohung als auch ihre
Umgebung mit speziellen Gerüchen assoziiert. Üble Gerüche
wie schöne Düfte beziehen sich dabei auf eine lange kulturelle
Tradition der Verbindung von Juden mit Gerüchen. Die von
Beckmesser drohende Gefahr zeigt sich im abstoßenden Pechge-
ruch, und die Lösung, die dazu führt, dass Eva ihren unliebsamen
Freier los wird, geht von einem himmlischen, einzigartig deutschen Geruch aus. In den *Meistersingern* sind die süßen Düfte

urdeutsch; und sie steigen von jenem großen Busch auf, unter dem Hans Sachs – im Herzen (und in der Tiefe) des mittelalterlichen Deutschlands (»in Deutschlands Mitten« [MD, 462]) – über die spontane Inspiration von Walthers volkstümlicher deutscher Dichtung nachsinnt:

> Was duftet doch der Flieder
> so mild, so stark und voll! (MD, 433)

Später, in Sachs' zur Vernunft mahnendem »Wahnmonolog«, erfahren wir, dass dieser Duft die Bewohner seines »lieben Nürenberg« zur Prügelei angestiftet habe (»Der Flieder war's« [MD, 462]). Der Kampf hatte nicht nur Beckmessers nächtliches Ständchen für Eva unterbrochen, sondern ihm fast das Leben gekostet. Als Opfer der Animositäten der Stadt und der öffentlichen Demütigung glaubt zumindest der Stadtschreiber, Ziel des Aufruhrs sei sein eigener Tod gewesen. Die Schlägerei war jedoch nicht nur durch den Klang seiner Eselsstimme, wie wir bereits gesehen haben, sondern auch, wenigstens nach Ansicht von Hans Sachs, durch einen typisch deutschen Duft ausgelöst worden – einen Duft, der sich in Wagners motivisch konsequentem Kosmos von Natur aus gegen den Nichtdeutschen richtete:

> Wohl grün und blau
> zum Spott der allerliebsten Frau,
> zerschlagen und zerprügelt,
> daß kein Schneider mich aufbügelt!
> Gar auf mein Leben
> war's angegeben. (MD, 470)

Nachdem Beckmesser kräftig verprügelt und verspottet wurde, wird der Umstand, dass er in die sozialästhetische und sexuelle Sphäre des puristischen musikalischen Deutschlands eingedrungen war, als Anmaßung des Juden manifest. Mit seinem zauberhaft betörenden Duft hat der Fliederbusch Deutschland von seinem vermeintlichen Feind befreit: Nürnbergs böser Geist, der teuflische Beckmesser, wurde quasi durch einen Exorzismus vertrieben.[26]
Die dem Duft dieses Busches zugeschriebenen Kräfte wurzeln

in Wagners Heimatland in verschiedenen Kulturtraditionen. Ob der »Flieder« allerdings ein Holunder- oder ein Fliederbusch ist, bleibt eine offene Frage – eine der möglicherweise absichtlichen Ambiguitäten, die sich bei Wagner häufig finden.[27] Wie Peter Wapnewski betont, kann es um die Jahreszeit, zu der *Die Meistersinger* spielen, nur ein Holunder sein,[28] und die im deutschen Aberglauben mit diesem Busch verbundenen Überzeugungen lassen diese Annahme glaubhaft erscheinen. Hans Bächthold-Stäubli schreibt im *Handwörterbuch des deutschen Aberglaubens*, der Holunder gehöre »ohne Zweifel zu den volkstümlichsten Pflanzen überhaupt«.[29] Die ihm im deutschen Brauchtum zugeschriebenen Eigenschaften – besonders sein Duft – haben direkt mit der Rolle zu tun, die dieser Busch in *Die Meistersinger* spielt. Er gilt als zwiespältige, mächtige Pflanze, die sowohl mit dem Bösen als auch mit verjüngenden Heilkräften in Verbindung steht. Genau diese Ambiguität (von Regeneration und Zerstörung, von gut und böse) ist es, worüber Hans Sachs im dritten Akt in seinem »Wahnmonolog« nachsinnt; auch dort ist von Geistern (»ein Kobold«) die Rede (MD, 462). Wieland Wagner ging davon aus, dass dieser Baum wegen seiner Verbindungen zur deutschen Kultur ein Holunder sei, und inszenierte den zweiten Akt des Dramas folglich unter einem riesigen kugeligen, blühenden Holunder, der die Szene beherrschte und an die Stelle des üblichen Bühnenbildes mit Fachwerkhäusern und Kopfsteinpflaster trat (siehe Abbildung 15).[30] Als »hexenabwehrende Pflanze« (Bächthold-Stäubli) dient der Holunder in *Die Meistersinger* dazu, die Stadt vom bösen Geist des Stadtschreibers zu befreien. Und doch ist seine korrelierende Funktion, die einer lebensbejahenden, verjüngenden Instanz, im Drama ebenfalls zu erkennen: Im deutschen Aberglauben heißt es vom Holunder häufig, er sei ein »Lebensbaum«, und genau diesen Begriff prägt Walther, wie wir schon im ersten Kapitel gesehen haben, in seinem metaphorischen Lied über Eva, das Leben und die Liebe:

[A]n meiner Seite stand ein Weib,
so hold und schön ich nie gesehn:
gleich einer Braut

umfaßte sie sanft meinen Leib;
mit Augen winkend,
die Hand wies blinkend,
was ich verlangend begehrt,
die Frucht so hold und wert
vom Lebensbaum. (MD, 466)

Ein »Lebensbaum« ist der Holunder vor allem deshalb, weil er als
Aphrodisiakum gilt. Genau zur Mittsommernacht steht er am
üppigsten in Blüte, und damit ist auch sein Duft am intensivsten.
Ein altes Sprichwort aus dem Thüringer Wald lautet:

Auf Johannistag blüht der Holler –
Da wird die Liebe noch toller.[31]

Und natürlich blüht der Holunder im zweiten Akt der *Meistersinger* genau am Johannistag vor Hans Sachs' Haus. Er strömt einen
Duft aus, der zu einer Abfuhr für Beckmesser führt und zugleich
Walthers und Evas jugendliches Ungestüm so in Wallung bringt,
dass die beiden sich wohl auf und davon gemacht hätten, wenn
Sachs dies nicht durch sein Eingreifen verhindert hätte.

»Flieder« kann außer dem Holunder allerdings auch den
eigentlich unter diesem Namen bekannten Busch bezeichnen, der
im Mai blüht. Und mit dieser Jahreszeit assoziiert Hans Sachs in
seinem »Fliedermonolog« im zweiten Akt Vogelgesang – an den
in Walthers Frühlingslied im ersten Akt (MD, 422) erinnert hatte:

Es klang so alt, – und war doch so neu, –
wie Vogelsang im süßen Mai! […]
Lenzes Gebot,
die süße Not,
die legt es ihm in die Brust […]. (MD, 434)[32]

Dass Altes und Neues einen starken Gegensatz bilden und
zugleich zu etwas Neuartigem verschmolzen werden, ist eines der
Zentralthemen der *Meistersinger*. Sinngemäß gilt diese Verschmelzung auch für Holunder und Flieder mit ihren jeweiligen
Düften, die unterschiedliche Assoziationen wecken, wobei der
Flieder im Mai und der Holunder Ende Juni blühen. Die Unterscheidung ist – wie immer bei Wagner – metaphorischer Natur.

15. *Das Bühnenbild zum zweiten Akt von Wieland Wagners Bayreuther Inszenierung der* Meistersinger *(1956). Holunderblüten symbolisieren den Johannistag. Foto von Siegfried Lauterwasser (Bayreuther Festspiele)*

Auch der Vogelgesang im Mai wird bei Sachs metaphorisch verwendet. So ergibt sich eine abstrakte Bedeutung, die jedoch in einen realen, physischen Kontext eingebettet ist. Darum ist es aber auch kein positivistisches Ritual, die gemeinte Pflanze exakt zu benennen, denn die jeweiligen kulturellen wie ideologischen Implikationen sind durchaus unterschiedlicher und spezifischer Natur. Ist der Busch tatsächlich ein Holunder und kein Flieder, dann ist sein Duft in der Lage, junge Liebende zu stimulieren und zugleich die Gemeinschaft vor bösen Geistern zu bewahren: Dieser kulturell legitime Duft passt gut in Wagners Programm. Im dritten *Meistersinger*-Akt sinniert Sachs in seinem »Wahnmonolog« über den Zusammenhang von Deutschland, kräftigem »Fliederduft« und dem Gewaltausbruch, den dieser Duft provozierte:

Wie friedsam treuer Sitten,
getrost in Tat und Werk,
liegt nicht in Deutschlands Mitten
mein liebes Nürenberg! [...]

und will's der Wahn gesegnen,
nun muß es Prügel regnen,
mit Hieben, Stoß und Dreschen
den Wutesbrand zu löschen. –
Gott weiß, wie das geschah? [...]
Der Flieder war's: – Johannisnacht! (MD, 462)

Letztlich evoziert Wagners »Flieder« sowohl den Frühlingsduft
(wie in der *Walküre* ist der Frühling eine vom Duft junger Liebe
erfüllte Jahreszeit) als auch den Holunderblütenduft des Johannistags (wobei der Holunder in Deutschlands kultureller Tradition mit Assoziationen reich befrachtet ist). Die »magischen«
Kräfte des Holunders waren nicht Wagners Erfindung, sondern
tief im Aberglauben der deutschen Kultur verwurzelt. Der Geist
des Holunders (der den magischen Zwergen ähnelt, die sich unter
diesem Busch einfinden, weil sie dessen Duft lieben)[33] schwärmt
in die deutsche Sagenwelt aus, findet aber auch Eingang in das
idiosynkratische, persönliche, antisemitische Motivvokabular der
Meistersinger. Dort entsteht dann eine Verbindung von Tradition,
Magie, einem konservativen, nationalistischen, auf dem Vorrang
des deutschen Volkes gegründeten Programm und einem Duft,
der Wagners Zeitgenossen vertraut war und der sie vielleicht
unterschwellig überzeugen konnte. Jedenfalls waren Wagners
Zeitgenossen mit jenen Motivtraditionen vertraut, die aus den
Meistersingern eines der am stärksten antisemitisch geprägten
Dramen machen, die je auf die Bühne kamen.

Der Jude als fremdartiges, abstoßendes, hinterhältiges Element,
das die homogene Unversehrtheit des deutschen Volkes und seiner Kunst bedroht, wird durch Gerüche der Andersartigkeit charakterisiert: Schwefel, Fürze, verbranntes Leder, Pech. Könnte es
sein, dass Wagner seinen Beckmesser mit Schwefelgeruch umgab,
während er selbst sein Badewasser mit Parfüm anreicherte (eine
Praxis, die allerdings erst für die Entstehungszeit des *Parsifal*
bezeugt ist), weil er sich auf jeden Fall davor schützen wollte, mit
einer solchen Figur verwechselt zu werden? Das Ich braucht den
Anderen und das Andere, um die Grenzen zu erkennen, die der
eigenen Identität Gestalt verleihen. Zweifellos ist Wagners

patriotischer Nationalismus Teil einer psychologischen Disposition, deren Kehrseite der Antisemitismus ist. Das eine braucht das andere, um es selbst zu sein. Und beide erwachsen aus einer einzigen Konstellation von Bedürfnissen und Ängsten; beide evozieren Geruchsmotive. Bei dieser Doppelmanifestation eines einzigen Gefühls – Nationalismus als Ausdruck der Angst vor den Juden – erscheinen Nationalismus und Antisemitismus als entgegengesetzte Enden eines Spektrums, das mit Gerüchen gefüllt ist, die vom niedrigsten Gestank einer minderwertigen Rasse bis zum magischen Blütenduft eines gereinigten Deutschlands reichen. Liebe und Hass sind in Wagners Gedanken nicht weiter voneinander entfernt als die sie kennzeichnenden, entgegengesetzten Gerüche.

Auch in der Zeit, nachdem Wagner das Motiv des Judengestanks in seine Dramen inkorporiert hatte, blieb der Glaube an eine biologische Geruchsikone des Judentums in der deutschen Volkskultur lebendig. Gegen Ende von Wagners Leben erschien diese Überzeugung sogar in pseudowissenschaftlicher Literatur zur Rassenkunde. Der antisemitische Biologe Gustav Jaeger etwa veröffentlichte 1880, drei Jahre vor Wagners Tod, einen Traktat mit dem Titel *Die Entdeckung der Seele*, worin er den angeblichen Gestank der Juden als natürliches Zeichen ihrer biologischen Andersartigkeit charakterisierte.[34] In seinem Traktat ging Jaeger sogar so weit, den schlechten Geruch der Seele des Juden zuzuschreiben. Vielleicht hatten Ende des 19. Jahrhunderts auch Wilhelm Fließ' Arbeiten, in denen Verbindungen zwischen der Nase und den Geschlechtsorganen gezogen wurden, mit der antisemitischen Motivtradition zu tun. Man hat argumentiert, Fließ sei zu seiner Theorie durch den Wunsch motiviert worden, seine gesellschaftliche Position als Jude zu rechtfertigen.[35] Die Ikone des Geruchs war wirkungsmächtig und hielt sich hartnäckig. Gegen Ende von Wagners Leben hatte sie sich, im Zeichen biologischer und positivistischer Erklärungen von Naturphänomenen, unverkennbar der Popularisierung naturwissenschaftlicher Erkenntnisse angenähert. Noch im 20. Jahrhundert spielte die Geruchsikone in der öffentlichen Wahrnehmung von Juden eine wichtige Rolle – etwa in pseudowissenschaftlichen Untersuchungen wie

Hans F. K. Günthers *Rassenkunde des jüdischen Volkes*, die der Nazi-ideologie Vorschub leisteten. Günther schlägt vor, den *foetor judaicus* genauer zu untersuchen und chemisch zu analysieren.[36] In Wagners Werken taucht die Geruchsikone automatisch und unverblümt auf, denn der Komponist ging sicher davon aus, dass sie vom Publikum fraglos akzeptiert werden würde, hatte sie sich in seiner Kultur doch zum nicht mehr hinterfragten Topos ent-wickelt.

Gerüche in Wagners Quellen

Während Wagner in den *Meistersingern* die von Gerüchen erfüll-ten volkstümlichen Traditionen Deutschlands fast ohne Modifi-kationen, allein durch Verweise auf altehrwürdige Motive, aus-beutete, ging er bei seinen Bearbeitungen der Sagenstoffe im *Ring*, im *Tristan* und im *Parsifal* anders vor. In diesen Werken erforderten seine ideologischen Anliegen eine Umformung der Quellen aus Sage und Literatur, die ihm als dramatische Stoff-grundlage dienten. Beim Vergleich der Quellen mit den Musik-dramen zeigt sich, dass die mit üblen Gerüchen verbundenen Motive der Vorlagen unterdrückt oder an andere Stellen der Libretti versetzt wurden – je nach den Erfordernissen von Wag-ners sozialen und rassischen Vorurteilen sowie der Motivverbin-dungen, die diese Vorurteile in seiner Vorstellung evozierten.

Hinsichtlich der Quellen zum *Ring des Nibelungen* ist dies nur teilweise der Fall, weil darin süße Düfte und übler Gestank fast überhaupt keine Rolle spielen. In den Passagen aus den verschie-denen Fassungen der Edda und der *Völsungensaga*, die als Vorbild für die Liebesbeziehungen zwischen Siegmund und Sieglinde sowie zwischen Siegfried und Brünnhilde dienten, lassen sich hin-ter Hinweisen auf Tränke und Met nur selten Gerüche erahnen; Blumen, Blumendüfte und Ähnliches finden sich in diesem Zusammenhang nirgends.[37] Auf ähnliche Weise sind auch die literarischen Vorläufer der bei Wagner im *Ring* übel riechenden Gestalten in den Vorlagen bemerkenswert geruchlos. Wagner fügte die Geruchsgegensätze also hinzu, als er seine altnordischen und germanischen Quellen dem rassistischen, nationalistischen Programm seiner Tetralogie anpasste, und er verfuhr dabei konsequent. Wenn die Wälsungen in Frühlingsdüfte gehüllt sind, während die Nibelungen furzen und nach Schwefel stinken, dann kommt dieser Gegensatz nicht aus den nordischen Kulturtraditionen, sondern er gilt erst in Wagners Musikdramen, die seine Gedanken und Vorstellungen zum Ausdruck bringen – Vorstellungen hinsichtlich höherwertiger und minderwertiger Wesen und einer zukünftigen homogenen Gesellschaft, aus der all jene ausgeschlossen sein sollten, die seiner Meinung nach für den schlimmen Verfall der zeitgenössischen Welt verantwortlich waren.

Andererseits spielen schon im *Tristan* Gottfrieds von Straßburg und im *Parzival* Wolframs von Eschenbach (den Hauptquellen für *Tristan und Isolde* und *Parsifal*)[38] Wunden, die Verwesungsgeruch von sich geben, eine zentrale Rolle. Bei Gottfried von Straßburg wird die Aufmerksamkeit auf den Gestank gelenkt, der aus Tristans Wunde dringt, die er sich im Kampf mit Morold zugezogen hatte; dieser Geruch ist so überwältigend, dass er Diener, Besucher und Mitglieder des Hofstaats aus dem Zimmer treibt:

Zudem bekam diese Wunde | einen so scheußlichen Geruch, | daß sein Leben ihm lästig wurde | und sein eigener Körper ihn abstieß. […] Aber die ganze Zeit, während er [Harfe] spielte, | […] roch stets die häßliche Wunde | und verbreitete einen solchen Gestank, | Daß niemand es auch nur eine Stunde | bei ihm aushalten konnte. | Wieder sprach da die Königin: | »Tantris, wenn es sich ergibt, | und deine Lage sich so verbessert, | daß dieser Geruch vergeht | und jemand bei dir bleiben kann, | dann laß dir anvertrauen | dieses Mädchen Isolde.«[39]

Auf ähnliche Weise werden im *Parzival* die Verunreinigung und der Geruch betont, die Anfortas' (bei Wagner: Amfortas') Wunde verursacht. Trevrizent erklärt dem Helden im 9. Buch, Anfortas werde zu einem verzauberten See gebracht, dessen süße frische Luft ein Gegenmittel für den abstoßenden Wundgestank sei:

Brumbâne heißt ein stiller See;
Wird ihm bei Mondeswechsel weh,
Läßt man ihn dort sein Lager haben,
Daß ihn die süßen Lüfte laben.[40]

In einer anderen Passage aus dem 16. Buch werden verschiedene Mittel beschrieben, die den Wundgestank erträglich machen.

> Die Wunde brachte das zum Toben,
> So daß der Fraun und Ritter Schar,
> Die um den Herrn versammelt war,
> Die Blicke sahn, die schmerzverstörten,
> und seinen lauten Wehruf hörten.
> Man streute stets in solcher Stunde
> Gegen den Geruch der Wunde
> Auf seinem Teppich Spezerein;
> Theriak und Ambra hauchten fein;
> Auch Terebinthen lagen da,
> Riechspäne und Aromata.
> Da wurden rings, wohin man trat,
> Würznäglein, Kardemom, Muskat,
> Zerdrückt von ihren Füßen,
> Die Lüfte zu versüßen.[41]

Sowohl bei Gottfried als auch bei Wolfram sind die abstoßenden Gerüche bewusst realistisch beschrieben. Wagner jedoch tilgte diese Stellen in seinen dramatischen Adaptionen. (Es ist indes amüsant, dass die Ambra, die in Amfortas' Umgebung für Luftverbesserung sorgte, ebenjene Geruchssubstanz war, die Wagner selbst einatmete, als er die Musik zum *Parsifal* komponierte – geschickt hatte sie ihm seine treue Freundin Judith Gautier.[42]) Wenn in den Texten jener Musikdramen, in deren epischen Vorlagen bereits Gerüche thematisiert sind, bei Wagner Gerüche erwähnt werden, dann sind sie angenehm und süß, sogar betörend, und beschränken sich auf Charaktere wie Isolde, bei denen in der Vorlage von Düften keine Rede ist. Weil Gestank bei Wagner unweigerlich mit Juden verbunden ist, kommt übler Geruch bei seinen Helden und bei den germanischen Gestalten seiner Fantasie überhaupt nicht vor, ganz gleich, welch schrecklichen Wundgeruch diese in Wagners Quellentexten verbreiten.

Nach diesem Ausflug in die Welt der unangenehmen Gerüche können wir nun – innerhalb Wagners motivischem Universum – ins Reich der Wohlgerüche zurückkehren und damit auch zu jenen überlegenen, besser riechenden Wesen, deren Identität stets durch den Gegensatz zu fremdartigen, widerwärtigen Körpern definiert ist, welche sie zurückweisen und mit ihrer strahlenden Gegenwart in den Schatten stellen. Weil diese höheren Wesen mit Inzest assoziiert sind, einer sexuellen Vereinigung, die nur Auserwählten zusteht, haben die den inzestuösen Akt begleitenden himmlischen Düfte auch dieselben ideologischen Implikationen wie Wagners stärkste Sexualmetapher. Die Metapher des von betörenden Gerüchen bestärkten Inzests steht bei Wagner für die Überzeugung, Deutschland müsse sich isolieren – und, *metaphorisch gesprochen, Inzucht treiben* –, wenn es sein einzigartiges Wesen bewahren und ausländischer, insbesondere »welscher« und semitischer, Zersetzung widerstehen wolle. Diese Idee findet sich überall in seinen Schriften; auch in den metaphorischen Konstellationen der Dramen ist sie zu erkennen. Die Argumentation von *Erkenne dich selbst* – einem Essay aus Wagners Spätphase, in dem sich sein später, auf angeblich biologisch verifizierbaren, wissenschaftlichen Erkenntnissen der Rassenkunde basierender Antisemitismus zeigt – geht von dieser Prämisse aus. Wagner behauptet, wenn sich Deutsche mit »minderen« Rassen aus dem Osten (dem Herkunftsbereich der Juden) vermischten, führe das zur Degeneration, während der Jude von solchem genetischen Verfall profitiere. Nach dem Dreißigjährigen Krieg hätten sich, wie Wagner erklärt, »die großen monarchischen Machtverhältnisse verschoben [...] aus dem eigentlichen deutschen Lande nach dem slavischen Osten: degenerierte Slaven, entartende Deutsche bilden den Boden der Geschichte des achtzehnten Jahrhunderts, auf welchem sich endlich in unsren Zeiten, von den ausgesaugten polnischen und ungarischen Ländern her, der Jude nun recht zuversichtlich ansiedeln konnte« (GS 14:188f.). Dieses Bild entspricht genau jenem, das Wagner in seinen Essays aus der Zeit nach der gescheiterten Revolution von 1848/49 von den antiken griechischen Wurzeln der zukünftigen deutschen Kultur- und Sozialreform gezeichnet hatte. Damals hatte er orientalisch-barbarische Horden beschrieben, die in die einheitliche Gemeinschaft Griechenlands eingedrungen waren und sie dadurch zerstört hatten. Wenn man Wagners verschiedene Essays im Zusammenhang liest, dann legen sie den Gedanken nahe, Deutschland drohe in der modernen Zeit dasselbe Schicksal wie den alten Griechen. Und was hält Wagner einer solchen Bedrohung der Zukunft Deutschlands durch Blutsauger und gefährliche Degeneration als einzig mögliche Rettung entgegen? »Hier kann einzig das unzerstörbare Gefühl der Verwandtschaft mit dem *Volke* [...] eintreten [...]. [W]ir haben Mitleiden und bemühen uns zu hoffen, wie für das Los der eigenen *Familie*« (GS 14:190; meine Hervorhebungen). Die Familie ist das Volk, und bei der Zeugung von Nachwuchs über die Familiengrenzen hinauszugehen, heißt, das überlegene genetische Material des deutschen Erbes aufs Spiel zu setzen. Somit ist der Inzest – mit den ihn begleitenden Düften, die sich nur im Umfeld der besseren Körper finden – die Metapher für Deutschlands »wahre« physiologische Rettung. Metaphorisch gesehen muss die Familie des Vaterlandes (auch des Mutter-, Schwester- und Bruderlandes) Inzucht treiben, um ihr höheres Wesen zu bewahren. Beim Vergleich von Wagners Äußerungen in den Essays mit den Musikdramen wird deutlich, dass in Wagners schöpferischer Fantasie und in seinen Sozialtheorien duftender Inzest, wohlriechender Nationalismus und Judengestank zu einem einheitlichen Komplex, zu einer festen ideologischen Verbindung verschmelzen. Denn so wie in den Musikdramen die inzestuöse Vereinigung das wunderbar duftende höhere Wesen hervorbringt, so begrenzt der Patriotismus in Bühnenwerken und Essays den Nachwuchs eines Volkes auf den eigenen Bereich. Nur so lässt sich der stinkende Abschaum ausländischen, fremdartigen Einflusses abwehren.

Während sich Wagners Verwendung der Geruchsmotive auf zahlreiche alte Traditionen seiner Kultur zurückführen lässt, markieren seine Gedanken zum Inzest einen Bruch mit dem Geist seiner Zeit: Sie weisen gegenüber den landläufigen Ansichten des Volkes, in denen damals wie heute Inzucht und Degeneration verurteilt wurden, in die genau *entgegengesetzte* Richtung, weil nun die metaphorische Bedeutung des Motivs in seinem Denken vorrangig wurde. Eine im 19. Jahrhundert von weiten Kreisen geteilte Überzeugung hinsichtlich der Juden führte gerade deren vermeintliche Degeneration auf Inzucht zurück. Der Ausschluss der Juden von über ethnische Grenzen hinausreichender sexueller Gemeinschaft habe zum genetischen Verfall ihres Erbmaterials geführt – so sah man die Dinge ganz im Sinne der rassistischen Einstellung und der wissenschaftlichen Logik jener Zeit. Am Ende des Jahrhunderts teilten selbst Freuds französischer Mentor Jean Martin Charcot sowie in Deutschland und Österreich-Ungarn viel gelesene Psychiater wie Theodor Kirchhoff und Richard Krafft-Ebing diese Ansicht.[43] Wagners metaphorische Lösung für die Abwehr der jüdischen Bedrohung war somit den pseudowissenschaftlichen, nicht metaphorisch gemeinten Überzeugungen seiner Zeit (und der unmittelbar auf seinen Tod folgenden Epoche) diametral entgegengesetzt. Für ihn machte die physiologische Unverträglichkeit der deutschen und der nicht-deutschen Rasse die Juden ironischerweise zur zersetzenden Gefahr, die durch Mischehen mit Fremden, durch Inzucht und genetische Hartnäckigkeit nicht verringert, sondern eher noch verschärft wurde. Das wird in einer anderen Passage aus *Erkenne dich selbst* deutlich:

Dagegen ist denn allerdings der Jude das erstaunlichste Beispiel von Rassenkonsistenz, welches die Weltgeschichte noch je geliefert hat. Ohne Vaterland, ohne Muttersprache, wird er, durch alle Völker, Länder und Sprachen hindurch, vermöge des sicheren Instinktes seiner absoluten und unverwischbaren Eigenartigkeit zum unfehlbaren Sich-immer-wieder-finden hingeführt: selbst die Vermischung schadet ihm nicht; er vermische sich männlich oder weiblich mit den ihm fremdartigsten Rassen, immer kommt ein Jude wieder zutage. (GS 14:189)

Eine solche Passage legt den Gedanken nahe, dass die Metaphern der Vereinigung über Rassengrenzen hinweg im *Ring* hinsichtlich der genetisch-biologischen Realität auf festen Überzeugungen basieren: Aus dem Inzest zwischen Siegmund und Sieglinde geht Siegfried hervor, doch Hagen, der hinterlistige Anbieter unreiner Tränke – er beschreibt sich selbst als »frühalt – fahl und bleich« (MD, 779) – steht für die Degeneration einer Vereinigung zwischen der germanischen Grimhild und Alberich (siehe Abbildung 24). Die physiologische Degeneration, von der Hagen spricht – und die, wie ich im fünften Kapitel zeigen werde, auch in seiner

Musik wiederholt dargestellt wird –, resultiert aus einer *körperlich* zersetzenden Blutsvermischung: Die minderwertigen, wenn auch durchsetzungsfähigen körperlichen Merkmale des Juden passen einfach nicht zum Blut eines höherwertigen deutschen Wesens. Wenn jede Vereinigung eines Juden mit einer Deutschen oder einer Jüdin mit einem Deutschen beim Nachwuchs zu einer Dominanz der jüdischen Merkmale führt, dann ist Deutschlands Zukunft in Gefahr – es wird nicht länger deutsch sein, denn für Wagner kommt der Verfall des deutschen Körpers einem Niedergang der deutschen Gemeinschaft und ihres »Wesens« gleich. Die Begriffe »degeneriert« und »entartet« signalisierten im 19. Jahrhundert nervliche und biologische Dekadenz, und genau in diesem Sinne werden sie auch von Wagner verwendet. Wenn also ein *deutscher* Körper als Metapher fungiert, ist es durchaus möglich, dass die abstrakte, theoretische, begriffliche Dimension der Metapher wichtiger ist als das körperliche Zeichen (dies zeigt sich etwa in Wagners Bild des Auges als Medium der Selbsterkenntnis einer höherwertigen Gemeinschaft im Kunstwerk); wenn jedoch der *jüdische* Körper metaphorische Funktion hat, drängt sich die physiologische Dimension in den Vordergrund, sowohl in Wagners theoretischen Schriften als auch in seinen Bühnenwerken. Obgleich der (weit verbreitete) Gedanke, die Inzucht der Juden führe zur biologischen Degeneration, und die (bei Wagner idiosynkratische) Strategie zur Bewahrung von Deutschlands rassischer Reinheit durch Inzucht ihre Wurzeln in demselben rassischen Vorurteil haben, stehen beide Gedanken logisch in offenkundigem Gegensatz. Wagners Vorurteile zwangen die Assoziationsstrukturen seiner Fantasie zu metaphorischen Motivbildungen, die mit dem (angeblich realen) Motivvokabular seiner Zeit nicht übereinstimmten. Darin allerdings war er konsequent, und so verdeutlichte er die Metapher der Rettung durch Inzucht auch mit Hilfe von Wohlgerüchen – Düften, die sich um Welten von jenen Geruchszeichen unterscheiden, die den durch solche Inzesthandlungen implizit Ausgestoßenen zugeordnet waren. Gerüche setzten bei Wagner anscheinend einen Regressionsprozess in Gang, mit dem sich elementare Triebe wie das Verlangen, in die Arme der Mutter zurückzukehren, oder die Angst vor Verletzungen durch einen jüdischen (potenziell väterlichen) Feind verbanden.[44] Die durch solche Motivkonstellationen suggerierte Regression führt dann zur Mobilisierung atavistischer Sinneswahrnehmungen, die sich ihrerseits mit primitiven Gelüsten (in diesem Fall: Inzucht) und Ängsten (Territorialängsten oder Nationalismus) verbinden – beide in Wagners emotional aufgeladener Fantasie durch Geruchswahrnehmungen verstärkt.

In den Werken, die dem *Parsifal* vorangingen, kann die rassische Reinheit der Deutschen nur dadurch bewahrt werden, dass sich das deutsche Volk mit sich selbst vereinigt. Daraus werde, so hoffte Wagner, eine gesunde, reine, fruchtbare Nation hervorgehen, die sich von der verderblichen, mit üblen Düften erfüllten sexuellen Gefahr befreit habe. Im *Parsifal* indes könnte es auf den ersten Blick den Anschein haben, als sei hier das in Wagners Werken wirksame komplexe psychologische Assoziationsgefüge aus Judentum, Gerüchen, Inzest und Nationalismus durcheinander geraten. Doch dies gilt nur zum Teil. In Wagners letztem Musikdrama ändert sich zwar die spezifische Beschaffenheit jüdischer Gerüche, aber die Funktion dieser Gerüche bleibt dieselbe. Immer noch unterstreichen sie die Unterschiede der Rassen. Erst im *Parsifal* wird das Motiv der jüdischen sexuellen Bedrohung mit einem *angenehmen* Geruch verbunden. Vor 1877 waren pseudojüdische Figuren einfach mit Gestank verbunden. Doch jetzt sind Klingsor und Kundry, die beiden Vertreter des Judentums in diesem Werk, mit betörenden Düften assoziiert, die ein Gefühl zwanghafter, drängender Sexualität mit sich bringen, so als sitze man in einer Falle fest. Diese Düfte entströmen Klingsors Zaubergarten, jenem magischen, fantastischen Ort, der voll lähmender Wohlgerüche und verhexender Verführerinnen ist (siehe Abbildung 16). Klingsor selbst ist kastriert, aber seine Triebe lassen sich nicht unterdrücken. Aus ihnen bezieht sein duftender Zaubergarten seine Macht, der für die deutschen Gralsritter eine Gefahr darstellt, wie Gurnemanz im ersten Akt berichtet:

Die Wüste schuf er sich zum Wonnegarten;
drin wachsen teuflisch holde Frauen,
dort will des Grales Ritter er erwarten
zu böser Lust und Höllengrauen:

267

wen er verlockt, hat er erworben,
schon Viele hat er uns verdorben. (MD, 829)

Als das Wort »Wonnegarten« in Gurnemanz' Erzählung erscheint, verwendet Wagner eine große Vielfalt musikalischer Stilmittel, um akustische Metaphern für Verzauberung zu evozieren.
Die Flöten spielen mehrere Triller, während die Klarinetten
(Instrumente, die Wagner in *Siegfried* mit der verräterischen
Andersartigkeit Mimes in Verbindung gebracht hatte) ein synko-
piertes, pulsierendes, aufsteigendes Motiv (das später von den
Streichern übernommen wird) einbringen, das bei den Worten
»holde Frauen, | dort will des Grales Ritter er erwarten« von
einer steigenden und fallenden Linie in den Violinen und Celli
begleitet wird. In letzterer Bewegung kann man das gestische
Äquivalent einer sich windenden, Weinranken gleichenden
Umarmung sehen – darin scheint das bedrohliche Wesen der Blu-
men in diesem Musikdrama auf. Es wird nie völlig klar, ob die
Figuren, die Parsifal im zweiten Akt in diesem Garten sieht,
Frauen oder blühende Pflanzen sind; im phantasmagorischen
Erleben werden Vegetation und Mensch anscheinend eins im
Moschusduft sexueller Faszination (siehe Abbildung 17). Parsifal
selbst fragt sie:

Wie duftet ihr hold!
Seid ihr denn Blumen? (MD, 845)

Die Antwort lautet:

Des Gartens Zier,
und duftende Geister,
im Lenz pflückt uns der Meister. (ebd.)

Der »Meister« ist natürlich Klingsor. Weil er als Gralsritter
akzeptiert werden und somit letztlich seine bisherige (jüdische)
Identität ablegen möchte, führt Wagners frühere Assoziation von
Familienidentität und Stimulation durch süße Düfte hier dazu,
dass der Zauberer die aus den früheren Musikdramen geläufigen
guten, familiären Gerüche als Maske benutzt – in den Dramen vor
Parsifal hatten solche Gerüche ausschließlich die germanische
Rasse repräsentiert. Dass Klingsors üppige Blumen gut riechen,

16. Klingsors Zaubergarten. *Ölgemälde von Max Brückner nach Bühnen-bildentwürfen von Paul von Joukovsky für die Uraufführung des* Parsifal *im Jahre 1882 (Nationalarchiv der Richard-Wagner-Stiftung/ Richard-Wagner-Gedenkstätte, Bayreuth)*

Abbildung 17. Kostümentwürfe für die Blumenmädchen von Paul von Joukovsky, für die Uraufführung des Parsifal *im Jahre 1882 (Nationalarchiv der Richard-Wagner-Stiftung/ Richard-Wagner-Gedenkstätte, Bayreuth)*

Notenbeispiel 21. Gurnemanz' Evokation des Zaubergartens
im ersten Parsifal-*Akt*

271

zu bö - ser Lust   und   Höl-len-grau - en:

ist somit wahrscheinlich nur eine Duftmaske. Darin zeigt sich auch sein Verlangen, zu den auserwählten deutschen Rittern zu gehören. Man darf sicher vermuten, dass Klingsor *eigentlich* übel riecht, aber letztlich ist es nicht von ausschlaggebender Bedeutung, ob der Zauberer gut oder schlecht riecht. Die metaphorische Funktion des Geruchsmotivs wird vor allem darin deutlich, dass er – wie auch Kundry – *anders* riecht. In den früheren Werken stanken die Juden, während die germanische Gesellschaft süß duftete. Nun aber nehmen sie einen kränklich-süßen Geruch an, der sich ebenfalls himmelweit vom Duft der Keuschheit und der hehren Ideale unterscheidet. Vielleicht ließen Wagners schöpferische Fantasie und sein metaphorisches Gesamtsystem zu, dass sich im *Parsifal* erstmals antisemitische Stereotype mit Wohlgerüchen verbanden, weil hier – zum ersten Mal überhaupt – das *sexuelle Verlangen an sich* schon als übel angesehen wird.[45] In Wagners Werken deuten angenehme Gerüche stets auf sexuelle Verlockungen hin, doch vor 1877 wurde solches Verlangen im positiven Licht gezeigt, weil zum einen vielleicht ein Gegenbild zu den engen Moralauffassungen des Bürgertums erstrebt war, zum anderen aber die Düfte als Mittel zur Erhaltung der höherwertigen »Familie« deutscher Rassenzugehörigkeit eingesetzt wurden. In Wagners quasi-religiösem Spätwerk nun wird Enthaltsamkeit ausschweifender Sexualität vorgezogen, und jeder Akteur erhält seinen eigenen Geruch. (Das ist nicht ohne Ironie, denn als der Komponist an ebendiesem Musikdrama arbeitete, das Erotik und Düfte verteufelt, unterhielt er außereheliche Beziehungen zu Judith Gautier, die für ihn vor allem mit Parfüms und deren Beschaffung assoziiert war!)

Anders als in *Tannhäuser*, *Tristan und Isolde* und im *Ring* erscheint der Körper in *Parsifal* nicht als Ort der Sinnlichkeit und Versuchung oder als Medium befreiender, natürlicher Impulse, die das Subjekt dazu bringen, aus den widernatürlichen Beschränkungen einer enthaltsamen, unnatürlichen Zivilisation auszubrechen, sondern als Quelle körperlicher Impulse, die ausschließlich negativ gezeichnet sind – als Ort der Triebe, die zum Zusammenbruch eines bestimmten, für überlegen gehaltenen Ordnungsgefüges führen und dabei hehre Ideale und höhere Ziele kompromittieren. Hier liegt vielleicht der Grund dafür, dass die frommsten, reinsten Gestalten in Wagners letztem Musikdrama nur als Stimmen, als körper*lose* Geister zu vernehmen sind: der fast schon tote König Titurel, den Gott als Gründer des Gralsritterordens auserwählt hatte, und die am Ende des ersten Aktes zu hörende (Engels-?)Stimme in der Höhe, die Gurnemanz als Erinnerung zuruft, er möge geduldig auf die Ankunft des »reinen Toren« warten, der Amfortas – und Christus – von seinem Leiden erlösen werde. Titurel »lebt«, wie uns seine Stimme während der ersten Szene im Gralssaal wissen lässt, durch die tägliche Transsubstantiation im Zeichen der Gralszeremonie »im Grabe« weiter – einer Zeremonie, die sein Sohn leitet, der unter körperlichen Qualen leidende Amfortas, der dieser Aufgabe eigentlich nicht mehr gewachsen ist. Immer wieder lenkt Wagners Text die Aufmerksamkeit darauf, dass Titurel heiliger, reiner, erhabener und frommer ist als andere Gestalten: zuerst in Gurnemanz' Erzählungen im ersten Akt, und dann im dritten Akt durch den antiphonalen Trauergesang der Gralsritter sowie durch den Text von Amfortas' Gebet an seinen Vater. Die Abwesenheit von Titurels Körper ist ein Zeichen seiner Heiligkeit. Dieser ungesehene Körper, der irgendwo zwischen der fleischlichen Welt seines Sohnes und dem reineren Reich des Geistes im Grabe weiterlebt, nimmt als letztes, rein theoretisches Verbindungsglied zu einem irdischen Reich, dem Sinneseindrücke als verdächtig gelten, metaphorische Dimensionen an. Nach seinem Tod und nachdem sich Amfortas' sündig-sinnliche Wunde geschlossen hat, erinnern uns am Ende des Werkes die »aus der mittleren sowie der höchsten Höhe« (MD, 864) erklingenden, unsichtbaren Engelsstimmen daran, dass Titurels körperliche Abwesenheit ein Zeichen der Tugend war: Sie verkünden den Beginn einer zukünftigen, heiligeren, enthaltsameren Herrschaft – einer Herrschaft, in der der Körper keine Rolle mehr spielt. Obwohl sich in Wagners Schlusstableau die Sexualsymbolik des Speeres mit der des Grals vereinigt, leugnen die Implikationen von Wagners letztem Werk die physische Realität solcher Zeichen. Vielmehr wird ihr abstraktes, symbolisches Wesen unterstrichen: begriffliche Vorstellungen ohne konkrete Verkörperung. Man kann die Schlussszene von Wagners letztem Musikdrama als Siegesfeier lesen – der Körper ist dahingeschieden, und mit ihm seine bedrohliche Sexualität und seine sinnlichen Düfte.

Der bedrohlichste Körper im *Parsifal* gehört Kundry, Klingsors wichtigster Verführungsblume. Mit folgendem Zauberspruch ruft sie der Zauberer aus der Tiefe hervor:

Dein Meister ruft dich Namenlose,
Urteufelin, Höllenrose! (MD, 840)

Es ist durchaus keine neue Erkenntnis, dass Kundry eine der rätselhaftesten Schöpfungen in Wagners Musikdramen ist. Als Frau, die Christus verlachte und dafür mit dem Schicksal des ewigen Juden geschlagen wurde (so charakterisierte sie Wagner selbst), ist Kundry Wagners einzige antisemitische Frauenfigur – dazu verdammt, in vielfältiger Gestalt über die Erde zu wandern (als heruntergekommene Alte, Verführerin und Büßerin) und Erlösung zu suchen, die sie am Ende des Dramas schließlich in Taufe und Tod finden wird. Sie erinnert an Wagners zweideutige Aussage am Ende von *Das Judentum in der Musik*, die einzige »Erlösung« der Juden »von dem auf [ihnen] lastenden Fluche« sei »die Erlösung Ahasvers, – der *Untergang*« (GS 13:29).[46] (Die Frage, ob »Untergang« gleichbedeutend sei mit Vernichtung oder mit Assimilation, bestimmt noch heute die Debatte über Wagners Antisemitismus. Doch viele Verteidiger Wagners vergessen, dass er 1869 in *Aufklärungen über ›Das Judentum in der Musik‹* die rätselhafte, unbestimmtere und damit potenziell menschlichere Formulierung am Ende des Essays von 1850 durch neue Ausführungen ersetzte, die an Deutlichkeit nichts zu wünschen übrig lassen: Nun ist die Rede von der Möglichkeit einer »gewaltsame[n] Auswerfung des zersetzenden fremden Elementes« [GS 13:50].)

Wenn im *Parsifal* sexuelle Ausschweifung als Quelle der Verdammnis dargestellt wird, dann wird diese auf dem Umweg über Klingsors Zauberkräfte und das Werkzeug seines Willens, die ewige Jüdin Kundry, mit den Juden in Verbindung gebracht. Kundrys verführerische Gegenwart droht, den frommen deutschen Jüngling Parsifal zu überwältigen. Darum verbindet sich der Duft sexuellen Verlangens – anstelle des Judengestanks – jetzt auch mit dem semitischen Feind. Weil Sexualität im *Parsifal* verworfen wird, wandelt sich auch das Inzestmotiv und erfährt eine Neubewertung. Inzest ist nun nicht mehr, wie in allen Werken Wagners vor dem *Parsifal*, ein Mittel zur Umgehung des sexuellen Einflusses der Juden und zur Bewahrung überlegenen deutschen Wesens, sondern das Inzestmotiv verdeutlicht jetzt die sexuelle Aggressivität der Juden. Als Kundry bei ihrem Versuch, den jugendlichen Helden zu verführen, in die Rolle von Parsifals Mutter schlüpft (MD, 846ff.), stellt der Inzest eine *Bedrohung* für die Zukunft des Gralsritterordens dar. Immer noch ist Duft mit Erotik verbunden: Kundry kann die Verführung Parsifals versuchen, weil sie die »Höllenrose« (MD, 840) ist – ihr fremder, betörender, Inzest implizierender Duft hat schon etliche Gralsritter wehrlos gemacht. Allerdings bilden in Wagners Welt nunmehr Duft, Sex und Inzest eine Gefahr für die Errettung der deutschen Seele – eine Gefahr, die im *Parsifal* eng mit einer fremdartigen Aura umgeben ist: der Aura exotischer Erotik.

Man kann sich an dieser Stelle sogar fragen, ob Wagner, hätte er die technischen Mittel dafür zur Verfügung gehabt, in strategischen Augenblicken Parfümwolken ins Theater hätte pumpen lassen. Es ist durchaus vorstellbar, dass sein Gesamtkunstwerk dann auch reale sinnliche Geruchswahrnehmungen umfasst hätte, anstatt diese nur in der Vorstellung zu evozieren – etwa in wegweisenden Dramenszenen wie der Brautgemachszene im *Lohengrin*, Isoldes Liebestod mit den überwältigen Düften (am Ende des *Tristan*), oder der Zaubergartenszene im *Parsifal*. In all diesen Fällen wären reale Geruchswahrnehmungen des Publikums mit Wagners erklärtem Wunsch vereinbar, seine Werke sollten sinnlich, mit den Gefühlen statt mit dem Intellekt erlebt werden. Der oft so gepriesene, einem Drogenrausch ähnelnde Zustand, den die phantasmagorischen Augenblicke in Wagners Werken hervorrufen, würde durch Düfte und Geruchs-Assoziationen noch weiter verstärkt – über die in seinen Dramen außerordentlich intensive Verschmelzung von Text und Musik hinaus. Man könnte diesen Gedanken sogar logisch noch weiter fortspinnen und sich in Bayreuth einen zur olfaktorischen, visuellen und akustischen Manipulation der Sinne technisch aufgerüsteten

Zuschauerraum vorstellen, in dem an passenden Schlüsselstellen für kurze Augenblicke Knoblauchduft oder gar noch schlimmere Gerüche ausströmen – immer dann, wenn die Handlung die Evokation antisemitischer Stereotype verlangt. Knoblauch, Schwefel und Fürze in Nibelheim und Mimes Waldhöhle, der Gestank von Pech und verbranntem Leder in den Nachtszenen der *Meistersinger* – das wäre doch wirklich ein Gesamtkunstwerk, eines, das das gesamte Spektrum der kulturell encodierten Düfte einschlösse! Wer weiß, was in zukünftigen Theatern noch alles zur sinnlichen Wahrnehmung gehören wird …

Der Duft des Orients

Zur Exotik des Orients gehört auch der Sinnenkitzel der Düfte, der den (bürgerlichen) Europäer aus der Bahn der Wohlanständigkeit zu werfen droht. Folglich definiert sich der Orient in der westlichen Fantasie des 19. Jahrhunderts eher von seiner ideologischen Funktion als von seiner geografischen Lage her. Dabei umfasst die Geografie des Orientalismus so unterschiedliche, weit auseinander liegende Gebiete wie Nordafrika, die Türkei, den Nahen und Mittleren Osten, Indien und China. Indes, diese Regionen weisen hinsichtlich ihrer ideologischen Bedeutung für die europäische Fantasie bemerkenswerte Ähnlichkeit auf. Sie versorgten Wagner und seine europäischen Zeitgenossen mit Projektionsflächen für alle möglichen Ängste vor dem Andersartigen, sei dieses nun rassisch, sexuell, national oder religiös definiert.[47] Zwar reflektieren Wagners Werke zahlreiche stereotype Merkmale, die mit unterschiedlichen Gegenden assoziiert sein sollen, aber die ideologischen Implikationen dieser verschiedenen Schauplätze sind dann doch wieder sehr einheitlich. Wenn nämlich faszinierende, zugleich bedrohliche Mächte in der Sphäre weitgehend unbekannter, nur in der Fantasie vorgestellter Reiche jenseits der westlichen Erfahrungswelt lokalisiert werden, ist der Wunsch nach Kontrolle stets präsent.

Dass für Wagner die Juden dem Orient angehören, dass sie exotisch sind, wird in einer – bereits im ersten Kapitel dieses Buches

18. Marianne Brandt als Kundry im ersten Akt des Parsifal *bei der Uraufführung 1882. Kostümporträtfoto von Hans Brand (Nationalarchiv der Richard-Wagner-Stiftung/Richard-Wagner-Gedenkstätte, Bayreuth)*

zitierten – Passage aus *Die Kunst und die Revolution* deutlich, in der Wagner den Gemeinschaftsgeist der Griechen (sprich: Deutschen) dem Egoismus der Vorfahren des heutigen »Helden der Börse« gegenüberstellt, dem fremdartigen Schachern und Wuchern der »Kaufleute, die von allen Enden in den Mittelpunkt […] zusammenströmten« – der »egoistischen orientalisierten Barbaren« (DS 5:284, 293). Der Jude ist Orientale, was bei Wagner bedeutet: einfach anders, nicht-europäisch. Er ist ein Fremder aus dem Osten – mitsamt der Exotik und der Bedrohung, die von seiner andersartigen Welt, seinem fremdartigen Körper ausgehen. Diesen Schluss legen nicht zuletzt Wagners Bemerkungen in *Erkenne dich selbst* über das Eindringen opportunistischer, blutsaugerischer Juden aus Osteuropa nahe. Wagner definiert und erkennt sich selbst durch Zurückweisung des Aussehens, der Töne und des Geruchs jener fremdartigen Wesen aus dem Osten.

In Wagners Bühnenwerken hat das Orientalische stets die Funktion einer Bedrohung. Oft spielen dabei exotische Gerüche eine Rolle. Während viele aus antisemitischen Stereotypen zurechtkonstruierte Figuren einfach nur abstoßend sind, haben jene mit orientalischen Obertönen oft auch beunruhigende, betörende Eigenschaften. Ihr exotisches Wesen flößt Angst ein, aber das Subjekt, das diesem beunruhigenden Anderssein ausgesetzt ist, wendet den Blick nicht einfach ab, nachdem es die Andersartigkeit erkannt hat. Heimlich hält der Betreffende ein Auge (und ein Nasenloch) offen und betrachtet verstohlen die Züge jener fremden Körperlichkeit, atmet die sexuell anregenden Moschusdüfte ein, die er niemals als europäisch bezeichnen würde. Es ist kein Zufall, dass im *Parsifal* Kundry – das ganz Andere als Frau, Verführerin, religiös Verfemte, Jüdin – diejenige ist, die am weitesten nach Osten vorgedrungen ist, als sie versuchte, für den leidenden Amfortas lindernde (und vermutlich herrlich duftende) Salben, Tränke und Essenzen zu besorgen. Dabei kam sie in ein Land, das die männlichen Ritter noch nie gesehen haben, dessen Andersartigkeit jedoch in kitschigen pseudoorientalischen Klischees dargestellt wird. Als Kundry im ersten Akt erstmals auftritt, kommt sie als Botin aus dem Osten. Wild und zerzaust rauscht sie herein, wie eine Hexe oder gar Walküre (weil sie es so eilig hatte, »flog sie durch die Luft«), mit einem Balsam, den sie ausdrücklich als *arabisch* vorstellt (siehe Abbildung 18):

Kundry stürzt hastig, fast taumelnd, herein. Wilde Kleidung, hoch geschürzt; Gürtel von Schlangenhäuten lang herabhängend: schwarzes, in losen Zöpfen flatterndes Haar; tief braun-rötliche Gesichtsfarbe; stechende schwarze Augen, zuweilen wild aufblitzend, öfters wie todesstarr und unbeweglich. – Sie eilt auf Gurnemanz zu und dringt [sic] ihm ein kleines Kristallgefäß auf
KUNDRY. Hier! Nimm du! – Balsam …
GURNEMANZ. Woher brachtest du dies?
KUNDRY. Von weiter her, als du denken kannst:
hilft der Balsam nicht,
Arabia birgt dann
nichts mehr zu seinem Heil. –
Frag nicht weiter! – Ich bin müde. (MD, 824)

Gawain, Amfortas' vertrauter, ergebener Ritter (bei Wagner: Gawan), ist die einzige andere Gestalt, von der wir hören, dass sie gefährliche Abenteuerreisen unternehme, um dem König Balsam zu bringen. Doch seine Heilmittel tragen nicht einmal Namen; auch sind sie geruchlich nicht identifiziert und erscheinen deshalb unbedeutend im Vergleich zu den exotischen Essenzen, die Kundry zu bieten hat. Wahrscheinlich kommen sie aus weniger exotischer Umgebung. Jedenfalls können wir kurz nach Kundrys Auftritt einem Wortwechsel zwischen Amfortas und dem Zweiten Ritter entnehmen, dass Gawans (allzu europäisches) Elixier von minderer Qualität war:

AMFORTAS. Gawan!
ZWEITER RITTER. Herr! Gawan weilte nicht;
da seines Heilkrauts Kraft,
wie schwer er's auch errungen,
doch deine Hoffnung trog,
hat er auf neue Sucht [*sic*] sich fortgeschwungen. (MD, 825)

Die Polarität ist offenkundig, und sie wird schon am Anfang des Dramas verdeutlicht: Kundry als Verkörperung des Anderen, Fremdartigen – als Frau, Umherwandernde, Hexe, Jüdin und

282

Orientreisende (die überdies stark an Wagners irische Prinzessin Isolde erinnert, die Tochter einer Zaubertränke brauenden Mutter)[48] – steht im Gegensatz zu Gawan, dem gottesfürchtigen, frommen Mann aus dem Westen, dessen balsamische Elixiere weniger heilkräftig sind. Genau kann man sich das Wesen von Kundrys zauberhaft duftender Essenz nicht einmal vorstellen; für den westlichen, männlichen Geist sind die Grundlagen dieser Medizin nur vage zu erahnen. Aber sie ist wirksamer als Gawans Mittel, wie einer der Knappen Gurnemanz mitteilt, nachdem der König im »Zaubersaft« (MD, 826) gebadet hat:

GURNEMANZ. Wie geht's dem König?
ERSTER KNAPPE. Ihn frischt das Bad.
ZWEITER KNAPPE. Dem Balsam wich das Weh. (MD, 828)

Kundrys Verbindung mit Arabien ist für das Musikdrama von wesentlicher Bedeutung; wiederholte Hinweise verdeutlichen es. Obwohl die augenscheinlich extremen Manifestationen Kundrys im ersten und zweiten Akt des *Parsifal* die Aufmerksamkeit auf ihr chamäleonhaftes Wesen lenken, auf ihre nimmermüden, aussichtslosen Bemühungen um Anerkennung, dienen sie auch dazu, ihre fremdartige Identität zu unterstreichen. Die Einführung dieser Gestalt in den beiden ersten Akten (ehe sie, in der nicht dargestellten Zeit vor dem dritten Akt, den Pfad zur Erlösung betreten hat) betont allgemein ihren Status als Exotin, speziell als Araberin. Nachdem sie vor ihrem ersten Auftritt als »Zauberweib« aus Arabien herbei geeilt war, beschreibt Wagner ihr verführerisches Aussehen in der Szenenanweisung des zweiten Aktes wie folgt (siehe Abbildung 19): »*Dort ist jetzt, durch Enthüllung des Blumenhages, ein jugendliches Weib von höchster Schönheit – Kundry, in durchaus verwandelter Gestalt – auf einem Blumenlager, in leicht verhüllender, phantastischer Kleidung – annähernd arabischen Stiles – sichtbar geworden*« (MD, 847).[49] Weil wir in diesem Akt erfahren, dass Kundry ein ewig wanderndes (das heißt: wiedergeborenes) Wesen ist, das als Strafe dafür, den Heiland verlacht zu haben, »von Welt zu Welt« (MD, 851) zieht, kommen automatisch auch indisch-buddhistische Assoziationen ins Spiel. Kundrys Seele wird nach jedem individuellen Leben, in dem sie sich manifestiert

19. Marianne Brandt als Kundry im zweiten Akt des Parsifal *bei der
Uraufführung 1882. Kostümporträtfoto von Hans Brand
(Nationalarchiv der Richard-Wagner-Stiftung/
Richard-Wagner-Gedenkstätte, Bayreuth)*

hat, ewig wiedergeboren (ein absichtlicher Verweis auf die bud-
dhistischen Elemente in Schopenhauers Philosophie), und ihre
spezielle Missetat erinnert an eine Szene in der exotischen Vergangenheit, die weit im Osten stattfand (der für die in Deutschland lokalisierte Fantasie eben der exotische Osten ist). Darum ist
es passend, dass Kundry in der duftgeschwängerten Welt des *Parsifal* die am stärksten duftende Gestalt ist. Sie duftet nicht nur wie
eine Rose, sondern sie ist eine Gestalt gewordene Metapher, sie *ist*
eine Rose, wenn auch eine »Höllenrose«. Sie schafft den exotisch
duftenden Balsam aus Arabien herbei – einem Land, dessen magi-
sche Blumen sie bei ihrem Auftritt im zweiten Akt schmücken.

Auch Klingsor ist ein Produkt der von Düften faszinierten ori-
entalisch-exotischen Fantasie. Nicht nur seine sexuelle Besonder-
heit als eunuchenhafter »Meister« eines bezaubernden Harems
(das dunkle Timbre seiner Stimme erinnert an Mozarts Eunuchen Osmin), auch seine ganze Erscheinung kennzeichnet ihn als
eine Figur, die aus mit dem Osten assoziierten Stereotypen

zusammengefügt ist. Seine emphatische Verbindung mit dem Zaubergarten zeigt, dass seine Andersartigkeit nicht nur im herkömmlichen Sinne böse ist, sondern auch speziell von betörenden Düften ausgeht. Darüber hinaus verweist seine Ikonographie auf ein spezifisch ostjüdisches Erbe: Im Mittelalter waren die Juden mit den nekromantischen Künsten der Astrologie und Alchimie eng verbunden; oft fungierten sie, nach dem Eindringen der Mauren in Spanien, an den südeuropäischen Höfen als Sterndeuter.[50] Leon Poliakov schreibt, in der Vorstellungswelt des Mittelalters seien die Juden »wahre Übermenschen« gewesen, »Zauberer, die man heimlich fürchtete und verehrte. Gleichzeitig sind sie jedoch schwach und kränklich, und sie leiden unter tausend bösartigen Heimsuchungen, die nur Christenblut kurieren kann«.[51] Wie die Gemeinschaft seiner Zeit generell, setzte auch Luther, durchaus kein Judenfreund, Alchimisten mit Juden gleich,[52] und Wagners szenische Einführung seines Zauberers bezieht sich direkt auf diese Tradition des Juden als Alchimist und Zauberer (siehe Abbildung 20): »*Im inneren Verließ* [sic] *eines nach oben offenen Turmes; Steinstufen führen nach dem Zinnenrande der Turmmauer; Finsternis in der Tiefe, nach welcher es von dem Mauervorsprunge, den der Boden darstellt, hinabführt. Zauberwerkzeuge und nekromantische Vorrichtungen.*« (MD, 839) Eine der ersten Handlungen des Zauberers besteht darin, Kundry mit einem »Bann«, einer Art Zauberspruch, heraufzurufen: Er »*ruft, mit geheimnisvollen Gebärden, nach dem Abgrunde*« (MD, 840). Im Mittelalter (besonders während des Pontifikats von Papst Martin V. im frühen 15. Jahrhundert) waren Juden häufig angeklagt, mit Zaubersprüchen Dämonen herbeizurufen.[53] Als Sterndeuter, Geisterbeschwörer und »kränklicher, leidender« Außenseiter, der sich nach dem heiligsten Christenblut sehnt, das in der mittelalterlichen Fantasie je geflossen ist, nämlich nach dem in der Gralsschale aufbewahrten Blut Christi, wirkt Klingsor wie eine Kompilation exotischer Vorstellungen, die zur Entstehungszeit der Parzival-Legende mit Juden assoziiert waren. Hier sind Bilder und Vorstellungen vereint, die noch in Wagners Deutschland des 19. Jahrhunderts starke antisemitische Untertöne hatten. Wie Kundry stellt Klingsor eine mächtige, erschreckende Bedrohung dar, aber er ist zu-

20. *Karl Hill oder Anton Fuchs als Klingsor in Bayreuth (1882)*
(Nationalarchiv der Richard-Wagner-Stiftung/
Richard-Wagner-Gedenkstätte, Bayreuth)

gleich auch eine faszinierende Gestalt, die mit den exotischen Attributen von Arabiens duftendem, fremdartigem »Zauber« verbunden ist.

Auch Klingsors Musik evoziert bei allen, die mit den Codes der westlichen Musiktraditionen vertraut sind, dieselben Assoziationen wie die Exotik von Wagners visuellen Bildern. Große Teile dieser kurzen Szene stehen in b-moll, einer Tonart, die bereits in der Einleitung dieses Buches besprochen wurde. Sie weckte in der musikalischen Affektenlehre des 18. und 19. Jahrhunderts Vorstellungen des Bösen und der Dunkelheit; auch in der Klingsor-Szene hat sie diese Funktion.[54] Nicht nur Christian Friedrich Daniel Schubart, sondern auch der von Wagner so sehr verehrte Beethoven hielt b-moll für eine »schwarze« Tonart. Angesichts dieser Funktion als akustisches Zeichen des Bösen in Musiktraditionen, zu deren Erben Wagner gehörte (und mit denen er sich selbst ausdrücklich in Verbindung brachte, als er Beethoven zum Vorläufer der eigenen Werke hochstilisierte) ist es also kein Zufall, dass in Wagners Musikdramen diese Tonart erklingt, wenn es auf der Bühne um das Böse und um die visuelle Darstellung von Dunkelheit geht. Passenderweise erhält Klingsor – der als Quelle sexueller Böswilligkeit, als Verzauberer und schreckliche Bedrohung der herrschenden Ordnung im *Parsifal* die Funktion übernimmt, die Alberich im *Ring* hatte – eine Musik, die hauptsächlich in derselben Tonart steht, mit der auch Alberich und Hagen assoziiert sind. Doch im *Parsifal* tritt diese Tradition des Juden als Alchimist und Zauberer noch deutlicher hervor als im *Ring* (trotz Alberichs Bannflüchen und Hagens Tränken); speziell die Tonart von Klingsors Musik erweckt hier neben seinem äußeren Erscheinungsbild die Tradition zum Leben. Carolyn Abbate betont die Darstellungsfunktion von Klingsors Tonalität, wenn sie die Tonart b-moll als »ikonische Tonart« beschreibt und erläutert, dass für die Menschen im 18. und 19. Jahrhundert der Charakter dieser Tonart zum großen Teil durch »Assoziationen mit der Magie, dem Übernatürlichen und dem Bösartigen« bestimmt wurde.[55] Zwar erwähnt Abbate den Zusammenhang mit den Juden nicht, doch dürfen wir den begründeten Schluss ziehen, dass durch das traditionelle Bild des Alchimisten, speziell durch die exotisch-orientalischen Konstrukte in Wagners Bühnenanweisungen zum *Parsifal*, die Figur des Klingsor auch jüdische Assoziationen erhält. Die »Magie, das Übernatürliche und das Bösartige«, die sich mit Klingsors Tonart verbinden, fallen mit der Motivtradition des alchimistischen Juden zusammen – einer Tradition, die überdies mit jüdischer Präsenz in arabischen Ländern zu tun hat. Textuelle, visuelle und musikalische Ikonen verschmelzen also zu einem einheitlichen Bild, das den Juden in einem subtilen Netz kultureller Bezüge zeigt – einem Bild, das Wagners Zeitgenossen in Europa plausibel hätte erscheinen können.

Auch wenn wir an die Judenkarikaturen im *Ring* denken, fallen einem von orientalischen Klischees geprägte Merkmale ein – trotz des mythischen, zeitlosen, geografisch nicht genau definierten Schauplatzes der Tetralogie. Mime ist ausdrücklich – und meiner Meinung nach nicht zufällig – mit der Gegend verbunden, in welcher der Drache seine Lagerstätte hat, »im Ost[en]« der Ereignisse in der *Walküre* (MD, 683). Wie schon erwähnt, ist er durch seinen Geruch und seine blutsaugerischen Intrigen mit Stereotypen assoziiert, die das 19. Jahrhundert mit den Ostjuden verband. In ihrer Interpretation des *Siegfried* erinnert Sandra Corse daran, dass laut Hegel – dem, wie sie zeigt, Wagner im Ideengehalt des Zyklus weitgehend verpflichtet war – »die östlichen Kulturen eher auf Furcht als auf Vernunft basieren, wodurch zwei Zustände entstehen, ›erstens der Status des Herren, zweitens der Status des Knechtes. […] Die Furcht also und der Despotismus sind dann das Herrschende.‹ Mime versucht, durch Furcht zu herrschen.«[56] Auch für die philosophische Tradition, in der Wagners Werke stehen, verkörpert also der Osten den Ort, an dem sich die Andersartigkeit gegenüber der europäischen Gemeinschaft manifestiert, wobei die Herrschaft der aufgeklärten »Vernunft« für das westliche Selbstbild steht, während die Herrschaft der »Furcht« das europäische Bild des Ostens prägte. Doch ist diese Furcht selbst schon eine Projektion des Schreckens – jenes Schreckens, der im Bewusstsein des Westens vom Osten ausging, wie Wagners Schilderung der wandernden Horden »degenerierter Slaven« und blutsaugerischer Juden in *Erkenne dich selbst* deutlich macht. Und der Osten – der Ort, mit dem Mime vertraut ist und an den er Siegfried führt, damit der Held das Fürchten lerne – ist das »Kampfgebiet« der Nibelungen.[57]

Dieser Osten ist ein dunkler, gefährlicher, stinkender Ort. Die Nibelungen sind mit allumfassender Dunkelheit assoziiert. Sie tauchen aus Nebel und Schwefeldampf, aus dem Dunkel der

Unterwelt auf und haben jene dunklere Hautfarbe, die in der germanischen Vorstellungswelt als Zeichen des Fremden gilt. In den auf *Das Rheingold* folgenden Dramen der Tetralogie begegnen wir Alberich nur noch zweimal: bei Dunkelheit, vor Tagesanbruch, jeweils in der ersten Szene des zweiten Aktes im *Siegfried* und in der *Götterdämmerung*. Mime bewohnt eine düstere Waldhöhle; ans Sonnenlicht, in dem er sich sichtlich nicht wohl fühlt, tritt er nur, um Siegfried zum Lagerplatz des Drachens zu geleiten. Es gibt indes noch eine weitere, kulturell viel bedeutsamere Verbindung der Nibelungen zur Dunkelheit, die in der gesamten Tetralogie impliziert ist, jedoch nur einmal (in der ersten Szene des zweiten *Siegfried*-Aktes) explizit ausgedrückt wird. Diese Assoziation ist wiederum im Kontext der Ideologie des Orientalismus zu sehen. Es geht um die Wahrnehmung des Juden als *schwarz*. In der Fantasie von Wagners Zeitgenossen bildete das Auftreten des Schwarzen natürlich eine realistische Ikone des Wesensunterschiedes, obwohl – oder vielleicht zum größten Teil gerade weil – die deutsche Kultur zu Wagners Lebzeiten noch kaum mit Schwarzen zu tun gehabt hatte. Die physische Präsenz Schwarzer in Deutschland ergab sich in nennenswerter Anzahl erst, als die Franzosen nach dem Ersten Weltkrieg mit Truppen aus ihren nordafrikanischen Kolonien Teile des Landes besetzt hatten.[58] Die Vorstellung, dass das Schwarze für das Böse stehe, war natürlich in Deutschland auch schon zu der Zeit, als Wagner seine Werke schuf, ein wirkungsmächtiger Topos. Für Wagner wird das Böse schlechthin darüber hinaus durch die korrumpierenden Einflüsse der modernen Zivilisation repräsentiert. So stellte er in seinen Werken die Bedrohung des deutschen Wesens durch eine Zivilisation dar, deren Antriebe Habgier und die entfremdenden Kräfte des gemeinschaftsfeindlichen Egoismus waren. Das kulturell beherrschende Bild des Bösen fügte sich dabei nahtlos in sein ideologisches Programm ein: Schwarz zu sein ist bei Wagner eine aus der Mythologie der Volksgemeinschaft geborgte metaphorische Konstruktion, doch diese Metapher passte gut in die Welt der Körperbilder, die in seinen Werken bestimmten theoretischen Themen zugeordnet sind.

Sander Gilman hat gezeigt, dass schon im 19. Jahrhundert die

Vorstellung, die Juden seien schwarz, eine lange Tradition in der europäischen Kultur hatte. Diese basierte auf der Idee, die angeblich dunklere Hautfarbe der Juden sei einerseits ihren »Ursprüngen« in Afrika zuzuschreiben, andererseits dem verbreiteten Auftreten von Hautkrankheiten, die damals mit Juden in Verbindung gebracht wurden.[59] Gilman zitiert einen Text des bayerischen Autors Johann Pezzl aus dem Jahre 1786, in dem die Wiener Juden wie folgt beschrieben werden:

Ihr einziger und ewiger Beruf ist zu mauscheln und schachern und Geldmäkeln und zu betrügen, Christen, Türken, Heiden, ja sogar sich selbst untereinander. [...] Dies ist indessen bloß der bettelhafte Troß aus Kanaan, der an Schmutz, Unsauberkeit, Gestank, Ekelhaftigkeit, Armut, Schelmerei, Zudringlichkeit und, was etwa sonst noch die Eigenschaften des auserwählten Volkes sein mögen, nur noch von dem Gesindel der zwölf Stämme aus Galizien übertroffen wird ... Die indischen Fakire abgerechnet, gibt es wohl keine Gattung von sein sollenden Menschen, welche dem Orang-Utan näher kommt, als einen polnischen Juden. [...] Vom Fuß bis zum Hals voll Kot, Schmutz und Lumpen, in einer Art von schwarzem Sack steckend [...], der Hals offen und von der Farbe der Kaffern, [...] die Haare büschelweise verdreht und in Knoten geknüpft um die Schulter triefend, als ob sie alle die polnische Plika hätten.[60]

In dieser Passage sind die körperlichen Merkmale des abstoßenden Gestanks und der dunkleren Hautpigmentierung zwei Komponenten, die sich mit anderen zu einem Bild kompletter Andersartigkeit vereinigen. Weil sie aus Afrika stammen, zeigen die Juden immer noch Ähnlichkeit mit Affen, und ihre Hautfarbe verrät – wie auch ihr Geruch –, dass sie krank sind. Die Vorstellung, das dunklere Hautpigment sei ein Krankheitszeichen, fand sich in Wagners Kultur bei Nichtjuden wie bei den Juden selbst. Das zeigt sich zum Beispiel in Joseph Rohrers Äußerungen aus dem Jahre 1804 über die »ekelhaften Hautkrankheiten« des Juden und in denen des jüdischen Arztes Elcan Isaac Wolf, der im Zeitalter der Aufklärung lebte und der Überzeugung war, eine »schwarzgelbe« Hautfarbe gehöre zu den Wesensmerkmalen des Juden.[61] Mitte des 19. Jahrhunderts sah Robert Knox zwischen der Physiognomie von Schwarzen und Juden fast keinen Unterschied, wie sich in seiner Beschreibung des jüdischen Gesichtes zeigt: »Die

Kontur ist konvex; die Augenhöhlen lang und fein, nach außen auf die Schläfen zulaufend; Augenbrauen und Nase bilden meistens eine einzige geschwungene Linie; die Nasenwurzel ist ziemlich schmal, so daß sich eine enge Augenstellung ergibt; sehr volle Lippen, vorstehender Mund, kleines Kinn; und die ganze Physiognomie sieht bei dunklem Teint, was oft der Fall ist, afrikanisch aus.«[62] Diese Typenvermengung war also Bestandteil des westlichen kulturellen Vokabulars im 19. Jahrhundert. Und so konnte der mit seiner Heine-Denunziation bereits zitierte Wolfgang Menzel seine Angriffe auf den jüdischen Autor damit einleiten, dass er die Juden als Primaten beschrieb. Denn die stereotype Verbindung von primitiven, animalischen Gesichtszügen – die Menzel und seine Leser mit Schwarzen assoziierten – mit der »nichtdeutschen« jüdischen Rasse war zu seiner Zeit weit verbreitet und konnte deshalb als ein in seiner Wirkung gut kalkulierbares rhetorisches Stilmittel herhalten: »Aus allen dunkeln Ecken kamen sie hervor, um mit affenartigem Zähneblecken, Grinsen und Zungeherausstrecken, was bisher dem Christen heilig war, zu verhöhnen.«[63]

Die Vermengung des Afrikaners und des Juden, Mitte des 19. Jahrhunderts gleichbedeutend mit der Hervorhebung der angeblich beiden gemeinsamen »affenartigen« Natur, findet sich auch in Wagners Werken – im Kontext zahlreicher Körpermotive, die Exotik und Andersartigkeit bezeichnen. Die erdgebundene, schwarzhäutige Natur verschiedener pseudosemitischer Figuren ist in der Dunkelheit Nibelheims mit den dazugehörigen mythologischen Attributen von Schwefel und Feuer zunächst nur impliziert. Doch wird sie offen zur Sprache gebracht, als Wotan in der Gestalt des Wanderers sich im ersten Akt des *Siegfried* als Alberichs (»Schwarz-Alberich[s]«, des Herrschers der »Schwarzalben«; MD, 675) hellen Gegenpart »Licht-Alberich« (MD, 676) bezeichnet (wie auch Alberich die Götter schon im *Rheingold* als »Lichtalben« bezeichnet hatte; MD, 557). Direkt spricht Wotan seinen Gegenspieler, den Nibelungen-Rachegeist Alberich, im zweiten Akt des Dramas mit »Schwarzalberich« an (MD, 693). Dieses Motiv der Polarität zwischen Wotan und Alberich, zwischen »lichtem« Göttervater und »schwarzem« Nibelungenherrscher, nahm schon in Wagners frühesten Entwürfen zu diesem Drama eine zentrale Stellung ein. Auch in der ersten Versfassung, *Der junge Siegfried* (1851), war es bereits enthalten. Dort unterscheidet Wodan (wie er damals noch hieß) in seinen an Mime gerichteten Erzählungen im ersten Akt zwischen den Göttern als »Lichtalben« und den Nibelungenzwergen als »Schwarzalben«, und vor der Drachenhöhle spricht er im zweiten Akt Alberich als »Schwarzalberich« an.[64] In diesem Zusammenhang sollten wir uns auch daran erinnern, dass eine von Wagners ersten Beschreibungen Mimes – in jener Passage aus *Der junge Siegfried*, die später in der Endfassung des Librettos zum *Ring* gestrichen wurde – die Aufmerksamkeit auf Mimes »dunkelaschfarbene« Haut lenkt.[65] Beide Zwerge waren in Wagners Vorstellung also dunkler als ihr göttlicher, physiologisch überlegener Rivale.

Viele Kommentatoren haben auf Wotans dualistische Polarisierung »Lichtalben« und »Schwarzalben« aufmerksam gemacht, mit Betonung der Ähnlichkeiten oder Parallelen zwischen Wagners machtbesessenen Erzrivalen im *Ring*, Wotan und Alberich, die in diesen Bezeichnungen zum Ausdruck kommen. Doch niemand hat bisher versucht, diese im Zeitalter des Realismus und Rassismus geschriebenen Zeilen ganz wörtlich zu nehmen. Schließlich verwenden Schriftsteller und Komponisten eine Bildersprache nicht nur aus privaten, ästhetisch zwingenden Gründen; oft ist für sie ein gegebenes Motiv auch als Reaktion auf umfassendere Kräfte des kulturellen Kontextes passend oder attraktiv. Zwar fand Wagner den Gegensatz von Lichtalben und Schwarzalben eindeutig schon in den nordischen Sagen, denen er das Material für seine erste Formulierung des Dramas entnahm, doch zeichnen solche positivistischen, philologisch ermittelten Zusammenhänge nur einen Teil der kulturellen Implikationen des Motivs für das Publikum des 19. Jahrhunderts und für den Komponisten selbst nach.[66] In dieser Kultur schwarz zu sein, bedeutete mehr als nur in einem allgemeinen Sinne böse zu sein. In der kulturellen Fantasie von Wagners Zeitalter konnte das Motiv des dunklen Zwerges nahtlos sowohl die mythische Welt der *Edda* – mitsamt der nebligen Heimat der Schwarzalben – evozieren als auch den geläufigeren Katalog rassistischer Stereotype, die mit dem Bild des artfremden Ausländers verbunden waren: des Schwarzen und des Juden. Wenn wir Wagner wörtlich nehmen, können wir in seiner Bezeichnung Alberichs als »schwarz« eine Bezugnahme auf einen deutschen kulturellen Topos sehen, der die genannten beiden Gruppen rassischer Außenseiter zusammenfasst und beiden ganz ähnliche stereotype Negativmerkmale zuschreibt, etwa üblen Geruch, eine übergroße Nase, unvorteilhaftes Verhalten, ein exotisches, fremdartiges Aussehen und natürlich eine dunkle Hautfarbe. Dass Schwarzen und Juden identische Züge zugeschrieben wurden, war Teil des kulturellen Vokabulars, dessen sich Wagners Werke bedienten. Vielleicht trafen sie nicht zuletzt deshalb beim zeitgenössischen Publikum auf eine derart starke Resonanz.

Wotans Charakterisierung der Nibelungen als »Schwarzalben« vereinigt sich in *Der junge Siegfried* mit einem weiteren Motiv: Mimes »affenartiger« Erscheinung. Es sei kurz daran erinnert, dass Wagner in *Deutsche Kunst und deutsche Politik* den ästhetisch verkümmerten Schauspieler (Mimen) mit einem Affen vergleicht (DS 8:290f.) – eine Analogie, die, wie schon im ersten Kapitel gezeigt, mit Mimes Funktion als Metapher für den minderwertigen Künstler zu tun hat (gegenüber dem »idealistischen« Künstler Siegfried ist er eben nur ein Nachahmer, ein »Mime«). Dieses Motiv des nachäffenden, affenartigen Mime findet sich bereits in der ersten, im Mai 1851 entstandenen Prosaversion von *Der junge Siegfried*, in Alberichs abweisender Reaktion auf Mimes Versuche, sich mit seinem Bruder zu versöhnen: »Seht doch, will der affe köng [sic] sein«, sagt er.[67] Auch in der im Juni 1851 fertig gestellten Versfassung des Werkes erscheint die Metapher in Alberichs Ausruf:

dem räudigsten Hund
wäre der ring
gerath'ner als dir;
nimmer erringst
du affe den herrscherreif![68]

Beide Nibelungen tragen also Züge, die in der deutschen Vorstellungswelt des 19. Jahrhunderts mit Schwarzen assoziiert waren. In diesem Zusammenhang, in Verbindung mit Afrikanern, taucht denn auch das Bild des Affen auf – passend zum angeblich primitiven, entschieden andersartigen natürlichen Wesen dieser Menschen. Kein Wunder, dass Wagner in *Das Judentum in der Musik* die jüdische Sprache als »nachäffende Sprache« (GS 13:17) bezeichnet – eine Formulierung mit weitreichenden kulturellen Implikationen. Noch 1881 setzte Wagner als Kritiker der staatlich dekretierten Judenemanzipation in einer von Verzweiflung geprägten Passage in *Erkenne dich selbst* Juden mit Schwarzen gleich. Er beklagte »die an die Juden erteilte Vollberechtigung, sich in jeder erdenklichen Beziehung als Deutsche anzusehen, – ungefähr wie die Schwarzen in Mexiko durch ein Blanket autorisiert wurden, sich für Weiße zu halten« (GS 14:183). Damals galt es als durchaus konsequent, dass Gestalten, die zahlreiche stereotype antisemitische Züge trugen, auch mit den stereotypen Merkmalen der Schwarzen in Verbindung gebracht wurden. Denn in der allgemeinen Vorstellung teilten beide Gruppen charakteristische Züge, die dazu genutzt wurden, sie von der deutschen Gemeinschaft abzusondern. Außer der Ikone der dunkleren Hautfarbe diente auch das Merkmal eines angeblich eigenen Geruchs dazu, ihre Andersartigkeit hervorzuheben, denn all diese Figuren – seien sie nun »arabisch« oder »afrikanisch«, betörend und gefährlich exotisch oder bedrohlich schwarz – geben, wie wir gesehen haben, fremdartige Düfte von sich. Ob es sich dabei nun um Wohlgeruch oder Gestank handelt, ist unerheblich; in beiden Fällen ist es der Duft des exotisch Fremdartigen, der Duft des Orients.

Wir kehren jetzt zu *Parsifal* zurück, um jenen Punkt im dramatischen Ablauf zu untersuchen, an dem der exotische Duft des Ostens und die damit verknüpfte Sexualität nachdrücklich aus der Welt des überlegenen, höherwertigen deutschen Ordens verbannt werden. In Wagners letztem Bühnenwerk sind, nachdem die Welt von Klingsors sexueller Böswilligkeit befreit wurde, die *Düfte anscheinend geschlechtslos* und damit unschädlich. Im dritten Akt des Dramas vergleicht Parsifal die »kindisch holden«, vor der

Blüte stehenden Blumen des Karfreitags mit den so ganz andersartigen des Zaubergartens:

> Wie dünkt mich doch die Aue heut so schön!
> Wohl traf ich Wunderblumen an,
> die bis zum Haupte süchtig mich umrankten,
> doch sah ich nie so mild und zart
> die Halme, Blüten und Blumen,
> noch duftet' All' so kindisch hold […]. (MD, 860f.)

Erst wenn alle Sexualität, alles Verbotene und Exotische gewi-
chen sind, kann ein Duft bei Wagner »kindisch hold« sein. Sonst
impliziert er verbotene Geheimnisse, einen Wunsch nach verbotenen Vergnügungen oder aber einen Geruch, der Vorbote eines
abstoßenden, fremdartigen sexuellen Übergriffes ist – und damit
wiederum als Rechtfertigung für die Vereinigung unter Gleichartigen dienen kann, und sei es im Inzest.

Zur Motivtradition des Judengestanks – für die christliche Welt
Ausdruck der Andersartigkeit und der Verdammnis des Juden –
hatte immer auch die logische Möglichkeit gehört, als Jude von
diesem Gestank errettet zu werden. Im mittelalterlichen Denken
war diese Abkehr von der Geruchsikone des Judentums allerdings
nur durch Aufgabe des jüdischen Glaubens möglich – durch die
Konversion zum Katholizismus. Nur so konnte im Ergebnis aus
dem übel riechenden Fremdgläubigen ein wohlriechender
Landsmann und Glaubensbruder werden. Nur durch die Taufe
konnte der Jude seinen Gestank verlieren, der ihn von den wahren Gläubigen trennte, und in den »Geruch der Heiligkeit« kommen. Bis in Wagners Zeit erscheint dieses Motiv in der deutschen
Kultur immer wieder.[69]

Auch im *Parsifal* werden erst durch die Taufe die Düfte des teuf-
lischen Blumengartens – als Geruchsikone bedrohlicher jüdischer
Fremdartigkeit – durch die höheren Düfte der knospenden Blumen am Karfreitag ersetzt. Nachdem Kundry ihre Fehler und Irr-
tümer klar geworden sind und auch die Schrecken Klingsors und
seines Zaubergartens der Vergangenheit angehören, kniet Kundry als Büßerin im dritten Akt vor Parsifal nieder, um vom erlösenden Ritter und Heiland Vergebung zu erlangen. Wie Maria

Magdalena ihrem Heiland wäscht die reuige Hure Parsifal die Füße und trocknet sie mit ihren Haaren. Als dessen erste »Amtshandlung« empfängt sie sodann von Parsifal das Sakrament der Taufe, mit heiligem Frühlingswasser:[70]

> PARSIFAL. Mein erstes Amt verricht ich so:
> die Taufe nimm,
> und glaub an den Erlöser! (MD, 860)

So transformiert Wagner die mittelalterliche Motivtradition, aus der er bei der Gestaltung seines letzten Musikdramas so viel Material gewonnen hatte, und passt sie seinen Erfordernissen an (man denke auch an die schon erwähnte Streichung von Amfortas' Wundgestank bei Wagner). Die ideologische Stoßrichtung der unterschiedlichen Gerüche – im Mittelalter von zentraler Bedeutung für die Idee, dass der Jude von seiner üblen Religion errettet werden könne – bleibt bei allen Veränderungen Wagners allerdings erhalten. Im mittelalterlichen Denken machte die Taufe aus Gestank süßen Duft, doch Wagner ersetzte eine gefährliche, bedrohliche Süße durch »keusche«, »kindisch holde« Düfte, weil die süßen Düfte im *Parsifal* eine Duftikone der Juden sind. In beiden Fällen dient der mit den Juden assoziierte Duft als Zeichen einer bedrohlichen Andersartigkeit, die erst dann verschwindet, wenn sich der Jude den Reihen der christlichen Erwählten angeschlossen hat. Als Kundry durch Aufnahme in die Welt des deutschen Christentums den Judengeruch abgelegt hat, wird sie auch Wagners letzter Forderung am Ende von *Das Judentum in der Musik* gerecht: »Gemeinschaftlich mit uns Mensch werden, heißt für den Juden aber zu allernächst soviel als: aufhören, Jude zu sein« (GS 13:29). Am Ende von Wagners letztem Drama erscheinen die unschuldigen Geruchsikonen dieser neuen Gemeinschaft in dem Augenblick, als Kundry ihr rastloses Wandern als ewige Jüdin aufgibt und an den (deutschen) Erlöser glaubt.

In diesem Zusammenhang können wir nun auch sehen, dass die Darstellung des Sieges von Walthers Preislied über Beckmessers anrüchige Arien derselben Motivtradition entstammt. Denn das Lied des jungen Ritters wird, wie bereits dargestellt, von Hans

Sachs »getauft« und in der vorletzten Szene, vor dem Finale auf der Festwiese, in der Taufzeremonie gebührend gefeiert. Man könnte sogar argumentieren, dass Wagner seinen Sachs sich so ausführlich mit der Taufe des neuen Traumlied-Kindes befassen lässt, weil er die Aufmerksamkeit auf die Tatsache lenken will, dass dieses Lied jetzt geheiligt und geschützt ist; das unheilige, minderwertige, hässliche Lied des fremdartigen Beckmesser – das (und der) eng mit Pechgestank assoziiert ist – kann Walthers Lied (und Eva) nun nichts mehr anhaben. In manchen Gegenden Deutschlands war seit dem Mittelalter im örtlichen Brauchtum ein ungetauftes Kind mit einem Judenkind gleichgesetzt; man behauptete, erst das Taufwasser wasche das jüdische Element ab. Deshalb hießen auch die ersten Haare des noch ungetauften Kindes »Judenhaare«.[71] Die deutsche Musik wird also in den *Meistersingern* durch die Taufe von Judengeruch und Judenästhetik befreit und erhält durch Sachs den »Geruch der Heiligkeit«. Sowohl in den *Meistersingern* als auch im *Parsifal* entfaltet die an mittelalterlichen Maßstäben ausgerichtete »Taufkur« für den Judengestank ihre Wirkung in einem komplexen Kontext, aber auch im Rahmen eines in sich schlüssigen Motivvokabulars. Wagner sah diese Bezüge vor sich; er verwendete sie bewusst, und sein zeitgenössisches deutsches Publikum könnte sie durchaus auch so verstanden haben.

Wenn wir die bemerkenswerte Einheitlichkeit und Schlüssigkeit in Wagners Assoziativmustern für die Verbindung von Geruch und Ideologie genau untersuchen, erkennen wir einen Mechanismus, der die überpersönliche Dimension subjektiver Eindrücke beleuchtet. Diese Dimension war für Wagners Kultur zentral und findet sich auch in seinen theoretischen Schriften und Bühnenwerken. Als reale, objektive Anzeichen physiologischer Andersartigkeit wahrgenommen, fungieren Gerüche in Wagners Werken und in seiner Welt als kulturell encodierte Zeichen innerhalb einer rassistisch geprägten Fantasie. Damit ist der Geruch letztlich nur ein weiteres Merkmal im Zusammenhang einer kulturell konstruierten Botschaft von Sex, Angst und Hass, die Teil des Wagnerschen Gesamtkunstwerkes ist – eines Werkes, dessen Verführungs- und Überzeugungskraft weiterhin fasziniert und verblüfft. Und das gilt auch, wenn man weiß, dass der Wunsch nach rassischer Vernichtung impliziter Bestandteil des Wagnerschen Œuvres ist.

IV. KAPITEL

Füße: Klumpfuß, Heldenfuß

>»Tragt bequeme Schuhe«
Birgit Nilssons Rat für angehende Wagner-Heroinen

Nach der Behandlung der akustischen und olfaktorischen Identitätszeichen bei Wagner wenden wir uns nun der Rolle zu, die weitere sichtbare Rassenmerkmale in Wagners Denken und in den kulturellen Traditionen spielten, aus denen die Körperikonographien seiner Werke entlehnt sind. Bei Wagner – und in seiner Kultur – setzt sich das sichtbare Erscheinungsbild des Körpers aus zahlreichen spezifischen Ikonographien zusammen, die das Auge ansprechen. Nicht die physischen Dimensionen des Selbst definieren dessen Identität in Wagners Gedankenwelt und der seiner Kultur, sondern die Einzelheiten des körperlichen Erscheinungsbildes – zahlreiche spezifische und vermeintlich unwiderlegbare Merkmale, die jeder erkennen kann, der Augen hat zu sehen.

Der Fuß gehört zu jenen Körperteilen, die in der europäischen Kultur eine lange ikonographische Tradition haben. In Wagners Erkenntnismodell spielt er, dem kritischen Auge sicht- und erkennbar, eine ähnliche Rolle wie Auge, Stimme und Gerüche. Auch der Fuß dient als Erkennungszeichen der rassischen Identität: In Wagners Werken sind die Guten ›gut zu Fuß‹, während die Bösen auch einen schlechten Gang haben und mit minderwertigen Extremitäten herumhinken. Wie die bisher erörterten Körperbilder fungiert auch der Fuß in Wagners kunsttheoretischen Überlegungen als Metapher; darüber hinaus war er im 19. Jahrhundert mit einer Fülle von Assoziationen behaftet, die ihn mit – teilweise sehr alten – Kulturtraditionen verbanden. Wie Stimme und Geruch fungiert auch der Fuß in Wagners Darstellung seiner neuen Ästhetik (die für ihn immer auch soziale Implikationen hatten) als Bild – allerdings als eines, das in Wagners Kultur schon überreich mit Konnotationen besetzt war, als er es in seinen Schriften und in den dramatischen Darstellungen seiner sozialästhetischen Anliegen verwandte.

In *Oper und Drama* behauptet er, die gestische Komponente der Musik, die musikalische Gebärde, habe sich in Verbindung mit dem Tanz entwickelt. Dabei fallen, wie Wagner darlegt, musikalische und körperliche Bewegung im pulsierenden, natürlichen Maß des Rhythmus zusammen, der seinerseits als zentrale metrische Struktur den visuellen und den akustischen Raum zusammenhält. Der Rhythmus aber wird durch die Bewegung des Fußes definiert. In diesem körperliche Brennpunkt fallen für Wagner die fortschreitende Bewegung des tanzenden Körpers und der musikalische Puls des Dirigententaktstockes zusammen. Der Fuß dient also als physiologische Monade, als Brücke zwischen den »Schwesterkünsten« Tanz und Musik, aber auch als Brücke zwischen der verlorenen Einheit des utopischen griechischen Kunstwerks und der Einheit seines wiederauflebenden Gegenparts, des Gesamtkunstwerkes der Zukunft in einem besseren, zukünftigen Deutschland. Die Bewegung des Fußes ist ein Körperbild, auf das sich die Funktionen des Auges und des Ohres gemeinsam konzentrieren:

Ihren sinnlichsten Berührungspunkt, d. h. den Punkt, wo beide – die eine im Raume, die andere in der Zeit, die eine dem Auge, die andere dem Ohre – sich als ganz gleich und gegenseitig aus sich bedingt kundgaben, hatten Tanzgebärde und Orchester im *Rhythmus*, und in diesem Punkte müssen beide, nach jeder Entfernung von ihm, notwendig wieder zurückfallen, um in ihm [...] verständlich zu bleiben oder zu werden. Von diesem Punkte aus erweitert sich aber in gleichem Maße die Gebärde wie das Orchester zu dem, beiden eigentümlichsten Sprachvermögen. Wie die Gebärde in diesem Vermögen ein nur *ihr* Aussprechliches an das Auge kundgibt, so teilt das Orchester das dieser Kundgebung wiederum genau Entsprechende [...] an das Gehör mit [...]. Das Niedertreten des nach der Erhebung wieder gesenkten Fußes war dem Auge ganz dasselbe, was dem Ohre der akzentuierte Taktniederschlag war; und so ist dann auch dem Gehöre die von Instrumenten vorgetragene bewegungsvolle Tonfigur, welche die Taktniederschläge melodisch verbindet, ganz dasselbe, was dem Auge die Bewegung des Fußes oder der sonstigen ausdrucksfähigen

Leibesglieder zwischen ihrem, dem Taktniederschlage entsprechenden, Wechsel ist. (DS 7:312)

Der Fuß des Tänzers erscheint hier – wie der des singenden Schauspielers, der sich auf der Bühne bewegt – als körperliches Zeichen für die Einheit des Gesamtkunstwerks. In diesem Körperteil konvergieren die unterschiedlichen Sinneseindrücke des Ohres und des Auges, der Musik und der Bewegung. Weil das höhere, utopische, im deutschen Volk gegründete Gesamtkunstwerk seine zuvor disparaten Teile zu einer Einheit verschmilzt und dabei einen metaphorischen Spiegel für die homogene Gemeinschaft jener bildet, die sich in diesem Spiegel erkennen und wiedererkennen, kommt der Bewegung des Fußes – als »Ausgangspunkt« zur Vereinigung der Teilkünste – eine einzigartige paradigmatische, metaphorische Bedeutung zu. Als körperliche Grundlage des Tanzes symbolisiert und ermöglicht die Fußbewegung das Verschmelzen der Teile zu einer phantasmagorischen Einheit, zu einem Gesamtkunstwerk, das in Wagners Gedankenwelt eng mit den physiologischen Zuständen höherwertiger Menschen verbunden ist, die in einer utopischen Gesellschaftsordnung vereinigt sind. Die Fußbewegung ist eine Metapher für die Ursprünge der Kunst in einem natürlichen Prozess, der im Körper derer gründet, die ihn erleben und ausleben.

Für Wagner ist der Tanz (mit seiner körperlichen Grundlage, der Fußbewegung) jedoch nicht nur eine der Künste – wenn auch vielleicht die grundlegendste und fruchtbarste der verschiedenen ästhetischen Formen –, sondern zugleich eine Metapher für das vereinigte Gesamtkunstwerk. Das zeigt sich in einer Passage aus dem Anfangsteil von *Das Kunstwerk der Zukunft*:

Tanzkunst, Tonkunst und *Dichtkunst* heißen die drei urgeborenen Schwestern, die wir sogleich da ihren Reigen schlingen sehen, wo die Bedingungen für die Erscheinung der Kunst überhaupt entstanden waren. Sie sind ihrem Wesen nach untrennbar ohne Auflösung des Reigens der Kunst; denn in diesem Reigen, der die Bewegung der Kunst selbst ist, sind sie durch schönste Neigung und Liebe sinnlich und geistig so wundervoll fest und lebenbedingend ineinander verschlungen, daß jede einzelne, aus dem Reigen losgelöst, leben- und bewegungslos nur ein künstlich angehauchtes, erborgtes Leben noch fortführen kann […]. (DS 6:36).

Als das Gesamtkunstwerk – wie die Gemeinschaft, die es als ein Spiegel reflektierte – Auflösungserscheinungen zeigte und anfing, in disparate Einzelteile zu zerfallen, drifteten die »Schwesterkünste« auseinander, aber im nachgriechischen Zeitalter sehnten sie sich weiterhin nach einer quasi inzestuösen Wiedervereinigung. Diese konnte nach Wagners Ansicht nur das Kunstwerk der Zukunft herbeiführen. Auch diese Wiedervereinigung sollte aus dem Tanz geboren werden, und für den Tanz als Körperbewegung war der Fuß von zentraler Bedeutung.

Solche komplexen metaphorischen Konfigurationen – der Fuß als der Ort, an dem sich das Tönende und das Sichtbare treffen, als Ursprung von und Verbindung zwischen Tanz und Musik, wobei der Tanz wiederum als Metapher für das Gesamtkunstwerk dient – sind für die Bildersprache von Wagners Musikdramen aus der Zeit nach 1848 und für deren vielschichtige Implikationen von zentraler Bedeutung. Neben Auge, Stimme und Geruch hat auch der Fuß – mitsamt dem Tanz, der aus Fußbewegungen entsteht und der die anderen Künste aus sich hervorbringt und für deren Einheit steht – im ideologischen Zusammenhang von Wagners Bühnenwerken eine ikonische Funktion.

Darüber hinaus war der Fuß in Wagners dramatischer Fantasie auch ein mit zahlreichen Motivtraditionen verknüpftes Bild – Motivtraditionen, die seit dem Mittelalter in der deutschen Kultur einen hohen Stellenwert besaßen und die im Deutschland des 19. Jahrhunderts, zu Wagners Zeit, noch lebendiger Bestandteil des kulturellen Vokabulars waren. Wie die Stimme besitzt auch der Fuß in Wagners Bühnenwelt eine sorgfältig gestaltete, in sich schlüssige metaphorische Dimension. Einerseits ist er der symbolisch-physische Ursprungsort der Werke, in denen er vorkommt, andererseits evozierte er im Bewusstsein des 19. Jahrhunderts spezifische Konnotationen, die mit mythischen und volkskundlichen Traditionen dieser Kultur zusammenhingen – und die teilweise von rassistischen Bedeutungen nicht frei waren.[1]

Sowohl in der antiken Tradition Griechenlands als auch in den nordischen Quellen, denen Wagner Material für seinen *Ring* entnahm, kommt dem Fuß eine wichtige Bedeutung zu. Denn er ist der körperliche Ort, dem Andersartigkeit, zumal die Einzigartigkeit des Künstlers, eingeschrieben ist. In der griechischen und nordischen Mythologie verweist das *Hinken* auf den Meisterschmied. Sowohl Hephaistos in der griechischen Mythologie (bei den Römern Vulcanus) als auch Wölund (Wieland) in der *Völundarkvitha* (Das Lied von Wölund) aus der (älteren) *Lieder-Edda* leiden an diesem Defekt, der ihnen in der primitiven Fantasie als Ausgleich für ihre ungewöhnlichen handwerklichen Fähigkeiten zugedacht ist. Vielleicht war es auch umgekehrt, dass ihre Fähigkeiten als Handwerker in der mythologischen Fantasie eine Art Kompensation für ihre Körperbehinderung darstellten.[2] Der griechische wie der nordische Schmied erleiden endlose Qualen, weil sie mit einem deformierten Fuß geschlagen sind: Ihr verstümmelter Klumpfuß stigmatisiert sie als andersartige Außenseiter. In einem zu Wagners Zeit in Deutschland sehr beliebten Schulbuch, Friedrich Nösselts *Lehrbuch der griechischen und römischen Mythologie für höhere Töchterschulen und die Gebildeten des weiblichen Geschlechts*, von der Erstausgabe 1828 bis zum Jahrhundertende in zahllosen Neuauflagen nachgedruckt, findet sich die folgende Standardbeschreibung der Figur des Schmiedes aus der griechischen Mythologie (siehe Abbildung 21):

Hephästos war der Gott des Feuers, und zwar sowohl des wohltuenden, als des zerstörenden. [...]
Der aus den Vulcanen aufsteigende Dampf kam aus seiner Schmiedeesse, das Donnern und Krachen in denselben war der Widerhall seiner und der Kyklopen vollwichtigen Schläge auf den Ambos.
Endlich war er auch der Gott aller künstlichen Metallarbeiten. [...] Auch hatte er für sich selbst zwei Sclavinnen aus Gold gemacht, auf die er sich, wenn er ging, zu stützen pflegte; denn er war lahm und von schwachen Beinen. [...]
Freilich konnte es nicht fehlen, daß er von der Schmiedearbeit immer schmutzig und rußig erschien. [...] Überhaupt wird er als ein sehr häßlicher Gott beschrieben: groß, ungeschlacht, breitschulterig, mit starken Armen, und unbehülflich, so daß er oft das Ziel des Spottes der andern Götter wurde. Seine magern Beine fielen bei seiner sonst so starken und großen Gestalt um so mehr auf, und sein Hinken vermehrte seine Unbehülflichkeit.[3]

Hephästos mit den Kyklopen.

Hephästos.

21. *Abbildungen des Gottes Hephaistos (aus: Friedrich Nösselt,*
Lehrbuch der griechischen und römischen Mythologie für höhere
Töchterschulen und die Gebildeten des weiblichen Geschlechts,
Hg. Friedrich Kurts [Leipzig ⁵1865])

Diese Beschreibung der griechischen Götterfigur ist mit der ihres
nordischen Gegenparts aus der *Lieder-Edda* insofern vergleichbar,
als der Meisterschmied Wölund (der wie Wagners Alberich als
»Albenherrscher« beschrieben und dem wie Alberich ein golde-
ner Ring geraubt wird)⁴ ebenfalls lahm ist. Doch leidet Wölund
an diesem Defekt nicht von Geburt an, sondern ihm wird diese

Verletzung von seinen Feinde zugefügt, wie aus der folgenden Passage der *Völundarkvitha* deutlich wird. Die Königin der Feinde befiehlt seine Verstümmelung:

»Der Sehnen Kraft   an den Knien durchschneidet!
Er sitze hinfort   in Säwarstad!«
So geschah es: man durchschnitt ihm die Sehnen in den Kniegelenken und setzte ihn auf eine Insel, die nicht weit vom Lande entfernt war und Säwarstad hieß. Dort schmiedete er dem König allerhand Kleinode.[5]

Ein zentrales Element der Charakterisierung beider Figuren besteht somit darin, dass ihr Hinken oder Lahmen eng mit ihren Fähigkeiten als Meisterschmied verbunden ist, während ihr hässliches und brutales Erscheinungsbild einen weiteren motivischen Zug enthält, der mit ihrem Körperdefekt in Verbindung steht. Denn ein mit den Motivtraditionen, in denen der göttliche Meisterschmied steht, vertrautes Publikum brachte einen hässlichen Schmied sicher sogleich mit jenem Körperzustand in Verbindung, der die Figur in den griechischen und nordischen Sagen prägt: mit seiner Gehbehinderung.

Wagners *Ring* schöpft aus allen diesen Traditionen.[6] Alberich und die anderen Nibelungen sind als Zwergenrasse dargestellt, deren handwerkliches Geschick im Schmieden liegt. Ehe sie von Alberich versklavt und gezwungen werden, auf der Suche nach Gold durch ihr unablässiges Tauchen in den Felsen die Natur zu ruinieren, schmieden sie Schmuck und Geschmeide, um damit ihren Lebensunterhalt zu verdienen, wie Mime Wotan und Loge in *Das Rheingold* berichtet:

Sorglose Schmiede,
schufen wir sonst wohl
Schmuck unsren Weibern,
wonnig Geschmeid,
niedlichen Nibelungentand;
wir lachten lustig der Müh. (MD, 553f.)

Wagner hebt wiederholt hervor, dass Alberich *Schmied* ist. Nicht nur, weil er der Liebe abschwört, sondern auch weil er konsequent als Schmied dargestellt ist, erhält Alberich Zugang zu dem

Geheimnis, wie aus dem Rheingold ein Ring geschaffen werden kann. Aufgrund seiner Affinität zur Metallurgie gewinnt er mit seinem (durch den Diebstahl des Rheingolds neu gewonnenen) Wissen Einblick in die Lage der Goldminen – eine Kenntnis, die anderen verborgen bleiben muss. Davon spricht Mime in Nibelheim mit Neid:[7]

Durch des Ringes Gold
errät seine Gier,
wo neuer Schimmer
in Schachten sich birgt […]. (MD, 554)

Wagner lenkt die Aufmerksamkeit auf die Tatsache, dass alle Nibelungen Schmiede sind. So ist auch Mime mit Feuer und Schwefel verbunden, auch er wohnt im Dunkeln in den Eingeweiden der Erde, und natürlich ist er im *Ring* der begabteste aller Schmiede. Nicht umsonst wendet sich Alberich an ihn, als er den Tarnhelm geschmiedet haben will, jenes magisch-ästhetische Konstrukt, auf das Mime besonders stolz ist und dessen Entwurf auf Alberichs neu gewonnener dämonischer Vision beruht, während die Ausführung an Mimes Kunstfertigkeit gebunden ist. Die Identität der Nibelungen als Schmiede könnte auch der Grund dafür sein, dass Hagen über den Tarnhelm genau Bescheid weiß und darum Siegfried die geheimnisvolle Funktion dieses Helms erläutern kann (MD, 765). Deshalb ist es vor allem eine schlüssige Bestärkung der assoziativen Verbindung von Rasse und Handwerk, wenn das Publikum beim Abstieg nach Nibelheim (im Orchesterzwischenspiel zwischen der zweiten und dritten *Rheingold*-Szene) den Lärm von Ambossen hört (MD, 551).

Alberichs und Mimes Status als Schmiede wird in einem Vorläufer des *Ring*-Zyklus vorweggenommen, in *Wieland der Schmied, als Drama entworfen* (1850), das seinerseits auf der *Völundarkvitha* basiert. In *Wieland der Schmied* wird die Titelfigur, die als größter Schmied auf Erden porträtiert wird, durch König Neiding verstümmelt (dessen Name auch in Siegmunds Erzählungen im ersten Akt der *Walküre* auftaucht), einem böswilligen Monarchen, der seinen Kriegern befiehlt, die Sehnen in Wielands Füßen zu durchtrennen, damit dieser der Gewalt des Königs nicht mehr entkommen kann und hinfort gezwungen ist, ihm Waffen für seine Armee zu schmieden (DS 6:178). Voller Verzweiflung macht sich Wieland – in einer Passage, die mit Bildern und Motiven gespickt ist, die im *Ring* im Zusammenhang mit Alberich wiederkehren – heftige Selbstvorwürfe: »Vergehe denn, du lahmer, hinkender Krüppel! Du Spott und Scheusal! Verlacht von Männern, verhöhnt von Weibern und Kindern! Vergehe! Dir blüht nur Verachtung, nie Rache, – nie Liebe!« (DS 6:183) Doch anders als Alberich erhält Wieland die Gelegenheit, sich zu rächen. In einer Allegorie auf künstlerische Höhenflüge baut er sich – ähnlich wie Dädalus – Schwanenflügel. Damit entfacht er das Feuer in seinem Herd so sehr, dass das Haus seiner Feinde in Brand gerät. Er selbst erhebt sich aus dem Brand in die Lüfte und flieht. In *Eine Mitteilung an meine Freunde* stellte Wagner ausdrücklich fest, dass Wieland sein Handwerk bei den *Zwergen* gelernt habe (DS 6:221). Auf diese Weise werden die gedanklichen und ikonographischen Verbindungen unterstrichen, die den diversen Dramenprojekten zugrunde liegen. Die Lahmheit, Schmiedekunst und Zwergwuchs werden schließlich zu drei Elementen einer einzigen Figur.

Als Wagner die Titelfigur des *Ring*-Zyklus als Angehörigen einer Rasse unterirdischer Meisterschmiede porträtierte, erweckten die Assoziationen, die dieses mythologische Bild begleiteten, bei den gebildeteren Zuhörern jener Zeit wahrscheinlich die Vorstellung von einem missgestalteten Außenseiter. Selbst wenn die Namen Hephaistos oder Völund vielleicht nicht in der Erinnerung auftauchten, wäre die Verbindung ihres Handwerks mit ihrem körperlichen Defekt unbedingt Teil des kulturellen Vokabulars jener Zeit gewesen. Weil sie Schmiede sind, müssen die Nibelungen im Bewusstsein der mit den mythologischen Grundlagen des *Rings* Vertrauten auch unter einer Gehbehinderung leiden.

Diese gedankliche Verbindung zwischen Metallverarbeitung und Fußdeformation war nicht nur Bestandteil der literarischen Traditionen im antiken Griechenland und in den altnordischen Sagen. Zu Wagners Zeit fiel dieses Motiv in der volkstümlichen Fantasie in Deutschland auch mit anderen weit verbreiteten Vorstellungen zusammen, unter anderem mit dem Stereotyp, dass der jüdische Körper andersartig sei. In der deutschen Folklore war seit dem Mittelalter das Stolpern oft mit der Fähigkeit verbunden, verborgene Schätze zu finden (ein Gespür, um das Mime seinen unbeholfenen, aber hellsichtigen Bruder Alberich so sehr beneidet), *aber auch mit Juden.* In seinem *Handwörterbuch des deutschen Aberglaubens* führt Hans Bächthold-Stäubli einen seit dem Mittelalter bekannten deutschen Ausruf auf, der gebraucht wurde, wenn jemand stolperte und fiel: »Da liegt ein Spielmann oder ein Musikant, ein Jude, ein Schatz begraben«. In seiner Zusammenfassung dieser Motivtradition in der deutschen Volkskultur schreibt Bächthold-Stäubli: »Der Jude, dessen Angang bald günstig, bald ungünstig beurteilt wird, steht im Geruch schädlicher zauberischer Kräfte, hütet und findet auch verborgene Schätze.«[8] So lassen sich Wagners Werke in den Kontext hochliterarischer Mythentraditionen ebenso einordnen wie in den Zusammenhang volkskundlicher Kulturtraditionen; in beiden gehört der deformierte oder schwache Fuß mit einem Handwerk zusammen, das mit Juden assoziiert war. Seit dem Mittelalter galt die Ikone des behinderten Fußes in einer Reihe unterschiedlicher Zusammenhänge sogar als eines der idiosynkratischen Kennzeichen des Juden per se. (Interessanterweise ist in der jüdischen Folklore der Fuß ausdrücklich mit dem Penis assoziiert – eine Verschmelzung der Körperikonographien von Andersartigkeit und Sexualität, die sich in zahlreichen unterschiedlichen Manifestationen auch in Bildern der dominanten deutschen Kultur findet.)[9] In seiner *Anatomy of Melancholy* (1621) nennt der englische Autor Robert Burton das idiosynkratische »Schritttempo« der Juden (neben ihrer Stimme und ihrem äußeren Erscheinungsbild) als Zeichen »ihres Zustandes und ihrer Gebrechen«, und Johann Jacob Schudt, der schon im vorigen Kapitel zitierte Diagnostiker jüdischer Andersartigkeit aus dem 17. Jahrhundert, lenkte die Aufmerksamkeit nicht nur auf den Judengestank *(foetor judaicus)*, sondern auch auf die »krummen Füße« der Juden als Zeichen ihrer Abnormalität.[10] Sander Gilman hat darauf hingewiesen, dass im 19. Jahrhundert die Vorstellung, der Jude sei ein schlechter Soldat und darum auch ein schlechter Bürger, auf dieser ikonographischen Tradition basierte, der zufolge die Andersartigkeit der Juden in ihren

Füßen zu lokalisieren sei: Im Jahre 1804 führte Joseph Rohrer in der österreichischen Monarchie eine Studie über die Juden durch und kam zu dem Schluss, der hohe Prozentsatz der damals vom Militärdienst freigestellten Juden sei ihren »schwachen Füßen« zuzuschreiben. Diese Ansicht erklärt auch, warum Theodor Fontane in seiner 1870 verfassten Verteidigung des Einsatzes jüdischer Soldaten im preußischen Feldzug von 1866 gegen Österreich die Kampfbereitschaft der gesellschaftlichen Außenseiter so sehr hervorhob, obwohl sie, wie Fontane annahm, *ungewöhnlich starke Fußschmerzen* gehabt haben müssten.[11] Gilman hat gezeigt, dass dieses Bild auch in den medizinischen Diskurs des späten 19. Jahrhunderts eindrang und dass damit die ikonographische Grundlage für alle möglichen Annahmen bei der Untersuchung von Plattfüßen gelegt war.[12] Als nun Wagner seine Repräsentanten des Bösen aus einem weit verbreiteten Repertoire antisemitischer Stereotype zusammenfügte, war es nur konsequent, dass er auch auf dieses angebliche Kennzeichen des Juden zurückgriff. So sind seine Judenkarikaturen nicht nur klein und haarig, habgierig und geil; sie sprechen und singen nicht nur mit nervöser Energie und schriller, hoher, nasaler Stimme; und sie verströmen nicht nur üble Gerüche, die mit Pech, Fürzen und Schwefel zu tun haben; nein, sie *hinken* auch besonders deutlich.

Der Teufel und der Jude

Offenkundig sind die Bilder, die ich bislang mit Bezug auf die idiosynkratische Andersartigkeit der Juden behandelt habe, auch jene, die in der westlichen Kultur mit dem Teufel assoziiert sind. Von Schwefelgestank und ungezügelter Geilheit bis hin zum hinkenden Gang ist der Katalog der mindestens seit dem Mittelalter mit Juden verbundenen Bilder und Eigenschaften in den kirchlichen und volkstümlichen Motivtraditionen des deutschen Kulturerbes auch auf den Satan bezogen sowie auf mindere Dämonen, Geister und Gespenstererscheinungen. Die klerikale Tradition hob zum Beispiel den seit dem Höhepunkt kirchlicher Macht im Mittelalter weit verbreiteten Glauben hervor, die Juden würden den Sabbat gemeinsam mit Hexen und Teufeln feiern.[13] Diese Traditionen bilden den kulturellen Hintergrund für Beckmessers musikalischen wie olfaktorischen »Exorzismus« in den *Meistersingern*, für Klingsors schon erwähnte Verbindung mit den kabbalistischen Künsten sowie für Kundrys im dritten Akt des *Parsifal* endlich vollzogene Abwendung vom Reich des Teufels, als sie durch die Taufe den »Geruch der Heiligkeit« erlangt.

Die Verbindungen zwischen Teufel und Juden haben in der europäischen Kultur eine lange Tradition. Dazu schreibt Léon Poliakov zusammenfassend:

Wenn man jetzt die Legenden, die im gleichen Zeitraum über die Juden im Umlauf sind, einer Überprüfung unterzieht – es handelt sich um Legenden, die während der vorangegangenen Jahrhunderte da und dort sich noch zaghaft regten, aber jetzt [seit Mitte des 14. Jahrhunderts] eine allgemeine Verbreitung erfahren –, dann kommt man zu der Feststellung, daß sie in ihrer Person die neuen Merkmale des Teufels und der Hexen miteinander vereinigen. Die Juden sind gehörnt [...]; mehr noch, sie sind ausgestattet mit einem Schwanz und einem Bocksbart (es handelt sich dabei um ein unheimliches vierfüßiges Tier, das schlechthin als Werkzeug für die Ausbreitung aller Sünden dient). Der pestartige Geruch, den man den Juden zuschreibt, ist so heftig, daß er die Jahrhunderte überdauert hat. [...]

Kurz gesagt, die Juden vereinigen in ihrer Person die ganze Skala der Merkmale des Bösen; sie verlieren darum in der Vorstellung der Christen jede Menschlichkeit und gehören von jetzt an einzig und allein in den Bereich des [Okkulten]. Auch wenn den Juden nicht eigentlich teuflische Eigenschaften zugeschrieben werden, so stehen sie doch in einer gewissen Weise mit den Teufeln in Zusammenhang; die finden sich auf dem Hintergrund von Zeichnungen und Gemälden, auf denen die Juden dargestellt werden (deshalb liegt der Schluß nahe, daß die Teufel am jüdischen Wesen teilhaben). Anderswo werden den Juden anstatt der Hörner Schweinsohren angehängt. Im Volksaberglauben wimmelt es nur so von gleichartigen Gedankenverbindungen: Die jüdische Schule ist eine »schwarze« Schule. Der Jude ist der Mittelsmann zwischen dem Teufel und allen Menschen, die ihm ihre Seele verkaufen wollen; dieser verfluchte Pakt wird mit seinem Blut besiegelt, und wenn ein Kranker im Sterben liegt, genügt es, einen Juden zu bitten, für ihn zu beten. In unzähligen Geistergeschichten erscheint der Jude in menschlicher Gestalt oder in der Form eines Irrlichts. Zahlreiche Ausprägungen dieses oder eines ganz ähnlichen Glaubens haben sich in der Vorstellungswelt des Volkes bis in unsere Tage erhalten.[14]

Zwei der zentralen Ikonen, in denen die Verwandtschaft von Teufel und Juden im Volksaberglauben zum Ausdruck kommt, sind der deformierte Fuß und der hinkende Gang. Darum verankerte Wagner, als er seinen aus zahlreichen antisemitischen, ikonischen Stereotypen zusammengesetzten Figuren das Attribut minderwertiger Füße beigab, die Bildersprache seiner Musikdramen auch im Aberglauben der kirchlichen und volkstümlichen Traditionen seiner Kultur. Die Fußdefekte evozierten das Motivvokabular der griechischen und nordischen Mythologie, die Gestalten des Zwerges und des hässlichen Schmiedes, des Bockes sowie des Juden und des Teufels. Selbst in der germanischen Folklore sind die Füße der Dämonen, Geister und Gnomen oft von ähnlich eigenartiger Natur; sie werden als missgestaltet dargestellt oder ähneln sogar Gänse- und Entenfüßen.[15] Diese Bilder wurden überlagert von volkstümlichen Vorstellungen vom Teufel mit dem Pferde- oder Ziegenfuß; dieser wird beim Gehen deutlich nachgezogen, so dass der Teufel unverkennbar hinkt. In all diesen unterschiedlichen und doch eng verwandten Motivtraditionen wird der Teufelsfuß überdies ausdrücklich als schwarz dargestellt.[16] (Von Alberichs düsterer Erscheinung war bereits die Rede.) Aus zahlreichen unterschiedlichen Traditionen entlehnte Wagner also ein mit den Juden assoziiertes Bild des Schreckens und der spöttisch-verletzenden Differenz, als er seine Bühnenbösewichter im *Ring* gestaltete, seinem vierteiligen Paradigma von Gefahren, die der Zukunft Deutschlands angeblich drohten – seinem Paradigma einer Welt, der das Schicksal drohte, von hinkenden, düsteren, dämonisch angehauchten Kreaturen aus dem Osten überrannt zu werden.

Die verkümmerten Extremitäten der Nibelungen weckten vor dem Auge des deutschen Zuschauers im 19. Jahrhundert also Assoziationen von altbekannten Bildern aus Mythologie und Aberglauben. Weil sie Zwerge, Schmiede und obendrein bösartig sind, müssen sie unweigerlich auch defekte Füße haben. Überdies

Notenbeispiel 22. Alberichs erster, hinkender Auftritt in Das Rheingold

wird die Vorstellung solcher Füße pointiert durch die gestische
Bewegung der Musik evoziert, die Wagner für Alberich komponierte. Alberichs Hinkfuß ist – anders als bei Mime – vielleicht die
einzige Körperikone in Wagners Werk, die ausschließlich musikalisch erkennbar ist. Zwar evoziert schon Alberichs Status als
Zwerg und Schmied in der kulturellen Fantasie wahrscheinlich
auch einen Fußdefekt, doch Wagners Text lenkt die Aufmerksamkeit niemals auf dieses Phänomen. Anders dagegen die Musik:
Das motivische Material der Streicher, das den ersten Auftritt des
Erznibelungen im *Rheingold* begleitet, noch ehe dieser seine

ersten Worte sagt, suggeriert eine hinkende Bewegung (siehe Notenbeispiel 22).[17] Alberichs »Hinkmotiv« kann als solches innerhalb musikalischer Konventionen wahrgenommen werden, die – wie in der Einleitung schon erwähnt – eine Verbindung zwischen gegebenen rhythmischen und melodischen »Gebärden« und den objektivierten Phänomenen implizieren, auf die sie sich beziehen. Die elegante Bewegung der Rheintöchter, durch den auf- und abschwellenden Ton der arpeggierenden Streicher und das Decrescendo der fallenden Holzbläsermotive evoziert, weicht bei Alberichs Erscheinen abrupt den tieferen Forte-Tönen der

Kontrabässe, Celli und Bratschen, der Tuba, des dritten Fagotts und der Klarinetten. Das Zusammenwirken von akzentuierten Vorschlagnoten in den Celli, denen kurz darauf eine ähnliche Figur in den Bratschen folgt, mit den Forte-Pizzicatoattacken in den Kontrabässen (wobei die eigentlich unbetonten Noten auf dem zweiten und dritten, fünften und sechsten Schlag herausgehoben werden) sorgt für eine unregelmäßige, hinkende Bewegung. Die Gegenüberstellung dieser beiden klanglich-rhythmischen Konfigurationen setzt sich in der ganzen Szene fort, so dass die physiologischen Unterschiede zwischen den eleganten, Fischen ähnelnden Wassergeistern und dem hinkenden, einer Kröte gleichenden, schwerfüßigen Gnom akustisch unüberhörbar dargestellt sind.

Alberich ist zweifellos eine der unbeholfensten Figuren auf der gesamten Opernbühne. Kaum hat er seinen aufdringlichen, unglücklichen Flirt mit den Rheintöchtern begonnen, als sie ihn grausamerweise auch schon ermuntern, über die glitschigen Felsen zu gehen, um sie, die Nixen, im Wasser zu erreichen – grausamerweise, weil sie wissen, dass er mit Sicherheit scheitern wird. Dieses Scheitern unterstreicht die Andersartigkeit seiner schwerfälligeren Natur ebenso wie seine besondere Physiologie. Als es ihn wiederholt in die Tiefen des Rheins hinab zieht (vielleicht sogar durch das Gewicht eines Klumpfußes?), sehen wir die Auswirkungen seiner minderwertigen Körperausstattung. Jedesmal wenn er fällt, bietet Wagners Musik in den Streichern eine gestische Illustration seiner abwärts stürzenden Bewegungen.

Wagner wiederholt das Hinkmotiv, das erstmals bei Alberichs erstem Auftritt erklingt, mehrfach. Oder er bietet ein ähnlich unbeholfenes Äquivalent immer dann, wenn der Zwerg auf der Bühne erscheint. Dies gilt auch für das Orchesterzwischenspiel, das den Abstieg nach Nibelheim beschreibt, bevor Alberich mit seinem Bruder Mime heftig streitet. Kurz vor dem Auftritt der beiden wechselt die Orchestrierung des Ring-Motivs von den hohen zu den tieferen, dunkleren Streichern (Celli, mit koloristischer Verstärkung durch Kontrabässe und Fagotte) – ähnlich wie in der Musik, die erklang, als Alberich vergeblich versuchte, über die glitschigen Rheinfelsen zu klettern (siehe Notenbeispiel 23).

Notenbeispiel 23. Die Gangart in Nibelheim (dritte Rheingold-*Szene)*

Auf Alberichs ungeschickte Art zu gehen wird bei seinem Auftritt zu Beginn der nächsten Auseinandersetzung mit Mime (in der dritten Szene des zweiten *Siegfried*-Aktes) abermals angespielt. Diesmal streiten die Brüder über den Besitz des Ringes (siehe Notenbeispiel 24). Der Synkopenrhythmus bildet zusammen mit der Aufwärtsbewegung in Klarinette, Bassklarinette und Fagott eine musikalische Annäherung an den eiligen, hüpfenden und doch entschieden unbeholfenen Gang der Zwerge. In seinem Vergleich der ersten Kompositionsentwürfe für diese Szene mit der endgültigen Version der Partitur betont Curt von Westernhagen Wagners Sorgfalt bei der Entwicklung eines musikalischen Porträts der Andersartigkeit. Erreicht wird dieses Ziel teilweise

Notenbeispiel 24. Die hinkenden Zwerge in der dritten Szene des zweiten Siegfried-*Aktes*

315

durch den idiosynkratischen Charakter innerhalb des musikalischen Umfeldes und durch den markanten Kontrast zur umgebenden Musik, aber auch durch den Effekt eines unerwarteten rhythmischen Kontextes. Jedenfalls sollte dabei das Bild eines abstoßenden, ungelenken Bewegungsablaufs entstehen. Im ersten Entwurf dieser Szene fehlte, wie von Westernhagen gezeigt hat, noch vollkommen »die das hastige Heranschleichen der beiden feindlichen Brüder begleitende Sechzehntelfigur (Zweivierteltakt) [...]. Statt dessen ist in der Skizze [...] [eine] Triolenfigur – sehr flüchtig – notiert. [...] Das Groteske ihres Auftrittes liegt [in der endgültigen Version des Musikdramas] aber gerade in jener Kombination des dreiteiligen Gesangsrhythmus mit dem vierteiligen Begleitrhythmus.«[18] Wagner investierte in die Komposition und mehrfache Revision dieser Szene so viel Mühe und Arbeit, weil er ein überzeugendes musikalisches Bild von zwei Figuren mit unnatürlichem, ungelenkem Gang zeichnen wollte – teils mit komischer Wirkung und stark karikierend. Dabei nahm der unkonventionelle Rhythmus als gestisch-mimetisches Mittel zur Schilderung des unregelmäßigen Ganges der Nibelungen eine Schlüsselstellung in der musikalischen Figurencharakteristik ein. (In diesem Zusammenhang ist vielleicht erwähnenswert, dass Arnold Schönberg in einem unveröffentlichten Essay aus dem Jahre 1931 schrieb, eingefleischte Wagnerianer kritisierten immer wieder Brahms' Neigung, »Triolen und Duolen gleichzeitig zu setzen«, als »jüdische Manie«.[19] Wagners Anhänger sahen demnach in der musikalischen Schilderung der Nibelungen wohl ein so offenkundiges, überzeugendes Porträt vermeintlich jüdischer Körpermerkmale, dass sie die von Wagner gewählten musikalischen Züge fortan bei jedem Vorkommen mit Juden assoziierten – sogar in der Musik eindeutig nichtjüdischer Komponisten wie Brahms.)

Auch Mime wurde von Wagner mit einer Gehbehinderung bedacht, denn auch er ist ein Nibelung. So wie zu deren rassischer Natur schlechte Augen, eine hohe Stimme und üble Körpergerüche gehören, müssen die beiden Brüder als Judenkarikaturen auch hinken. In seinen Erinnerungen an die Probenarbeit zum ersten Bayreuther *Ring*-Zyklus des Jahres 1876 berichtet Heinrich Porges, dass Wagner in der Nibelheim-Szene des *Rheingold* seinen Mime bat, seinen Gesang »mit einer tänzelnden Gebärde« zu begleiten – eine Bitte, die ebenso auf dem antisemitischen Stereotyp jüdischer Sprechmanierismen beruhte wie auf dem Bild des Juden als einer Gestalt mit nervösem, physiologisch nicht ganz normalem Gang.[20] Doch anders als bei Alberich, dessen Klumpfüßigkeit im Text nicht zum Ausdruck kommt, sondern nur in der Musik und in den mit Schmieden und Zwergen verbundenen Assoziationen, wird Mimes Gehdefekt im *Ring* sowohl durch die Musik als auch durch den Text zum Ausdruck gebracht. In der bereits in der Einleitung des vorliegenden Buches zitierten, unterdrückten Beschreibung Mimes aus *Der junge Siegfried* lenkte Wagner die Aufmerksamkeit ausdrücklich auf die Figur des Zwerges als »etwas verwachsen und hinkend [...] nackte füße, mit groben sohlen darunter«.[21] Von Anfang an war also Mimes charakteristischer ungelenker Gang für Wagner eines der zentralen Bilder, die er mit dieser Figur verband. Siegfrieds böse Kommentare, die er im ersten Akt des *Siegfried* dem Zwerg gegenüber äußert, basieren auf dieser ursprünglichen Konzeption:

Seh ich dich stehn,
gangeln und gehn,
knicken und nicken,
mit den Augen zwicken –
beim Genick möcht ich
den Nicker packen [...]. (MD, 666)

In den Takten, die zu dieser Passage hinführen, wird die Orchestrierung sparsamer, die Musik langsamer (die Spielanweisungen lauten »poco a poco rallent.« und »Immer noch etwas mehr zurückhaltend«). Drei Klarinetten, zwei Fagotte und die in zwei Gruppen geteilten Bratschen (Instrumente, die im ganzen Drama eng mit Mime assoziiert sind) erhalten hier detaillierte, unabhängige Stimmen (siehe Notenbeispiel 25). Mit ihren dunkler gefärbten Tönen und mit Stakkato-Effekten wird jener Teil des Nibelungenmotivs gespielt, der aus nicht punktierten Noten besteht. Das Nibelungenmotiv ist sonst oft mit der für die Zwerge typischen Tätigkeit des Hämmerns verbunden, doch an dieser Stelle

Notenbeispiel 25. Siegfrieds Parodie von Mimes Gang
(im ersten Akt des Siegfried)

erscheint es als Teil der musikalischen Darstellung eines idiosynkratischen Ganges. Möglicherweise war dieses 1851 entworfene
Motiv die erste Musik, die Wagner für den *Ring* komponierte,
nachdem er sich entschlossen hatte, das Werk über ein einzelnes
Drama hinaus auszuweiten. Wenn das so ist, fielen sowohl die
Entstehung des speziellen Nibelungenmotivs als auch die ersten
musikalischen Abschnitte des Zyklus als eines Ganzen in den
Zeitraum eines Jahres nach Veröffentlichung von *Das Judentum in
der Musik* – eine chronologische Nähe, die ideologisch durchaus

Sinn ergibt.[22] Vielleicht fehlt der punktierte Teil des Nibelungen-motivs hier, weil die Musik nicht nur den Zwerg porträtiert, son-dern – auf subtilere Weise – auch Siegfrieds Versuch darstellt, den Eindruck nachzuahmen, den der Zwerg auf ihn macht. Stakkato und Vorschlagnoten in den drei Klarinettenstimmen (die denen in den Streichern bei Alberichs erstem Auftritt in *Das Rheingold* gleichen), sowie in den Bratschen und in Siegfrieds Gesangslinie vermitteln den Eindruck von Nervosität, Ungelenkigkeit und vor allem von grotesk komischer Instabilität. (Dabei müssen die Brat-schisten »col legno« spielen, also die Saiten mit dem Holz des Bogens schlagen, statt mit der Rosshaarseite des Bogens zu streichen. Dadurch entsteht ein trockener Ton, ein bizarrer, eher kakophoner Effekt, der vielleicht am besten aus einer Stelle im Schlusssatz von Hector Berlioz' *Symphonie fantastique* bekannt ist.)[23] Als sich Porges an diese Szene im ersten *Siegfried*-Akt erinnerte, in welcher der Titelheld den Nibelungenzwerg spöttisch nachahmt, schrieb er ausdrücklich, es handele sich um Spott über das »jämmerliche Gebahren« des Zwerges.[24] Egon Voss' Beschreibung von Wagners Fagotteinsatz in Mimes Passage aus *Das Rheingold*, die mit »für mich drum hüten | wollt ich den Helm« (MD, 554) beginnt, passt genau in unseren Zusammenhang:

Das dritte Fagott setzt vor jeden Ton einen Vorschlag, der in so großer Tiefe grotesk anmutet. Auch der Triller auf dem »A« wirkt in diesem Sinne. Die beiden anderen Fagotte sind motivisch so geführt, als »hinkten« sie dem dritten Fagott nach. Die Musik zeichnet das Bild des hinkenden Zwergen, während er selbst sich im Besitz höchster Macht sieht.[25]

Mime ist folglich so ungelenk wie sein Bruder, und sein stolpernder, schlurfender, hinkender Gang wird in verschiedenen dramatischen Kontexten mit diversen musikalischen Mitteln immer aufs Neue evoziert.

Ein solches musikalisches Porträt von Mimes ungleichmäßigem Gang erscheint auch im zweiten Akt des *Siegfried*, als der Held die kümmerliche Erscheinung des Zwerges mit seinem eigenen Aussehen vergleicht – einem Bild, das sicher dem seines Vaters Siegmund gleiche. Mimes Gestalt sei »klein und krumm, | höckrig und hinkend, | mit hängenden Ohren, | triefigen Augen« (MD, 701) – eine Beschreibung, die eher an ein verkrüppeltes Hundegeschöpf denken lässt (siehe Notenbeispiel 26). Erneut verwendet Wagner die musikalischen Mittel aus dem ersten Akt, um Mimes Physiologie mimetisch zu evozieren, speziell seinen hinkenden Gang. Aber er fügt auch mit Alberich verbundene Stilmittel hinzu: Zum Stakkato und den Vorschlagnoten, zum betonten Einsatz von Klarinette und Bratsche kommen noch punktierte Rhythmen und Sforzandi hinzu – musikalische Mittel, die den Hörer inzwischen vor allem an Alberich denken lassen. So unterstreicht dieses kurze musikalische Porträt sowohl die familiären und rassischen Verbindungen der Nibelungenbrüder als auch

Notenbeispiel 26. *Siegfried stellt sich (im zweiten* Siegfried*-Akt) vor,
wie ein Sohn Mimes aussehen müsste*

deren Andersartigkeit gegenüber Siegfried, dessen eigene Musik
ganz anders orchestriert ist. Dort kommen vorwiegend Streicher
und Hörner zum Einsatz (die im Deutschen bezeichnenderweise
Waldhörner heißen, entsprechend zu Siegfrieds Charakter als
Naturmensch). Siegfrieds musikalische Linien bestehen überwiegend aus gleichmäßigen Noten in flüssigen Rhythmen; oft finden
sich allerdings auch übermütige rhythmische Bewegungen. Siegfrieds Musik bewegt sich gleichmäßig, die der Nibelungen dagegen nicht. Deren Musik hinkt.

An dieser Stelle müssen wir noch eine weitere Motivtradition
betrachten, die zum kulturellen Hintergrund von Wagners Nibe-
lungenporträt gehört, besonders im Hinblick auf Alberich: Denn
dessen Erscheinungsbild ähnelt auf bemerkenswerte Weise dem
einer Ziege, also eines Tieres, das – wie Poliakov gezeigt hat – in
der europäischen Kulturgeschichte stets besonders eng mit dem

Teufel assoziiert wurde. So hebt zum Beispiel die Rheintochter Floßhilde an Alberich Folgendes hervor:

Deinen stechenden Blick,
deinen struppigen Bart,
o säh ich ihn, faßt ich ihn stets!
Deines stachlichen Haares
strammes Gelock,
umflöss' es Floßhilde ewig! (MD, 529f.)

Alberichs ausdrücklich ziegenähnliches Erscheinungsbild bezieht sich (wie auch sein lüsternes Wesen) auf eine Fülle kultureller Bilder, von denen neben der Verbindung zum Teufel die vielleicht offensichtlichsten Satyr, Silen und Faun (oder Pan) sind – auch diese miteinander verwandten Figuren sind halb Ziege, halb Mensch. Die griechischen Mythen, in denen sie vorkommen, betonen zwar deren sorgloses, animalisches Wesen, doch in der

Fantasie des Mittelalters wurden sie uminterpretiert und in böse, dämonische Wesen verwandelt – in Gestalten, die auch mit angeblich dämonischen Wesen wie Affen in Verbindung gebracht wurden (nicht zufällig nennt Alberich seinen Bruder einen Affen).[26] Es ist in erster Linie im Sinne dieser nachmittelalterlichen Negativassoziationen, dass solche Gestalten im Umfeld von Wagners Nibelungencharakterisierung fungieren. So gehören zum physiologischen Erscheinungsbild der Nibelungen also auch Klumpfuß und ziegenähnliche Züge der Gestalten aus der griechischen Mythologie, doch zwischen dem betont affenartigen, bösen, bedrohlichen Wesen der Nibelungen und dem Wesen der sorglosen hellenistischen Vorbilder liegen Welten. Darüber hinaus finden sich in Beschreibungen von Satyrn, Silenen und Faunen, die aus Wagners Zeit datieren, viele ikonographische Züge, die auch zum antisemitischen Bildrepertoire des 19. Jahrhunderts gehörten und in der Fantasie mit Juden assoziiert waren. Folglich war die Verbindung Alberichs mit solchen Figuren für Wagners Fantasie und in der kulturellen Vorstellungswelt seines zeitgenössischen Publikums absolut plausibel. Schließlich sind Satyr, Silen und Pan behaarte Wesen; sie besitzen suchende, aktive Augen und eine Hakennase – und all diese Merkmale gehören auch zur Welt der Judenstereotype. Darüber hinaus waren die Juden – wie die griechischen Bocksgestalten – angeblich besonders geil.[27]

Abermals gewährt uns Friedrich Nösselts Lehrbuch Einblick in die kulturellen Bilder, auf die sich Wagners Bühnengestalten im Kontext seiner Zeit bezogen. In diesem Schulbuch wird die Ähnlichkeit der Silen, Satyr und Pan gemeinsamen ikonographischen Züge sehr deutlich – jener Züge, die seit dem Mittelalter auch mit Juden assoziiert worden waren (siehe Abbildung 22):

[*Silen*] wird abgebildet als ein Greis mit kahler Glatze, dicken, plumpen Zügen, und in seinem Gesichte zeigt sich eine thierische, ziegenhafte Physiognomie. Zwischen den kurzen Haaren zeigen sich gewöhnlich ein Paar kleine Hörner, die Ohren gehen oben, wie Ziegenohren, spitzig zu; die Nase ist platt und breit, der Bart, wie bei den Böcken, spitzig; […] auch sieht man hinten einen kleinen Schwanz. […]
Ganz ähnliche Gestalten waren die *Satyrn*. Auch sie haben denselben menschlichen Körper mit thierischen Gesichtszügen, kleine Hörner, […] Bocksbart, Schwanz, u.s.w.; aber sie sind jünger. […]
[*Pans*] Gestalt hatte mit der der Satyrn einige Ähnlichkeit. Auch er hat kleine Hörner, spitzige Ohren, ein behaartes Gesicht, eine Bocks-Physiognomie, und einen Schwanz; aber er unterscheidet sich durch seine krumme Nase, da die Satyrn und Silenen eine plattgedrückte hatten, und durch seine Ziegenfüße. Als er geboren war, erschrak seine Amme so vor seiner häßlichen Gestalt, daß sie davon lief.[28]

Natürlich erinnern die Hässlichkeit und die ungewöhnlichen Füße dieser Gestalten an den Götterschmied Hephaistos, während ihr unwiderstehlicher Sexualtrieb mit entsprechenden Zügen im volkstümlichen Bild des Teufels und des Juden zusammenfällt. Ganz besonders aber kamen diese Figuren in der deutschen Vorstellungswelt durch ihre ziegenähnlichen Züge dem stereotypen Judenbild nahe. Die folgende Beobachtung Joshua Trachtenbergs, der die dämonische Judendarstellung im Mittelalter untersuchte, passt genau in unseren Zusammenhang: »Ein

Satyr. Silenos. Bacchanten.

22. *Abbildungen eines Satyrn, des Silenos und eines Fauns (im Bacchantenzug)*
(aus: Friedrich Nösselt, Lehrbuch der griechischen und römischen
Mythologie für höhere Töchterschulen und die Gebildeten des
weiblichen Geschlechts, *Hg. Friedrich Kurts [Leipzig ⁵1865])*

vermeintlich typisches Merkmal der jüdischen Physiognomie, das
in Drucken und besonders in den Märchen immer wieder hervorgehoben wird, ist der so genannte Ziegenbart. Diese eigentlich
unbedeutende Einzelheit wird bedeutungsträchtig, wenn wir sie
in Verbindung mit der üblichen Darstellung des Juden betrachten, der mit einem Ziegenbock assoziiert ist. [...] Der Bock ist,
wie man im Mittelalter sehr wohl wusste, das Lieblingstier des

Teufels; er gilt häufig als Symbol satanischer Lüsternheit.«[29] Indem er Alberich mit Merkmalen eines Ziegenbocks versah, evozierte Wagner das Bestiarium der klassisch-antiken Mythologie mit seinen Bocksgestalten ebenso wie stereotype Judendarstellungen, die in der Fantasie des Volkes dieselben Merkmale aufwiesen (siehe Abbildung 23). Natürlich lassen sich Alberich (und Mime) nicht einfach auf ein ikonographisches Kompendium der Züge des Schmieds, des Teufels, des Satyrn, des Silens und des Fauns reduzieren, aber man kann immerhin sagen, dass die Nibelungengestalten eine Fülle von Figuren aus unterschiedlichen mythologischen und volkskundlichen Zusammenhängen evozierten, deren Züge dann im Europa des 19. Jahrhunderts mit verschiedenen antisemitischen Stereotypen zusammenfielen. Eine Ikone indes, die all diese Figuren und Stereotype gemeinsam haben, ist der ungelenke, tierähnliche oder deformierte Fuß.[30]

Ikonisch steht der Fuß aber auch im Brennpunkt, wenn es im *Ring* um den Kontrast zwischen minderwertigen und heroischeren Wesen geht. Darum wollen wir uns hier einen Augenblick mit der sehr einfühlsamen Interpretation von Siegfrieds Trauermusik in der *Götterdämmerung* durch den unkonventionellen, scharfsichtigen Wagnerforscher Dieter Schickling beschäftigen – einer Musik, die »durchaus kein Marsch ist«, wie Schickling feststellt. Schicklings Beschreibung der mimetischen Implikationen dieser Orchesterpassage, die zu den beliebtesten und am häufigsten aufgenommenen des gesamten *Ring*-Zyklus gehört und die auch im Konzertsaal häufig zu hören ist, passt gut in unsere Erörterung der Wagnerschen Ikonographie des hinkenden Fußes:

Der Höhepunkt im Ausbruch des vollen Orchesters ist sehr eigenartig rhythmisiert: in die Pausen zwischen den Akkorden der starken Instrumente ist jeweils ein Achtel der Pauke eingeschoben; die scheinbar heldische Passage erhält so einen quasi hinkenden Charakter, der noch dadurch verstärkt wird, daß die Bläser nur das jeweils letzte Viertel der Takte aushalten – als ob jemand beim langsamen Schreiten ein Bein nachzieht. [...] Da wird nicht für einen hehren Helden aufgespielt, sondern für einen tückisch Erschlagenen.[31]

23. *Karl Hill als Alberich. Foto von Joseph Albert für die Bayreuther Inszenierung von* Das Rheingold *im Jahre 1876 (Nationalarchiv der Richard-Wagner-Stiftung/Richard-Wagner-Gedenkstätte, Bayreuth)*

Wenn man das Bild heraushört, das Schickling in dieser Passage erkennt, dann enthält die Musik sogar ideologische Implikationen für das Verständnis der ikonographischen Funktion des Fußes im Kontext von Wagners Körperkosmologie. Dabei liegt in unserem gegenwärtigen Argumentationszusammenhang der Schlüssel zum Verständnis in den letzten Worten des obigen Zitats. Dort wird eine Sicht Siegfrieds unterstrichen, die auf Wagners eigener Sicht und auf seinem eigenen Figurenporträt beruht: Siegfried als Opfer der Intrigen und des Neides der Nibelungen, deren Antipathie und Gegensätzlichkeit zu Siegfried für die Entfaltung der *Götterdämmerung* von zentraler Bedeutung ist (der ursprüngliche Titel des Dramas lautete ja *Siegfrieds Tod*). Schließlich ist es Alberichs Sohn Hagen, der auf Drängen seines Zwergenvaters den Helden ermordet. (Hagens Musik weist, wie ich im fünften Kapitel noch ausführlicher zeigen werde, viele Gemeinsamkeiten mit Alberichs Musik auf, etwa Sforzandi, punktierte Rhythmen und Synkopen.) Siegfried wird durch einen Speerstoß in den Rücken ermordet – ein ähnliches Bild sollte später in den Interpretationen der deutschen Niederlage von 1918 eine nicht unwichtige Rolle in konservativen Kreisen spielen. (Dieser »Dolchstoßlegende« zufolge trieben angeblich parasitische Juden eine desillusionierte Regierung in Ruin und Niederlage.)[32] Wenn in Siegfrieds musikalischem Nekrolog eine musikalische Gebärde das Hinken impliziert, dann wird so vielleicht, eingebettet in die musikalische Evokation einer Ikonographie seines Körpers, der Einfluss der Nibelungen bei seiner Ermordung hörbar. Denn die Trauermusik ist eine Art musikalischer Kommentar zu Siegfrieds Leben und Schicksal, und die Idee, über das Hinkmotiv auf die Rolle der Nibelungen zu verweisen, würde bestens zu den ideologischen Implikationen der Wagnerschen Darstellung von massiv widerstreitenden Rassen im *Ring* passen.

Wagner schildert das Hinken der rassisch minderwertigen Zwerge – oder Siegfrieds, ihres höherwertigen Opfers – nicht in motivischer Isolation, sondern verstärkt das Bild solcher hinkenden, verwachsenen Wesen noch dadurch, dass er es mit dem überlegenen, gleichmäßigen, gemessenen, emphatischen Gang und Auftreten seiner Götter und Wälsungenhelden kontrastiert. Nur in Siegfrieds Trauermusik kann man einen Wälsungenhelden hinken hören, und auch dort nur als Zeichen seines Falls durch verräterischen, feigen Mord seitens eines Nibelungen. Ansonsten ist der Gang der Wälsungen der Gang höherer Wesen. In der Sturmmusik zu Beginn des ersten Aktes der *Walküre* führt Wagner sein erstes menschliches Wesen im *Ring*, Siegmund, mit akustischen Verweisen auf das Bild eines aggressiven, »männlichen« Laufschritts ein. Als Halbgott, als Symbol des deutschen Volkes, das sich in der Stunde der »Not« nach einem Werkzeug der Erlösung sehnt, und als Vater des zukünftigen Superhelden bewegt sich Siegmund verzweifelt, aber mit entschieden heroischen Schritten durch die sturmgepeitschten Wälder (siehe Notenbeispiel 27). Selbst als er unbewaffnet von Hundings Landsleuten, von Kriegern und Hunden, verfolgt wird, zeigt sich Siegmunds Heldenhaftigkeit in der Gleichmäßigkeit seiner Bewegungen. Dies gilt auch dann noch, wenn wir die gestische Evokation seiner Erschöpfungspausen durch punktierte Viertel- und Achtelnoten am Ende des zweiten Themas mit einbeziehen. Dieses höhere Wesen kennt kein Zittern und Stolpern, kein nervöses Herumschleichen.

Siegfrieds Musik ist zwar entschieden lebhafter als die Musik seines Vaters, doch zeigt sich die Affinität zu Siegmunds Musik in rhythmischem Gleichmaß und stetigem Fortschreiten. Ob Siegfried nun im ersten Akt über Mimes Unzulänglichkeit als

Notenbeispiel 27. Siegmunds Laufmotive im Vorspiel zur Walküre

Notenbeispiel 28. *Motive aus dem ersten Akt des* Siegfried, *die zeigen, dass Siegfried trotz seines ungestümen Wesens sicher auf beiden Beinen steht*

Schmied tobt oder im zweiten – mit der Vorfreude, in die Welt ziehen zu können und den Zwerg »nie wieder zu sehn« – im Wald um die Drachenhöhle herumstreicht, Siegfrieds Musik vermittelt einen biegsamen, geschmeidigen, ausbalancierten, »muskulösen« Charakter (so wie Wagner in *Eine Mitteilung an meine Freunde* die Qualität seiner eigenen Verse für Siegfried beschrieb; siehe das Zitat [DS 6:308f.] oben im ersten Kapitel). Diese Musik erinnert an die seines Vaters und unterscheidet sich völlig von den Rhythmen und Tönen, die mit den Nibelungen assoziiert sind (siehe Notenbeispiel 28). Schließlich war es Siegfried, um den sich Wagners *Ring*-Konzeption von Anfang an drehte, und seine heroische Statur, seine heroischen Bewegungen bildeten den ikonographischen Kontrast zur ersten Musik, die Wagner für das erweiterte Werk komponierte – zum nervösen, zappeligen Schmiedemotiv des hinkenden, körperlich minderwertigen Pflegevaters des Helden.

Und wie in der Familie der höheren Wesen die Augen die Ähnlichkeit der äußeren Erscheinung widerspiegeln, so haben diese überlegenen Wesen auch alle einen guten, sicheren Gang. Und weil alle körperlichen Attribute der göttlichen Rasse Wagners vom umherstreifenden Vorfahren in Walhall abstammen, ist es Wotan selbst, den der Komponist besonders emphatisch mit einem exemplarisch guten Schritt ausgestattet hat. In der Tat, von seinen außerehelichen Streifzügen, auf die sich Fricka bezieht (MD, 536f.), und von seinen Reisen in die Tiefen Nibelheims und über die Regenbogenbrücke (in *Das Rheingold*) bis hin zum dritten

Siegfried-Akt ist Wotan in allen drei *Ring*-Dramen, in denen er auf der Bühne erscheint, mit dem Thema des Wanderns verbunden – sogar, wenn ihn das Publikum nicht sieht: beispielsweise in Sieglindes Erzählung im ersten Akt der *Walküre*, in der sie ihrem Bruder beschreibt, wie ein rüstiger, Ehrfurcht gebietender Greis an ihrem Hochzeitsabend in Hundings Hütte trat. Denn im ersten Akt des *Siegfried* erkennen wir die Figur, die Sieglinde beschrieben hat, wieder. Es ist Wotan, als Wanderer verkleidet, der dort feierlich in Mimes Höhle erscheint.

Das musikalische Motiv, das gemeinhin als »Wanderer-Motiv« bezeichnet wird, ist ein ikonisches Porträt langsamen, bewussten Vorwärtsschreitens, denn die rhythmische Progression und die polyphone Bewegung seiner Linien sind ihrem Wesen nach mimetische Gebärden.[33] Dieses Motiv erklingt zum ersten Mal, als die Figur in der zweiten Szene des ersten *Siegfried*-Aktes die Bühne betritt, und beim zweiten Erklingen schreibt Wagners Bühnenanweisung vor: »*sehr langsam, immer nur um einen Schritt, sich nähernd*« (MD, 673). Der gesamte erste Teil der Szene zwischen dem Wanderer und Mime besteht aus dem optischen Bild eines Gottes, der langsam und entschlossen über die Bühne schreitet, und diese Bewegung steht in markantem Kontrast zur umtriebigen, hektischen Präsenz des Nibelungenzwerges. Die unterschiedliche Gangart der beiden wird durch gestische Unterschiede zwischen dem Wanderer-Motiv, das während dieses ganzen Eröffnungstableaus wiederholt wird, bis der Wanderer am Herd sitzt, und der lebhaften, sprunghaften, erregten Musik des Nibelungen noch weiter unterstrichen.

Wagners Gedanken zum Rhythmus in *Das Kunstwerk der Zukunft* bieten hier den passenden theoretischen (und, auf Wagners typische Weise, metaphorischen) Hintergrund zur Polarität der rhythmischen Präsenz dieser beiden Figuren. Erneut wird dabei auch unterstrichen, wie eng in seinem Denken die ikonische Funktion der musikalischen »Gebärde« und der Puls der Musik beieinander liegen. Dabei meint in unserem Kontext Gebärde die idiosynkratische Einzigartigkeit der unterschiedlichen Gangarten des Wanderers und Mimes:

Ist die Bewegung mit der Gebärde selbst der gefühlvolle *Ton* der Empfindung, so ist der Rhythmus ihre verständigungsfähige *Sprache*. Je schneller der Wechsel der Empfindungen, desto leidenschaftlich befangener, desto unklarer ist sich der Mensch selbst, und desto unfähiger ist er daher auch, seine Empfindung verständlich mitzuteilen; je ruhiger der Wechsel, desto anschaulicher wird dagegen die Empfindung. Ruhe ist Verweilen; Verweilen der Bewegung ist aber Wiederholen der Bewegung: was sich wiederholt, läßt sich zählen, und das *Gesetz* dieser Zählung ist der *Rhythmus*.

[…] [N]ur durch ein von mir Unterschiedenes kann ich mich selbst erkennen; das von der Leibesbewegung Unterschiedene ist aber das, was sich einem von dem Sinne, dem die Leibesbewegung sich kundgibt, unterschiedenen Sinne mitteilt; und dieser ist das Ohr. Der Rhythmus, wie er aus der Notwendigkeit der nach Verständlichung strebenden Leibesbewegung hervorgegangen, teilt sich als äußerlich dargestellte, maßgebende Notwendigkeit, als Gesetz, dem Tanzenden zunächst durch den nur dem Ohre wahrnehmbaren *Schall* mit, – gerade wie in der Musik das abstrahierte Maß des Rhythmus, der Takt, durch eine wiederum dem Auge erkenntliche Bewegung mitgeteilt wird […]. (DS 6:42f.)

»Ein von mir Unterschiedenes« – das erinnert an Wagners Bemerkungen über die Funktion des Juden als fremdartiges Objekt, gegen das sich der Deutsche selbst definiert. Ursprung und Grundlage des Rhythmus hingegen ist für Wagner, wie sich der Leser erinnern wird, der Fuß. Und der Fuß wiederum dient in der zweiten Szene des ersten *Siegfried*-Aktes als physiologische Ikone dazu, zwischen dem Gott und der »Zwergenrasse« zu unterscheiden.

Der in der zitierten Passage beschriebene Unterschied zwischen friedlicher Klarheit und unklarer, »undeutlicher« Rastlosigkeit (wobei Wagner, wie schon an früherer Stelle erwähnt, im Adjektiv »deutlich« die Wortwurzel des Begriffes »deutsch« sah), wird auch durch die unterschiedlichen rhythmischen Konfigurationen der beiden Figuren Wanderer und Mime vermittelt. Der Wanderer ist die Verkörperung stattlicher Ruhe, und dieses erhabene In-sich-Ruhen hat im Wanderer-Motiv sein pulsierendes Kennzeichen, während die Musik des Nibelungen verwirrt, »unklar« und insgesamt von der des Gottes vollkommen *unterschieden* ist. Die rassische Unterschiedlichkeit der beiden kann das

Publikum durch scharf voneinander getrennte, idiosynkratisch repräsentative Töne erkennen und wahrnehmen – Töne, die auch mit unterschiedlichen Bewegungen zusammenfallen. So wie Siegfried, mit dem sich das Publikum identifizieren soll, den Unterschied »kennt«, der den Nibelung als sein Gegenteil definiert, so empfindet das Publikum Mimes rhythmische Erkennungszeichen als markanten Kontrast gegenüber denen des Gottes. Für Wagner konnte kein Zweifel bestehen, dass die deutschen Zuschauer sich bei dem folgenden Ratewettkampf auf Wotans Seite schlagen würden, nicht zuletzt weil sein tönendes Erkennungszeichen ihn als andersartig gegenüber dem fremdartigen, nichtdeutschen, hinkenden Zwerg ausweist. Die Definition disparater, entgegengesetzter Identitäten ist die Funktion, die der Rhythmus in Wagners theoretischen Überlegungen und in der Szene zwischen dem Wanderer und Mime übernimmt.

Das Wanderer-Motiv besteht aus zwei Teilen, dessen erster, »Mäßig und etwas feierlich« überschrieben, vier Takte umfasst, während der zweite Teil je nach dramatischer Verwendung aus vier oder acht Takten besteht. Nachdem Wotans erster Auftritt durch das Motiv in seiner vollen zwölftaktigen Version angekündigt und begleitet wurde, kehrt dieses in einer kürzeren, achttaktigen Fassung wieder, als der Gott Mime erklärt, die Welt nenne ihn »Wanderer« (dass diese Fassung kürzer ist, hängt damit zusammen, dass der Zwerg Wotan abrupt unterbricht) (siehe Notenbeispiel 29). Die beiden Abschnitte des Motivs sind rhythmisch gleichartig; sie sind durch das Fehlen von Taktwechseln und durch einen langsamen, regelmäßigen Pulsschlag bestimmt. Beide Teile enthalten auch eine melodische Bewegung, die dem schrittweisen Gang auf der Bühne musikalisch entspricht. Der erste Teil besteht allein aus halben Noten, wobei die Oberstimme durch eine wiederholt fallende Geste charakterisiert ist, die um einen ganzen Ton nach unten geht, ehe sie wieder um einen halben Ton ansteigt (dass das fallende Intervall bei seinen Wiederholungen mal als Ganztonschritt und mal als verminderte Terz notiert wird, spielt kaum eine Rolle; für das Ohr bleibt die melodische Distanz gleich). So verläuft die Bewegung in der Trompete vom eingestrichenen C abwärts zum B, aufwärts zum Ces und

Notenbeispiel 29. Die Bewegung des Wanderers im ersten Akt des Siegfried

schon: auf der Er - - de Rü - cken rührt' ich mich

abwärts zum A (in der Partitur ist diese Linie der F-Trompete allerdings um eine Quinte höher notiert als die Töne, die tatsächlich erklingen). In den Bratschen verläuft sie vom eingestrichenen B zum As, zum A [=Heses] und zum G. Die gestischen Konnotationen dieser ebenmäßigen Symmetrie im ersten Abschnitt des Motivs finden ihre Entsprechung im zweiten Abschnitt. Denn in den Takten 5 bis 8 findet sich eine ähnliche, rhythmisch stabile Figur in den Hörnern: auf eine halbe Note am Anfang folgt in der Oberstimme eine punktierte Viertel- mit einer Achtelnote, während in den Kontrabässen die aus dem ersten Abschnitt des Motivs bekannte gleichmäßige Bewegung aus halben Noten weitergeht, bis das ganze Motiv zu Ende ist. Im zweiten Motivabschnitt spielen die ersten und zweiten Hörner als Oberstimmen kontinuierlich, immer zwei Takte lang, denselben Ton im Oktavabstand, während sich die Kontrabässe und das zweite Fagott in zweitaktigen Sequenzen Schritt für Schritt insgesamt eine Quarte nach oben bewegen. Auch die Binnenstimmen, ganz besonders die Celli, bewegen sich in gleichmäßigen, schrittweisen Progressionen (die Vortragsbezeichnung lautet »ausdrucksvoll«). Und weil die Hörner stabil bleiben, hebt sich die Bewegung der Celli um so deutlicher davon ab. Durch Bühnenanweisungen für den sich bewegenden Schauspieler, durch den Text, den er singt, und durch die gestisch evokative Musik, die eindeutige Vorgaben macht, vermittelt Wagner also beim ersten Auftreten des Wanderers dessen Gang als charakteristisches Merkmal eines mächtigen Gottes. Den markanten Kontrast dazu bilden die nervösen, zappeligen, sprunghaften musikalischen Gebärden seines weit unter ihm stehenden Gastgebers.

Diese Art Gegensätzlichkeit im Gang zwischen Wälsungen (Vätern wie Söhnen) und Nibelungen ist nicht nur ein im *Ring*-Zyklus konsequent durchgehaltenes Motiv, sondern überdies eine dramatische Oppositionsstruktur, die Wagner mit nur geringfügigen Modifikationen auch in anderen Musikdramen konsequent verwendete. Alberichs und Mimes mühsamer Gang ist nicht das Resultat von Verletzungen oder Misshandlungen, sondern angeborenes Merkmal ihres natürlichen Wesens – wie ihr Geruch, ihre Hautfarbe und ihr Buckel.

Noch eine weitere Figur, die der Darstellung antisemitischer Empfindungen und Einstellungen dient, wird im Verlauf eines Wagnerschen Musikdramas mit dem Attribut eines ungelenken, hinkenden Ganges versehen: Sixtus Beckmesser. In seinem Fall ist das Hinken indes die direkte Folge eines körperlichen Angriffs und somit ein erworbenes Merkmal. Dass es jedoch im Kontext einer Judenkarikatur erscheint, passt zum ideologischen Programm, das den Körperbildern in Wagners Werken zugrunde liegt. Ob genetisch vorgegeben oder später erworben, in der Wagnerschen Fantasie finden sich Gehbehinderungen nur bei Figuren, die das ganze Spektrum stereotyper antisemitischer Züge vorzuweisen haben.

In *Die Meistersinger von Nürnberg* sind die Prügel, die Beckmesser am Ende des zweiten Aktes kassiert, so massiv, dass Wagner für den Auftritt des Stadtschreibers im dritten Akt ein »Hinkmotiv« verwendete, das (wie schon im zweiten Kapitel gezeigt) von einer hohen, klagenden Fagottstimme eingeführt wird (siehe Notenbeispiel 3, Seite 155). Wie die Musik, die die Gehbehinderung der Nibelungen zum Ausdruck bringt, enthält auch Beckmessers mimetisches Motiv einen Eingangsabschnitt, der von einem punktierten Rhythmus bestimmt ist, auf den gleichmäßige Stakkatonoten folgen; und wie im Falle des mit Mime assoziierten musikalischen Timbres dominieren auch in Beckmessers dunklen Orchesterfarben Klarinetten und Fagotte. Als das Motiv einige Takte später wiederholt wird, kommen bei der musikalischen Charakterisierung des Stadtschreibers weitere Stilmittel zur Geltung, die gleichfalls mit dem schlechten Gang Mimes verbunden sind: Pizzicati in den Violinen und Synkopen bei den Holzbläsern. In Wagners Bühnenanweisungen werden Beckmessers verzerrte Bewegungen – Folge der brutalen Prügel, die er einstecken musste – gleichsam zur Karikatur:

Walther schlägt in Sachsens Hand ein; so geleitet ihn dieser ruhig festen Schrittes zur Kammer, deren Türe er ihm ehrerbietig öffnet und dann ihm folgt. – Man gewahrt Beckmesser, welcher draußen vor dem Laden erscheint, in großer Aufgeregtheit hereinlugt und, da er die Werkstatt leer findet, hastig hereintritt. [...] Dann hinkt er vorwärts, zuckt aber zusammen und streicht sich den

Rücken. Er macht wieder einige Schritte, knickt aber mit den Knien und streicht nun diese. […] Er hinkt immer lebhafter umher und starrt dabei vor sich hin. Als ob er von allen Seiten verfolgt wäre, taumelt er fliehend hin und her. Wie um nicht umzusinken, hält er sich an dem Werktisch, zu dem er hingeschwankt war, an und starrt vor sich hin. (MD, 468)

(Die Formulierung vom »Rückenstreichen« entspricht fast wörtlich dem derben Scherz, den Wagner mit Bezug auf Carl Schlosser, den Darsteller des Mime in der Uraufführung des *Rings* 1876, von sich gab; siehe oben S. 251.) Am Ende der Szene mit Hans Sachs, nachdem Beckmesser Walthers Lied mit Freuden als Geschenk vom dichtenden Schuhmacher empfangen hat, wiederholt Wagner seine Anweisungen an den Darsteller des Beckmesser, den beeinträchtigten Gang deutlich zu zeigen. Auf diese Weise wird der körperliche Unterschied zwischen dem Stadtschreiber und den Helden des Dramas, Sachs und Walther, hervorgehoben – ja sogar gegenüber dem Lehrbuben David, der ebenfalls zu Beckmessers Gegenspielern gehört, die alle einen festen Schritt haben: »*Beckmesser* […] *taumelt und poltert der Ladentüre zu; […] läuft wieder vor; […] und stürzt dann, hinkend und strauchelnd, geräuschvoll durch die Ladentür ab*« (MD, 473). Damit auch ja kein Zuschauer übersehen kann, dass der böse »Merker« (der mehr als genug Eigenschaften und Körpermerkmale aufweist, die Wagner für jüdisch hielt) nunmehr hinkt, stürzt ihn der Komponist auch noch in Schwierigkeiten beim Betreten des Sängerpodestes – vor seinem vergeblichen Versuch, den Gesangswettbewerb zu gewinnen:

Die Lehrbuben führen Beckmesser zu einem kleinen Rasenhügel vor der Singerbühne, welchen sie zuvor festgerammelt und reich mit Blumen überdeckt haben.
BECKMESSER *strauchelt darauf, tritt unsicher und schwankt.*
Zum Teufel! Wie wackelig! Macht das hübsch fest! (MD, 486)

Als dann auch noch sein Gesangsvortrag in Schwierigkeiten gerät, greift die Musik in den Klarinetten und Fagotten jenes Stolpermotiv wieder auf, das mit seinem Eintritt in die Werkstatt verbunden gewesen war. Als weiteres Stilmittel, das in Wagners Fantasie mit minderwertigen Geschöpfen verbunden war, kommen

Triller hinzu: an einer Stelle im Fagott und in der gesamten Lied-
begleitung der Cellostimme. Daraus dürfen wir getrost entnehmen, dass Beckmesser – im metaphorischen wie im buchstäbli-
chen Sinne – auf wackeligen Beinen steht, als er versucht, mit der
öffentlichen Demütigung fertig zu werden. Die Wiederholung
des Hinkmotivs, das schon in Sachs' Werkstatt erklang, verdeutlicht, dass sich die Verhöhnung, der Beckmesser seitens seiner
Nürnberger Mitbürger ausgesetzt ist, auf seine Gehbehinderung
konzentriert, ja dass sie auf das Engste damit verbunden ist.
Nachdem der Eindruck der Instabilität beim Gesangswettstreit
zuerst musikalisch vermittelt worden ist, halten auch die Bühnenanweisungen den Sänger an, diese Instabilität körperlich zum
Ausdruck zu bringen: »*Er richtet sich wieder ein, besser auf den
Füßen zu stehen.* […] *Er wackelt wieder sehr: sucht im Blatt zu lesen,
vermag es nicht; ihm schwindelt. Angstschweiß bricht aus*« (MD, 487).
(In dieser Hinsicht ist *Die Meistersinger* im wahrsten Sinne des
Wortes ein »Satyrspiel«, wie Wagner sein Musikdrama ursprünglich bezeichnete; es enthält zahlreiche Ikonen der Andersartigkeit, die sich auch in der musikalisch-dramatischen Charakterisierung Alberichs finden.) Es sollte also kaum überraschen, dass man
im deutschen Volksaberglauben der Meinung ist, wenn Braut
oder Bräutigam auf dem Weg zur Trauung stolpern, müsse
Unglück in der Ehe die Folge sein.[34] Ganz bewusst verknüpft
Wagner Beckmessers Gang mit seiner Werbung um Eva, etwa in
folgendem Einspruch von Sachs gegen Beckmessers Verriss von
Walthers Lied im ersten Akt:

Geht er [Beckmesser] nun gar auf Freiers Füßen,
wie sollt er da die Lust nicht büßen,
den Nebenbuhler auf dem Stuhl
zu schmähen vor der ganzen Schul? (MD, 425)

In Wagners Drama wird deutlich, dass es für Eva – und für die
deutsche Kunst – ein Unglück wäre, würde Beckmesser Evas
Hand gewinnen. Sein Stolpern ist ein eindeutiges Zeichen, dass
eine solche Verbindung nicht gut gehen könnte.
Dagegen steht die deutsche Kunst auf festen Füßen, wenn sie
mit Walther von Stolzing in Verbindung gebracht ist. Sein über-

legener Gang hat physische und metaphorische Bedeutung. Physiologisch ist Walther das Emblem von Jugend und Kraft, ganz anders als der alternde, unsichere Stadtschreiber. Und metaphorisch vermag er genau das, was Beckmesser verwehrt ist: die Zukunft der deutschen Kunst zu sichern. Die doppelte Überlegenheit Walthers zeigt sich im ikonographischen und metaphorischen Bild seines Schrittes, der zum einen Gesundheit und Stärke verrät, zum anderen Standfestigkeit und ästhetische Sensibilität zum Ausdruck bringt. Diese doppelte Funktion seines Schrittes wird ebenfalls in Worten von Hans Sachs aus der gleichen Szene des ersten Aktes deutlich:

> Des Ritters Lied und Weise,
> sie fand ich neu, doch nicht verwirrt:
> verließ er unsre Gleise,
> schritt er doch fest und unbeirrt.
> Wollt ihr nach Regeln messen,
> was nicht nach eurer Regeln Lauf,
> der eignen Spur vergessen,
> sucht davon erst die Regeln auf! (MD, 424)

Im *Ring*-Zyklus hat jede einzelne, von Minderwertigkeit zeugende Ikone der Nibelungen ihr höherwertiges Gegenstück bei den Wälsungen: Diese sind wie Fische, und nicht wie Kröten; sie haben Rehaugen und keinen »stechenden« Blick; sie ähneln ihren Begleitern in der Natur, Wölfen und Bären. Sie werden von ihren natürlichen Geschwistern wegen ihrer gleichartigen, schönen Gesichter und Gestalten geliebt; und ihre Stimmen sind tief statt falsettierend. Wälsungen riechen wie die natürlichen Düfte des Frühlings und nicht, wie die Nibelungen, nach Schwefel, Pech und Fürzen. Sie marschieren mit festen, entschlossenen Schritten, statt unbeholfen und nervös herumzuhinken. Genauso wird auch die ikonische Andersartigkeit von Beckmessers Füßen in den *Meistersingern* durch den Kontrast zu den Füßen seiner Gegner besonders hervorgehoben: zum Volk, zu Sachs, zu Walther und David. Direkt vor Beckmessers Auftritt im dritten Akt lenkt Wagner nicht zufällig die Aufmerksamkeit auf den »ruhig festen Schritt«, mit dem Hans Sachs Walther von Stolzing aus seiner

Werkstatt geleitet; im Zusammenhang des Metapherngeflechts, welches das ganze Musikdrama durchzieht, hat diese Szenenanweisung ikonische Funktion. Nachdem Beckmesser aus dem Haus des Schusters gehinkt ist und Hans Sachs Walthers neues Lied »getauft« hat, wechselt die Szene zur Festwiese vor den Toren Nürnbergs, wo sich die Bewohner beim Aufzug der Zünfte vergnügen, wo sie ihren an Luther erinnernden Choral »Wach auf« singen und des Gesangswettstreites harren. In diesem Kontext nun wird Wagners Polarisierung zwischen Beckmessers lächerlichem, bemitleidenswertem Herumtorkeln und dem geschmeidig-athletischen Wesen seiner Gegenspieler besonders deutlich. Das letzte Bild, das das Publikum vor dieser Szene vom Stadtschreiber gewonnen hatte, war das eines herumstolpernden, tolpatschigen alten Mannes. Dagegen wird die Szene jetzt, auf der Festwiese, anfangs von jugendlichem Überschwang beherrscht: von Lehrbuben, die mit den Mädchen aus der Stadt tanzen. Ihr ausgiebiger Tanz, ein Ländler, ist eine der beliebtesten Orchesterpassagen aus den *Meistersingern*. Sie wird auch oft im Konzertsaal gespielt. Der angeblich volkstümliche Ursprung dieses Tanzes ist sicher der Grund dafür, dass er an dieser Stelle solch breiten Raum einnimmt. Diesen Schluss legt jedenfalls eine Passage aus *Das Kunstwerk der Zukunft* nahe:

Eigentümlich [d.h. ursprünglich, einzigartig, M.W.] ist nur das, was aus sich selbst zu erzeugen vermag: die Tanzkunst war eine vollkommen eigentümliche, solange sie aus ihrem innersten Wesen und Bedürfnisse die Gesetze zu erzeugen vermochte, nach denen sie zur verständigungsfähigen Erscheinung kam. Heutzutage ist *nur* noch der *Volks-*, der *Nationaltanz* eigentümlich, denn auf unnachahmliche Weise gibt er aus sich, wie er in die Erscheinung tritt, sein besonderes Wesen in Gebärde, Rhythmus und Takt kund, deren Gesetze er unwillkürlich selbst schuf, und die als Gesetze erst erkennbar, mitteilbar werden, wenn sie aus dem Volkskunstwerke [...] wirklich hervorgegangen sind. (DS 6:48).

Der gesunde Fuß, als Grundlage und Metapher für das gemeinschaftliche Kunstwerk der Zukunft, muss mit dem Volk in Verbindung stehen, denn dieses Werk ist für das Volk gedacht und aus dem Volk entstanden. In einem solchen Kunstwerk sieht sich das

Volk selbst reflektiert. Der überlegene Fuß und die durch ihn ermöglichte bessere Bewegung teilen sich den gleichartigen Wesen (und dem gleichartigen, privilegierten Publikum) ebenso mit wie Auge, Körpergestalt, Stimme und Körpergeruch. Und eines der Bilder, die das ethnisch homogene Publikum sieht, ist das Bild des gesunden Fußes als Werkzeug des Tanzes – einer Kunst, die aus dem Geist des Volkes erwächst und vom Volk auf der Bühne vorgetragen wird.

Nach all den Aufzugsmärschen und Paraden der verschiedenen Zünfte (speziell der Schuster, Schneider und Bäcker) dient der bezaubernd provinzielle Ländler der Lehrbuben mit den Mädchen dazu, den volkstümlichen Charakter des ganzen Festes zu unterstreichen. Wagners Musik, die ein wenig an Beethovens ländlichen Tanz in der Sechsten Symphonie, der »Pastorale«, erinnert, vermittelt zusammen mit dem visuellen Bild des Tanzes auf der Bühne die Gemeinschaftsidentität des vereinigten Volkes – eine Identität, die sich in spontanen und doch kollektiven Bewegungen äußert. Die einzige Figur, die ganz bestimmt an solch fröhlichen Vergnügungen nicht teilnehmen könnte, ist der hinkende Stadtschreiber. Und unter den Lehrbuben spielt ausgerechnet der volkstümliche David beim Tanz eine herausragende Rolle – jener Junge, der Beckmesser am Ende des zweiten Aktes fast im Alleingang (wenn auch mit Unterstützung der Bürger) halbtot geprügelt hat, wie er Hans Sachs gesteht (»da hieb ich dem den Buckel voll« [MD, 459]). David kann sich von seinem großen Auftritt erst losreißen, als die Meistersinger erscheinen. Die Gegenüberstellung von Beckmessers zwei linken Füßen und Davids volkstümlicher Geschicklichkeit im Tanze wird musikalisch und visuell besonders betont; sie unterstreicht nochmals die Gegensätzlichkeit der beiden und ihre Gegnerschaft in der nächtlichen Prügelei. Beides, Prügelei und Volkstanz, hebt die »gesunde« Grundlage der Gemeinschaft hervor, für die dieses Musikdrama komponiert wurde. Die Menschen aus dem Volke stehen mit beiden Beinen fest auf dem Boden.

Nach dem Volkstanz bietet der Aufzug der Meistersinger nochmals Gelegenheit, den festen Gang höherwertiger Wesen darzustellen. Denn ihr Aufzug wird von jenem Motiv begleitet, mit dem die Ouvertüre des ganzen Dramas begonnen hatte: einer marschähnlichen, stattlichen, ein wenig pompösen Musik, die an stolze, schwerfällige ›Staatsbürger‹ denken lässt. In dieser Szene ist sie ausdrücklich mit dem Anblick der selbstsicheren Bewegung der Meistersinger quer über die Bühne verbunden. Es ist vielleicht kein Zufall, dass die Eröffnungstakte des Motivs rhythmisch wie melodisch Ähnlichkeit zu den ersten Takten jenes Motivs aufweisen, das im *Ring* mit den Wälsungen verbunden ist. Trotz unterschiedlicher Tonfärbung in Dur und Moll lässt sich die Affinität beider Motive wohl der Funktion beider Gruppen, der Meistersinger wie der ›Übermenschen‹, zuschreiben, all jene Züge zu verkörpern, die Wagner für exemplarisch deutsch hielt (siehe Notenbeispiel 30). Das Wälsungen-Motiv dominiert auch im Eingangsteil von Siegfrieds Trauermusik aus der *Götterdämmerung* – jenem Teil, in dem Schickling ein akustisches Bild der verhinderten Vorwärtsbewegung des Helden, ein Hinken, sieht. Auch das dem Wälsungen-Motiv ähnelnde Meistersinger-Motiv vermittelt das Bild eines marschähnlichen, wenngleich eher förmlichen Voranschreitens. Das wird zusätzlich durch eine Variante dieses Motivs unterstrichen, die mit den übermäßig respektvollen, unreifen Bewegungen der Lehrbuben, des Meistersinger-Nachwuchses, assoziiert ist. Und so wie sich Siegfrieds Physiognomie von der andersartigen der bösen Nibelungen unterschei-

Notenbeispiel 30. Meistersinger- und Wälsungen-Motiv im Vergleich

det, hebt sich auch die der Meistersinger und ihrer Lehrbuben von der ihrer unbeholfeneren Gegenspieler ab.

So lässt also nicht nur die Musik allein, sondern auch das Zusammenspiel bestimmter Szenen (die Verprügelung Beckmessers im zweiten Akt, sein Hinken im dritten, der Tanz der Lehrbuben, der Aufzug der Meistersinger und Beckmessers Stolpern auf dem Podium) mit der sie begleitenden mimetisch-gestischen Musik, einen in sich schlüssigen Bildkomplex entstehen, zu dem nicht zuletzt die Ikonographie des minderwertigen Fußes als Zeichen frevlerischer Gemeinheit und Minderwertigkeit gehört. Der letzte visuelle Eindruck, den das Publikum von Beckmesser mit nach Hause nimmt, ist sein hasserfüllter, heftiger, ungelenker Abgang von der Festwiese nach seinem missglückten, lächerlichen Vortrag und der – nach Wagners Ansicht – verdienten Abfuhr durch das Volk und seine Meistersingerkollegen. Im Einklang mit Wagners konsequent eingesetztem ikonographischen Vokabular gehen, marschieren und tanzen alle anderen viel geschickter als der elitäre Stadtschreiber, der, in die Rolle des Schurken gedrängt und von Natur aus im wesentlichen fremdartig, das Stereotyp eines Juden darstellt.

Immer und immer wieder gehören zu Wagners musikalischer und verbaler Schauspielkunst Einbeziehung und Ausbeutung der Ikonographie des defekten, fremdartigen Judenkörpers. Beckmessers instabiler Gang ist zwar eine weniger ausdrückliche Bezugnahme auf die Motivtradition des lahmenden Juden als etwa der schlurfende, hinkende, ungelenke Gang der Nibelungen, doch auch Beckmessers Gang war in der Lage, das gewünschte Bild zu evozieren, das in der kulturellen Fantasie Deutschlands im 19. Jahrhundert verankert war. Als Wagner die Figur Beckmessers schuf, die auch sonst mit zahlreichen antisemitischen Stereotypen versehen ist, passte der hinkende Gang genau ins Bild. Schließlich verdient Beckmesser seinen Lebensunterhalt nicht wie die anderen Meistersinger mit seiner Hände Arbeit, sondern mit dem Kopf; seine Distanz zum Volk wird im ganzen Drama hervorgehoben. Darüber hinaus fehlt ihm jedes Gespür für die deutsche Sprache. So wird er also auch mit diesem weiteren angeblich jüdischen Merkmal identifiziert, das zu Wagners Zeit Bestandteil des Repertoires antisemitischer Bilder war. Jedes jüdische Stereotyp, in Wagners Werken wie in der Kultur seiner Zeit, ist durch einen körperlichen Schaden oder Mangel definiert. Die jüdischen Körpermerkmale sind immer auf idiosynkratische Weise andersartig und minderwertig gegenüber vergleichbaren Eigenschaften des deutschen Körpers. Bewegungsmängel fallen dabei besonders auf, weil sie, selbst aus der Ferne, so unmittelbar offenkundig sind. Stimme oder Geruch (beziehungsweise im *Parsifal* die – in diesem Kontext andersartigen – Sexualdüfte) entlarven den Juden erst aus der Nähe, doch an seinem Gang kann das Auge des Volkes den Juden, das minderwertige Wesen, schon erkennen, wenn noch kein Ton oder Geruch zu ihm vorgedrungen ist.

Ein letztes Mal taucht die Ikone des ungelenken Ganges auch in Wagners letztem Musikdrama auf. Nachdem die Welt in *Parsifal* von Klingsors hohem Stimmregister und seinem kastrierten Körper sowie von den verführerischen Düften seines Zaubergartens befreit ist, macht Kundry, das Werkzeug von Klingsors böswilliger Andersartigkeit, einen Wandel durch, der sich nicht nur auf ihre Erlösung vom Judentum, sondern auch auf ihren Gang bezieht. Diese Veränderungen hatten bereits begonnen, als sich Parsifal im zweiten Akt Kundrys inzestuösen Annäherungsversuchen entzog; zu Beginn des dritten Aktes ist sie auf ihrem Erlösungsweg schon weit vorangeschritten. Allen üblen jüdischen Zügen hat Kundry bereits entsagt: dem andersartigen Geruch, dem Gesang völlig zusammenhangloser, dissonanter Phrasen und dem Versuch, Klingsor bei der Unterwanderung und Zerstörung der Gemeinschaft zu helfen. Sie ist dadurch zu einer besseren (und das heißt bei Wagner: deutscheren) Figur geworden, einer Frau, die Mitleid und Erlösung verdient hat.

Im Licht seiner antisemitischen Körperikonographien passt es darum bestens ins Bild, wenn Wagner im dritten Akt die Aufmerksamkeit ausdrücklich auf Kundrys verbesserten *Gang* lenkt. War sie bei ihrem ersten Auftritt im ersten Akt noch als wild umherstolpernde, nervöse, getriebene Frau gezeigt worden (musikalisch begleitet von einem schnellen, weit ausgreifenden Motiv, das mit seinen Arpeggien und seinem Tempo eher an

Koloraturpassagen aus der Grand Opéra erinnert und das der Bratsche zugeteilt ist, jenem Instrument, das auch mit Mime, einem anderen frevlerischen Herumstolperer, eng assoziiert ist),[35] so wird im dritten Akt ihr neues, religiöses, ›deutsches‹ Auftreten durch einen noblen, sicheren Gang unterstrichen. Gurnemanz fällt das sofort auf:

> Wie anders schreitet sie als sonst!
> Wirkte dies der heilige Tag?
> Oh! Tag der Gnade ohne Gleichen!
> Gewiß, zu ihrem Heile
> durft ich der Armen heut
> den Todesschlaf verscheuchen. (MD, 855)

Was nun die ideologischen Implikationen hinter dieser Körperikonographie betrifft, so fällt der Wandel vom Stolpern zum edlen Gang zusammen mit dem Wegfall von Kundrys andersartigem Geruch zugunsten des »Geruchs der Heiligkeit« – eines Geruchs, in dessen Genuss sie durch die Taufe und durch ihre Konversion zum Katholizismus gekommen ist. Weil sie sich nun auf dem Weg der Erlösung (dem Weg zum völligen Verlust ihrer jüdischen Identität) befindet, *muss* sie anders gehen. Dementsprechend wird Kundry am Schluss von Wagners letztem Musikdrama auch endgültig »erlöst«, nachdem sie die Tugenden der Abstinenz, der Buße und der Religiosität anerkannt hat. Sie stirbt.[36]

Und so wie es keinen Nibelungen ohne einen überlegenen Gott oder Wälsungen gibt, keinen Beckmesser ohne überlegenen Walther, ohne Sachs, David oder das Volk, muss auch die Kundry des ersten Aktes einem besseren, höheren, überlegenen Wesen gegenübergestellt werden. Dieses germanische Musterexemplar ist natürlich Parsifal selbst. Auch er ist mit einem sicheren Fuß und einem festen Gang versehen – er geht sicherer als Kundry vor ihrer Verwandlung, ihrem Verschwinden als reuiges Weib. (Ehe sich Gurnemanz mit dem Titelhelden auf dessen ersten Weg ins Gralsschloß begibt, kriecht Kundry ins Gebüsch.) Als Kundry dann im dritten Akt gelernt hat, »anders als sonst zu schreiten«, schließt sie sich den beiden christlich-deutschen Männern auf deren Weg an. Im ersten Akt – auf dem Weg nach Montsalvat, den Amfortas zuvor Klingsor, der zum Gralstempel niemals Zutritt erhält, verboten hatte (und von dem man überdies auch kaum erwarten könnte, dass er in der Lage sei, schmerzfrei und elegant zu gehen!) – hatte Parsifal angemerkt: »Ich schreite kaum, | doch wähn ich mich schon weit« (MD, 833). Direkt nach Kundrys Verschwinden im ersten Akt ähnelt die Orchesterbegleitung betont einem Marsch, als Gurnemanz und Parsifal sich auf den Wunderweg zum Gral machen – einen Weg, den, wie Gurnemanz erklärt, niemand von sich aus gehen kann, denn »Niemand könnte ihn beschreiten, | den er [der Gral] nicht selber möcht geleiten« (ebd.). So sind also der Gedanke exklusiven Erwähltseins und die Ikone des überlegenen, sicheren Gangs auf das Engste miteinander verbunden. Der Eingangsteil des hier erklingenden Motivs, das sich in der Vorstellung des Hörers mit dem Glockengeläut der Gralshalle verbinden wird, ähnelt dem Beginn der schon erwähnten marschähnlichen Motive der Meistersinger und der Wälsungen. In allen drei Fällen beginnt das Motiv mit einer fallenden Quarte, die in der Fantasie des Komponisten offenbar einen festen, überlegenen Schritt evozierte. Dies ist ein besonders klares Beispiel dafür, wie eine genaue Betrachtung der mit Wagners dramatischen Konstellationen assoziierten Bilder (im ikonographischen wie im metaphorischen Sinn) zu einem besseren Verständnis des musikalischen Materials führen kann.

Der reine Tor hat einen sicheren Fuß, mit dem er leicht ausschreiten kann. Und als er am Ende des Dramas den heiligen Speer über dem erneut blutenden Gral in die Höhe hält (man beachte die androgyne Symbolik), da wird das Übel des Fremdartigen (in Gestalt des Juden und der Verführerin) endgültig aus der Welt verbannt. Klingsor ist verschwunden, Kundry gestorben und das Übel wird durch das heilige Amt derer aufgehoben, die fest auf dem höheren moralischen Boden sexueller und rassischer Reinheit stehen. (Darüber hinaus verschmilzt dieser Schluss metaphorisch die sexualisierten Begriffe der Musik als eines weiblichen und der Poesie als eines männlichen Agens; visuell-metaphorisch werden diese Metaphern aus Wagners ästhetischer Theorie am Ende des *Parsifal* dargestellt – einer Theorie, auf der das Musikdrama insgesamt beruht.) Zum szenischen Schluss-tableau von Wagners letztem Bühnenwerk, dem Bild einer neuen Ordnung, gehört auch das Bild eines Helden, der mit dem noblen Schritt eines höheren Wesens auf dem Tugendpfad der Homogenen und Privilegierten wandelt. Deutschlands rassische Zukunft stand, wie Wagner hoffte, auf festen Füßen, und das Bild dieser Stabilität gründete sich auf zahlreiche ikonische Traditionen seiner Kultur, die das Böse und die Andersartigkeit in den Körpern all jener identifizierten, die nicht mit den Deutschen in gleichem Schritt und Tritt marschieren konnten.

V. KAPITEL

Ikonen der Degeneration

Sehen Sie doch diese Jünglinge – erstarrt, blass, athemlos!
Das sind Wagnerianer [...].
Friedrich Nietzsche, Der Fall Wagner

In Wagners Schriften und Musikdramen finden sich wiederholt Erörterungen und Darstellungen der Degeneration, wobei sich Wagner verschiedener Körperbilder und damit verbundener Überzeugungen bedient. Von der fatalistischen Interpretation der Zukunft Deutschlands in seiner Spätschrift *Erkenne dich selbst* – einer Zukunft, die durch eine Horde dunkelhäutiger, physiologisch minderwertiger Juden aus dem Osten bedroht sei – bis zu Wagners zahlreichen Dramenkonfigurationen, in denen es um die Bedrohung der rassischen Heiligkeit Deutschlands geht, kehren Wagners Werke immer wieder zum Bild der reinen Rasse zurück, der die Befleckung durch Rassenmischung mit genetisch minderwertigen Fremden droht. Diese Bedrohung ist in der Vorstellung, der körperlich jämmerliche Beckmesser könnte sich mit Eva, der reinsten deutschen Jungfrau, verbinden, natürlich nur implizit, weil diese Verbindung im Verlauf der *Meistersinger* nicht zustande kommt. Zunächst allerdings ist die Drohung durchaus real. Doch wird sie vereitelt, bevor die physiologisch gegensätzlichen Protagonisten eine Ehe schließen können, die in Wagners Denken gleichbedeutend wäre mit dem Ende der Integrität der deutschen Gesellschaft und ihrer Kunst. Eine ähnliche Bedrohung – gleichfalls nur implizit und niemals realisiert – stellt die schematische und sogar symbolische Blutsvermischung im *Parsifal* dar: Verschiedene Arten von Blut, deutsche und fremdartige Flüssigkeiten, widerstreiten einander in Amfortas' Wunde. Darüber hinaus ist die Bedrohung im Wunsch des östlichen Zauberers Klingsor angedeutet, dem Gralskönig das heilige Blut Christi, das in der Gralsschale enthalten ist und das man am Ende des Werkes aus dem Speer tropfen sieht, zu entwenden. (Wie Robert Gutman gezeigt hat, werden bei einem Vergleich des *Parsifal* mit Wagners Essay *Heldentum und Christentum* [1881] die rassistischen Vorzeichen einer solchen Bildersprache noch deutlicher.)[1] In den *Meistersingern* wie im *Parsifal* wird die genetische Gefährdung der überlegenen deutschen Gemeinschaft jedoch niemals Realität – weder in Gestalt eines minderwertigen Kindes noch in einer dauerhaften symbolischen Vereinigung deutschen und minderwertigen Blutes.

In der *Götterdämmerung* indes, Wagners vorletztem Musikdrama, das weit mehr als der *Parsifal* von Verzweiflung geprägt ist, gibt es ein solches Kind – nicht nur als physisches Phänomen, sondern auch als Metapher für rassischen Verfall. Im vierteiligen *Ring*-Zyklus ist Wagners Darstellung rassischer Degeneration besonders betont und detailliert, und in diesem Zusammenhang gewinnt das Konzept der Rassenmischung in einer konkreten Bühnenfigur Gestalt: im düsteren, rätselhaften Hagen, dem Sohn des Nibelungen Alberich, dem Mörder Siegfrieds und Gunthers. Diese Figur gilt allgemein als eine der bösartigsten und beängstigendsten in Wagners gesamtem musikdramatischen Kosmos.[2] Das Schreckbild einer Vermischung gegensätzlicher Rassen, das Wagner in *Erkenne dich selbst* entwirft, findet seine dramatische Darstellung nicht nur in den Unterschieden zwischen den Wälsungen und den Nibelungenbrüdern Alberich und Mime, sondern auch und gerade in der jüngeren Generation dieser beiden Rassen im *Ring* – im tiefen genetisch-biologischen Abgrund, der sich zwischen den Körpern Siegfrieds und Hagens auftut. Dabei erhält Hagens körperlicher Zustand sogar noch mehr Aufmerksamkeit als der seines Vaters Alberich oder der seines Onkels, des genetisch minderwertigen Zwerges Mime. Die physiologischen Unterschiede zwischen Siegfried und Hagen bilden das aussagekräftigste dramatische Paradigma für die Gefahren der Rassenmischung, das Wagner jemals schuf.

In der Welt von Wagners *Ring* stellt, von der Struktur her gesehen, Hagen den Gegenpart nicht zu Siegfried, sondern zu dessen Vater Siegmund dar. Sie sind die Söhne – und damit auch Repräsentanten – der Erzrivalen Alberich und Wotan. Beide wurden mit dem Wunsch gezeugt, den Ring zurückzugewinnen. So setzt sich der Kampf zwischen Zwerg und Gott auf der Ebene ihrer Söhne fort. Gemeinsam ist den Figuren Siegmunds und Hagens auch, dass sie von sterblichen germanischen Müttern abstammen: Siegmund von der namenlosen, offenbar physiologisch höherwertigen Geliebten Wotans (in seiner Rolle als »Wälse«), und Hagen von Grimhild, der Mutter seiner Halbgeschwister Gunther und Gutrune (MD, 760 f.). Entweder verkaufte Grimhild sexuelle Gunst und Reproduktionsdienste für Alberichs Gold – wie Wotan in der *Walküre* sagt (MD, 616f.) (siehe Abbildung 24) – oder aber sie wurde durch die »List« des Zwerges überwältigt, wie Hagen selber glaubt (MD, 779). In der Vorstufe zum *Ring*, *Die Nibelungen Saga (Mythus)* (1848), *vergewaltigt* Alberich Hagens Mutter (damals noch Kriemhild genannt); doch als Wagner das endgültige Libretto verfasste, ersetzte er das antisemitische Stereotyp des geilen Juden durch ein anderes: den Juden, der durch List und Trug oder Geld Macht ausübt.[3] Die strukturellen und funktionalen Ähnlichkeiten zwischen den Wälsungenkindern Wotans und dem Sohn Alberichs erstrecken sich darüber hinaus auch auf den seelischen Schaden, den sie als Nachkommen größenwahnsinniger Väter erleiden. Sowohl Siegmunds Schwester Sieglinde als auch Hagen leiden unter wiederkehrenden Albträumen, in denen ihre Eltern eine Rolle spielen: Sieglindes Traum gegen Ende des zweiten Aktes der *Walküre* (MD, 627) und Hagens Nachtszene zu Beginn des zweiten Aktes der *Götterdämmerung* (MD, 779ff.) sind bestürzende Zeugnisse des diesen Gestalten durch Intrigen und Herrschaftspläne ihrer Väter zugefügten Leides.

Wagner gab sich allerdings nicht damit zufrieden, nur die funktionalen Parallelen zwischen Wotans und Alberichs Söhnen hervorzuheben; mehr noch war er daran interessiert, die physiologischen Unterschiede zwischen Wälsung und Nibelung darzustellen. Die strukturelle Ähnlichkeit der Rollen im Kontext des *Rings* würde diese Unterschiede dann automatisch noch plastischer hervortreten lassen. Nicht zuletzt aus diesem Grund verläuft die Entwicklungskurve der *Ring*-Tetralogie nicht symmetrisch. Die Ein-

24. *Arthur Rackham*, Alberich macht Grimhild, Hagens Mutter,
den Hof, *1911 (aus:* The Ring of the Nibelung,
übers. Margaret Armour, Bd. 2 [New York 1976])

führung einer weiteren Wälsungengeneration (Siegfried) schafft einen krassen genetischen Kontrast zur minderwertigen Physiologie des Nibelungensprosses Hagen. Indem Wagner Siegfried, das Produkt der inzestuösen Vereinigung genetisch höherer Wesen, in den Vordergrund stellt, unterstreicht er die Unterschiede zwischen rassisch »reinem« Nachwuchs und solchen Nachkommen, die Produkt einer Rassenmischung zwischen einer Deutschen (repräsentiert durch Grimhild) und einem Juden (repräsentiert durch Alberich) sind – ein Thema, das auch in Wagners späten antisemitischen Schriften häufig erscheint. Auf diese Weise dient Siegfried als Metapher für die Rettung von Deutschlands Zukunft – eine auf rassischer Exklusivität basierende Rettung, die dem Vaterland möglich wäre, wenn es nur »sich selbst erkennen« und innerhalb seiner körperlich erkennbaren Grenzen bleiben würde. Hagens Körper hingegen dient als physiologisch-metaphorische Warnung an ein Deutschland, das sich weigert, die biologischen Dimensionen der vermeintlichen Bedrohung durch die Juden zur Kenntnis zu nehmen.

Anders als das immerhin als Möglichkeit aufscheinende Kind von Beckmesser und Eva, anders auch als die Vermischung von Klingsors »östlichem« Blut mit dem des Grals, die niemals zustande kommt, erscheint Hagen mit all seinem physischen Horror persönlich vor dem Publikum – ein aus Ängsten und Überzeugungen vom Verfall höherwertigen genetischen Materials geborenes, genetisches Monster. Denn für Wagner stand fest, dass überlegene Gene rechtmäßig allein der germanischen Rasse zukamen. (In den *Meistersingern* findet sich als metaphorisches Äquivalent zu Siegfried, dem genetisch höherwertigen Kind, Walther von Stolzings siegreiches Preislied, dessen ästhetische Gestalt als organisches Äquivalent des Volkes aus dessen reinrassigem Geist erwachsen ist. Als Hans Sachs im dritten Akt des Dramas über das Verhältnis der Strophen dieses Liedes zueinander spricht – die beiden »Stollen« bringen als Eltern den »Abgesang« hervor –, heißt es: »Ob Euch gelang, | ein rechtes Paar zu finden, | das zeigt sich an den Kinden [sic]« [MD, 466]. Auch hier, im Gewand einer ästhetischen Metapher, evoziert das Bild des Kindes Vorstellungen von rassischer Reinheit und Rassenmischung.)

Dass die physiologische Verbindung zwischen Alberich und Hagen – mit allem, was sie für ihn verkörperte – für Wagner äußerst wichtig war, zeigt sich schon darin, dass der Komponist diese Verbindung *selbst erfand*. Denn Hagens Status als Alberichs Sohn und Gunthers Halbbruder findet sich im *Nibelungenlied*, dem Wagner große Teile des Materials der *Götterdämmerung* entnahm, nicht; auch lässt sich diese Konstellation nicht daraus ableiten. Im mittelalterlichen Text des Liedes ist Hagen mit beiden Figuren nicht verwandt.[4] Schon mehrfach haben wir ideologische Implikationen erkannt, wenn Wagner seine Quellen so sorgfältig modifizierte. Er musste diese Beziehung erfinden, weil Hagens bösartiges Wesen so gut zu seinem Gesamtplan rassischer Antipathie zwischen Wälsungen und Nibelungen passte – und er versah diese Antipathie, ganz im Sinne des 19. Jahrhunderts, mit einer physiologischen Dimension. Trotzdem ist Hagens körperlich degenerierter Zustand, wie ich im Einzelnen noch zeigen werde, nicht nur eine dramatische Darstellung antisemitischer Stereotype. Die Figur enthält zusätzliche ikonographische Elemente, die im 19. Jahrhundert der Darstellung von Andersartigkeit und Degeneration dienten. Dadurch wird Hagen in Wagners Bühnenkosmos zu einer ungewöhnlich rätselhaften und vielschichtigen Figur. Wann immer Hagen erscheint, wann immer er durch die mit ihm verbundene idiosynkratische Musik dargestellt wird, die seine Andersartigkeit illustriert, evoziert er das Bild des körperlich Andersartigen. Dabei verkörpert er nicht nur Wagners Gedanken über die Rassenmischung, sondern auch, wie wir noch sehen werden, zusätzliche Vorstellungen von Abartigkeit und Verfall – und solche Vorstellungen spielten in der Kultur, für die die *Götterdämmerung* komponiert und in der sie ursprünglich rezipiert wurde, eine zentrale Rolle.

Hagens erschreckendes Wesen wird wiederholt mit der Eigenartigkeit seines Körpers in Verbindung gebracht. Wagner macht den biologischen Unterschied zwischen dem deutschen Superhelden Siegfried und seinem Widersacher Hagen dadurch explizit, dass er Letzteren im ersten Akt der *Götterdämmerung* die Aufmerksamkeit auf die Fremdartigkeit seines Blutes lenken lässt. Blut war im Denken des 19. Jahrhunderts der Garant rassischer

Identität.[5] Hagens Blut unterscheidet sich sowohl von dem Siegfrieds als auch von dem seines eigenen Halbbruders Gunther (dessen Vater Gibich nicht zu den Nibelungen gehörte). Hagen betont die genetisch bestimmte, exzentrische Natur seines Blutes, als er erklärt, warum er sich nicht an Siegfrieds und Gunthers Schwur der Blutsbrüderschaft beteiligt hat:

Mein Blut verdürb euch den Trank;
Nicht fließt mir's echt
und edel wie euch:
störrisch und kalt
stockt's in mir,
nicht will's die Wange mir röten.
Drum bleib ich fern
vom feurigen Bund. (MD, 768)[6]

Dieses Motiv von Hagens kaltem Blut war schon von Anfang an für die Figurenkonzeption im *Ring* zentral; der erste (Prosa-)Entwurf von *Siegfrieds Tod*, als Wagner noch vom *Ring* als einem einzigen Drama ausging, enthält einen Dialog, der mit den Worten, die sich schließlich in der endgültigen Partiturfassung der *Götterdämmerung* finden, fast identisch ist:

Hagen hat schweigsam zur Seite gelehnt: *Siegfried* fordert ihn auf an den Eiden theil zu nehmen. *Hagen*: »Mein Blut würde euch den Trank verderben: nicht fließt es ächt u. edel wie das Eure, kalt u. störrisch ist sein Lauf u. will mir nicht die Wangen röthen; drum laßt mich aus dem feurigen Bunde.«[7]

Von Anfang an sollte Hagen also einen körperlichen Kontrast zu den Nicht-Nibelungen bilden (und nicht umsonst lenkt Brünnhilde spöttisch Hagens Aufmerksamkeit auf Siegfrieds überlegene Kraft; MD, 794).

Der Gedanke der physiologisch bedingten Andersartigkeit wird jedoch nicht nur durch den Dramentext vermittelt, sondern auch durch die außerordentlich ausdrucksstarke Musik, die Wagner für seinen andersartigen Helden schrieb. Die textliche Schilderung von Hagens Anämie wird durch den in dieser Passage stockenden, zunehmend verlangsamten rhythmischen Puls der Musik und

355

durch die immer spärlicher werdende Instrumentation verstärkt. Im direkten Anschluss an Siegfrieds und Gunthers überschwängliches Duett fällt der besondere Charakter dieser Stelle umso stärker auf. Hagens von Anfang an seltsam klingende Musik sorgt für einen dramatischen Kontrast (siehe Notenspiel 31). Hier und auch sonst bietet Wagners Musik eine metaphorische Darstellung des Unterschieds zwischen dem Körper des Nibelungen und dem des Germanen. Hagens kantige Intervalle – fallende verminderte Septimen, an einer Stelle eine chromatisch abfallende Linie und ein Tritonus – passen zum stockenden, punktierten Rhythmus des Nibelungenmotivs, aus dem man eine gewisse Nervosität heraushören kann und das in unmittelbarer Nachbarschaft von Siegfrieds und Gunthers Musik den Vergleich mit deren akustischen Kennzeichen kerniger Energie geradezu herausfordert.[8] Diese Stilmittel tragen, zusammen mit anderen musikalischen Kennzeichen, die auch mit Alberich und Mime verbunden sind (Vorschlagnoten, Sforzandi und Stakkatotriolen in der Cellobegleitstimme), zu einem musikalischen Porträt der Andersartigkeit bei – als Teil des ästhetischen Vokabulars der Differenz im tönenden Gesamtkontext des *Rings*. Während die Blutsbrüderschaftsszene mit einem üppigen Orchestersatz aus zweiundzwanzig Instrumentalstimmen für Oboen, Klarinetten, Hörner, Fagotte, Trompeten, Posaunen, Tuben, Geigen, Bratschen, Celli und Kontrabässen schließt, beschränkt sich die Orchesterbegleitung für Hagen auf ein Minimum aus Hörnern und Celli, überwiegend im »piano« und mit gelegentlichen Farbtupfern des Fagotts sowie Streicher-Pizzicati (die deutlich an Beckmesser und Mime erinnern) oder ruhigen, getragenen Posaunentönen, bis dann in der Schlusszeile dieser Passage der Nibelung sogar ganz ohne Orchesterbegleitung singt. Kaum hat jedoch Gunther seinen Gesang wieder aufgenommen (mit der Charakterisierung Hagens als eines »unfrohen« Mannes), als die Musik auch schon ihre Energie zurückzugewinnen scheint (»Schnell belebend«, »Wieder sehr lebhaft«), mit einer Fülle von Streicher-, Blechbläser- und Holzbläserstimmen. Gunther und Siegfried ziehen tatenfroh von dannen, um Brünnhilde, das Objekt ihrer stürmischen Begierde, zu erobern.

Notenbeispiel 31. Hagens Beschreibung seines Blutes
im ersten Akt der Götterdämmerung

Die musikalische Stimme, die hier spricht, ist die des »Opern-
körpers«; sie stellt physiologische Zustände musikalisch dar.[9] Wir
haben es mit hörbaren Metaphern für Hagens Blut und für
Gunthers und Siegfrieds körperliche Überlegenheit zu tun.
Natürlich kommen in Wagners Porträt Hagens auch viele der mit
Opernschurken wie Beethovens Pizarro oder Webers Kaspar verbundenen musikalischen Konventionen zur Geltung (etwa der
verminderte Septakkord, dissonante Intervalle, dunkle Klangfarben im Orchester und die dunkel timbrierte Singstimme dieses
Rollenfachs). Solche Züge verliehen der Figur bei all jenen

Glaubwürdigkeit, die sich in der deutschen Operntradition gut auskannten – bei Wagner und seinem zeitgenössischen Publikum. Doch Wagners Konstruktion des Bösewichts unterscheidet sich von der seiner Vorgänger vor allem darin, dass sie ausdrücklich auf Bildern *physiologischer* Andersartigkeit basiert, die durch die Musik reflektiert und verstärkt werden.

Während diese physiologische Minderwertigkeit Hagens zu einem Vergleich mit anderen Figuren in Wagners Werken reizt, die ebenfalls stereotype antisemitische Züge aufweisen, gibt es noch ein weiteres Charaktermerkmal Hagens, das seine Andersartigkeit ebenfalls unterstreicht – sowohl gegenüber den anderen antisemitischen Figuren als auch gegenüber den Germanen in seiner Umgebung: seine markante *sexuelle Isolation*. Damit steht

Hagen im ganzen *Ring* einzigartig da (allenfalls noch, wie schon erwähnt, mit Ausnahme Mimes, doch in dessen Fall lenkt Wagner die Aufmerksamkeit nicht auf die Sexualität). Alberich, Beckmesser und später Klingsor stehen für die Vorstellung vom Juden als einem Lustmolch, einer sexuellen Bedrohung, einem Bündel fleischlicher Energie – eine Vorstellung, die in der antisemitischen Fantasie nur zum Teil dadurch aufgewogen wird, dass der Jude auch als verweichlicht und verweiblicht galt. Hagen jedoch hebt sich aus der jüdischen Menge heraus, weil von ihm praktisch überhaupt keine sexuelle Gefahr ausgeht. In einem Großwerk wie dem *Ring*, in dem an fleischlicher Lust, an Vergewaltigungen und sexueller Kraftmeierei wahrlich kein Mangel herrscht, sticht das Fehlen eines Sexualpartners für Hagen automatisch ins Auge.

Schließlich wird er in der *Götterdämmerung* mit der Entwicklung eines Intrigenplans eingeführt, der dem Ziele dient, seinen Geschwistern Gunther und Gutrune Frau und Mann zu besorgen. Dabei sorgt Hagen mit einem Trick dafür, dass Siegfried Brünnhilde vergisst und verlässt – jene Frau, mit der der Held gerade sein erstes sexuelles Erlebnis hatte. Siegfrieds Sexualtrieb wird, daran sei erinnert, als natürlich und bezwingend dargestellt: Der junge Wälsung erfährt von der Liebe durch seine Beobachtung der Paarung wilder Tiere (MD, 667). Im Verlauf der *Götterdämmerung* hat er Sex mit mehr als einer Frau – mit Brünnhilde und Gutrune. Im dritten Akt des Dramas wird er beinahe auch noch von den Rheintöchtern verführt (MD, 801f.), auch wenn er deren betörendem Gesang letztlich widersteht. Überdies wird Hagen im Hinblick auf seine Position in der Handlungsdynamik des *Rings* implizit auch mit Siegfrieds Vater Siegmund verglichen, einer weiteren Figur, die Liebe (und vielleicht auch Sex) mit mehr als einer Frau erlebt und deren Sexualität Wagner als »natürlich« und gesund darstellt.[10]

Während nun also die Protagonisten um ihn herum vorrangig mit sexueller Leidenschaft und Erfüllung, mit Ehegelöbnissen, Treue und Standhaftigkeit beschäftigt sind, zeigt Hagen daran keinerlei Interesse. Er beschäftigt sich mit seinem größenwahnsinnigen Machttrieb und mit seinem physiologischen wie psychologischen Anderssein, wie er in seiner grimmigen Zurückweisung der Blutsbrüderschaft selbst betont. Wenn er Siegfrieds und Gunthers »feurigem« Bund »fern« bleiben will, weist er ausdrücklich jene Art von Sexualität zurück, die die beiden suchen und ausleben. Hagens Distanz zum Feuer ist, metaphorisch gesehen, seine Distanz zu leidenschaftlicher sexueller Aktivität. Diese Deutung wird nicht zuletzt durch den Feuerkranz nahe gelegt, der Brünnhilde auf dem Felsen umgibt und den Siegfried wiederholt durchdringt – was wiederum als Metapher für die männliche Sexualität zu deuten ist. (Bemerkenswerterweise besteht in Wagners beiden letzten Bühnenwerken eine Verbindung zwischen minderwertigem Blut und sexueller Andersartigkeit, wie sich bei einem Vergleich Hagens mit Klingsor zeigt. Je stärker sich beim alten Wagner die Überzeugungen von den biologischen und erbbedingten Grundlagen des Menschen verfestigten, desto stärker drängten sich in seiner Vorstellungswelt die Motive der Andersartigkeit und des gefährlichen Bluts in den Vordergrund, vereint mit älteren Stereotypen der sexuellen Andersartigkeit von Juden.)

Im Kontext der antisemitischen Ikonographie im *Ring* gibt eine solche sexuelle Isolation allerdings zu denken, zumal sie anscheinend im ganzen Zyklus ohne Parallele ist. Trotzdem erscheint das Motiv an dieser Stelle nicht nur isoliert, sondern wird durch eine Fülle körperlicher Ikonen gestützt, die, ebenfalls auf sexuelle Isolation verweisend, innerhalb des gesamten Motivgeflechts im *Ring* funktionieren. Dabei spielt vor allem die Ikone des Auges eine wichtige Rolle: Im *Ring* bildet das geschädigte, kranke oder irgendwie minderwertige Auge das Gegenstück zu den Augen der Götter und denen der deutschen Übermenschen – und im weiteren Sinne auch zu den Augen des Volkes. Die Körperikone des beschädigten Auges verweist nicht nur allgemein auf physiologische Degeneration, sondern auch auf eine spezifische, mit Hagens sexueller Andersartigkeit verbundene Form des Verfalls. Während zum einen die Funktion des »guten«, des Wälsungen-Auges ein Produkt von Wagners kreativer motivischer Erfindungsgabe ist, war zum anderen der Gedanke, das Auge sei jener Ort des Körpers, an dem man Abartigkeit, Verfall und physiologische Schäden zweifelsfrei erkennen könne, durchaus nicht seine Erfindung. Diese Ansicht gehörte im 19. Jahrhundert zum kulturellen Vokabular in Deutschland, aus dem, wie wir gesehen haben, zahlreiche Motive und Bilder Wagners entlehnt sind. Und in dieser Welt war das Auge nicht nur eine Ikone rassischer Andersartigkeit, sondern auch Ikone einer besonders verwerflichen Art bedrohlicher, mit physischer Degeneration eng verbundener sexueller Abartigkeit.

Hagens ungewöhnliche Physiologie und Psyche werden zu Beginn des zweiten Aktes der *Götterdämmerung* besonders nachdrücklich vorgeführt – in einer Szene, die zu Wagners ungewöhnlichsten dramatischen Konfigurationen zählt. Wie die Erinnerungen des Komponisten an die erste komplette *Ring*-Aufführung in Bayreuth zeigen, war ihm gerade diese Szene außerordentlich wichtig: »Ich für mein Teil gestehe, daß ich das gespenstisch-traumhafte Zwiegespräch zwischen *Alberich* und *Hagen*, im Beginn des zweiten Aufzuges der *Götterdämmerung*, für einen der vollendetsten Teile unserer Gesamtleistung halte« (DS 10:56f.). In dieser Szene erscheint Alberich Hagen als nächtliche Vision – als Geist, Untoter, Halluzination, schlafwandlerische Erscheinung oder Projektion –, während sein Sohn vor sich hin grübelt, »*leise, ohne sich zu rühren, so daß er immerfort zu schlafen scheint, obwohl er die Augen starr offen hat*« (MD, 779). Dieses ist die schon erwähnte Albtraumszene, in der Hagen von seinem übermächtigen, fordernden Vater heimgesucht wird. Man kann darin auch eine dramatische Darstellung des Wortes »Albtraum« sehen, eines Alben-Traums. Wotans Anrede an Alberich: »Rasest du, schamloser Albe?« (MD, 565) in *Das Rheingold* und seine Beschreibung der Nibelungen als »Schwarzalben« (MD, 675) lassen eine solche Interpretation unter textlich-sprachlichen Gesichtspunkten durchaus plausibel erscheinen.[11] Hagen ist anscheinend wie Klingsor ein Geisterbeschwörer (überdies braut er wie sein Onkel Mime Zaubertränke). Doch was Hagens Vision genau bedeutet, lässt Wagner offen.

Die ikonographische Bedeutung von Hagens offenem, starren, leeren Blick verbindet sich mit der Bedeutung anderer Informationen, die in den trotzigen Worten Hagens an seinen Vater vermittelt werden. Alberich beginnt den Dialog mit einem Hinweis auf Hagens Mutter Grimhild, und in Hagens Antwort wird das Anämie-Motiv aus dem ersten Akt wiederholt. Es kommen jedoch noch weitere, ideologisch aussagekräftige Körpermerkmale hinzu, die das Bild des grimmigen, während seiner nächtlichen Heimsuchung ins Leere starrenden Nibelungen erweitern:

Gab mir die Mutter Mut,
nicht mag ich dir doch danken,
daß deiner List sie erlag: –
frühalt – fahl und bleich,
haß ich die Frohen,
freue mich nie! (MD, 779)

Hier entsteht ein ikonographisches Porträt Hagens, das den Eindruck, den das Publikum im ersten Akt gewonnen hatte, bestärkt

25. *Arthur Rackham:* »Schwörst du mir's, Hagen, mein Sohn?«, *1911
(aus:* The Ring of the Nibelung, *übers. Margaret Armour, Bd. 2
[New York 1976])*

und darüber hinaus für Zuschauer aus dem 19. Jahrhundert noch
spezifischere, detailliertere Bilder der Nervenschwäche, Degeneration und Andersartigkeit evoziert. (Arthur Rackhams Illustration dieser Szene aus dem Jahr 1911 [siehe Abbildung 25] bewahrt
die Ikonographien aus Wagners Libretto genau.) Keine andere
Gestalt im *Ring* wird wie Hagen wiederholt als erschöpft und
bleich dargestellt – wiederholt, weil diese Botschaft im ersten Akt
durch die musikalischen Metaphern vermittelt wurde, während

an dieser Stelle Hagen selbst bekennt, vorzeitig gealtert zu sein; wiederholt aber auch, weil zur Bezeichnung von Hagens lebloser Haut gleich zwei Adjektive verwendet werden: »fahl und bleich«.

Doch sind eine derartige Erschöpfung und die bleiche Haut feste Merkmale von Wagners Judenbild? Zwar beschrieb der Komponist im Juli 1871, als er vom Tod Karl Tausigs hörte, seinen jungen, hingebungsvollen jüdischen Anhänger als »ein armes, *früh verlebtes* Wesen, der keinen Glauben an sich hat, der [...] eine innere tiefe Fremdartigkeit (die jüdische) empfindet« (meine Hervorhebung), und formulierte dabei ein Charakterbild des seiner Energie beraubten Juden, das mit dem Porträt Hagens in Text und Musik zusammenfällt.[12] Doch das durchgängige Bild des Juden in Wagners Schriften und Musikdramen ist eher das eines von Habgier und aggressiver Sexualität getriebenen Wesens voll nervöser Energie. Das sind die dramatischen Kennzeichen Alberichs, Beckmessers und Klingsors, ja sogar Mimes, dessen Sexualität, anders als bei den drei eben Genannten, kein Thema ist, der jedoch stets als frenetisch aktiv dargestellt wird.

Und doch lenkt Wagner die Aufmerksamkeit wiederholt auf Hagens Erschöpfung, sowohl im Text als auch in der mit Hagen assoziierten Musik. Die Musik seiner Konfrontation mit Alberich evoziert wiederholt akustisch die schon im ersten Akt erwähnte und auch im Text dieser Stelle suggerierte Schwäche. Wie schon in der Szene mit Hagens Weigerung, sich an der Blutsbrüderschaft zu beteiligen, ist der Unterschied zwischen Hagens Musik und der seines Gesprächspartners in der Eröffnungsszene des zweiten Aktes markant, ja sogar übertrieben betont. Die Führung von Hagens Stimme und die Orchesterbegleitung haben hier die gleiche ikonographische Funktion wie die Hinweise im Text auf seine fahle Haut, auf Depression, Isolation und Selbstbezogenheit. Hagen flüstert seine ersten Worte an Alberich, überwiegend monoton gehalten, aber mit einem dissonanten, fallenden Tritonus und einem ansteigenden Halbtonschritt versehen, zu einer leise tremolierenden Begleitung der Violinen und Bratschen über einem Orgelpunkt in den Celli. Es folgt ein ganzer Takt ohne jeglichen Instrumentalklang (siehe Notenbeispiel 32). Wie im ersten Akt, wo Wagners Tempobezeichnungen »Schnell belebend« und

Notenbeispiel 32. Der Anfang von Hagens Traumdialog mit Alberich in der ersten Szene des zweiten Aktes der Götterdämmerung

»Wieder sehr lebhaft« auf Siegfrieds und Gunthers Energie verweisen, wird hier Alberichs Nervosität durch die Anweisung »wieder lebhaft« betont, die sich vor seinen Ermahnungen findet. Dagegen heißt es »wieder langsam«, ehe Hagen erneut zu singen beginnt. Eindeutig ist also eines von Hagens typischen Klangkennzeichen der relative Mangel an Energie. In beiden besprochenen Szenen vermitteln sparsame Instrumentation, verminderte Lautstärke und längere Notenwerte das akustische Bild einer Gestalt, deren Energie betont geringer ist als die ihrer Gesprächspartner.

Doch nicht nur der Wechsel des musikalischen Kontextes, die Gegenüberstellung Hagens mit den Blutsbrüdern oder seinem Vater, bringt Hagens Einzigartigkeit zum Ausdruck, so wenig wie allein die Orchestrierung den Kontrast zwischen ihm und den anderen unterstreicht. Selbst die Vokalmusik, die Wagner für Hagen komponierte, ist voller Gebärden, die eine Nervenschwäche zum Ausdruck bringen. Auch dieses Mittel dient dazu, ihn von der frenetischen Energie seines Vaters abzuheben. Wenn Hagen Selbsthass, Verachtung, Depression, vorzeitiges Altern und Blässe zum Ausdruck bringt, vermittelt auch die Bewegung

Notenbeispiel 33. *Die Stimmikonographie des Onanisten in der ersten Szene des zweiten Aktes der* Götterdämmerung

seiner Gesangslinie entsprechende akustische Signale (siehe Notenbeispiel 33). Wiederholt beginnt die Melodielinie in der Mitte des Stimmregisters, um sogleich mit einer Dissonanz – in einer Septime, also nicht ganz einer Oktave – in die tieferen Bassregionen abzustürzen. Diese fallenden Linien sind durchgängig. Nach dem Beginn auf dem Ges unter dem eingestrichenen C fällt die Linie in Etappen zum tiefen As, kehrt zum Ges des Ausgangs zurück, um direkt erneut zum As abzustürzen. Darauf steigt sie bis zum hohen Ces an, Hagens höchstem Ton in der ganzen Szene, nur um sofort wieder in einer Septime abzustürzen. Auf die Rückkehr zur Mitte des Stimmregisters, zum As, folgt erneut ein Septimen-Abstieg in Etappen. Auch in den folgenden Phrasen geht die Bewegung immer wieder nach unten, sogar in einem Sprung vom hohen Ces zum tiefen F, über anderthalb Oktaven hinweg. (Nach seinem zweiten hohen Ces erreicht Hagen diese Höhe übrigens in der ganzen Szene nie wieder.) Wagners Musik evoziert ein Gefühl der Erschöpfung. Es ist, als versuche die Figur wiederholt, sich auszudrücken, ohne jedoch in der Lage zu sein, die Intensität des Ausdrucks beizubehalten. Die Stimme fällt und ruht sich aus, sie fällt und ruht wieder, rafft sich dann zu kurzen Energieausbrüchen auf und verfällt erneut in das alte Sinkmuster, mit langen Noten im tiefen Stimmregister. So werden Hagens Wesensmerkmale zum Ausdruck gebracht: Isolation, Neid und physiologische Andersartigkeit. Insgesamt bildet die Gesangsstimme ein musikalisch-metaphorisches Äquivalent zum Text; sie illustriert und vermittelt mit musikalischen Gebärden, was der Text ausdrücklich sagt.

Doch ist es nicht nur seine Erschöpfung, die Hagen von seinem Vater unterscheidet. Obwohl Wagner Hagens Status als Alberichs Sohn überdeutlich hervorhebt – wiederholt wird Hagen als »Niblungensohn« (MD, 617) oder »des Niblungen Sohn« (MD, 770) bezeichnet, und Alberich selbst spricht Hagen im Verlauf der kurzen Szene (MD, 779ff.) nicht weniger als sechsmal mit »mein Sohn« an –, sieht er doch in einem entscheidenden Punkt radikal anders aus als sein Vater: Das stereotype Bild des Juden in der Vorstellungswelt des 19. Jahrhunderts war das eines dunkelhäutigen, schmutzigen Wesens, das entweder aus genetischer Affinität zu den Schwarzen oder durch üble Lebensbedingungen (siehe Kapitel III) so geworden war. Doch Hagen weicht von diesem Bild entschieden ab. Seine Hautfarbe wird ausdrücklich, ja sogar emphatisch nicht nur als heller beschrieben als die seines dunklen Vaters, sondern auch als die der anderen Figuren. Statt eine positive Verbindung zu seinen germanischen Halbgeschwistern und Kameraden zu schaffen, signalisiert sein bleicher Teint anscheinend nur Erschöpfung und körperliches Leiden.

Wie lässt sich aber nun Hagens Einzigartigkeit im Kontext des ikonographischen Vokabulars der antisemitischen Stereotype im *Ring* deuten? Wie erklärt sich die offensichtliche Spannung zwischen der Tatsache, dass er zweifellos als Beispiel für aus Rassenmischung resultierende physiologische Degeneration dienen soll, und seinem Erscheinungsbild, das auf so einzigartige Weise von den in Wagners Kultur weit verbreiteten Ikonographien des Judentums abweicht? Der Schlüssel zur Antwort auf diese Frage liegt in den zu Wagners Zeit gültigen Ikonographien bedrohlichen oder abartigen Sexualverhaltens. Einige dieser Aspekte (Bilder der Verweiblichung, der Kastration und des Exotismus) sind bereits zur Sprache gekommen. Und so kann uns auch Hagens isolierte, ungeklärte oder fehlende Sexualität als Bestandteil seiner Andersartigkeit zu einem besseren Verständnis des ikonographischen Erscheinungsbildes dieser Figur verhelfen. Denn auch in diesem Punkt zeigt sich deutlich, dass Hagen als Figur – wie viele andere Personen in Wagners Musikdramen – aus mehreren, für die europäische Kultur des 19. Jahrhunderts zentralen Ikonographien zusammengesetzt ist, und dass die Figur ihrerseits auf diese Ikonographien implizit wie explizit Bezug nimmt. Hagen besteht als Figur nicht nur aus stereotypen Bildern des Juden, sondern auch aus Bildern sexueller Abartigkeit – Bildern, die vom antisemitischen ikonischen Vokabular aus Wagners Zeit abweichen.

Die Bilder von Hagens ungewöhnlicher Sexualität sind, wie alle Ikonen, die bei Wagner das Fremdartige bezeichnen, Körperbilder. Hagens musikdramatische Charakterisierung legt den Gedanken nahe, dass seine psychische (und sexuelle) Isolation ihren Grund in physiologischen Unterschieden hat. Für Wagners zeitgenössisches Publikum aber schwangen bei einem solchen physiologischen Erscheinungsbild sexuelle Untertöne mit. Um die Mitte des 19. Jahrhunderts hatten sich nämlich in der westlichen Kultur eine ganze Reihe körperlicher Merkmale als Katalog stereotyper Symptome etabliert, welche auf einen bestimmten Zustand moralischen und physiologischen Verfalls verwiesen, der aus einem spezifischen Akt sexueller Normabweichung herrühre. Dieser verwerfliche Akt war die *Masturbation*, und in Hagens Porträt sind all diese Anzeichen und Merkmale stets gegenwärtig.

Natürlich ist Masturbation nicht unbedingt das Erste, was einem in den Sinn kommt, wenn man an Wagners musikdramatische Lobeshymnen auf die leidenschaftliche heterosexuelle Liebe denkt – oder auch an den *Parsifal*, ein Werk, das, wie wir gesehen haben, in jeglicher Art von Sexualität eine Bedrohung für das Ich und die Gemeinschaft sieht.[13] Doch bei Wagner gilt jede Sexualität, die vom Spektrum der wechselseitig engagierten, zweigeschlechtigen, heterosexuellen körperlichen Aktivität abweicht, als andersartig. Sie wird sogleich mit all dem ideologischen Ballast des Außenseiters verknüpft, der sich auch in Verbindung mit den anderen, bisher erörterten Begriffen der Andersartigkeit findet. (Als heterosexuelle Aktivität charakterisierte Wagner übrigens auch seinen eigenen Schaffensprozess metaphorisch in *Oper und Drama* – und damit implizit auch das Wesen jener Gemeinschaft, die sich in seinen Werken reflektiert sehen sollte.) Metaphorischen Andeutungen sexueller Selbstbefriedigung sind wir in

Wagners theoretischen Schriften ebenfalls bereits begegnet: In *Eine Mitteilung an meine Freunde* etwa charakterisierte Wagner die moderne Welt der Kunst als eine »vom Leben schlechtweg abgesonderte Kunstwelt, in welcher die Kunst mit sich selbst spielt« (DS 6:217). Doch wie bei anderen sexuellen Vorstellungen verleiht Wagner auch der Masturbation eine ikonisch-physiologische Dimension, um die der Metapher zugrunde liegenden Vorstellungen physisch konkret werden zu lassen und ihnen eine körperliche Realität, ja Dringlichkeit zu verleihen. Auf diese Weise erhielten die betreffenden Vorstellungen zu Wagners Zeit eine überzeugende Plausibilität – egal, ob sie bewusst wahrgenommen wurden oder ob die Rezeption des zeitgenössischen Publikums bei der dramatischen Vermittlung unterschwellig beeinflusst wurde.

(Es sollte allerdings nicht unerwähnt bleiben, dass die ikonographische Verbindung von Sexualität und Krankheit, die sich in der *Götterdämmerung* findet, bei Wagners zeitgenössischem Publikum noch andere Assoziationen wecken konnte – etwa den Gedanken an Syphilis, eine Krankheit, deren Symptome viel mit den angeblichen Erkennungszeichen der Masturbation gemein haben. Wie Linda und Michael Hutcheon gezeigt haben, sind in der Bilderwelt des *Parsifal* auch Ikonographien der Syphilis erkennbar. Das bestärkt abermals den Eindruck, dass Gedanken über physiologische und sexuelle Andersartigkeit in der Spätphase von Wagners Leben und Schaffen besonders im Vordergrund standen. Ich werde mich im Folgenden auf die zu Wagners Zeit und im letzten Drama seines *Ring*-Zyklus mit Masturbation assoziierten Merkmale konzentrieren, bin mir aber bewusst, dass auch diese Bilder prinzipiell vieldeutig waren und unterschiedliche Vorstellungen von Sexualität und Degeneration wecken konnten – in Wagners Fantasie wie in der des Publikums aus dem 19. Jahrhundert.)[14]

Für Wagner und die Kultur seiner Zeit galt Masturbation als eine schreckliche, moralisch verwerfliche sexuelle Aktivität von Außenseitern par excellence. Sie galt nicht nur als moralisch nicht zu rechtfertigender Akt, sondern führte angeblich auch zu schweren körperlichen Schäden – zu körperlichen Degenerationsmerkmalen, die auch bei Hagen erkennbar sind und die dieser finalen Racheinstanz des *Ring*-Zyklus möglicherweise bei Wagners zeitgenössischem Publikum ein Ausmaß an Überzeugungskraft und Glaubhaftigkeit verliehen, das wir heute nur noch dunkel erahnen können.[15] In unserem Zusammenhang indes erweist sich die Masturbation als besonders geeigneter Testfall, um das kulturell definierte Wesen der musikalischen Semiotik zu demonstrieren, weil das Onanieren vor gut hundert Jahren noch mit ganz anderen Assoziationen befrachtet war als heute – Assoziationen, die heutzutage nur noch lächerlich wirken, während sie bei der Entstehung und ursprünglichen Rezeption spezifischer Momente von Wagners Musikdramen von erheblicher Bedeutung sein konnten. Hinsichtlich der Ikonographie der Masturbation können wir darum Wagner selbst als Mitglied des damaligen Publikums betrachten, als jemanden, der wie seine Zeitgenossen einen kulturell definierten Bilder- und Wertekomplex zu verarbeiten und mit ihm umzugehen hatte.

Natürlich sollten wir in Hagen nicht jemanden sehen, der buchstäblich hinter den Kulissen Selbstbefriedigung betreibt, während das Drama sich entfaltet. *Im wörtlichen, vordergründigen Sinn* ist Hagen ebenso wenig als Onanist zu sehen, wie Beckmesser, Alberich oder Mime im wörtlichen Sinn als Juden zu verstehen sind (was im Falle Beckmessers angesichts seiner sozialen Stellung im Nürnberg des 16. Jahrhunderts geradezu unmöglich wäre, aber auch in der zeitlosen, mythischen Welt des *Rings*).[16] Vielmehr ist Hagen, wie auch die anderen genannten Figuren, ein ästhetisches Konstrukt, das als Projektionsfläche fungiert, auf die Wagner und seine Zeitgenossen verschiedene Zeichen der Andersartigkeit projizierten und/oder auf der sie diese Zeichen wiedererkannten – Zeichen, die letztlich für gemeinsame Vorurteile und Ängste stehen. Die Wirkungsmacht der Figur bestand und besteht in dem Maße, wie Wagner durch sie, in dem Glauben an die physiologische Realität der Abartigkeit – rassisch und sexuell – und an die Grenzen einer Gemeinschaftsidentität, verschiedene Überzeugungen zu den Themen Rasse und Sexualität evozierte. Für einen Zuschauer im 19. Jahrhundert war Hagens Andersartigkeit gerade deshalb so glaubhaft, weil die Figur aus Bildern der Abartigkeit und des Verfalls zusammengefügt ist, die damals allgemein als gültig akzeptiert wurden.

Hagens Erscheinungsbild ist aus einer langen ikonographischen Tradition abgeleitet, die eine Verbindung zwischen Sexualverhalten und Degeneration zog. Einige der Körperbilder, die in der ersten Szene des zweiten Aktes der *Götterdämmerung* sichtbar werden, gelten schon im Jahre 1800 als Krankheitszeichen und Masturbationsfolgen, wie ein Brief zeigt, den Heinrich von Kleist an seine Verlobte Wilhelmine von Zenge schrieb.[17] In seiner Beschreibung eines jungen Spitalinsassen aus dem Würzburger Juliusspital führt Kleist ausdrücklich die verschiedenen Anzeichen auf, die zu Wagners Lebzeiten als Onaniesymptome galten und die bei diesem Patienten angeblich zu einem geistigen und körperlichen Zusammenbruch geführt hatten:

Aber am Schrecklichsten war der Anblick eines Wesens, den ein unnatürliches Laster wahnsinnig gemacht hatte – Ein 18-jähriger Jüngling, der noch vor kurzem blühend schön gewesen sein soll und noch Spuren davon an sich trug, hing da […] mit nackten, blassen, ausgedorrten Gliedern, mit eingesenkter Brust, kraftlos niederhangendem Haupte – Eine Röte, matt und geadert, wie eines Schwindsüchtigen, war ihm über das totenweiße Antlitz gehaucht, kraftlos fiel ihm das Augenlid auf das sterbende, erlöschende Auge, wenige saftlose Greisenhaare deckten das frühgebleichte Haupt […]. Er hatte nicht das Vermögen die Zunge zur Rede zu bewegen, kaum die Kraft den stechenden Atem zu schöpfen – nicht verrückt waren seine Gehirnsnerven aber matt, ganz entkräftet, nicht fähig seiner Seele zu gehorchen, sein ganzes Leben nichts als eine einzige, lähmende, ewige Ohnmacht.[18]

Hier ist der Onanist also ein Jugendlicher, der unter einer Nervenschädigung und innerem Verfall leidet, die beide ihre Spuren am Körper hinterlassen haben – in Form auffälliger, geschädigter Augen, blasser Hautfarbe und vorzeitig gealterten Aussehens. Genau dieses Bild evoziert auch Wagner in der *Götterdämmerung*: in den Bühnenanweisungen zu Hagens Aussehen (Augen), im Text (vorzeitige Alterung, blasse Haut) und in der Musik (Erschöpfung).

Die Vorstellung, das Onanieren lasse sich an körperlichen Merkmalen erkennen, wurde zu Wagners Zeit von der gesamten

Medizinerschaft geteilt.[19] Zu den typischen Zügen oder Spuren, die man gemeinhin mit dem Onanisten in Verbindung brachte, die schon Klischees waren, als Kleist den zitierten Brief schrieb, und die in der medizinischen Literatur jener Zeit überall zu finden waren, gehören »ein blasses, fahles Gesicht mit tiefdunklen Rändern um die Augen« und »eine dünne, blasse und leichenhafte [Erscheinung]« – genau jene Zeichen der Andersartigkeit, die in Kleists Brief und Hagens Selbstbeschreibung angeführt werden.[20] Geschädigte Augen, blasse Haut, vorzeitiges Altern und eine stark geschwächte physiologische Konstitution – das waren für die Menschen des 19. Jahrhunderts die sichtbaren Zeichen abartiger Sexualpraktiken. Am Ende der Eingangsszene des zweiten Aktes der *Götterdämmerung* halten Wagners Bühnenanweisungen nach Alberichs völligem visuellen und akustischen Verschwinden ausdrücklich fest, dass Hagen weiterhin »*regungslos und starren Auges*« auf den Rhein blickt (MD, 781). Bei Kleist und Wagner dient das geschwächte Auge als Ikone physiologischer Andersartigkeit. Ganz anders dagegen Wagners Konnotationen des gesunden, strahlenden Auges. Die rassischen Unterschiede zwischen den Nibelungen und den höheren Wesen zeigen sich auch in ihren Augen: Alberichs Augen »stechen«, Mimes »triefen«, doch die Wälsungen haben Reh- oder Heldenaugen. In der *Götterdämmerung* ist die Andersartigkeit der Augen allerdings nicht nur ein Zeichen rassischer, sondern auch sexueller Unterschiede.

Kleist und Wagner schöpften aus einem gemeinsamen Bildervorrat im kulturellen Vokabular Deutschlands im 19. Jahrhundert, als sie auf Darstellungen der Abartigkeit reagierten oder diese selbst entwarfen. Kleist betont, dass sein Kranker ein *junger* Mann mit vielen Anzeichen des Alters ist. Diese stereotype Vorstellung vom Onanisten findet sich auch bei Wagner. Hagen beschreibt sich selbst mit genau diesem Wort, »frühalt«, und beschwört damit das Bild eines Mannes herauf, der durch die abartige Natur seiner Körpersäfte seiner Jugend beraubt wurde. Das hat zu unnatürlichem, vorzeitigem Verfall, zum Körperzustand fortgeschrittenen Alters geführt. Wie das Motiv seines abartigen Blutes findet sich auch die Vorstellung von Hagens greisenhaftem, erschöpftem Erscheinungsbild bereits in den frühesten Versionen dieser Szene, sowohl in *Die Nibelungen Saga (Mythus)* vom Oktober 1848 als auch im Prosaentwurf von *Siegfrieds Tod* (Mai 1851). Im erstgenannten Text heißt es: »Hagen ist bleichfarbig, ernst u. düster; frühzeitig sind seine Züge verhärtet; er erscheint älter als er ist«, und im zweiten sagt Hagen, an seinen Vater gewendet, von seiner Mutter und sich selbst: »Gab sie mir Stärke, muß ich doch sie hassen, daß sie dir je erlag: frühalt, fahl u. bleich, haß' ich die Welt u. mag mich niemals freu'n.«[21] Von Anfang an war also die Vorstellung, der »Nibelungensohn« habe überhaupt keine oder nur eine kurze Jugend gehabt, zentraler Bestandteil von Wagners Figurenkonzeption. Treffend beschreibt sich Hagen als *vorzeitig* gealtert, denn er und Siegfried sind eigentlich gleich alt. (Im zweiten Akt der *Walküre* berichtet Wotan Brünnhilde, Alberich habe ein Kind gezeugt, so dass Hagens Zeugung ungefähr zur gleichen Zeit stattgefunden haben muss wie Siegmunds und Sieglindes leidenschaftliche Liebesnacht.[22]) Hagen müsste also eigentlich in gleicher Jugendblüte stehen wie der deutsche Superheld, doch das ist deutlich erkennbar nicht der Fall. Stattdessen stockt das Blut des jugendlichen Nibelungen; es ist unnatürlich kalt, seine Haut ist bleich, und sein Verhalten ist das eines alternden, isolierten Mannes. (Passenderweise ist er der Sohn einer krötenähnlichen, darum vermutlich auch kaltblütigen Kreatur; siehe dazu Kapitel I.)

In der Vorstellungswelt des 19. Jahrhunderts galt die Konstellation Jugend-Erschöpfung-Leichenblässe als klares Anzeichen für sexuelle Selbstbefriedigung. Große Teile der wissenschaftlichen Literatur verbanden zu Wagners Zeit ausdrücklich die Masturbation mit Kindheit und Pubertät; man konzentrierte sich auf die Gefahren dieser Sexualpraktik für den Körper des Kindes, besonders auf die Bedrohung, die davon für die Entwicklung im Erwachsenenalter ausging.[23] Diese Überzeugung teilte später auch der junge Sigmund Freud, der seine Karriere mit einem beruflichen Interesse an neurologischen Krankheiten bei Kindern begann und dabei mit dem berühmten Neuropathologen Jean Martin Charcot in Paris zusammenarbeitete. 1893 entwarf Freud einen Artikel für Wilhelm Fließ, in dem er von einer direkten Verbindung zwischen Masturbation bei Jugendlichen und späterer Neurasthenie ausging. Er brachte diese These in kühnen allgemeinen Aussagen wie der folgenden zum Ausdruck: »Behandeln wir gesondert die Neurasthenie der Männer und der Frauen. Die *Neurasthenie der Männer* wird erworben im Pubertätsalter und tritt in den zwanziger Jahren in Erscheinung. Ihre Quelle ist die Masturbation, deren Häufigkeit der Neurasthenie parallel verläuft.«[24] Hagens Zustand ist also kein isolierter Fall. Vielmehr basiert er auf und erinnert an zahlreiche Züge, gar Krankheitssymptome, die in der westlichen Kultur des 19. Jahrhunderts eng mit einer Sexualpraktik in Verbindung gebracht wurden, die als verwerflich und abartig galt.

Die Figurenkonstruktion Hagens aus rassischen und sexuellen Ikonographien führte allerdings auch zu gewissen logischen Brüchen, weil zwischen den Ikonographien des Juden und des Onanisten, die Wagner zur Schaffung seines Schurken heranzog, Spannungen und Widersprüche bestehen. Einer langen deutschen Theatertradition folgend wurden männliche Juden auf der Bühne im 19. Jahrhundert unweigerlich als alt und gebrechlich dargestellt.[25] Ebendiesem Bild folgen auch Mime und Beckmesser, die von Siegfried (MD, 701) und Sachs (MD, 418) als alt beschrieben und überdies mit jener Art von Vokalmusik bedacht werden, die sich auf der Opernbühne oft in Porträts alter Männer findet (Beispiele dafür gibt es noch im frühen 20. Jahrhundert in der Musik des Abdisu in Pfitzners *Palestrina* und des alten Königs Altoum in Puccinis *Turandot*). Im Fall Mimes und Beckmessers ließ sich die Theatertradition, der zufolge jüdische Männer alt waren, problemlos mit Wagners Vorstellung der jüdischen Stimme, die unweigerlich hoch sei, verbinden. Doch als Wagner auch Hagens Porträt mit jüdischen Stereotypen versah, ergaben sich Probleme. Er betrachtete die dramatische Figur ebenfalls im Lichte der Ikonographie jener Theatertradition, der zufolge männliche Juden alt sein mussten, und stellte folglich den laut Chronologie des Stückes eigentlich jungen Hagen so dar, als habe er das frische Erröten der Jugend nie gekannt. Weil Hagen dasselbe Alter hat wie Siegfried, musste er als *vorzeitig* gealtert dargestellt werden. Als Verkörperung von mit Juden assoziierten Stereotypen ist Hagens minderwertige biologische Ausstattung angeboren; seine Merkmale der Andersartigkeit, die mit den körperlichen Eigenschaften Mimes und Alberichs übereinstimmen, hat er schon von Geburt an. Jene Züge der Figur indes, die auf die spezifische Ikonographie des Onanisten verweisen (gealterter Körper, starrer Blick, blasse Haut, Erschöpfung), sind eigentlich erworbene Züge und auf schändliches Sexualverhalten nach der Geburt, wahrscheinlich in der Jugend, zurückzuführen. Daraus ergibt sich eine inhärente logische Spannung zwischen der Deutung von Hagens Degeneration als Ausdruck seines jüdischen Wesens und der Interpretation seiner Schwäche als Anzeichen und Folge der Masturbation. Eine solche Spannung lässt sich jedoch wegen der Dehnbarkeit ähnlicher Bilder von Andersartigkeit in einer gegebenen Kultur überspielen oder aufheben. Wagners Musikdrama jedenfalls bediente sich bei der Konstruktion der Negativität seines Schurken beider Traditionen und Begründungen.

Im 19. Jahrhundert war man allgemein davon überzeugt, dass die Masturbation zu einer Verschlechterung des körperlichen Wohlbefindens des Betreffenden beitrage. Bedenkt man Hagens Äußerungen über seine Ressentiments und seine emotionale Isolation, dann klang vor dem Hintergrund dieser verbreiteten Überzeugung wahrscheinlich auch sein vorzeitiger Verfall (als Bestandteil eines in sich schlüssigen Syndroms) plausibel. Schon im ersten Akt, am Ende der zweiten Szene, seiner »Wacht«, bringt Hagen seinen Hass auf jene zum Ausdruck, die sich ihrer Jugend und Geselligkeit erfreuen:

Ihr freien Söhne,
frohe Gesellen,
segelt nur lustig dahin: –
dünkt er euch niedrig,
ihr dient ihm doch,
des Niblungen Sohn. (MD, 769f.)

Dieter Schickling hat das von der Musik in dieser Passage vermittelte psychologische Porträt Hagens einfühlsam und scharfsichtig interpretiert: »So spiegelt die Musik die menschliche Orientierungslosigkeit des singenden Mannes: gezeugt von einem Vater, der ihm die Mutter genommen und ihn zum Verbrecher erzogen hat. Was dem Kind angetan wurde, wirkt im Mann fort: Er gibt die erfahrene Lieblosigkeit an die anderen weiter. Zum Monstrum gemacht, muß er allen auch als Monstrum erscheinen. In Wahrheit ist er ein Kranker, ein Not leidender Mensch.«[26] Diese Deutung trifft das psychologische und sexuelle Porträt der Racheinstanz in der *Götterdämmerung* genau. Hagens Interaktionen mit seinen Vasallen und mit Gunther und Siegfried sind meistens grimmig und von Ressentiments geprägt. Die Grundlage seines Tuns sind Isolation und Verzweiflung, wie man sie zu Wagners Zeit auch mit Onanisten assoziierte. Noch zwanzig Jahre nach der Premiere des *Rings* betonte eine Studie über die Auswirkungen der Masturbation bei Kindern als hervorstechende Eigenschaften der Geschädigten »Erregbarkeit, Verdrießlichkeit und Wut«.[27] In Hagens Szene mit Alberich werden diese Züge im gleichen Atemzug mit Hagens verlorener Jugend und physiologischer Degeneration genannt.

Sogar die spezifische Inszenierung des düsteren Anfangs des zweiten Aktes der *Götterdämmerung* lässt sich in der Begrifflichkeit psychologischer Abnormalität interpretieren, die zu Wagners Zeit mit der Onanie in Verbindung gebracht wurde. Mehrere Studien aus der Zeit des *Rings* über »masturbatorischen Wahnsinn« lenken zum Beispiel die Aufmerksamkeit auf die Neigung des Onanisten, »Halluzinationen zu hören«.[28] In seiner *Physiology and Pathology of Mind* von 1867 charakterisierte der englische Arzt Henry Maudsley den Zustand des Onanisten als »extreme Gefühlsperversion und damit korrespondierende Verwahrlosung der Gedanken in den frühen Stadien der Krankheit, auf die später das Versagen der Intelligenz, nächtliche Halluzinationen und selbstmörderische oder mörderische Neigungen folgen«.[29] Im Lichte einer solchen Aussage können wir die Nachtszene zwischen Alberich und Hagen auch als dramatisches Porträt der körperlichen und geistigen Idiosynkrasien eines Onanisten deuten; in der Vorstellungswelt des 19. Jahrhundert wäre eine solche Interpretation jedenfalls plausibel erschienen. Obwohl Hagen keinerlei Mangel an Intelligenz verrät, sondern im Gegenteil als sich verstellender Intrigant bemerkenswert tüchtig ist, weisen Kommentare wie die Maudsleys viele Parallelen zu Wagners Darstellung Hagens in Text und Musik auf. So taucht zum Beispiel der Plan, Siegfried zu ermorden, erstmals in der Nachtszene mit Alberich auf, und als Hagen am Ende des zweiten Aktes triumphierend von der bevorstehenden Tat singt, verweist das »Mord-Motiv« der Musik zurück auf die nächtlichen Erwägungen, in denen Hagens »mörderische Neigungen« erstmals artikuliert wurden.[30] In *Body and Mind* (1873) arbeitete Maudsley seine Ergebnisse noch weiter aus und charakterisierte in seiner Psychologie des Onanisten zahlreiche Merkmale, die ohne weiteres auf Hagen anwendbar sind: »auf anstößige Weise egoistisch«, »voll Selbstmitleid und Selbsttäuschung«, »nur daran interessiert, wie ein Hypochonder seine morbiden Empfindungen zu beobachten und sich seinen morbiden Gefühlen zu widmen«, vorrangig beschäftigt mit »extravaganten Prätentionen« und »großen Projekten, die aus seiner Einbildung gespeist werden«, sich in »misstrauischen Grübeleien« verzehrend.[31] Schließlich zählte 1886, zwölf Jahre nachdem Wagner die *Götterdämmerung* vollendet hatte, ein amerikanischer Wissenschaftler in einer Diskussion verschiedener Krankheitszustände, die mit Rückenmarksverletzungen verbunden sind (wobei, wie wir noch sehen werden, Rückenmarksschäden zum Teil ebenfalls auf Masturbation zurückgeführt wurden), dazu auch die »Melancholie, mit Verfolgungswahn und diversen Halluzinationen, wahrscheinlich bedingt durch Verletzungen der Seh-, Gehör- und anderer Sinnesnerven«.[32] »Melancholie«, »Halluzinationen«, verminderte Sehkraft und geschädigte Nerven galten damals als eng miteinander verknüpfte physiologische Phänomene – und überdies waren sie Standardkennzeichen des Onanisten. Allesamt sind sie auch in Hagens Auseinandersetzung mit Alberich erkennbar.

In diesem Kontext gesehen, erweist sich die Figur Hagens sogar als Darstellung einer fundamentalen Bedrohung für die moralischen Grundlagen der Zivilisation. Erörterungen einer solchen Gefahr finden sich in zahlreichen Werken, die ungefähr zeitgleich mit dem *Ring* entstanden, von Claude-François Lallemands *Des Pertes séminales involontaires* (1836–42, dt. u. d. T.: *Über unfreiwil-*

lige Samenvergiessungen, 1837) und Heinrich Kanns *Psychopathia sexualis* (1844) bis zu Eduard Reichs *Geschichte, Natur- und Gesundheitslehre des ehelichen Lebens* (1864) und *Über Unsittlichkeit. Hygienische und politisch-moralische Studien* (1866).[33] Wagner stellt Hagen zweifellos als eine solche Bedrohung dar. Denn hätte Hagen Erfolg mit seinen Bemühungen, den Ring zurückzugewinnen (in einem solchen Fall würde dieser sowohl ihm wie Alberich gehören, wie Hagen seinem Vater ausdrücklich verkündet), dann fiele die Welt des *Rings* unter die sexuelle Oberherrschaft des Nibelungenzwerges und unter die grimmige Knute seines Sohnes. Genau darum geht es in den nächtlichen Gedankenspielen der beiden Nibelungen.

Hagens Wesen als Außenseiter ist also aus verschiedenen Bildern zusammengesetzt, die sich auf – im 19. Jahrhundert weit verbreitete – Überzeugungen zu den Themenbereichen Rasse und bedrohliche sexuelle Abartigkeit bezogen. Und aus ebendiesem Grund – wegen seiner ikonographisch nicht genau definierten, pluralistischen Evokation verschiedener Vorstellungen des Fremdartigen und Erschreckenden – wirkte Hagen zu Wagners Zeit sicher noch vielschichtiger und beunruhigender als heute. Denn er bildete ein wahrhaft beeindruckendes Konglomerat von Ikonen des Schreckens. Das ließ ihn für Wagners Zeitgenossen wahrscheinlich in einem Maße überzeugend und glaubhaft erscheinen, das wir heute nur noch dunkel erahnen können.

Die Augen des Onanisten – oder der Philosoph, der masturbierte

Die *Götterdämmerung* kann also als ein Werk verstanden werden, dessen ikonographisches Erscheinungsbild eine Zurückweisung nicht nur minderwertiger und fremdartiger Rassen, sondern auch einer spezifischen sexuellen Aktivität verrät, die als dem deutschen Geiste entgegengesetzt galt. Damit fungiert die *Götterdämmerung* zugleich als Brückenglied zwischen den *Meistersingern* und *Siegfried* mit ihren Bildern des verweichlichten Juden und *Parsifal*, wo der Nichtdeutsche als Kastrat und Träger eines minderwertigen, bösartig lüsternen Blutes erscheint. In der Fantasie des späten Wagner war der Feind des deutschen Geistes anscheinend rassenfremd und in mancherlei Hinsicht zugleich sexuell abartig.

An diesem Punkt unserer Erörterungen ist ein Exkurs über einige Äußerungen Wagners zur Masturbation angezeigt, die sich weder auf die Musikdramen noch auf die theoretischen Schriften beziehen. Denn in diesen Äußerungen des Komponisten wird der Komplex der Assoziationen, die er mit dem Akt sexueller Selbstbefriedigung verband, noch viel deutlicher als in den Ikonen seiner Bühnenwerke und in der Metaphorik seiner Essays. Alle betreffenden Äußerungen bieten uns verblüffende, nach heutigen Maßstäben sogar peinliche Belege dafür, dass Wagner im Alter zunehmend das Bedürfnis hatte, fremdartige und bedrohliche Feinde als, im Vergleich zu Deutschen, sexuell andersartig hinzustellen. Angesichts der metaphorischen Funktion des Auges in Wagners theoretischen Schriften und Bühnenwerken ist es nur konsequent, zugleich aber auch kulturell bezeichnend, dass Wagner in mehreren Briefen gegen Ende seines Lebens das Bild des geschädigten Auges besonders hervorhob und darin ein untrügliches Zeichen sexueller Abweichungen von der deutschen Norm sah: Indem er das Fremdartige in der Physiologie des Auges lokalisierte, verschmolz Wagner abermals das persönliche, idiosynkratische Motivgeflecht der von ihm in den sozialästhetischen Traktaten und Musikdramen bevorzugten Metaphern mit der standardisierten Bildersprache seines Zeitalters. Damals verband man allgemein sexuelle Normabweichungen und nervliche Degeneration mit der Herausbildung von Sehschwäche und Augenproblemen. Es sollte aber nicht unerwähnt bleiben, dass Wagner im nicht der Norm entsprechenden Auge Andersartigkeit vor allem dann erkannte und ausdrücklich diagnostizierte, wenn ihm jemand persönlich bedrohlich erschien.

Ganz besonders ein Brief, den er in der Spätphase seines Lebens schrieb, als er, ungefähr ein Jahr nach der Uraufführung der *Götterdämmerung*, mit der Arbeit am *Parsifal* begann, lässt sich als verbale Widerspiegelung der Ikonographien lesen, die seinem Porträt Hagens zugrunde liegen. Im Herbst 1877 schrieb Wagner an Dr. Otto Eiser, Friedrich Nietzsches Arzt und Freund, der überdies eifriger Wagnerianer war, einen langen Brief, in dem sich die Standardikonographie des 19. Jahrhunderts zum Thema Masturbation deutlich manifestiert.[34] Als Wagner diesen Brief zu Papier brachte, hatte er Nietzsche seit November 1876, als sich die beiden in Sorrento bei Neapel zum letzten Mal begegnet waren, nicht mehr gesehen.[35] Trotz wachsender Entfremdung hatten sie sich jedoch weiterhin geschrieben, und Anfang Oktober 1877 hatte Nietzsche dem Komponisten einen kurzen Essay von Eiser über den *Ring*-Zyklus geschickt.[36] Im Begleitbrief hatte er über seinen sich verschlechternden Gesundheitszustand geklagt. Auf Wagners Geheiß setzte sich daraufhin sein Sekretär Hans von Wolzogen mit Eiser in Verbindung und bat um genauere Informationen über Nietzsches Befinden (ein Bitte, der der geschmeichelte Arzt, der sich in dieser Prominentenbekanntschaft sonnte, nur allzu gern entsprach). Es war nicht das erste Mal, dass Wagner seine Ansichten zur Masturbation niederschrieb (so hatte er zum Beispiel schon in einem Brief an Theodor Uhlig vom 31. Mai 1852 seinen jungen, hingebungsvollen Anhänger Karl Ritter als Onanisten denunziert).[37] Doch der Brief an Eiser ist Wagners ausführlichste Erörterung dieser Sexualpraktik und ihrer Folgen – bezeichnenderweise zu einem Zeitpunkt verfasst, als Wagners Freundschaft mit Nietzsche praktisch am Ende war. Die wenigen Kommentatoren, die diesen Brief seit seiner Erstveröffentlichung im Jahre 1956 erwähnten, beschäftigten sich vor allem mit Wagners Wichtigtuerei, intriganter Einmischung oder auch möglicher Bosheit, die in diesem Brief Eiser und Nietzsche gegenüber zum Ausdruck kommt.[38] Meiner Meinung nach ist jedoch, vor allem in unserem Zusammenhang, wesentlich wichtiger, in welchem Ausmaß darin Wagners Übereinstimmung mit weit verbreiteten Überzeugungen zur sexuellen und biologischen Abartigkeit deutlich wird – Vorstellungen, die das ikonographische Erscheinungsbild seiner Musikdramen prägten und die seine Meinung über einen Mann beeinflussten, der Wagners Rolle als selbst ernannter zentraler Repräsentant der deutschen Kultur zunehmend kritisch gegenüberstand. Erhellend ist dieser Brief aber auch insofern, als er die weit verbreitete

Akzeptanz einer Ikonographie des Onanisten offen zur Sprache bringt und deren Existenz bestätigt – einer Ikonographie, die zum Erwartungshorizont des zeitgenössischen Publikums gehörte. Entsprechend verlief möglicherweise auch die Rezeption solcher Ikonen aus Wagners Bühnenwerken.

Cosima Wagners Beschreibung ihres Mannes am Tage der Abfassung des Briefes an Eiser ist bemerkenswert, zeigt sie doch, dass Nietzsche – wie Hagen und andere Bühnengestalten vor ihm – dem Komponisten als Projektionsfläche für Ängste diente, die sein eigenes Wohlbefinden betrafen. Die Erschöpfungszustände nach der Premiere des *Rings* lagen gerade erst ein Jahr zurück, und Wagner war kurz zuvor von einer Konzertreise aus England nach Bayreuth zurückgekehrt.[39] Er litt unter verschiedenen körperlichen Schmerzen und Gebrechen. Cosima Wagners Tagebucheintrag vom 23. Oktober hält fest, wie sehr die Sorge um Richards Gesundheitszustand damals die Gedanken des Ehepaares beherrschte:

R. hatte wiederum eine üble Nacht; Unterleibsbeschwerden – er liest im Darwin (Descent of man), fühlt sich kalt. Ich kann nicht sagen, wie traurig mich dies macht, daß jetzt beim Beginn seiner großen Arbeit [*Parsifal*] er durch körperliches Leiden so gehemmt wird. Doch arbeitet er am Morgen. Nachmittags schreibt er einen langen Brief an Dr. Eyser in Frankfurt, welcher einen eingehenden Bericht über den Gesundheitszustand unseres Freundes Nietzsche geschrieben hat; R. sagt: »Er wird (N.) auf den befreundeten Arzt eher hören als auf den arztenden Freund.«[40]

Von eigenen körperlichen Problemen gequält und am Beginn der Komposition seines letzten Musikdramas stehend (bei dem unter anderem die pseudowissenschaftlichen Rassentheorien des Grafen Gobineau Pate standen) – eines Werkes, in dem schließlich jede Form von Sexualität verdammt wurde –, wandte sich Wagner, bemüht, die Integrität seines eigenen Selbst zu bewahren, ressentimentgeladen der Begutachtung eines zunehmend unbotmäßigen Freundes zu, besonders aber der Untersuchung von dessen Sexualität. Dabei nahmen die Assoziationsmechanismen seiner Fantasie beim kritisch gewordenen Nietzsche Anzeichen einer Bedrohlichkeit wahr, die er zuvor schon Hagen, dem Rachegeist seines letzten Musikdramas, zugeschrieben hatte.

Wagner machte sich wirklich Sorgen um Nietzsches prekären Gesundheitszustand, der durch chronische Migräne und zunehmende Beeinträchtigung des Augenlichts gefährdet war (siehe Abbildung 26).[41] In seinem Brief an Hans von Wolzogen hatte Dr. Eiser erläutert, dass seiner Meinung nach Nietzsches schlimme Kopfschmerzen auf Veränderungen des Augenhintergrunds, Netzhautschäden und chronische Augenentzündung zurückzuführen seien; weitere diagnostische Details hatte er nicht erwähnt. Daraufhin schickte Wagner Eiser seine eigene Interpretation, die sich auf frühere »Erfahrungen« stützte und die er für wesentlich hielt, wenn man zu einer korrekten Diagnose von Nietzsches Leiden gelangen wolle:

Geehrtester Herr!

[...] In der verhängnisvollen Frage, welche die Gesundheit unseres Freundes Nietzsche betrifft, drängt es mich nun, mit aller Kürze und Entschiedenheit Ihnen meine Ansicht, meine Befürchtung – aber auch meine Hoffnung mitzuteilen. Ich trage mich, für die Beurteilung des Zustandes Nietzsches, seit lange [sic] mit den Erinnerungen von gleichen und sehr ähnlichen Erfahrungen, welche ich an jungen Männern von großer Geistesbegabung machte. Diese sah ich an ähnlichen Symptomen zu Grunde gehen, und erfuhr nur zu bestimmt, daß Folgen der Onanie vorlagen. Seitdem ich Nietzsche, von jenen Erfahrungen geleitet, näher beobachtete, ist an allen seinen Temperamentszügen und charakteristischen Gewohnheiten meine Befürchtung zu einer Überzeugung geworden. Hierüber glaube ich mich dem befreundeten Arzte nicht umständlicher aussprechen zu dürfen, dagegen es mir einzig daran zu liegen hat, die Aufmerksamkeit desselben auf die von mir mitgeteilte Ansicht zu lenken. Nur zur Bestätigung der großen Wahrscheinlichkeit meiner Ansicht führe ich Ihnen die auffällige Erfahrung vor, daß der eine der erwähnten jüngeren Freunde, ein vor mehreren Jahren in Leipzig verstorbener Dichter, im Alter Nietzsches vollständig erblindete, der andere, ein noch jetzt in Italien, mit jammervoll zerrütteten Nerven dahinsiechender, ebenfalls ungemein begabter Freund, im gleichen Alter in die schmerzhaftesten Augenleiden verfiel. Sehr wichtig war mir nun auch neuerdings die Nachricht, daß der in Neapel vor einiger Zeit von Nietzsche konsultierte Arzt diesem vor allen Dingen anempfahl, zu – heiraten. – Ich glaube Ihnen genug gesagt zu haben, um Sie zu ernstlicher Diagnose

26. *Friedrich Nietzsche, 1887 (mit freundlicher Genehmigung des Archivs für Kunst und Geschichte, Berlin)*

in der angezeigten Richtung hin zu veranlassen. Mir würde es übel anstehen, wollte ich Ihnen eine erneute Kritik der Symptome des Nietzscheschen Leidens anraten: daß äußerste Schonung gegen diese einzig ersprießlich sein kann, ist ja klar. Allein, die Nerven, das Rückenmark zu stärken, zu regenerieren, dünkt mich zu wichtig, als daß ich Ihnen meinen ernstlichen Wunsch verschweigen dürfte, daß hierfür etwas Energi-

sches geschähe. [...] Möchten Sie ihm dazu [zu einer hydropathischen Kur, M.W.] raten, und – wenn nötig – sehr ernstlich, ohne Verschweigung der primären Ursache seines Leidens. Der befreundete *Arzt* hat hier gewiß eine Macht, welche dem arztenden *Freunde* nicht eingeräumt werden dürfte. [...]
Hochachtungsvoll grüßend

Ihr ergebener
Richard Wagner

Bayreuth, 23. Oktober 1877[42]

Wagners Hinweise basieren auf einer Anzahl damals konventioneller Annahmen, die das Repertoire körperlicher Anzeichen betrafen, in denen die europäische Medizinerschaft ebenso wie die Allgemeinheit derart offenkundige Merkmale der Onanie sahen, dass Wagner keine Notwendigkeit verspürte, sie einzeln aufzuzählen. Er ging einfach davon aus, dass die »Temperamentszüge und charakteristischen Gewohnheiten«, die er für selbstverständliche Anzeichen der fraglichen Sexualpraktik hielt, als solche weithin akzeptiert seien. Diese Annahme erklärt zum Teil die vagen Umschreibungen des Briefes (»hierüber glaube ich mich dem befreundeten Arzte nicht umständlicher aussprechen zu dürfen«). Wagner verließ sich auf Andeutungen, auf das zugrunde liegende kulturelle Vokabular, um Eiser zu überzeugen (was ihm, nebenbei gesagt, auch gelang, wie Eisers untertänige, dankbare Antwort belegt).[43] Solche indirekten, gleichwohl überzeugenden Anspielungen lassen sich mit der subtilen, suggestiven Evokation der Onanie durch Text und Partitur der *Götterdämmerung* vergleichen, wo gleichfalls nicht explizit gesagt, sondern nur impliziert werden konnte, welcher Art die sexuelle Normabweichung war. Wagners Zeitgenossen waren jedoch in der Lage, die ikonographischen Codes der damaligen Kultur zu verstehen und zu entschlüsseln.

Wagners Sorge um Nietzsches Nerven und sein Rückenmark rührt vom Glauben an eine durchgängige innere Schwächung her, die sich in verschiedenen »Temperamentszügen und charakteristischen Gewohnheiten« zeige, die Nietzsche mit Hagen gemeinsam hat, etwa »Erregbarkeit, Verdrießlichkeit und Wut«. Überdies leiden beide Männer an pathologischen Zuständen, die mit ihrer Jugend in Verbindung stehen. Wagner betont, dass der »vor mehreren Jahren in Leipzig verstorbene Dichter« und der »andere, ebenfalls ungemein begabte Freund« »junge Männer« gewesen seien. Er vergleicht sie mit Nietzsche und unterstreicht so nebenbei auch den Altersunterschied zwischen sich und dem leidenden Philosophen (sowie, wenngleich wohl unbewusst, möglicherweise auch den zwischen sich und Hagen). Bei anderer Gelegenheit hatte Wagner im Jahre 1874 zu Cosima gesagt, Nietzsche müsse »heiraten oder eine Oper schreiben, freilich wird letztere auch derart sein, daß sie nie zur Aufführung kommt, und das führt ihn auch nicht in das Leben«.[44] Wagners Charakterisierung der modernen, von Juden beherrschten Kunstwelt (eine »vom Leben schlechtweg abgesonderte Kunstwelt, in welcher die Kunst mit sich selbst spielt«) hatte sich, wie wir bereits gesehen haben, auf die Sterilität und Isolation des Onanisten bezogen. Ganz ähnlich charakterisierte Wagner also hier, Cosima gegenüber, das denkbare Werk seines künstlerisch wie physiologisch unterlegenen, andersartigen Freundes. Wagner impliziert deutlich, dass er, als bedeutendster Komponist seiner Zeit, sich fundamental von der sexuellen Isolation seines eigensinnigen, unsteten Philosophenfreundes unterscheide. Als junger, erschöpfter, dem Deutschtum kritisch gegenüberstehender Mann zeigte Nietzsche für ihn alle Anzeichen des sexuell Andersartigen.

Doch vor allem im Erscheinungsbild schlechter oder kranker Augen (wie zum Beispiel der Augen von Kleists Spitalinsassen) erkannte Wagner die Normabweichungen vom überlegenen, höherwertigen deutschen Wesen. Die Individuen, die Wagner als Beispiele für seine verlässlichen diagnostischen Fähigkeiten anführt, waren Theodor Apel, der »in Leipzig verstorbene Dichter« (und Jugendfreund Wagners, mit dem er 1834 einen turbulenten Urlaub in Böhmen verbracht hatte), und Karl Ritter (der »andere, ebenfalls ungemein begabte Freund«), ein Sohn Julie Ritters, die Wagner in seinem Schweizer Exil großzügig unterstützt hatte. Beide waren, wie Wagner schreibt, erblindet.[45] Karl Ritter war ein junger Homosexueller; Wagner hatte in den frühen fünfziger Jahren des 19. Jahrhunderts mit ihm in Zürich zusammengelebt, wo Ritter als sein Sekretär, Faktotum und Bewunderer fungierte.[46] Im Mai 1852 hatte Ritter jedoch unverkennbare Anzeichen größerer Unabhängigkeit gezeigt, woraufhin sich Wagner in dem schon erwähnten Brief an seinen Freund Theodor Uhlig von dem jungen Mann distanzierte und ihn als Onanisten verunglimpfte. (Gleiches geschah später Nietzsche im Zeichen zunehmender Entfremdung.) Doch erst der ältere Wagner lenkte die Aufmerksamkeit auf das beschädigte Auge als Zeichen sexueller Abartigkeit. Erst dann konnte er auch das Schicksal seines Freundes Apel so uminterpretieren, dass es in den Gedankenzusammenhang von Onanie und Augenschäden passte: Als enger Freund hätte Wagner nämlich eigentlich wissen müssen, dass Apels Erblindung durch einen Reitunfall im Alter von fünfundzwanzig Jahren verursacht worden war. Doch entweder unterdrückte er diese Tatsache, oder er sah sie sogar als weniger schädigend an als die Masturbation![47] In Wagners sozialästhetischen Theorien fungieren das Auge und der Blick als Metaphern für die identitätsbestimmenden Mechanismen, und diese Funktion scheint auch für Wagners persönliche Interaktionen mit anderen gegolten zu haben. Die Ikonen des fremdartigen (oder kritischen) Feindes kann der Deutsche vor allem deshalb erkennen, weil er in den Tiefen unter den Oberflächenerscheinungen des betreffenden Gegenstandes oder Gegenübers verborgene Bedeutungen erkennen kann – und er erkennt sie in den Augen des anderen. Immer ist die Masturbation bei Wagner eng mit ihren physiologischen Erkennungszeichen verbunden, besonders in jenen die die Augen vermitteln. Doch in Wagners Denken und Fantasie gewannen diese Zeichen anscheinend immer mehr den Status unwiderlegbarer Beweise sexueller Abartigkeit, und zwar in Verbindung mit seiner Wahrnehmung einer zunehmend kritischen Einstellung bei den betreffenden Bekannten oder Freunden. Für Wagner jedoch war Kritik fast gleichbedeutend mit Angriffen, wie die Eingangsbemerkungen von *Eine Mitteilung an meine Freunde* (1851) zeigen: »Diese Erklärung beabsichtigte ich in dieser Mitteilung an meine *Freunde* zu richten, weil ich nur von denen verstanden zu werden hoffen kann, welche Neigung und Bedürfnis fühlen mich zu verstehen, und dies können eben nur meine Freunde sein.« (DS 6:199) Nur wer »anders(artig)« war, konnte vom Standpunkt skeptischer Distanz aus den »Meister« kritisieren und damit den Repräsentanten des Volkes in Frage stellen. Solche Kritik konnte nur von außerhalb der Volksgemeinschaft kommen, von Andersartigen, deren Augen erkaltete, stechende Blicke aussandten, trieften, reglos vor sich hin starrten oder gar blind waren. Andersartigkeit hatte eben ihre physiologischen Symptome und Erkennungszeichen – in Wagners Vorstellung genauso wie in seiner Welt.

Wir sollten noch einen Augenblick über weitere Implikationen von Cosima Wagners Tagebucheintrag vom 23. Oktober 1877 nachdenken; denn dadurch fällt zusätzliches Licht auf die Szene zwischen Alberich und Hagen zu Beginn des zweiten Aktes der *Götterdämmerung*. Bekanntlich war Wagner ein eifriger Leser der Werke Charles Darwins, und so lässt sich vielleicht auch eine Verbindung ziehen zwischen seiner ständigen Beschäftigung mit körperlicher Regression als Folge sinnlicher Stimulation und dem Text, den er las, als er den Brief an Eiser schrieb: Darwins *The Descent of Man* (1871, dt. *Die Abstammung des Menschen und die geschlechtliche Auslese*). In diesem Werk erörtert Darwin die »Reversion« als natürliches Phänomen, bei dem »eine lange verlorene Struktur wiederersteht«. Die Griechen, so argumentiert er, hätten sich aufgrund »extremer Sinnlichkeit« zurückentwickelt. Der Untergang der griechischen Kultur konnte erst eintreten, als die Griechen »entnervt und bis ins Mark korrupt« gewesen seien.[48] Die Tatsache, dass das Konzept der Schwächung und Entkräftung sowohl im Porträt Hagens als auch in Wagners Diagnose von Nietzsches Zustand eine zentrale Rolle spielte, könnte ein Grund dafür sein, warum Wagner zu dieser Zeit von Darwins Theorien so fasziniert war, dass er dessen Werke wiederholt studierte. Im Hinblick auf das Motivvokabular des *Rings* ist auch Darwins Aussage von »Gemeinsamkeiten zwischen Menschen und niederen Tieren« signifikant, von denen der Mensch Rudimente in sich trage und zu denen er eines Tages wahrscheinlich zurückkehren müsse.[49] Weil in Darwins Text wie in Wagners Gedankenwelt die Themen Sexualität und Degeneration eine wichtige Rolle spielen, ist anhand von Darwins Text sogar die

Rekonstruktion bestimmter Assoziationsketten Wagners möglich, die zur Verknüpfung der Masturbation mit physiologisch minderwertigen, sozusagen tierischen Menschen führten. Derartige Assoziationen würden auch nahtlos mit der Tiermetaphorik zusammenpassen, die in Wagners musikdramatischer Tetralogie den verschiedenen Menschenrassen zugeordnet ist. In einem solchen Kontext erscheint Hagen außer als Träger jüdischer Merkmale und als Onanist auch als Vertreter eines physiologisch primitiven Entwicklungsstadiums der Menschheit, als rückschrittliches (»retrogrades«) Wesen, ja sogar als Tier – kurz, als Quintessenz des minderwertigen Außenseiters. So verwundert es nicht, dass Gunther den Nibelungensohn als »verfluchte[n] Eber« bezeichnet, »der diesen Edlen [Siegfried] zerfleischt« habe (MD, 810). Zwischen dieser Metapher und der Vorstellung, dass Hagen den Tieren physiologisch irgendwie näher stehe als der höheren, menschlichen Welt der Gibichungen oder gar der Wälsungen, besteht fast kein Abstand mehr. (Dem widerspricht auch nicht die Tiermetaphorik der Wälsungen, denn Hagens Tier ist der Eber, der als gemeiner und brutaler gilt als die Tiere, die dem ›Übermenschen‹ zugeordnet sind: Wölfe, Füchse und Rehe.)

In die gleiche Richtung zielen auch zwei frühere Tagebucheinträge Cosimas über Hagens primitive Natur und die Szene mit Alberich. Der erste datiert vom 7. Februar 1870:

Gespräch über diese Typen Gunther, Hagen – letzterer grauenvoll geheimnisvoll, unbeweglich, kurz. Über die verlorene Naivität; »mir sind alle diese Helden wie eine Versammlung von Tieren vorgekommen, der Löwe, der Tiger, etc.; sie fressen sich auch untereinander, aber es tritt keine ekelhafte Konvention, Hofetikette u.s.w. dazu, es ist alles naiv.«[50]

Wagner gebraucht den Begriff »naiv« hier im Sinne Schillers als Synonym für »unreflektiert, spontan, unzivilisiert«. Trotzdem sind die Tierepitheta nicht nur den als primitiv geltenden Figuren angemessen, sondern sie fallen auch mit der spezifischen Vorstellung von Hagen als »retrogradem« Wesen zusammen und dienen dann der Hervorhebung der vergleichsweise schlechteren, primitiveren physiologischen Substanz des Außenseiters. In diesem Zusammenhang sollte auch nicht übersehen werden, dass Wagner in den siebziger und achtziger Jahren des 19. Jahrhunderts mit genau denselben Begriffen wie in Cosimas Tagebucheinträgen auch über Juden sprach. Drei Jahre nach der Uraufführung des *Rings* hielt Cosima zum Beispiel Richard Wagners Beschreibung der Juden als »rechnende Raubtiere« fest (9. September 1879), und 1881 verwendete Wagner die Phrase abermals im zweitschlimmsten seiner antisemitischen Traktate, *Erkenne dich selbst.*[51] Dabei waren Wagners Bemerkungen durchaus nicht nur als metaphorische Seitenhiebe gemeint. Vielmehr liegt jeder Metapher in seinem rassistischen Vokabular ein realistisches Substrat zugrunde. So dienen die Tierepitheta, die Juden und anderen »retrograden« Wesen, etwa Onanisten, angehängt werden, dazu, deren vergleichsweise schlechtere, primitivere physiologische Substanz zu unterstreichen. In einer antisemitischen, sexuell konservativen Fantasie wie der Wagners ist Hagen als Synthese des Juden und des Onanisten dann auch *wirklich* ein Tier. Wagner deutete genau das bei mehr als einer Gelegenheit an, etwa in einem Tagebucheintrag Cosimas aus dem Jahre 1873, als Wagner gerade an der Orchestrierung des zweiten Aktes der *Götterdämmerung* arbeitete:

Sonnabend 27ten – Vormittags spielt er die Scene zwischen Alberich und Hagen und freut sich des Eindruckes, den sie machen würde, wenn Hill und Scaria sie singen würden, »das wird wirken, wie wenn zwei seltsame Tiere miteinander sprechen, man versteht nichts, und alles ist interessant«.[52]

Die Nibelungen scheinen in den Gedanken des Komponisten atavistische, ja sogar urtümliche physiologische Schreckbilder evoziert zu haben, die sich sich über Darwin mit dem Gedanken der Regression und mit der Sphäre der primitiven Tiere verbinden lassen. Vorstellungen menschlicher Minderwertigkeit verknüpfen sich dabei mit den Nibelungenfiguren, die als Projektionsflächen für Ängste vor rassischer und sexueller Andersartigkeit dienen. Für Wagner war das Onanieren gleichbedeutend mit dem Aufgeben »fortgeschrittener« menschlicher Merkmale (in Nietzsches Fall mit dem Verlust des aufrechten Ganges und eines geraden, gesunden Rückens?) sowie mit der Rückkehr ins Reich der

(Raub-)Tiere, das der (nichtjüdische) Mensch eigentlich schon verlassen hatte. Nur für Nichtjuden, Nichtonanisten (wie Wagner?) und Komponisten von metaphorisch heterosexuellen Kunstwerken der Zukunft war anscheinend Platz im Hort der Sicherheit vor den Gefahren von Degeneration und Regression – jener Zufluchtsstätte, zu der sich, wie Wagner hoffte, auch Nietzsche hingezogen fühlte, der befreundete Philosoph, den die Sinnlichkeit der Griechen so faszinierte und der doch dem selbst ernannten modernen Bannerträger des griechischen Erbes zunehmend kritisch gegenüberstand. Wie im Fall des Judenhasses suchte Wagner auch mit seiner Reaktion auf das stereotype Bild des Onanisten (bei Hagen wie bei Nietzsche) sicherzustellen, dass die physiologische und moralische Integrität des Volkskörpers (der Gemeinschaft, der er selbst angehörte) gewährleistet blieb. Denn davon hing auch seine eigene Sicherheit ab – in einer Welt, die infolge von Verweichlichung, Verschmutzung und Regression vor dem Zusammenbruch stand.

Und doch wäre es – wie bei allen bisher behandelten Körperbildern – verkehrt anzunehmen, Hagens idiosynkratisches Wesen oder Wagners Nietzsche-Bild könne durch Verweis auf das im 19. Jahrhundert mit der Masturbation verbundene Assoziationsgeflecht *vollständig* erklärt werden. Diese Figuren evozierten – und evozieren noch heute – im Betrachter durch die vielfältigen und rätselhaften Merkmale ihrer Andersartigkeit unterschiedliche Vorstellungen. Die hier untersuchten Ikonographien hatten und haben nicht den Status widerspruchsfreier, strenger Konstruktionspläne für die Figurenkomposition – nicht alle Wagner-Helden singen das tiefe C der Heldentenöre, und nicht alle tiefen Stimmen gehören den Guten, wie sich bei Hagen zeigt. Sie bildeten vielmehr eine kulturelle Matrix, in der die Bilder aus Wagners Text und Musik auf Resonanz stießen. Dabei wurden zahlreiche vielschichtige Assoziationen zum Schwingen gebracht. Letztlich zeigen sich im Rezeptionsprozess einfach die vielfältigen Konnotationsmöglichkeiten des ikonischen Erscheinungsbildes von Wagners Figuren, in seiner wie in unserer Kultur. Hagen ist vieles auf einmal; er lässt sich nicht auf einen einzigen Charakterzug reduzieren. Als Racheinstanz und mächtiger Krieger, als verschlagener Intrigant und Mörder straft er die ebenfalls vorhandenen (und bei einem Onanisten auch zu erwartenden) stereotypen Klischees geistiger Leere, hohler Selbstüberschätzung und körperlicher Auszehrung Lügen und bringt so das klare Bild durcheinander. Die ungenauen, oft widersprüchlichen Implikationen seines Porträts (angeborene Degeneration als Jude oder erworbene Schwächung durch Masturbation? schwächlicher Onanist oder mächtiger Vasallenführer?) unterstreichen zusätzlich die Komplexität und Vieldeutigkeit dieser dramatischen Figur.

So viel aber lässt sich auf jeden Fall sagen: Hagen ist eine Verschmelzung verschiedener unterschiedlicher Stereotype rassischer und sexueller Natur, auf die Wagner zurückgriff, um dem ruchlosen Wesen seines Nibelungen – für sich selbst und beim zeitgenössischen Publikum – Bedeutung und Glaubwürdigkeit zu verleihen. Es war einfach nahe liegend, dass dieser so grundlegend ungewöhnliche Charakter – als Nemesis, als Schurke, als Gestalt, die wiederholt die Aufmerksamkeit auf ihre eigene Andersartigkeit lenkt – Charakterzüge erhielt, die stereotyp mit all jenen assoziiert waren, die im kulturellen Vokabular der vorherrschenden deutschen Kultur des 19. Jahrhunderts als andersartig galten. Derartige Konnotationen begleiteten bei Wagner und seinen Zeitgenossen offenbar auch die Wahrnehmung ähnlich stereotyper »Züge« der Andersartigkeit bei Nietzsche und anderen realen Personen. Als sich Nietzsche von Wagner immer mehr löste (und dabei auch dessen Antisemitismus immer kritischer gegenüberstand), vermutete Wagner die Ursache dieser Distanz in Nietzsches Andersartigkeit und verband sie mit den körperlichen Merkmalen der Masturbation: Augenschäden, Verdrießlichkeit, Erregbarkeit und kränkliches, bleiches Aussehen. Mit ebendiesen Zügen stattete Wagner auch Hagen aus, der für ihn die Verkörperung unzuverlässiger und böswilliger Andersartigkeit war. Mit anderen Worten, Wagners Diagnose Nietzsches und sein Porträt Hagens waren vielleicht nicht *nur* Akte böswilliger Verunglimpfung (obgleich sie das sicherlich *auch* waren), sondern wohl auch Reaktionen auf Standardbilder der Andersartigkeit, die in Wagners Kultur durchaus sinnvoll erschienen.

Nur weil unsere Bewertung der Masturbation sich seit Wagners Zeit so sehr verändert hat, können wir Hagens Text und Musik, wie auch die zeitgenössischen Beschreibungen Nietzsches, heute ohne die erörterte Komponente rezipieren, die jedoch für Wagner selbst und für sein Opern- und Briefpublikum im 19. Jahrhundert völlig selbstverständlich war. Aber dadurch vernachlässigen wir heute oft, dass Kunstwerk (Hagen) und Mensch (Nietzsche) historisch-kulturelle Konstrukte darstellen. Darum bieten der Wahrnehmungshorizont des 19. Jahrhunderts und die später erfolgte Neubewertung der Masturbation geradezu ein Paradebeispiel für die wandelbare Natur der Ikonographien im Allgemeinen, und speziell der musikalischen Semiotik in unterschiedlichen kulturellen Kontexten. Dieser Wahrnehmungswandel wirft auch ein Schlaglicht auf das grundlegende Paradox der Wagnerschen Musikdramen: Als beispielhafte ideologische Modelle des Kunstwerks der Zukunft gedacht, wurzelten sie zugleich und zunächst in einem bestimmten kulturellen Kontext. Außerhalb dieses Zusammenhangs haben sie einen Teil ihrer ursprünglichen kommunikativen Macht als Dokumente der Verachtung verloren. Im 19. Jahrhundert indes, so lautet meine These, waren die Zeichen solchen Hasses entweder für bewusste, reflektierende Geister offenkundig, oder sie wirkten unterschwellig, als überzeugende, außerordentlich assoziationsträchtige Elemente innerhalb einer komplexen Konstruktion der Andersartigkeit. Die ikonographischen Codes aus Wagners Zeit, die sich auf die Sexualität beziehen, enthüllen also, wie auch die rassistischen Bildercodes, dass Wagners Musikdramen wunderbar verführerische, verblüffend phantasmagorische ästhetische Werke sind, die, aus heutiger Perspektive, also mit den Augen der Zukunft, gesehen und als Ergebnis historischer, kulturarchäologischer Rekonstruktion betrachtet, als das erscheinen, was sie *auch* sind – als dramatische Darstellungen, die mit Vorurteilen, Intoleranz und zügelloser Boshaftigkeit seitens jener befrachtet sind, deren überlegener, durchdringender Blick auf die angeblichen Mängel minderwertiger Wesen herabsah, die unentwegt die rassischen und sexuellen Normen der Vorstellungswelt des 19. Jahrhunderts bedrohten.

Die Verkörperung Wagners

Hans Jürgen Syberbergs Kinoversion des ersten *Parsifal*-Aktes enthält einen Augenblick der Epiphanie, der metaphorisch einige der Themen erfasst, um die es auch im vorliegenden Buch geht. Wenn die verschiedenen Figuren des Musikdramas auf- und abtreten, geschieht dies vor einem Hintergrund hoher Gebirgswände aus blendendem Weiß, unter geschwungenen Bögen und in höhlenartigen Passagen. Lange Zeit lässt sich kaum entscheiden, ob diese kreideweißen Strukturen natürliche Felsenklippen oder Teile eines großräumigen Architekturdesigns sind. Erst im weiteren Verlauf der Handlung wird dem Zuschauer auf einmal klar, dass die Bögen, Hallen und glatten weißen Wände nichts anderes sind als das feste Material und die diversen Öffnungen einer gigantischen Replik von Wagners Totenmaske. Was man zuvor als Naturkulisse oder als Teile eines grob gehauenen Kellergelasses angesehen hatte, erweist sich nun als Nachbildung von Teilen der Tonmasse, die man Wagner auf sein Gesicht gedrückt hatte, nachdem er am Nachmittag des 13. Februar 1883 im Palazzo Vendramin in Venedig gestorben war. Gurnemanz, die Knappen, Kundry, Parsifal und der leidende Amfortas – sie alle hatten sich innerhalb der Maske bewegt; sie waren durch Augenschlitze gegangen oder getragen worden, an Nasenflügeln entlang, über die Wangen, innerhalb und außerhalb der von der Maske gesetzten Grenzen. Das Erkennen dieses bemerkenswerten *trompe l'oeil* ist eine verblüffende Erfahrung.

Was will Syberberg damit sagen? Natürlich weckt die Bewegung der Kamera bis zu einem Punkt, von dem aus die ganze Physiognomie von Wagners Totenmaske erfasst und enthüllt wird, eine Fülle von Assoziationen, wenn der Gesamtzusammenhang erkannt ist. Man erinnert sich dann zum Beispiel, dass *Parsifal* kurz vor Wagners Tod komponiert wurde und dass es darin vorrangig um die Erlösung der Seele geht und damit um das Leben nach dem Tode. Natürlich ist auch der Gedanke nicht fern, dass Wagners letztes Werk, ein Musikdrama voller religiöser Prätentionen, seinerseits eine quasi-religiöse zentrale Rolle im Kult der Wagnerianer spielt – jener Bewunderer, die sich bedingungslos der Verherrlichung des Meisters und seiner Werke über die Zeiten hinweg verschrieben haben.

Doch Syberbergs visuelle Metapher impliziert noch mehr. Seine filmische Inszenierung präsentiert die dramatischen Figuren so, dass sie von Wagners Körper als dem physischen Ort seiner Ideen umschlossen und gefangen sind. Zugleich implizieren Wagners sterile, leblose Gesichtszüge, dass seine Ideen anachronistisch geworden, dass sie zu heiligen Reliquien verkommen sind. Syberbergs Inszenierung des *Parsifal* und der darin dargestellten Ideen erweist sich als Inszenierung des Körpers – des Körpers desjenigen, der dieses Musikdrama geschaffen hat. Das Werk wird im wahrsten Sinne des Wortes als Ver-Körperung enthüllt, als Verkörperung von Wagners ideologischem Programm. Doch wenn die im Körper verankerten Ideen erkannt werden in ihrer Abhängigkeit von einem historischen, längst vergangenen Moment – und diesen Gedanken legt Syberbergs konkretes Porträt des Körpers als einer Reliquie ja nahe –, dann kann die Entfernung aus dem Bannkreis des historisch und kulturell bedingten Körperverständnisses zumindest potenziell auch Freiheit gewähren – Freiheit von Vorstellungen, deren Ort und Gegenstand zu Wagners Zeit der Körper war. Wird nämlich der Körper als Bezugspunkt von Wagners ideologischem Programm als solcher erst einmal erkannt (als ideologisches Konstrukt oder als physiologische Rechtfertigung für Ideen, die der Körper in Wagners Kultur selbst repräsentierte), dann sind die Prätentionen dieses angeblich von Natur aus körperlich legitimierten Programms offen gelegt – und damit auch in Frage gestellt. Dann hat der Körper seine Funktion als ideologisches Werkzeug offenbart, und damit auch seine Rolle in Wagners Schriften und Bühnenwerken. Dieser Erkenntnisprozess wird jedoch nur in dem Maße möglich sein, wie sich in einer Kultur, die den Körper mit anderen Augen sieht als die Menschen des 19. Jahrhunderts, auch eine nachwagnersche Perspektive entfalten kann. Definiert die Kultur aber weiterhin Andersartigkeit durch Körpermerkmale, und ähneln diese Zeichen jenen, die im Mittelpunkt von Wagners Vorstellungswelt stehen, dann werden Wagners körperliche Darstellungen von Gemeinschaftserlebnissen, dann werden seine Bilder der Ausgrenzung Andersartiger anhand von Körpermerkmalen auch weiterhin sein rassistisches Programm evozieren, wahrscheinlich sogar mit Überzeugungskraft.

Die Spannung zwischen diesen beiden ideologischen Positionen – zwischen Befangenheit und Gefangensein in der Faszination einerseits und der Erkenntnis von Wagners Anachronismus andererseits – ist genau die Spannung, mit der wir heute konfrontiert sind, wenn wir uns um eine moralische Bewertung unserer eigenen Reaktionen auf Wagners Kunstwerk der Zukunft bemühen (schließlich leben wir in der von Wagner apostrophierten Zukunft). Wir müssen uns heute fragen, ob Wagners Werke uns immer noch überzeugend und vielleicht sogar glaubhaft erscheinen (und ob sie sich deshalb so großer Popularität erfreuen), weil sie in ihren Darstellungen Annahmen bezüglich der (körperlichen) Wahrheit rassischer und sexueller Merkmale widerspiegeln, die in unserer eigenen Kultur weiterhin gelten, so wie sie zu Wagners Zeit galten – oder ob sich die Ikonen der Ideologie in der westlichen Kultur seit dem 19. Jahrhundert so sehr verändert haben, dass wir von einem fundamentalen Bruch zwischen Wagners Intentionen, der ursprünglichen Rezeption seiner Musikdramen und unserer eigenen Wahrnehmung dieser Werke im 20. und 21. Jahrhundert sprechen müssen. Entscheidend ist das Ausmaß, in dem sich Hörer und Zuschauer an der Festlegung solcher kulturellen Distanz beteiligen, denn dies bestimmt nicht zuletzt den eigenen ideologischen Standort gegenüber Wagner. Es sind ja nicht Wagners Musikdramen selbst, die derart beunruhigen, sondern die Mittel, durch die sie einst quasi automatisch ein Programm rassistischer und sexueller Stigmatisierung evozierten, ohne dass dieser Vorgang als solcher bewusst wurde – denn Wagner bediente sich einer Fülle von Bildern, die sich der kritischen Reflexion gerade deshalb widersetzten, weil sie im Rahmen der europäischen Kultur des 19. Jahrhunderts von Natur aus überzeugend, glaubhaft sowie irgendwie selbstverständlich und angemessen erschienen. Die beunruhigende Frage lautet also, bis zu welchem Grade solche rassistischen und sexistischen Bilder in der heutigen Wagner-Rezeption bewusst oder unbewusst weiterhin eine Rolle spielen. Erfreuen sich Wagners Werke einer solchen Popularität, erregen sie fast einhundertzwanzig Jahre nach Wagners Tod noch eine derartige Faszination, weil das Publikum seine Bilder der menschlichen Natur immer noch glaubhaft und überzeugend findet?

Die Schwierigkeit, die Distanz auszumessen zwischen unserem Hingezogensein zu Wagners Musikdramen und dem Bewusstsein, dass diese Werke Dokumente eines ganz anderen kulturellen Vokabulars mit Implikationen von Rassismus und Ausgrenzung sind, ist einer der Gründe, warum Wagners Werke noch heute so kontrovers rezipiert werden. Uneingestanden steht hinter der deutlich spürbaren Bestürzung über die Wagner-Renaissance nach dem Zweiten Weltkrieg, die sich in den Arbeiten von Forschern wie Adorno, Gutman, Zelinsky, Millington und Rose zeigt, wohl die Überzeugung von einer potenziellen Verbindung zwischen der Ideologie unserer eigenen Welt und der von Wagners Kultur. Auch bei der Kontroverse über Daniel Barenboims Versuche, in der Saison 1991/92 Werke von Wagner in Israel aufzuführen, spielten solche Annahmen gewiss eine Rolle.[1] Die Verbindung zwischen kulturellen Zeichen und ideologischer Bedeutung bei Wagner lässt sich indes zum Teil auch deshalb nicht genau festlegen, weil solche Bedeutungen in seinen Werken schon immer eher indirekt evoziert als explizit zum Ausdruck gebracht wurden (möglicherweise, weil sie seinen Zeitgenossen selbstverständlich und überzeugend erschienen) und weil die assoziative Verknüpfung von Ideen und den für sie stehenden Zeichen prinzipiell stetigem Wandel unterworfen ist. Ironischerweise bestreiten Wagners Apologeten aus genau diesem Grunde implizit jede Verbindung zwischen seiner Kultur und unserer eigenen. Sie sehen in seinen Musikdramen das unschuldige Ziel von Angriffen unfairer Kritiker, die an das Kunstwerk der Zukunft mit dem heutigen Wissen und der Nach-Auschwitz-Perspektive herangingen, mit der kritischen Skepsis des Zeitalters nach der gezielten Judenvernichtung. Gegen die erstgenannten Kritiker würde ich jedoch einwenden, dass sie eine viel zu direkte Verbindung zwischen der Ideologie von Wagners Welt und den Implikationen der heutigen Rezeption seiner Werke ziehen und dass sie den Bedeutungswandel kultureller Zeichen ignorieren. Mein Argument gegen die zweite Kritikergruppe lautet, dass sie zu wenig sehen und Schutz hinter dem historischen Wandel suchen, indem sie implizieren, kulturelle Kontexte würden sich im Lauf der Zeit so sehr verändern, dass aus der Perspektive des Nachgeborenen moralische Urteile in ästhetischen Fragen illegitim würden.

Wenn wir uns jedoch entschließen könnten, trotz der, wie ich zugebe, bemerkenswerten suggestiven Kraft dieser Musikdramen die Verweisstrukturen, auf die sich Wagner im 19. Jahrhundert verließ, nicht länger als bindend für unsere eigene Rezeption anzusehen, dann käme dies praktisch einer Art Rettung gleich – einer »Erlösung« der nachwagnerschen Kultur vom utopischen Programm des Komponisten. Sehr zu unserer Beunruhigung sind auch in unserer heutigen Welt noch einige der Körperikonographien gültig, die sich in Wagners Kunstwerken finden (die Stimme des verweichlichten Anderen, Geruch und Hautfarbe des verachteten Ausländers sowie die so rätselhaft verführerische wie bedrohliche körperliche Präsenz alles Exotischen, um nur die offenkundigsten Beispiele von Körperzeichen zu nennen, die sich in der westlichen Kultur auch heute noch finden). Andere Zeichen hingegen (etwa die angeblichen körperlichen Symptome der Masturbation) lassen sich nicht mehr auf Anhieb als Bestandteil unserer Welt erkennen. Darum liegt unsere eigene Freiheit gegenüber Wagners Vorstellungen von rassischer Erlösung vielleicht gerade in dem Maß begründet, in dem wir unsere kulturelle Distanz zu solchen Vorstellungen erkennen können. Dabei kann es nicht darum gehen, solche rassistischen Erlösungsvorstellungen als für Wagners Kunstwerke völlig unerhebliches Beiwerk abzutun, wie es seine Apologeten beharrlich immer wieder tun. Wir müssen vielmehr zunächst erkennen und zugeben, dass sie einst zentraler Bestandteil von Wagners Programm waren, um anschließend ihre Rolle bei der heutigen Rezeption von Wagners Werken zu hinterfragen. Wenn wir enthusiastisch auf Wagners Musikdramen reagieren, sollten wir uns fragen, ob wir auch auf die körperlichen Bilder rassischer und sexueller Ausgrenzung enthusiastisch reagieren, die in diesen Werken enthalten sind. Sollte das der Fall sein, müssen wir uns fragen, was sich daraus für das kulturelle Vokabular unserer eigenen Zeit entnehmen lässt.

Gleichwohl sollten wir uns bei unserer Bemühung um Distanz nicht täuschen und meinen, die ideologischen Impulse hinter den Ikonographien von Rasse, Geschlecht und Nation im Wagner-schen Gesamtkunstwerk seien heutzutage bereits überwunden. Derartige Impulse sind nicht verschwunden, und in einer Zeit und einem kulturellen Umfeld, das Wagners Zeitalter sogar noch ferner stehen könnte als unsere eigene Zeit, werden sie sich viel-leicht mit noch anderen Körperzeichen verbinden, welche die ideologische Botschaft im physiologischen Gewande dann aber-mals legitim erscheinen lassen werden. Dann würde die Botschaft durch körperliche Präsenz wieder »real« werden. Dieser Nexus könnte also auch in einem anderen, noch weiter von Wagner ent-fernteren Zeitalter gelten. Nein, die Impulse werden nicht ver-schwinden, sie werden sich einfach nur neue, andere Körper zur Verkörperung aussuchen. Wie diese Körper dann aussehen, wie sie klingen, riechen und sich bewegen, welcher Sexualität sie sich erfreuen dürfen – diese Fragen sind in Wagners Vorstellungswelt bereits impliziert. Die Antworten darauf müssen freilich in einer Welt erklingen, die nicht länger die seine ist.

Es war ein langer Weg von den ersten Manuskriptseiten dieses Buches zu der jetzt vorliegenden deutschen Übersetzung, ein Weg, den neue und alte Freunde und Kollegen treulich mit begleitet haben. Dazu gehören internationale Wagnerspezialisten und -liebhaber, (und auch der gelegentliche Wagner-Verächter), Musikologen, Germanisten, Kulturwissenschaftler, Komponisten, Wissenschaftler mit gesundem Menschenverstand und Sinn für Humor, wie z. B. Dieter Borchmeyer (Universität Heidelberg), John Deathridge (Kings' College, University of London), David Levin (University of Chicago), Paul Eisenberg (Indiana University), Wolfgang Frühwald (Universität München), Sander Gilman (University of Chicago), Lynn Gumert (die die Musikbeispiele des Buches hergestellt hat), Eva Knodt (Palo Alto, Kalifornien), Lawrence Mass (New York), Barry Millington (London), William Rasch (Indiana University), Paul Lawrence Rose (Pennsylvania State University), Michael Shapiro (New York), Klaus Schultz (Gärtnerplatztheater, München), Hinrich Seeba (University of California, Berkeley), Hans Rudolf Vaget (Smith College) und Gottfried Wagner (Cerro Maggiore, Italien). Sie, und noch viele andere, haben sich in Gesprächen und Debatten, vor und nach Opernveranstaltungen, bei Konferenzen, im Restaurant, per E-Mail und fernmündlich für eine Auseinandersetzung mit dem Fall Wagner Zeit genommen. Ihnen allen danke ich herzlichst.

Die deutsche Ausgabe wäre ohne die Hilfe von zwei sehr engagierten Mitarbeitern des Henschel-Verlages, Maria Koettnitz und Stefan Pegatzky, nicht zustande gekommen, von denen die Erstere die Anfänge dieses Projekts eingeleitet und der Letztere die Ausgabe bis zum letzten Komma begleitet hat. Vor allem aber danke ich Henning Thies, Übersetzer par excellence, der die teutonisch langen Sätze aus dem englischen Orginal in deutsche Prosa verwandelte; mehr noch, war er doch nicht nur – der Notwendigkeit folgend – ein »close reader«, sondern in vielerlei Hinsicht der ideale Leser, der mit klugen Vorschlägen dem Buch ein neues Gewand schuf.

Teile des Vorworts und der Kapitel 2 und 3 wurden vorab veröffentlicht als: *Über Wagner sprechen: Ideologie und Methodenstreit*, in: *Wagner und das dritte Reich*, Hg. Saul Friedländer, Jörn Rüsen und Dietmar Müller-Elmau, München 2000, S. 339–359; *Wagner and the Vocal Iconography of Race and Nation*, in: *Re-Reading Wagner*, Hg. Reinhold Grimm und Jost Hermand, Madison 1993, S. 78–102; *Wagner's Nose and the Ideology of Perception*, in: *Monatshefte* 81.1 (Frühling 1989), S. 62–78. Ich habe diese Aufsätze hier gründlich überarbeitet, danke jedoch den jeweiligen Herausgebern für die Erlaubnis, sie in diesem Buch verwenden zu dürfen.

Der Alexander von Humboldt-Stiftung danke ich besonders für ihre Förderung dieses kontroversen Projektes, von dem die ersten Fassungen des englischen Originals mit Unterstützung der Stiftung während eines Forschungsjahres an der University of Cambridge und der Universität Heidelberg entstanden. Außerdem danke ich der Research and University Graduate School der Indiana University für ein Zusatzstipendium während eben dieses Forschungsjahres sowie der Humboldt-Stiftung für ihre finanzielle Hilfe zur Herstellung dieser deutschen Ausgabe.

Dass die Beziehung zu meiner Frau, Antje Petersen, vor zwanzig Jahren bei Aufführungen von *Die Meistersinger von Nürnberg* in Köln und *Tristan und Isolde* in London begann, zeigt, dass Wagners Werke trotz ihres ideologischen Gepäcks sehr schöne Folgen haben können. Ich danke ihr von Herzen dafür.

Der kleinsten Wagnerianerin in meinem Leben widme ich in Liebe die deutsche Fassung dieses Buches.

Vorwort zur deutschen Ausgabe

1. Vgl. die Besprechungen in: *Library Journal* (15. Juni 1995); *The Guardian* (31. Juli 1995), S. 9; *Opera*, Bd. 46, Nr. 8 (August 1995), S. 902–908; *The New York Times* (3. September 1995), *Arts & Leisure*, S. 25; *Jewish Chronicle* (22. September 1995); *Judaism Today*, Bd. 2 (Herbst 1995); *Wagner Notes*, Bd. 18, Nr. 6 (Dezember 1995); *Modern Language Notes*, Bd. 110, Nr. 4 (Dezember 1995); *H-Net Book Review* (Januar 1996); *Wagner*, Bd. 17, Nr. 1 (Januar 1996); *Le'ela* (März 1996); *Schweizer musikpädagogische Blätter*, Bd. 84 (April 1996), S. 120–121; *Cambridge Opera Journal*, Bd. 8, Nr. 2 (1996); *Das Orchester*, Bd. 5 (1996), S. 63–64; *The Opera Quarterly*, Bd. 12, Nr. 4 (1996); *The Musical Times* (Juni 1996), S. 5–11, 25–28; *The German Quarterly*, Bd. 69, Nr. 3 (1996), S. 337–339; *The Spectator* (Juli/ August 1996); *German History*, Bd. 14, Nr. 2 (1996); *German Life* (August/September 1996); *Notes* (September 1996); *Salmagundi*, Nr. 112 (1996); *The Scorpion*, Bd. 18 (Frühling 1997); *Religious Studies Review*, Bd. 23, Nr. 2 (1997); *Monatshefte*, Bd. 89, Nr. 2 (1997); *The Key Reporter*, Bd. 62, Nr. 4 (1997), S. 12; *Jewish Studies Newsletter* (5. September 1997); *The Modern Language Review*, Bd. 97, Nr. 3 (1997); *Opera Now (London)* (November 1997); *Nationalities Papers*, Bd. 24, Nr. 4 (1997); *German Studies Review*, Bd. 20, Nr. 3 (1997); *Modernism/Modernity*, Bd. 4, Nr. 1 (1997), S. 169–174; *Nexus*, Bd. 19 (1997), S. 188–191; *San Diego Jewish Press* (9. Januar 1998); *Seminar* (1998); *Holocaust & Genocide Studies*, Bd. 12, Nr. 2 (1998); *Jewish Book World*, Bd. 16, Nr. 2 (1998); *Times Literary Supplement*, Nr. 4977 (21. August 1998); *The New York Times* (8. November 1998), *Arts & Leisure*, S. 1, 38 (vgl. auch die Leserbriefe in der Ausgabe vom 22. November 1998, S. 4).
2. Joachim Köhler simplifiziert dieses Thema allerdings in seinem Buch *Wagners Hitler. Der Prophet und sein Vollstrecker* viel zu stark.
3. Vaget, *Wagner, Antisemitism, and Mr. Rose*, S. 222.
4. Es ist geradezu symptomatisch, dass Dieter Borchmeyer als Reaktion auf die Walser-Kontroverse in einem Aufsatz in der *F.A.Z.* vom 30. Januar 1999 (*Von der politischen Rede des Dichters*, Bilder und Zeiten, S. 3) die These vertrat, Künstler hätten das Privileg, Kunst

und Politik voneinander zu trennen. Als Beispiele zitiert er verschiedene Bemerkungen von Heinrich Heine und Thomas Mann – obwohl man gerade bei diesen beiden Autoren auch gegenteilig argumentieren könnte. Auch in dieser Diskussion über das Verhältnis der modernen deutschen Kultur zum Holocaust behandelt Borchmeyer also Kunst und Politik als getrennte Sphären.

5. Die Debatte, in der diese Äußerung fiel, fand am 7. Dezember 1995 im Center for European Studies der Harvard University statt.

6. Dieter Borchmeyer war einer der Organisatoren dieser Konferenz. Vgl. Stephan Sattler, *Wieviel Hitler ist in Wagner?*

7. Ausgewählte Beiträge und Auszüge aus den Diskussionen dieser Konferenz sind unter dem Titel *Wagner und das Dritte Reich* erschienen. Teile des vorliegenden Vorwortes sind meinem Beitrag *Über Wagner sprechen* aus diesem Sammelband entnommen (S. 339–359).

8. Vgl. Nike Wagner, *Wagner-Theater*; und Gottfried Wagner, *Wer nicht mit dem Wolf heult.*

Einleitung: Richard Wagner und der Körper

1. Zur Frage von Wagners möglicher jüdischer Abstammung vgl. Dahlhaus/Deathridge, *Wagner*, S. 9–14; Gutman, *Richard Wagner*, S. 21–27; Newman, *The Racial Origin of Wagner*, in *Wagner as Man and Artist*, S. 387–414. Leon Stein gibt in seinem Buch *Racial Thinking*, S. 228, den Folgerungen aus dieser Ungewissheit für die Bewertung von Wagners Musik eine humoristische, parodistische Note: »Es gibt viele, [...] die glauben, dass Geyer Wagners Vater war, die dessen jüdische Abstammung als Tatsache nehmen und bekennen, sie fänden in Wagners Musik eindeutig jüdische Qualitäten. [...] Diesen kann man noch die [...] antijüdischen Journalisten hinzugesellen, die die Gründe für Wagners korrupte Musik in seiner jüdischen Abstammung ausgemacht haben.«

2. Vgl. Gradenwitz, *Das Judentum*, S. 80.

3. Vgl. Nietzsche, *Der Fall Wagner*, in: *Kritische Studienausgabe*, Bd. 6, S. 41 Anm. Zum Wappen in der Erstausgabe von *Mein Leben* vgl. Dahlhaus/Deathridge, *Wagner*, S. 11 und 14. In den 1930er-Jahren gaben sich die Nationalsozialisten große Mühe, Wagners arische Herkunft nachzuweisen. Vgl. etwa Rauschenberger, *Richard Wagners Abstammung und Rassenmerkmale*; Walter Lange tat 1938 in

Richard Wagners Sippe, S. 86, die Geyer-These als erledigt ab. Ganz ähnlich wird mit dieser Frage noch 1985 in einem Beitrag umgegangen, der unter den Auspizien der Richard-Wagner-Stiftung in Bayreuth erschien: ›*Beinahe ein Adler* …‹: *War Richard Wagner selbst ein Jude?*, in: Manfred Eger (Hg.), *Wagner und die Juden*, S. 51.

4. Zur Bedeutung dieses Motivs für Wagner vgl. Schickling, *Abschied von Walhall*, S. 79.

5. Der Originalwortlaut der von Wagner gestrichenen Beschreibung findet sich bei Strobel (Hg.), *Richard Wagner, Skizzen und Entwürfe*, S. 99. Adorno zitiert sie in *Versuch über Wagner*, S. 22, allerdings in der englischen Übersetzung von Newman (*The Life of Richard Wagner*, Bd. 2, S. 346).

6. Adorno bringt es auf den Punkt: »Er verfolgt die Opfer bis zur biologischen Fatalität hinab, weil er sich selber als einen erfuhr, der dem Bild des Zwergen knapp entronnen war« (Adorno, *Versuch über Wagner*, S. 23).

7. In diesem Zusammenhang ist René Girards Studie über Sündenbock-Mechanismen relevant. Girard betont, dass das als andersartig identifizierte Individuum der Gruppe, die es zurückweist (und opfert), *ähnlich* sein muss. Außerdem darf der zugrunde liegende Prozess der Identifizierung des Sündenbocks niemals als solcher erkannt werden, sondern er muss legitim erscheinen, in der »Realität« gründen und durch sie gerechtfertigt sein. Vgl. Girard, *Ausstoßung und Verfolgung. Eine historische Theorie des Sündenbocks*, sowie *Das Heilige und die Gewalt*.

8. Foucaults Bemerkungen über die Ideologie des Körpers finden sich in *Überwachen und Strafen*, vgl. bes. S. 37 ff. und 173 ff.; vgl. auch seine *Histoire de la sexualité*, Bd. 1 (dt. *Sexualität und Wahrheit*, Bd. 1: *Der Wille zum Wissen*, Frankfurt am Main 1987) und *Histoire de la folie* (dt. *Wahnsinn und Gesellschaft*, Frankfurt am Main 1969).

9. Während solche Beobachtungen und Forschungsansätze für die meisten Forscher und Kenner außerhalb der Musikwissenschaft heutzutage schon fast selbstverständlich sind, wurden sie bei der Untersuchung von Musikdramen bisher selten angewandt – eine bemerkenswerte Lücke, wenn man den politischen und sozialen Stellenwert solcher Werke bedenkt, die hochgradig stilisierte Darstellungen von Körperlichkeit, Macht und Gemeinschaft bieten. Vgl. dazu Clement, *Opera, or the Undoing of Women* und Robinson, *Opera & Ideas*. Kittler betont in einem Aufsatz über Wagner, vielleicht ein wenig zu emphatisch: »Die physiologischen Tatsachen [...]

sind den meisten Kritikern einfach zu dumm oder zu unterschwellig«; vgl. Kittler, *Weltatem*, S. 205. – Zwei bemerkenswerte Ausnahmen von dieser Tendenz, die ideologische Rolle des Körpers in der Oper zu ignorieren, sind McClary, *Feminine Endings*, und Gilman, *Strauss, the Pervert, and Avant Garde Opera of the Fin de Siècle*, in erweiterter Form nachgedruckt in Gilmans *Disease and Representation*, S. 155–181. McClary und Gilman arbeiten im musikalischen Vokabular spezieller Opern, im Kontext der jeweiligen Kulturen gesehen, bestimmte Körperikonographien heraus. Ich finde diesen ideologiekritischen Ansatz bei der Untersuchung der ideologischen Bedeutung von derart wirkungsmächtigen, evokativen multiästhetischen Konstrukten, wie es Opern nun einmal sind, außerordentlich fruchtbar. – Darum finde ich es andererseits ausgesprochen enttäuschend, wenn sogar eine sensible, umsichtige und äußerst kompetente Wagnerforscherin wie Carolyn Abbate in ihrem ansonsten hervorragenden Buch *Unsung Voices* den Zeichencharakter von Wagners Musik *quasi im kulturell luftleeren Raum* analysiert, ohne den kulturellen Kontext zu beachten, in dem diese Musikdramen geschaffen und rezipiert wurden – so als wären die Zeichencodes, über die sie schreibt, in allen sozialen Kontexten gleich und als gälten die durch diese Zeichen übermittelten ideologischen Botschaften in unterschiedlichen kulturellen Zusammenhängen unverändert weiter. Vgl. bes. Abbate, *Unsung Voices*, S. 85–118, 156–249. In geringerem Maße gilt meine Kritik auch für die semiotischen Analysen von Nattiez: vgl. *Le Ring comme histoire métaphorique de la musique, Music and Discourse* und *Wagner androgyne*. Nattiez widmet sich Wagners Antisemitismus allerdings in weit stärkerem Maße als die meisten am Zeichencharakter von Wagners Werken interessierten Gelehrten; dies zeigt sich etwa in *Wagner androgyne*, S. 87–94. Wenn man davon ausgeht, dass die Musik bisweilen Konnotationen von Körperlichkeit, von körperlicher Gegenwart, vermittelt, dann nimmt ihr semiotisches Wesen sofort auch eine ideologische Dimension an – je nach den Werten, die in der westlichen Kultur mit der Wahrnehmung der betreffenden Körper und ihrer Eigenschaften verbunden sind.

10. Zur psychischen Motivation Wagners, die hinter der übertrieben heroischen Natur seiner Helden steht, vgl. Rattner, *Wagner im Lichte der Tiefenpsychologie*, S. 780.

11. Vgl. Gilman, *Strauss*.

12. Ein weiterer Grund dafür, dass antisemitische Figurenkonstruktionen wie Beckmesser und die Nibelungenzwerge niemals ausdrück-

lich als Juden bezeichnet werden, ist natürlich die Tatsache, dass eine derart explizite Bezeichnung mit der realistischen, historischen Dimension von Wagners dramatischen Konfigurationen unvereinbar gewesen wäre. Kein Jude wäre zum Beispiel im Nürnberg des 16. Jahrhunderts in das prominente Amt des Stadtschreibers gelangt, und Juden gehörten auch nicht zum Personal der germanischen Mythen und Legenden, die als Quellen für den *Ring des Nibelungen* dienten. Aber weder ein solcher Stadtschreiber noch die mythologischen Kunstfiguren im *Ring* mussten innerhalb ihrer dramatischen Kontexte Juden *sein*, um in der europäischen Vorstellungswelt des 19. Jahrhunderts Judengestalten zu *evozieren*. Es liegt eine gewisse Ironie darin, dass gerade Wagners eifrigste Verteidiger blind für die evokative Macht von Wagners vielschichtigen musikdramatischen Schöpfungen sind, wenn sie argumentieren, dass Werke, in denen das Wort »Jude« nicht ausdrücklich vorkommt, auch keine antisemitischen Implikationen aufweisen können. Im Gegenteil, trotz ihres sprichwörtlichen Bombastes sind Wagners Bühnenwerke außerordentlich subtile und komplexe Konstruktionen, die im Rahmen der deutschen Kulturtraditionen auf einer Fülle von Bildern und Überzeugungen basieren. Vor dem Hintergrund dieses kulturellen Vokabulars konnte in Wagners Zeitalter das Gespenst des Juden – wie auch die Gespenster anderer für andersartig und artfremd Gehaltener – automatisch auftauchen, auch ohne ein semantisch eindeutiges Stichwort.

13. Einen erhellenden, ausgewogenen Überblick über die Wagnerforschung gibt John Deathridge in *Grundzüge der Wagnerforschung*, in: Müller/Wapnewski (Hg.), *Richard-Wagner-Handbuch*, S. 803–830; in erweiterter Fassung als *A Brief History of Wagner Research* in der amerikanischen Ausgabe des Handbuchs, S. 202–223).

14. Vgl. Adorno, *Versuch über Wagner*, S. 21–25; Gutman, *Richard Wagner*. Steins Buch aus dem Jahre 1950 bildet in diesem Zusammenhang eine Ausnahme; aber auch Stein unterscheidet zwischen dem Antisemitismus in Wagners Leben und Essays einerseits und den gedanklichen Implikationen seiner Musikdramen; vgl. etwa *Racial Thinking*, S. 233.

15. Thomas Mann, *Leiden und Größe Richard Wagners* (1933), S. 73.

16. Vgl. Borchmeyer, *Das Theater Richard Wagners*, bes. S. 19–175.

17. Seit 1983 ist Borchmeyer seinem Ansatz treu geblieben, wie sein Nachwort zur englischen Übersetzung seines Buches (Oxford 1991) belegt: *Afterword: A Note on ›Wagner's Anti-Semitism‹* (S.

404–410). Vgl. auch seinen Forschungsbericht *Wagner-Literatur – eine deutsche Misere*, bes. S. 36–41.

18. Eine lobenswerte Ausnahme von dieser Regel sind die ausgewogenen Arbeiten des prominenten Wagnerforschers John Deathridge. – Die apologetische Tendenz von Martin van Amerongens Ansatz zeigt sich in Aussagen wie der folgenden: »Wie so viele seiner philosophischen Ideen blieb auch Wagners Judenhass größtenteils reine Theorie. Wenn er sich der Realität stellen musste, war er so flexibel wie nur irgendwer« (*Wagner*, S. 85). – Udo Bermbachs Haltung zeigt sich besonders deutlich in seiner Besprechung der deutschen Fassung von Roses Buch, *Richard Wagner und der Antisemitismus: Im Anfang war die Tat*, in: F.A.Z., 10. 1. 2000, S. 47. – Carl Dahlhaus gilt gemeinhin als eine der wichtigsten Autoritäten zu Wagner. Indes, für alle Versuche, den Antisemitismus des Komponisten mit dessen Musikdramen in Verbindung zu bringen, hatte er nur Verachtung übrig, wie sich zum Beispiel in seiner Abkanzelung der Arbeiten von Hartmut Zelinsky zeigt (vgl. Anm. 19). – Martin Gregor-Dellins wichtigstes Werk ist *Richard Wagner: Sein Leben, sein Werk, sein Jahrhundert*. Dass er die Bedeutung von Wagners Antisemitismus herunterspiele, wird von Zelinsky in *Rettung ins Ungenaue* bemängelt. – Burnett James vertritt die apologetische Ansicht, dass Wagners »antisemitische Neigungen nicht in erster Linie gesellschaftlicher oder persönlicher, sondern künstlerischer Natur« gewesen seien. Er stellt die bizarre Behauptung auf, die Frage von Wagners eigenem möglichen jüdischen Hintergrund sei vor allem deshalb »von Bedeutung, weil Wagners gesamtes Lebenswerk auf Ideen und Theorien beruhte, die den Grundüberzeugungen des Judentums zuwider liefen – und das hat nichts mit irgendeiner Form von Antisemitismus zu tun«. Vgl. *Wagner and the Romantic Disaster*, S. 17, 15. – Bryan Magees Feststellung, die Argumentation von Wagners besonders notorischem, unverkennbar antisemitischem Traktat *Das Judentum in der Musik* sei »fast schon unglaublich originell und im wesentlichen korrekt«, ist wirklich erstaunlich. Vgl. *Aspects of Wagner*, S. 46. Weil dieser oft zitierte Band sich einer außerordentlichen Popularität erfreut, ist eine solche Aussage, gelinde gesagt, sehr bedauerlich. – L.J. Rathers Unbehagen an Wagners Verbindung mit dem Antisemitismus zeigt sich in *The Dream of Self-Destruction*, S. 90, 96; vgl. auch sein Buch *Reading Wagner*. – Geoffrey Skelton spart das Thema Antisemitismus in seiner Darstellung des Verhältnisses von Richard und Cosima

Wagner fast vollkommen aus – was angesichts von Cosimas besonders heftigem Rassismus bemerkenswert ist. Gelegentlich lässt Skelton überdies Bemerkungen fallen, die anscheinend dem Ziel dienen, den Rassismus des »Meisters« durch einen Vergleich mit seinen Zeitgenossen abzumildern: »Mit seiner Antipathie gegen die Juden stand er keineswegs allein da«, heißt es zum Beispiel in *Richard and Cosima Wagner*, S. 109. – Ronald Taylors Behandlung von Wagners Antisemitismus ist bestenfalls oberflächlich, wie sich in seiner Besprechung von *Das Judentum in der Musik* zeigt: *Richard Wagner*, S. 105 ff. – Peter Wapnewski hat mehrere Bücher über Wagner geschrieben, die den Rassismus des Komponisten weitgehend aussparen. Der ideologische Standort seiner Arbeiten lässt sich vielleicht aus der Vehemenz ersehen, mit der Wapnewski in seinem Buch *Der traurige Gott* (S. 65 ff.) Gutman aus Anlass einer relativ geringfügigen philologischen Frage angreift. Vgl. auch Wapnewskis Bücher *Richard Wagner* und *Tristan der Held Richard Wagners*. Ich vermute, dass sich der tadelnde, verächtliche Ton in Wapnewskis Auseinandersetzung mit Gutman wenigstens zum Teil auf Gutmans kritische Einstellung zu Wagner zurückführen lässt. – Von Westernhagens Beziehung zum Nationalsozialismus wird von Zelinsky in *Richard Wagner: Ein deutsches Thema* und von Rose in *The Noble Anti-Semitism of Richard Wagner* besprochen.

19. Außer Zelinskys bereits in der vorigen Anmerkung zitierten Werken vgl. *Die deutsche Losung Siegfried, Die ›feuerkur‹ des Richard Wagner oder die ›neue religion‹ der ›Erlösung‹ durch ›Vernichtung‹* und *Der verschwiegene Gehalt des ›Parsifal‹*. Abgekanzelt werden Zelinskys Arbeiten zum Beispiel in Dahlhaus' *Erlösung dem Erlöser* und Kaisers *Hat Zelinsky recht gegen Wagners ›Parsifal‹?*

20. Kaiser, *Hat Zelinsky recht gegen Wagners ›Parsifal‹?*, S. 258.

21. Vgl. Borchmeyer, *Richard Wagner und der Antisemitismus*, in: Müller/Wapnewski (Hrsg.), *Richard-Wagner-Handbuch*, S. 137–161, bes. den Abschnitt »Antijüdische Spuren in den Musikdramen?«, S. 159ff.; Zitat S. 159f.

22. Rose, *Richard Wagner und der Antisemitismus*, S. 107–116.

23. Millington, *Nuremberg Trial*; vgl. auch sein Buch *Wagner* sowie, zum Thema der musikalischen Nachweisbarkeit von Antisemitismus im *Parsifal*, seinen Aufsatz *›Parsifal‹: A Wound Reopened*. Vor ein paar Jahren erst – nach Erscheinen der amerikanischen Originalausgabe dieses Buches, aber unabhängig von ihm – schlüsselte David Levin auf sehr subtile Weise die Ästhetisierung von Wagners

Antisemitismus in seinen Bühnenwerken auf, und zwar mit einleuchtenden Ergebnissen. Vgl. David Levin, *Richard Wagner, Fritz Lang, and the Nibelungen* und *Reading Beckmesser Reading*. Vgl. auch Levins Beitrag in *Wagner und das Dritte Reich*.

24. Watson, *Richard Wagner*, S. 318.
25. Stein, *Racial Thinking*, S. 233.
26. Katz, *The Darker Side*, S. ixf. Dieser Passus fehlt in der deutschen Erstausgabe, *Richard Wagner: Vorbote des Antisemitismus*.
27. Vgl. die in Anm. 19 zitierten Bemerkungen von Dahlhaus und Kaiser.
28. Vaget, *Wagner, Anti-Semitism, and Mr. Rose*, S. 233 (meine Hervorhebung). Vgl. auch Rasch/Weiner, *A Response*.
29. Wagner erwähnt diesen Gedanken in einem oft zitierten Brief an Theodor Uhlig vom 10. Mai 1851, in dem er den (wie sich zeigte, allzu optimistischen und kurzsichtigen) Plan beschrieb, den *Ring* auszuweiten und aus einem Werk zwei Musikdramen zu machen, *Siegfrieds Tod* und *Der junge Siegfried*: »Der ›junge Siegfried‹ hat den ungeheuren Vorteil, daß er den wichtigen Mythos dem publikum im spiel, wie einem kinde ein märchen, beibringt. Alles prägt sich durch scharfe sinnliche Eindrücke plastisch ein, alles wird verstanden« (Wagner, *Sämtliche Briefe*, Bd. 4, S. 44). – Die Stelle wird auch bei Abbate, *Unsung Voices*, S. 159, zitiert. In ihrer Behandlung der Akzentverschiebung (von erzählenden Passagen zur szenischen Darstellung) im Laufe der Entstehungsgeschichte der *Ring*-Libretti betont Abbate sowohl die physische Bühnenpräsenz, auf die sich Wagner, als er seine revolutionären Theorien vom Kunstwerk der Zukunft vermittelte, ihrer Meinung nach zunehmend verließ, als auch die von der Körperlichkeit des Sängers ausgehende Überzeugungskraft, die – so sieht Abbate Wagners Hoffnungen – die Wahrhaftigkeit seiner Ideen garantieren würde: »Allein schon die Entstehungsgeschichte des *Rings* bestätigt dieses Verlangen nach unmittelbarer Darstellung, nach der physischen Kraft der Verkörperung in einer Aufführung, gegenüber der [durch Erzählungen] vermittelten Darstellung, sowie Wagners Misstrauen gegenüber dem geschriebenen, still gelesenen Wort. [...] Indem Wagner Erzähler beseitigte, deren Glaubwürdigkeit niemals vollkommen sein konnte, indem er Erzählungen eliminierte, deren Bedeutung nie ganz sicher sein konnte, und indem er sie durch sichtbare Begebenheiten ersetzte, versuchte er, den *Glauben* an seine Mythen zu stärken. Unmittelbarkeit, Kraft sowie das traditionelle Opernspektakel und

die Handlung wurden dabei vielleicht auch gewonnen, vor allem aber die (erhoffte) epistemologische Sicherheit« (Abbate, *Unsung Voices*, S. 160).

30. Vgl. hierzu Franke, *Musik als Gebärdensprache und das musikalische Gewebe aus ›Ahnung und Erinnerung‹*, S. 179 f.

31. Nietzsche, *Der Fall Wagner*, S. 21f. in: *Kritische Studienausgabe*, Bd. 6, S. 27f.

32. Eine Erörterung des Unterschieds zwischen ikonischer und symbolischer Musik (wobei erstere genau so klingen soll wie das musikalisch Dargestellte) findet sich bei Kolland, *Zur Semantik der Leitmotive in Richard Wagners ›Ring des Nibelungen‹*, S. 198 f. Peter Kivys Begriff der »werkinternen Darstellungselemente« ähnelt Kollands Begriff der »symbolischen« Musik, denn Kivy meint damit Elemente, die »nicht ›inhärent‹ Abbildungscharakter haben, sondern nur aufgrund einer Konvention existieren, die innerhalb des betreffenden musikalischen Werkes gilt« (Kivy, *Sound and Semblance*, S. 52). Ich würde dagegen argumentieren, dass letztlich sowohl ikonische als auch symbolische Darstellungen auf den Konventionen einer bestimmten Kultur basieren.

33. Vgl. Vetter, *Wagner in the History of Psychology*, S. 153.

34. Die Einschätzung von Wagners Musik als körperliche Bedrohung in der modernen deutschen Literatur behandele ich ausführlicher in meinem Buch *Undertones of Insurrection*, S. 13f., 18 ff. Vgl. auch Koppen, *Dekadenter Wagnerismus*, S. 278–339.

35. Ehrenfels, *Wagner und seine neuen Apostaten*, S. 10.

36. Christian Friedrich Daniel Schubart, *Ideen zu einer Ästhetik der Tonkunst*, S. 378. Zitiert bei Ringer, *Richard Wagner and the Language of Feeling*, S. 40.

37. Zur Assoziation der Tonart b-moll mit den Nibelungen vgl. auch Bailey, *The Structure of the ›Ring‹ and Its Evolution*, S. 53f.

38. Vgl. Ringer, *Richard Wagner and the Language of Feeling*, S. 42.

39. Dies ist das Thema meines Aufsatzes *Reading the Ideal*.

40. Vgl. Hamilton, *Arthur Rackham*, S. 42.

41. A. a. O., S. 102.

42. A. a. O., S. 99.

43. C.S. Lewis, *Surprised by Joy*, S. 77.

Kapitel I: Die Augen des Volkes

1. In Wagners Essays aus der Zeit unmittelbar nach der Revolution von 1848/49 wird deutlich, dass sein Wunsch nach Veränderungen – in der Gesellschaft seiner Zeit und in der Rolle der Künste innerhalb dieser Gesellschaft – auf der Prämisse basierte, das Theater könne als Medium für die Veränderung des Einzelnen und der Gesellschaft insgesamt dienen. Vgl. Borchmeyer, *Das Theater Richard Wagners*, S. 19–39, 63–74, wenngleich hier Wagners Antisemitismus ausgespart bleibt. – Rose verweist in *Richard Wagner und der Antisemitismus*, S. 12, darauf, dass im Begriff *Judentum* »zumindest drei verschiedene Sachverhalte« zusammenfallen, »für die es im Englischen jeweils einen ganz bestimmten Begriff gibt: *Judaism* für die jüdische Religion, *Jewry* für die Gemeinschaft und Nationalität der Juden und *Jewishness* für die ethnischen Merkmale und Charaktereigenschaften der Juden«. Alle drei Aspekte mit ihren verschiedenen Implikationen fallen in Wagners Begriffsgebrauch zusammen. – Im Zusammenhang mit dem Historikerstreit über die historische Einordnung und Bewertung von Nazizeit und Holocaust hat zumindest ein Historiker versucht, dieser Vieldeutigkeit des Begriffs *Judentum* zu entgehen, indem er vorschlug, den Begriff *Judenheit* zu verwenden, wenn *Jewry* gemeint sei. *Judentum* entspreche eher dem mit *Judaism* und *Jewishness* Gemeinten (wie man beim Vergleich mit den Implikationen des Begriffs *Christentum* sehen könne); vgl. Geiss, *Die Habermas-Kontroverse*, S. 70.

2. Vgl. Hegel, *Phänomenologie des Geistes*, Abschnitt B »Selbstbewußtsein«. Corse hat der Untersuchung dieses kognitiven Modells wechselseitiger Selbsterkenntnis in Wagners Denken fast ein ganzes, oft sehr erhellendes Buch gewidmet, aber sie konzentriert sich in ihrer Untersuchung fast ausschließlich auf Wagners Hegel- und Feuerbach-Nachfolge. Ihre Ergebnisse sind zweifellos zutreffend, aber die Funktion dieses metaphorischen Stilmittels im Kontext von Wagners Rassismus, im Zusammenhang seines utopischen Programms und seines ideologischen Plans hinter den szenischen Darstellungen in den Musikdramen, bleiben dabei unberücksichtigt. Vgl. Corse, *Wagner and the New Consciousness*, S. 24–28, zu Hegel und Feuerbach besonders S. 142.

3. Eine erhellende, gedankenreiche Untersuchung dieses Denkmodells bei E. T. A. Hoffmann findet sich bei Wellbery, *E. T. A. Hoffmann and Romantic Hermeneutics*.

4. Vgl. meinen Aufsatz *Richard Wagner's Use of E. T. A. Hoffmann's >The Mines of Falun<*.

5. Novalis, *Heinrich von Ofterdingen*, in: ders., *Monolog*, S. 102.

6. A. a. O., S. 134.

7. *Deutsche Gedichte*, Hgg. Echtermeyer/von Wiese, S. 369.

8. Interessante Ausführungen zu den eher technischen Argumenten in diesem Text finden sich bei Gerlach, *Musik und Sprache in Wagners Schrift >Oper und Drama<*.

9. Zum Gedanken der verloren gegangenen Einheit im antiken Griechenland vgl. Nattiez, *Wagner androgyne*, S. 33–40. Wagners glorifiziertes Bild des antiken Griechenlands als implizit arisch war typisch für das romantische Bild der Antike. Dies zeigt, allerdings ohne ausdrückliche Bezugnahme auf Wagner, Bernal, *Black Athena*, Bd. 1: *The Fabrication of Ancient Greece, 1785–1985*.

10. Dieser Gedanke war seit dem Mittelalter bis ins 19. Jahrhundert allgegenwärtig. Vgl. dazu: Carlebach, *Karl Marx and the Radical Critique of Judaism*; Lowenthal, *The Jews of Germany*, S. 53–69, 224–225; Poliakov, *Geschichte des Antisemitismus*, Bd. 5, S. 38ff., Bd. 6, S. 29, 39, 85f.; Strauss, *Juden und Judenfeindschaft in der frühen Neuzeit*, S. 66–87, bes. 77–82; Weinberg, *Because They Were Jews*, S. 85; Wistrich, *Antisemitism*, S. 26–39.

11. Vgl. Nattiez, *Wagner androgyne*, S. 43–45.

12. Zu Wagner und Meyerbeer vgl. Thomson, *Giacomo Meyerbeer*. Noch gegen Ende seines Lebens verfolgte Wagner dieses Thema mit unverminderter Heftigkeit. In einem Brief an König Ludwig II. von Bayern schrieb er am 22. November 1881: »Ich [halte] die jüdische Race für den geborenen Feind der reinen Menschheit und alles Edlen in ihr [...]: daß namentlich wir Deutschen an ihnen zugrunde gehen werden, ist gewiß« (*König Ludwig II. und Richard Wagner, Briefwechsel*, Bd. 3, S. 229 f.).

13. Die Literatur über *Das Judentum in der Musik* ist umfangreich. Vgl. besonders: Stein, *The Racial Thinking of Richard Wagner*, S. 105–112; Gilman, *Jewish Self-Hatred*, S. 209–211; Katz, *The Darker Side of Genius*, S. 20–21, 31–77; Rose, *Richard Wagner und der Antisemitismus*, S. 123–135, 177 ff.; und meinen Aufsatz *Parody and Repression*, S. 140–141.

14. Richard Wagner, *Sämtliche Briefe*, Bd. 3, S. 406–409, Zitat S. 408.

15. Zu dieser Passage vgl. Rose, *Richard Wagner und der Antisemitismus*, S. 160–163.

16. Vgl. *Richard Wagner an August Röckel*, S. 39.

17. Weininger, *Geschlecht und Charakter*, S. 404.
18. Ernst Bloch gehört zu den wenigen Kritikern, die sich ernsthaft mit Beckmessers Preislied auseinandergesetzt haben. Doch er ignoriert das implizite Szenario öffentlicher Tortur und Hinrichtung und erörtert stattdessen die Affinität dieses Textes zu späteren Autoren und Bewegungen wie Morgenstern oder Dada. Vgl. *Über Beckmessers Preislied-Text.*
19. Zu dieser Passage vgl. Rose, *Richard Wagner und der Antisemitismus*, S. 91–94.
20. Jahns Werk wird besprochen in Georg Mosse, *Germans and Jews*, S.11–13.
21. *Heldenlieder der Edda*, Hg. Felix Genzmer, S. 21.
22. Ursprünglich plante Wagner, Wotan erst nach Siegmunds Ankunft die Hütte betreten zu lassen; er sollte dann Hunding das Schwert als Geschenk für dessen Gastfreundschaft übergeben. Dieser Plan ist sowohl im Prosaentwurf zur *Walküre* vom Mai 1852 als auch in einem Notizbuch aus demselben Jahr festgehalten, in dem Wagner einige Gedanken aus der Prosaskizze weiter ausführte. Vgl. Strobel (Hg.), *Richard Wagner, Skizzen und Entwürfe*, S. 212. Aus dieser Stelle geht auch hervor, dass Wagner damals noch plante, Wotan zum Zeugen des Wälsungen-Inzests zu machen. Vgl. ferner S. 235 zu Wotans Auftritt im Prosaentwurf.
23. A. a. O., S. 251.
24. Vgl. Finney, *Self-Reflexive Siblings.*
25. Vgl. Abbate, *Unsung Voices*, S. 225–229, Zitat S. 229.
26. Es ist wohl kaum ein Zufall, dass diese beiden Werke, die unter allen Musikdramen Wagners am unverblümtesten antisemitisch sind, die beiden einzigen Werke sind, mit Ausnahme des Frühwerks *Das Liebesverbot* (1835), die der Komponist auf dem Titelblatt als »komische« Opern benannte. Vgl. das Werkverzeichnis in Dahlhaus/Deathridge, *Wagner*. Wagner bezeichnete den Prosaentwurf der *Meistersinger* von 1845 als »komische« Oper, die Version von 1861 gar als »große komische Oper«, doch das Adjektiv wurde noch vor der Premiere (1868) getilgt. Vgl. Deathridge/Geck/Voss, *Verzeichnis der musikalischen Werke Richard Wagners und ihrer Quellen*, S. 483. Ursprünglich konzipierte Wagner *Der junge Siegfried* im Kontrast zu *Siegfrieds Tod* als komische Oper. Vgl. Corse, *Wagner and the New Consciousness*, S. 132.
27. Vgl. zu dieser Szene Newman, *Wagner as Man and Artist*, S. 340; Wapnewski, *Der traurige Gott*, S. 164 ff.

28. Newman, *The Life of Richard Wagner*, Bd. 2, S. 346.

29. Vgl. Dahlhaus/Deathridge, *Wagner*, S. 56 f.

30. Mindestens ein Kritiker hat auf die Assoziation Mime/Schauspieler hingewiesen, die der Name des Zwerges bei einem deutschen Publikum weckt, vgl. Gradenwitz, *Das Judentum*, S. 79.

31. Vgl. Borchmeyer, *Das Theater Richard Wagners*, S. 213 f.

32. Robert Donington macht auf die Ähnlichkeiten zwischen diesen Motiven aufmerksam und verweist darauf, dass die Musik aus der ersten *Rheingold*-Szene, wenn dort das Sonnenlicht auf das Gold fällt, mit der Musik von Siegfrieds Waldweben verblüffende Ähnlichkeit aufweist. Offenbar schuf Wagner zahlreiche musikalische Parallelen zwischen dem »naiven«, makellosen Naturzustand am Anfang des *Rings* und seiner Charakterisierung Siegfrieds als »Naturwesen«. Vgl. Donington, *Richard Wagners Ring des Nibelungen und seine Symbole*, S. 151ff., 241ff. Egon Voss bespricht das musikalische Porträt Siegfrieds als Verkörperung der Natur in seinen *Studien zur Instrumentalmusik Richard Wagners*, S. 176ff., wobei er Wagners Verwendung des Horns besonders hervorhebt.

33. Hans Bächthold-Stäubli verweist darauf, dass im deutschen Aberglauben die Kröte mit den Juden assoziiert war: »Der Jude haßt [...] den Christengott. Auf seinem Altar sitzt eine Kröte.« Vgl. *Handwörterbuch des deutschen Aberglaubens*, Art. »Jude, Jüdin«, Bd. 4, Sp. 808–833, Zitat Sp. 817; vgl. auch Bd. 5, Sp. 608–635 (Art. »Kröte«).

34. Vgl. Magee, *Richard Wagner and the Nibelungs*; Byock, *Introduction* in: *The Saga of the Volsungs*, S. 1–29, bes. S. 3, 27.

35. *Die Geschichte von den Völsungen*, in: *Isländische Heldenromane*, S. 70 f.

36. Aus einer späteren Passage in der Erzählung wird deutlich, dass sie Wagner auch als Grundlage für Fafners Tötung Fasolts diente (obwohl Fafnir in der Saga nicht seinen Bruder, sondern seinen Vater Hreidmar tötet), sowie für Fafners Verwandlung in einen Drachen und für Mimes vergebliches Mühen als Schmied. Vgl. *Die Geschichte von den Völsungen*, S. 71 f.

37. Die früheste Fassung dieser Szene in *Der junge Siegfried* ist mit der endgültigen in *Siegfried* fast identisch, was den Schluss nahe legt, dass in der Konzeption des *Rings* von Anfang an dieses Motiv (Erkenntnis durch Ähnlichkeit und familiäre Vertrautheit) für Wagner eine entscheidende Rolle spielte. Vgl. Cohen, *The Texts of Wagner's ›Der junge Siegfried‹ and ›Siegfried‹*, S. 19.

38. Vgl. Strobel (Hg.), *Richard Wagner, Skizzen und Entwürfe*, S. 99.

39. John Deathridge hat in einem Rundfunkbeitrag scharfsinnig argu-

mentiert, dieses Motiv suggeriere die Bewegung einer Schlange und könne somit, da es kurz vor dem Liebesvollzug Siegfrieds und Brünnhildes erscheine, als »zweifelhafter Scherz« Wagners gedeutet werden (Besprechung neuer Schallplattenaufnahmen des *Siegfried* und der *Götterdämmerung* im Radioprogramm der BBC am 17. Oktober 1992).

40. Cosima Wagner, *Tagebücher*, Bd. 2, S. 1026.

Kapitel II: Stimmen: Koloraturen oder »tief und innig«?

1. Zur Anwendbarkeit des Begriffs »Kulturindustrie« auf das Paris dieser Zeit vgl. Bürger, *Literarischer Markt und autonomer Kunstbegriff*. Diesen Hinweis verdanke ich Peter Uwe Hohendahl.

2. Vgl. Gilman, *Opera, Homosexuality, and Models of Disease*, in: *Disease and Representation*, S. 155–181; passim zu *Salome* und S. 170 zu Rossinis Werk.

3. Der ursprüngliche Name von Moritz Adolf (auch: Maurice Adolphe) Schlesinger lautete Mora Abraham Schlesinger; vgl. *Schlesinger* in *Riemann Musik Lexikon*, S. 580. Zu Wagners Erlebnissen in diesen Pariser Jahren vgl. Devraigne, *Hungerjahre in Paris*, S. 93–96; zum vom Komponisten geleugneten Einfluss der Pariser Oper auf Wagner vgl. Borchmeyer, *Die Götter tanzen Cancan*, S. 45–143.

4. Die Firma Adolf Martin Schlesinger besaß die Rechte an Carl Maria von Webers Musik; darüber hinaus wurden dort auch die Werke von Spontini, Mendelssohn, Loewe, Beethoven, Bach, Berlioz, Cornelius, Liszt und Chopin verlegt. Bis zum Jahre 1836 – vier Jahre bevor Wagner für den ausgewanderten Sohn des Verlegers in Paris zu arbeiten begann – hatte Adolf Martin Schlesingers Firma schon mehr als zweitausend Titel publiziert. Vgl. Elvers, *Schlesinger*, S. 660.

5. Vgl. MacNutt, *Schlesinger, Maurice*, S. 660 f.

6. F. J. Fétis hatte das Journal 1827 gegründet; die zusammengelegten Zeitschriften erschienen ab November 1835 (Bd. 2, Nr. 44). Der Titel lautete danach sowohl *Gazette musicale de Paris* als auch *Revue et gazette musicale de Paris*; die Zeitschrift stellte ihr Erscheinen 1880 ein. Vgl. MacNutt, S. 661; Hatin, *Bibliographie historique et critique de la presse périodique française*, S. 591; Guichard, *La Musique et les lettres au temps du romantisme*, S. 172–178. Ich danke Seymour S.

Weiner für seine wertvolle bibliographische Hilfestellung bei der Klärung der Publikationsgeschichte dieser Zeitschrift.

7. Vgl. zum Journal und seinen Konzerten auch Douchin, *La Vie érotique de Flaubert*, S. 25; Bart, *Flaubert*, S. 26ff., 81f., 108, 116, 185. Auf die *Gazette musicale* wird in diesen Werken Bezug genommen, weil sich Flaubert eine Zeit lang in Schlesingers Ehefrau verliebt hatte.

8. In seiner Autobiografie gab Wagner zu, dass die Aufführung seiner *Columbus-Ouvertüre* (1835) in dieser Konzertserie (am 4. Februar 1841) alle gelangweilt habe; vgl. *Mein Leben*, S. 203.

9. Der erste veröffentlichte Aufsatz Wagners war *Die deutsche Oper*, erschienen am 10. Juni 1834 in der *Zeitung für die elegante Welt*, doch *De la musique allemande* war der erste Essay, in dem der ideologische Grundriss seiner späteren Theorien klar zu erkennen ist. Vgl. zu *Die deutsche Oper* Dahlhaus/Deathridge, *Wagner*, S. 20; Rose, *Richard Wagner und der Antisemitismus*, S. 44. Weil Wagner kaum Französisch konnte, musste er seine Texte auf Deutsch schreiben und die Hälfte seines Honorars für einen Übersetzer ausgeben, der für die Veröffentlichung in der *Gazette* eine französische Fassung erstellte. Vgl. Wagner, *Mein Leben*, S. 196; Jacobs/Skelton, *Wagner Writes from Paris ...*, S. 12f.; Gutman, *Richard Wagner*, S. 100. Von den neun Texten, die Wagner zwischen Juli 1840 und Oktober 1841 schrieb (*Über deutsches Musikwesen*, ›*Stabat Mater*‹ *von Pergolese*, *Der Virtuos und der Künstler*, *Eine Pilgerfahrt zu Beethoven*, *Über die Ouvertüre*, *Ein Ende in Paris*, *Der Künstler und die Öffentlichkeit*, *Ein glücklicher Abend* und ›*Der Freischütz*‹: *an das Pariser Publikum*) wurden acht in der *Gazette musicale* publiziert. Ein weiterer (›*La reine de Chypre*‹ *d'Halévy*) folgte dort im Frühjahr 1842. Vgl. Jacobs/Skelton, *Wagner Writes from Paris ...*, S. 196 f.

10. In der Forschung werden die frühen Pariser Texte oft allein wegen ihrer vergleichsweise großen stilistischen Klarheit (und damit ihrer Nähe zu den Werken E. T. A. Hoffmanns und Heinrich Heines) erwähnt. Überraschend wenig Aufmerksamkeit haben sie dagegen als erste Belege für Wagners ästhetisch-soziales Programm gefunden. Vgl. z. B. Mayer, *Richard Wagner in Selbstzeugnissen und Bilddokumenten*, S. 12; Borchmeyer, *Das Theater Richard Wagners*, S. 19, 100f.; Gregor-Dellin, *Richard Wagner*, S. 152; Rather, *Reading Wagner*, S. 35; Dahlhaus/Deathridge, *Wagner*, S. 30, 71. Wie viele andere vor ihm nimmt Bryan Magee an, *Das Judentum in der Musik* sei aufgrund von Wagners Antipathie gegen Meyerbeer und Halévy

geschrieben worden. Doch er erwähnt Schlesinger in diesem Zusammenhang überhaupt nicht; vgl. Magee, *Aspects of Wagner*, S. 50 f.

11. Nach dem Ende von *Ein glücklicher Abend* beginnt die Überleitung des Rahmenerzählers/Herausgebers mit folgenden Worten: »Diesen und die folgenden Aufsätze teile ich aus dem Nachlasse meines verstorbenen Freundes mit. Der hier voranstehende scheint mir *dazu bestimmt* gewesen zu sein, für seine Pariser Unternehmung unter *den Franzosen Freunde zu werben*, während die nachfolgenden bereits unverkennbar abschreckenden Eindrücken vom Pariser Wesen ihre Entstehung verdanken« (DS 5:151f.; meine Hervorhebung, M.W.).

12. Vgl. Johnson, *The Body in the Mind*, S. XII–XV, und Lakoff/Johnson, *Metaphors We Live By*, S. 14–30, zum Fortleben dieser Metapher in der heutigen westlichen Kultur sowie zu der Vorstellung, diese Metaphorik habe physiologische Grundlagen.

13. Ironischerweise finden sich scharfe Kritik und Verzweiflung über Pomp und Pathos der französischen Oper nicht erst bei Wagner, sondern schon innerhalb der französischen Tradition, z. B. in der Kritik Jean-Jacques Rousseaus, der in *Lettre sur la musique française* die »schrille und laute« Intonation der Rezitative in der französischen Oper seiner Zeit beklagte – allerdings nicht die melodischere Musik dieser Werke. Rousseau brachte indes ein Charakteristikum der französischen Oper zum Ausdruck – ihre hohen Lagen, die tatsächlich vorherrschten und nicht nur Wagners Erfindung waren. Wagner projizierte auf diese Eigenschaft aber Urteile und Werte, die sich von denen, die Rousseaus Bemerkungen zugrunde lagen, fundamental unterschieden. Vgl. Aprahamian, *Debussy's ›Pelléas et Mélisande‹*, S. 10, sowie Gülke, *Rousseau und die Musik*, S. 145–159.

14. Zur Geschichte dieser Tradition im Deutschland des 19. und 20. Jahrhunderts vgl. Stern, *The Politics of Cultural Despair*.

15. Die verzerrten Kritikermeinungen zu Wagners Pariser Schriften aus der 1840er-Jahren verdeutlichen beispielhaft die Tendenz großer Teile der Wagnerforschung, die höchst problematische Ideologie, die hinter seinen sozialästhetischen Schriften aus dieser Periode steht, zu verharmlosen oder vollkommen zu ignorieren. Die folgende, erstaunlich einseitige Bewertung stammt von Jacobs/Skelton: »[Wagner] schreibt [...] unvoreingenommen. [...] Wie überaus menschlich er doch ist [...], aber auch wie eindrucksvoll und liebenswert: ein leidenschaftlicher Idealist, ein scharfsinni-

ger Denker, ein kluger Beobachter, warmherzig, mutig und überschwänglich, voller Geist, Poesie und Humor« (Jacobs/Skelton, *Wagner Writes from Paris* ..., S. 14). Ebenso großzügig war Ernest Newman, als er über den Essay *Über deutsches Musikwesen* schrieb, er sei »mit seiner nostalgischen kleinen Vision gemütlicher deutscher Kleinstädtchen sehr anrührend« (Newman, *Wagner as Man and Artist*, S. 193).

16. Vgl. das Kapitel »Volk, Kultur, Language, and Music« in Stein, *The Racial Thinking of Richard Wagner*, S. 3–42, bes. S. 24.

17. Sander Gilman hat sich ausführlich mit dem »Mauscheln« auseinander gesetzt; vgl. *Insribing the Other*, S. 177f., 253f.; *The Jew's Body*, S. 16, 21, 27, 88, 134f., 206; *Jewish Self-Hatred*, S. 139ff., 145, 155, 219, 255, 260–266, 276.

18. Zur Tradition, der zufolge jüdische Stimmen höher sind als andere, vgl. Gilman, *Insribing the Other*, S. 197–200.

19. Vgl. dazu Gilman, *Disease and Representation*, S. 179ff.

20. A. a. O., S.170.

21. Zu Wagners Kritik an Hölzel vgl. Bauer, *Die Aufführungsgeschichte in Grundzügen*, S. 651.

22. Vgl. *Drei unbekannte Schreiben Richard Wagners an Gustav Hölzel. Mitgeteilt von Marie Huch in Hannover*; Millington zitiert diesen Brief in seinem Aufsatz *Nuremberg Trial*, S. 257.

23. Die Musikzeitung, 17 (1896), S 111. Auch diesen Brief zitiert Millington in *Nuremberg Trial*, S. 257.

24. Vgl. Willi Apel, *Harvard Dictionary of Music*, S. 516 (*Melisma*) und 184 (*Coloratura*).

25. Millington interpretiert Beckmessers Arie im 2. Akt als Parodie des Synagogengesangs; vgl. *Nuremberg Trial*, S. 252ff.

26. Kivy, *Sound and Semblance*, S. 52.

27. Ernst Bloch entgingen Beckmessers »lächerliche Koloraturen auf unbedeutenden Silben« nicht, aber er tat sie als »bloße Musik-Travestie« ab und übersah so den größeren ikonographischen Kontext, in dem diese Musik steht. Vgl. *Über Beckmessers Preislied-Text*, S. 259.

28. Vgl. Apel, *Coloratura*, S. 184. Dahlhaus bezeichnet Beckmessers Gesang in Dahlhaus/Deathridge, *Wagner*, S. 143, als »mechanische Koloraturen, modale Melodik und dürftige Begleitung«, Rose in *Richard Wagner und der Antisemitismus*, S. 174, als »eine Parodie auf den jüdischen Kantoralstil, mit seinen langen, melodischen, klagenden Tonsilben, gesungen in einem Register, das dem Falsett

recht nahe kommt«. Egon Voss diskutiert den parodistischen Charakter von Beckmessers Koloraturen in *Wagners ›Meistersinger‹ als Oper des deutschen Bürgertums*, S. 27.

29. Zur wechselseitigen Antipathie zwischen Beckmesser und dem Volk vgl. Rappl, *Beckmesser als psychologische Schlüsselfigur*.

30. Vgl. Fischer-Dieskau, *Wagner und Nietzsche*, S. 44. Eine Auswahl jüdischer Kritiken der *Meistersinger* aus nationalsozialistischer Perspektive bietet Stock, *Jüdische Kritikaster über Richard Wagners ›Meistersinger‹*, S. 202–206. Zur Kritik der Juden in Mannheim vgl. Cosima Wagner, *Tagebücher*, Bd.1, S. 122 (Eintrag vom 4. Juli 1869). Ich danke Hans Rudolf Vaget für den Hinweis auf die Mannheimer Proteste.

31. Zur Ikonographie der jüdischen Nase vgl. Gilman, *The Jew's Body*, S. 169–193.

32. Voss, *Studien zur Instrumentalmusik Richard Wagners*, S. 173 f.

33. Adolf Martin Schlesinger hatte die erste Ausgabe von Bachs *Matthäus-Passion* veröffentlicht, was Wagner zweifellos wusste. Sicher hat ihn, der doch Bach als einzigartig deutsch vereinnahmen wollte, diese Ironie verärgert. Vgl. Elvers, *Schlesinger*, S. 660.

34. Joachim Herz ist einer der wenigen Kommentatoren, die bemerkt haben, dass Kothners Musik »mit feierlicher Koloratur geschmückt« ist; vgl. *Der doch versöhnte Beckmesser*, S. 214.

35. Zur Verbindung zwischen *Das Judentum in der Musik*, mit seiner besonderen Betonung der jüdischen Sprechweise, und dem musikalischen Diskurs Mimes und Alberichs vgl. Adorno, *Versuch über Wagner*, S. 22.

36. Eine besonders erhellende Besprechung der Werkgenese des *Rings* findet sich bei Abbate, *Unsung Voices*, S. 157–161; vgl. auch Dahlhaus/Deathridge, *Wagner*, S. 38–45.

37. Zur Entstehung des *Siegfried*-Textes vgl. Coren, *The Texts of Wagner's ›Der junge Siegfried‹ and ›Siegfried‹*.

38. Zu den Kompositionsdaten des *Siegfried* vgl. das Werkverzeichnis in Dahlhaus/Deathridge, *Wagner*.

39. Die Wahrnehmung und Bezeichnung jüdischer Sprechweise und jüdischer Musik als »nervös« findet sich durchgängig. Es sollte in diesem Zusammenhang auch einmal erwähnt werden, dass interessanter- (ich würde sogar sagen: bezeichnender-)weise Wagners eher apologetisch eingestellte Kritiker gelegentlich selbst der Wortwahl Wagners verfallen. Ein solches Beispiel ist Joachim Kaisers Beschreibung von Hagens Wacht in der *Götterdämmerung* als

eines der »nervös-gespannten Nachtstücke« des Komponisten; vgl. *Die Bayreuther Revolution in Permanenz*, S. 192.

40. Brief von Gustav Mahler an Natalie Bauer-Lechner vom 23. September 1898, zitiert nach Herbert Killian, *Gustav Mahler in den Erinnerungen von Natalie Bauer-Lechner*, S. 122. Vgl. auch de La Grange, *Mahler*, Bd.1, S. 482; Rose, *Richard Wagner und der Antisemitismus*, S. 115; Cook, *I Saw the World End*, S. 264; Kennedy, *Mahler*, S. 82.

41. Adorno bezieht sich auf die stereotypen Charaktermerkmale, aufgrund derer sich Mime und Alberich unterscheiden, in: *Versuch über Wagner*, S. 21 ff.

42. Vgl. auch Borchmeyer, *Die Götter tanzen Cancan*, S. 165.

43. Vgl. Abraham, *The Artist of ›Pictures from an Exhibition‹*, S. 229–236. Reproduktionen von zwei Aquarellen Hartmanns, auf denen Juden abgebildet sind, die den Bleistiftzeichnungen ähneln könnten, die Mussorgski besaß, finden sich bei Frankenstein, *Victor Hartmann and Modeste Musorgsky*, Fototeil zwischen S. 282 und 285. Frankenstein glaubt, dass diese Bleistiftzeichnungen als Inspiration für Mussorgskis Musik dienten und dass Hartmann ein weiteres Bild malte, auf dem zwei Juden zu sehen sind und das den Titel »Samuel Goldenburg [sic] und Schmuyle« trug. Dieses Gemälde hätten Mussorgskis frühere Biografen fälschlicherweise für die Quelle der Musik in *Bilder einer Ausstellung* gehalten (vgl. S. 285). Diese Abbildungen finden sich bei Russ, *Musorgsky*, Abb. 2 und 3.

44. Vgl. Zetlin, *The Five*, S. 252, sowie Schwarz, *Musorgsky's Interest in Judaica*, S. 93.

45. Russ, *Musorgsky*, S. 44.

46. Aus mir unerfindlichen Gründen behauptet Theo Hirsbrunner, Ravel habe diese Szene in seiner 1922 entstandenen Orchesterfassung von Mussorgskis Klavierzyklus ausgelassen, während Russ' Buch über *Bilder einer Ausstellung* eine Beschreibung von Ravels Vertonung dieser Szene enthält. Vgl. Hirsbrunner, *Maurice Ravel*, S. 311; Russ, *Musorgsky*, S. 80.

47. Russ, *Musorgsky*, S. 10.

48. Zu Wagners essayistischen Schriften aus den 1830er-Jahren und deren eigentümliche ideologische Stellung im theoretischen Gesamtwerk vgl. Kühnel, *Wagners Schriften*, S. 471–476.

49. Vgl. das Werkverzeichnis in Dahlhaus/Deathridge, *Wagner*.

50. Wagners Novelle erschien am 19., 22. und 29. November sowie am 3. Dezember 1840 in der *Gazette musicale*; der ursprüngliche deut-

sche Text wurde am 30.–31. Juli und 2.–10. August in der *Dresdner Abendzeitung* veröffentlicht. Wagner schreibt in *Mein Leben*: »Der Jahrgang 1841 dieser bei *Arnold* in Dresden erschienenen, jetzt gänzlich untergegangenen Zeitschrift enthält den einzigen Abdruck dieser Manuskripte« (S. 209). Vgl. auch Wagners Brief vom 1. Juni 1841 an Theodor Winkler in *Sämtliche Briefe*, Bd. 1, S. 493ff. Für die Wiederveröffentlichung in Bd. 1 der *Gesammelten Schriften und Dichtungen* (1871) musste der Text aus dem Französischen rückübersetzt werden. Vgl. Borchmeyer, *Nachwort zu Band V* (DS 10:297).

51. Vgl. Wagner, *Sämtliche Briefe*, Bd. 1, S. 478 ff. (Brief an Schlesinger vom 27. April 1841); *Mein Leben*, S. 184, 196 f.; vgl. auch *Eine Mitteilung an meine Freunde* (DS 6:233f.). Zu Wagners Arbeiten als Arrangeur für Schlesinger vgl. Dahlhaus/Deathridge, *Wagner*, S. 25 f.

52. Zur Gleichsetzung von Juden und Engländern in der deutschen Vorstellungswelt des 19. Jahrhunderts vgl. Gilman, *Disease and Representation*, S. 160; sowie Tuchman, *Bible and Sword*, S. 212.

53. Ein prägendes Erlebnis für Wagners anfängliches Verständnis der menschlichen Stimme war eine Aufführung von Bellinis *I Capuleti e i Montecchi*, die er im März 1834 in Leipzig besuchte. Bei dieser Gelegenheit hörte er erstmals Wilhelmine Schröder-Devrient. Später, in *Mein Leben*, datierte Wagner diese erste Begegnung mit der Sängerin auf das Jahr 1829 zurück, indem er behauptete, er habe sie zuerst in *Fidelio* gehört. Doch wie Dahlhaus/Deathridge scharfsinnig ausführen, veränderte Wagner hier die Zeit, das Werk und den Komponisten, um »sich auf diese Weise unmittelbarer in die Nachfolge Beethovens einzuordnen und damit seine Bestimmung zum Schöpfer eines spezifisch deutschen Musikdramas als vom Schicksal vorgegeben darzustellen«. Ganz so unausweichlich war diese Entwicklung aber nicht, weil Wagner ursprünglich von der Schröder-Devrient in einer italienischen Oper und von den Werken Bellinis begeistert war, in denen es an hohen Belcanto-Gesangslinien wahrlich nicht mangelt. Von dieser Begeisterung für die italienische Oper legen Wagners Essays der Jahre 1834–1837 beredtes Zeugnis ab. Vgl. Dahlhaus/Deathridge, *Wagner*, S. 15.

54. Wagner, *Mein Leben*, S. 184 f., 196 f. Als Schlesinger Wagners Vertonung der *Zwei Grenadiere* in der *Gazette musicale* veröffentlichte, konnte das Lied die von Wagner erhoffte Aufmerksamkeit der einflussreichen Sänger nicht auf sich ziehen, so dass dem Komponisten

stattdessen nur Schulden in Höhe von 50 Francs bleiben, die an Schlesinger zu zahlen waren.

55. Vgl. Elvers, *Schlesinger*, S. 660; MacNutt, *Schlesinger, Maurice*, S. 660 f.

56. Vgl. Grout/Palisca, *A History of Western Music*, S. 547; Solomon, *Beethoven*, S. 278.

57. Die folgenden Zitate Janins finden sich auf den Seiten 9 bis 11 von Janins Text. Zu Janin vgl. Hofer, *Expérience musicale et empire romanesque*, S. 306. Wagners Novelle bezieht sich auf eine kleine französische literarische Tradition von Texten über Beethoven, die in Schlesingers *Gazette musicale* erschienen; sie ordnet sich zumindest darin ein. Honoré de Balzacs *Gambara* war zwischen dem 23. Juli und 20. August 1837 in der *Gazette* erschienen, nur drei Jahre nach der Veröffentlichung von Janins Novelle und drei Jahre vor dem Erscheinen von Wagners Beethoven-Novelle. Zu Balzac vgl. Guichard, *La Musique*, S. 180–186. (Zu Wagners eigenen Kommentaren über Balzacs *Comédie humaine* vgl. *Deutsche Kunst und deutsche Politik*, DS 8:315 f.) So erschien also von Anfang an in Schlesingers Journal etwa alle drei Jahre ein Text, der sich anspielungsreich auf Schlesingers Besuch bei Beethoven bezog.

58. Wagner erwähnte Janin zweimal, nachdem seine *Pilgerfahrt* erschienen war: in einem *Bericht für die Dresdner Abendzeitung* vom 23. Februar 1841 und in einem Artikel über eine Pariser Aufführung des *Freischütz*, der am 23. und 30. Mai desselben Jahres in der *Gazette musicale* erschien (DS 5:71); vgl. Jacobs/Skelton, *Wagner Writes from Paris …*, S. 152. Es wird oft behauptet, Wagner habe seinen fiktiven Bericht über den Besuch eines aufstrebenden jungen Musikers bei Beethoven auf Johann Friedrich Reichardts *Vertraute Briefe, geschrieben auf einer Reise nach Wien und den österreichischen Staaten zu Ende des Jahres 1808 und zu Anfang 1809* gegründet, doch das Jahr der *Pilgerfahrt* (1824) steht Janins Datum 1819 wesentlich näher als dem Jahr, in dem Reichardts Text spielt. Zu Wagners Verpflichtung gegenüber Reichardt vgl. Borchmeyer, *Nachwort zu Band V* (DS 10:298). Es war Wagner, der Cosima informierte, die wiederum diese Information in ihrem Tagebuch festhielt, dass die *Pilgerfahrt* auf dem deutschen Text basiere. In Anbetracht der ideologischen Implikationen ist es auch sehr unwahrscheinlich, dass Wagner oder Cosima ohne weiteres zugegeben hätten, dass es eine französische Quelle für die *Pilgerfahrt* gab.

59. Vgl. Emmons, *Tristanissimo*, S. 411.

60. A. a. O., S. 7, 14; im Vorwort zu diesem Buch, S. x, schreibt die Wagner-Sopranistin Birgit Nilsson über Melchiors Stimme, sie habe eine »Dunkelheit« besessen, die »ein Wagner-Tenor haben sollte«.

61. Schon 1888 hatte Nietzsche in *Der Fall Wagner* geschrieben: »Man singt Wagner nur mit ruinierter Stimme!« Vgl. Nietzsche, *Werke*, Bd. 6, S. 32.

62. Vgl. Culshaw, *Ring Resounding*, S. 218.

63. Vgl. Bächthold-Stäubli, *Handwörterbuch des deutschen Aberglaubens*, Art. »Jude, Jüdin«, Bd. 4, Sp. 808–833, hier Sp. 826, 812.

64. Rose hat die ideologischen Implikationen von Wagners *Tristan* im Kontext einer Erörterung von Wagners *Jesus von Nazareth* (1849) analysiert – eines Werkes, das der Komponist niemals vertonte, in dem Rose aber einen Vorläufer des späteren Musikdramas sieht. Vgl. Rose, *Richard Wagner und der Antisemitismus*, S. 91ff., 152f.

65. Zu Melots impliziter Affinität zu den antisemitischen Stereotypen in Wagners Werk vgl. Rose, S. 152.

66. Melchior sang den Stolzing niemals auf der Bühne, er nahm jedoch mehrfach Teile der Rolle auf Schallplatte auf. Vgl. Emmons, *Tristanissimo*, S. 411–451. Man könnte argumentieren, dass Stolzings Gesangspartie ein Timbre verlangt, das eher an Lohengrin und Erik erinnert, einen leichteren, höheren, helleren Klang, der den Heldentenorrollen im *Ring*, in *Tristan und Isolde* oder im *Parsifal* fremd ist. Manche Sänger glauben, dass Wagner seine Heldentenorrollen im Hinblick auf zwei unterschiedliche Arten von Tenören konzipierte: Die eine erinnere eher an den dramatischen italienischen Tenor, die andere verlange eine andere, eher baritonale Stimmfärbung.

67. Dahlhaus/Deathridge, *Wagner*, S. 143 f.

68. Wagner, *Das braune Buch*, S. 169.

69. Eine detaillierte Untersuchung von Wagners Versuchen, ein Ausbildungsprogramm für deutsche Sänger zu etablieren, findet sich bei Fischer, *Sprachgesang oder Belcanto?*

70. Zu Alberich, Beckmesser und Mime als Judenkarikaturen vgl. Adorno, *Versuch über Wagner*, S. 19–25; zu Klingsor als Jude vgl. Gutman, *Richard Wagner*, S. 480 f.

71. Zur Verschmelzung des Jüdischen und des Weiblichen um die Jahrhundertwende vgl. Mosse, *Nationalism and Sexuality*, S. 143–146.

72. Wagner, *Mein Leben*, S. 35.

73. Richard Wagner, *Das braune Buch*, S. 243 (Tagebucheintrag vom 23. Oktober 1881).

74. Walther Jens beschreibt Beckmesser einfühlsam als »impotent« (*Ehrenrettung eines Kritikers*, S. 249).

75. Vgl. zu dieser Vorstellung bei Wagner Nattiez, *Wagner androgyne*, S. 59–65.

76. Zu Klingsors und Kundrys Status als Juden vgl. Gutman, *Richard Wagner*, S. 480 f.; Zelinsky, *Der verschwiegene Gehalt des ›Parsifal‹*, S. 247.

77. Die späten weltanschaulichen Schriften Wagners, insbesondere *Heldentum und Christentum*, legen es nahe, dass Wagner die Gralsgemeinschaft im *Parsifal* als arisch-germanische Gemeinschaft konzipiert hat. Vier Forscher haben den Zusammenhang zwischen diesen späten Essays und dem *Parsifal* herausgearbeitet: Vgl. Gutman, *Richard Wagner*, Kap.15; Poliakov, *Geschichte des Antisemitismus*, Bd. 6, S. 237–265; Millington, *Wagner*, S. 102–109; Rose, *Richard Wagner und der Antisemitismus*, S. 209–258. Die Positionen dieser Forscher stehen im Gegensatz zu Dahlhaus (vgl. seine Bemerkungen in *Parsifal. Texte, Materialien, Kommentare*, S. 269) und Borchmeyer, *Richard Wagner und der Antisemitismus*, S. 159ff.

78. Wagner selbst zog die Ansicht vor, Klingsor neige zu den Fehlern der Jesuiten, wie aus einem Tagebucheintrag Cosimas vom 2. März 1878 hervorgeht: »Vergleich zwischen Alberich und Klingsor; R. erzählt mir, daß er einst völlige Sympathie mit Alberich gehabt, der die Sehnsucht des Häßlichen nach dem Schönen repräsentiere. In Alberich die Naivität der unchristlichen Welt, in Klingsor das Eigentümliche, welches das Christentum in die Welt gebracht; er glaubt nicht an das Gute, ganz wie die Jesuiten« (Cosima Wagner, *Tagebücher*, Bd. 2, S. 52). Es versteht sich jedoch von selbst, dass diese Figur viele Züge unterschiedlicher Gruppen evozieren, ja sich sogar absichtlich darauf beziehen konnte – auf Gruppen, die in der deutschen Kultur des 19. Jahrhunderts als andersartig und bedrohlich empfunden wurden. Das gilt für Jesuiten genauso wie für Juden. Wagner selbst könnte bei Klingsor vor allem an die katholische Kirche gedacht haben, gegen die er schon in *Die Kunst und die Revolution* (1849) heftig polemisiert hatte und die bis zu seinem Tode Gegenstand der Verachtung bleiben sollte. Gleichwohl ist, wie eine Analyse von Wagners frühen sozialkritischen Schriften

zeigt, zu bedenken, dass der Katholizismus und die Juden in seiner Gedankenwelt eine ähnliche Stellung innehatten. Beide waren für seine modellhafte antike Welt antagonistische, zersetzende Kräfte, die letztlich – in Form des Christentums – zum Untergang der griechischen Kultur führten, während die Juden die entsprechende Rolle im modernen Pendant zur klassischen Antike spielten, in Deutschland – einem Deutschland, das von den Juden als den Andersartigen bedroht wurde. Zur Deutung Klingsors als Jesuit und Jude vgl. Rose, *Richard Wagner und der Antisemitismus*, S. 250 f.

79. Walther Jens beschreibt Beckmessers Stimme als »Kastratenstimme«; vgl. Jens, *Ehrenrettung eines Kritikers*, S. 249.

80. Poliakov bezieht sich in dieser Anmerkung in *Geschichte des Antisemitismus*, Bd. 2, S. 67 f., auf Anton Bonfin, *Rerum Hungaricum Decades*, Dekade 5, Buch 4. Vgl. auch Trachtenberg, *The Devil and the Jews*, S. 48. Dieser Aberglaube war im Mittelalter weit verbreitet und findet sich auch in nachmittelalterlicher Zeit noch häufig in der deutschen Literatur.

81. Emslie, *Woman as Image and Narrative in Wagner's ›Parsifal‹*, S. 117.

82. Zur Vagina als Wunde und Kastrationsbeleg vgl. Freud, *Weiblichkeit* und *Über die weibliche Sexualität*, in: *Gesammelte Werke*, Bd. 14.

83. Jeremy Tambling schreibt über die filmische Darstellung der Wunde: »Im Film trägt Amfortas seine Wunde auf einem Kissen mit sich herum, als wolle er – ganz im Sinne der Nazis – unterstreichen, dass ein dekadentes Europa einen Fetisch daraus gemacht habe, verweiblicht zu werden, und dass seine Religion nur an die Stelle sexueller Ängste getreten sei. [...] Die Wunde ist wie eine blutende Vagina: Sie gehört somit im Sinne des Ödipuskomplexes zur Angst des Mannes vor der Vagina als Kastrationserinnerung. Hier scheint es, als arbeite Syberberg nur Motive heraus, die im Unterbewussten des Operntextes angesiedelt sind« (Tambling, *Opera, Ideology, and Film*, S. 204).

84. Robert Donington schreibt über dieses Bild, es sei »anscheinend im Prinzip alles nur eine einzige Wunde« (*Opera & Its Symbols*, S. 134).

85. Wolfram von Eschenbach, *Parzival*, S. 249 f.

86. A. a. O., S. 337 f. und 538 ff. (Erläuterungen).

Kapitel III: Gerüche: deutscher Duft und jüdischer Gestank

1. Zur sozialen und ideologischen Funktion von Gerüchen im Europa des späten 18. Jahrhunderts vgl. Corbin, *The Foul and the Fragrant*.

2. Aus diesem Grund bin ich anderer Meinung als Carl Dahlhaus, der – in Anspielung auf Wagners notorische Vorliebe für Seide und Parfüm sowie auf Schillers bekannte Neigung, sich durch faule Gerüche kreativ anregen zu lassen – schreibt: »Was ein Künstler braucht, um produktiv zu werden – Brokat oder den Geruch von faulen Äpfeln –, ist eine Privatsache, die das Publikum nichts angeht« (Dahlhaus/Deathridge, *Wagner*, S. 86). Eine solche Betonung der Privatsphäre negiert die kulturellen Implikationen von Wagners vermeintlich persönlichen oder idiosynkratischen Reaktionen auf sinnliche Anregungen. Denn diese Reaktionen sind nicht nur privat, sondern auch repräsentativ für ideologische Phänomene, die in Wagners Kultur weit verbreitet waren.

3. Zur Rolle der Geschmacksempfindungen während der Komposition von *Tristan und Isolde* vgl. meinen Aufsatz *Zwieback and Madeleine*.

4. Gutman, *Richard Wagner*, S. 445 f. In seiner Korrespondenz mit Judith Gautier spricht Wagner wiederholt über Parfüms; vgl. *Die Briefe Richard Wagners an Judith Gautier*, S. 146 f., 151 ff., 155, 159, 167, 171, 175 ,181, 183, 189–192. Die Szene, auf die sich Gutman bezieht, wird in einem Brief beschrieben, den Wagner zwischen dem 17. und 21. Dezember 1877 verfasste: »Ich kriege Angst vor Ihren ›Extrakten‹. Ich könnte da wieder Torheiten begehen: Im allgemeinen ziehe ich Pudersorten vor, weil sie sanfter an den Stoffen haften usw. Aber nochmals, seien Sie verschwenderisch, vor allem in der Quantität der Badeessenzen, etwa bei den Ambrasorten usw. Ich habe die Badewanne unterhalb meines Ateliers und habe es gern, wenn Düfte aufsteigen« (*Die Briefe Richard Wagners an Judith Gautier*, S. 171). Interessanterweise bemühte sich 1937 der »Rassenpsychologe« Walter Rauschenberger, Wagners Vorliebe für starke Parfüms als ein »nichtnordisches«, »dinarisches« psychisches Merkmal zu erklären, das sich unter rassischen Gesichtspunkten fundamental von anderen angeblich nordischen Charaktermerkmalen unterscheide, die Wagner auszeichneten – wie seine Kühnheit, Ausdauer und Kreativität. Auf diese Weise versuchte Rauschenberger, die biografisch dokumentierte Verbindung zwischen Gerüchen und Kreativität zu leugnen. Vgl. Rauschenberger, *Richard Wagners Abstammung und Rassenmerkmale*, S. 161–171.

5. Vgl. Gebrüder Grimm, *Deutsches Wörterbuch, Duft*, Bd. 2, Sp. 1500–1502; Paul, *Deutsches Wörterbuch, Duft*, Bd. 2, S. 133. In den ausführlichen Bühnenanweisungen zur ersten Szene des *Tannhäuser* (MD, 223f.) gebraucht Wagner »Duft« als Synonym für »Dunst, Nebel«, doch niemals dann, wenn seine Charaktere von sexueller oder allgemein von sinnlicher Verzückung singen. Interessanterweise verkannte Baudelaire in seinem Essay über das Musikdrama diese Verbindung zwischen sinnlicher Wahrnehmung und Sexualität und brachte die Düfte stattdessen mit dem Reich der Götter in Verbindung, aus dem Venus vertrieben wurde. Vgl. das Zitat bei Borchmeyer, *Die Götter tanzen Cancan*, S. 98.

6. Zur ödipalen Natur von Lohengrins Beziehung zu Elsa vgl. Rank, *Die Lohengrinsage*, S. 135–151.

7. Vgl. Rank, *Das Inzest-Motiv in Dichtung und Sage*, S. 587–595; Rather, *The Dream of Self-Destruction*, S. 45–63; Finney, *Self-Reflexive Siblings*.

8. Zur ödipalen Natur ihrer Beziehung vgl. *Tristans Grabstein* in: *Hundert Jahre Tristan*, Hg. Wieland Wagner, S. 201.

9. Vgl. zu dieser Szene Kittler, *Weltatem*, S. 204 f.

10. Vgl. Abbate, *Unsung Voices*, S. 112, 138.

11. Im ursprünglichen Entwurf stand das ganze Werk im 4/4-Takt. Für diesen Hinweis bin ich John Deathridge zu Dank verpflichtet, der zurzeit eine kritische Ausgabe des *Lohengrin* vorbereitet.

12. Horkheimer/Adorno, *Dialektik der Aufklärung*, S. 165.

13. Die bekannten Verse lauten: »Es ist so schwül, so dumpfig hie,| Und ist doch eben so warm nicht drauß« (Goethe, *Werke*, Bd. 3, S. 88).

14. Zitiert bei Güdemann, *Geschichte des Erziehungswesens und der Cultur der abendländischen Juden während des Mittelalters und der neueren Zeit*, Bd. 1, S. 145.

15. Vgl. auch Trachtenberg, *The Devil and the Jews*, S. 48.

16. Schudt, *Von der Franckfurter Juden Vergangenheit (Sitten und Bräuchen)*; Gilman, *Jewish Self-Hatred*, S. 174 f.

17. Vgl. Schopenhauer, *Über Religion*, in: *Parerga und Paralipomena*, Bd. 2, S. 370. Vgl. auch Roses treffende Analyse dieses Werkes in *Richard Wagner und der Antisemitismus*, S. 146 ff.

18. Vgl. Menzel, *Die tiefste Korruption der deutschen Dichtung*, S. 337 f.; zu Platen vgl. Schloesser, *August Graf von Platen*, Bd. 2, S. 137.

19. Vgl. Gilman, *Jewish Self-Hatred*, S. 174–180; sowie Poliakov, *Geschichte des Antisemitismus*, Bd. 2, S. 44f.

20. Strobel (Hg.), *Richard Wagner, Skizzen und Entwürfe*, S. 32.

21. Heinrich Porges hat diese bei Gregor-Dellin, *Richard Wagner*, S. 710, zitierte Anekdote überliefert.

22. Angesichts dieses Scherzes ist es durchaus erheiternd, wenn man bei dem Musikwissenschaftler Egon Voss liest: »Der spitze und grelle Ton der kleinen Flöte dient Wagner mehrfach dazu, das Pfeifen von Wind und Sturm zu veranschaulichen« (Voss, *Studien zur Instrumentalmusik Richard Wagners*, S. 125). Voss beschreibt ebenfalls Wagners Verwendung dieses Instruments zum Zweck der Karikatur, etwa in der musikalischen Begleitung zu Loges ironischem Lob Alberichs, beginnend mit den Worten: »den Mächtigsten muß ich dich rühmen« (MD, 559). Vgl. Voss, a. a. O., S. 126.

23. Vgl. das Werkverzeichnis in Dahlhaus/Deathridge, *Wagner*.

24. Nietzsche, *Die fröhliche Wissenschaft*, in: *Kritische Studienausgabe*, Bd. 3, S. 456.

25. Vgl. Bächthold-Stäubli, *Handwörterbuch des deutschen Aberglaubens*, Art. *Nase*, Bd. 6, Sp. 970.

26. M. Owen Lee argumentiert, dass »die [positiven Haupt-]Darsteller [in *Die Meistersinger*] sogar nach erlösungsbedürftigen Sündern aus der Bibel benannt sind. [...] Eva muss vor Beckmesser gerettet werden – der wirklich ein Teufel ist: Walther und David behaupten es ausdrücklich, Sachs bearbeitet seine Schuhe mit Pech statt mit Wachs, und Beckmesser selbst schreit bei jeder heiklen Gelegenheit ›zum Teufel‹. [...] [Beckmesser wird] als böser Geist ausgetrieben (auch bei der Taufe)«. Vgl. Lee, *Wahnfried*, S. 66, 68.

27. Ich danke John Deathridge dafür, dass er mich auf diese Ambiguität aufmerksam gemacht hat.

28. Vgl. Müller/Wapnewski, *Richard-Wagner-Handbuch*, S. 323: »[A]us Fliederduft (das meint Holunder, wie die Jahreszeit des Johannistags deutlich macht) [...] entsteht wilder, menschenfeindlicher Aufruhr«.

29. Bächthold-Stäubli, *Handwörterbuch des deutschen Aberglaubens*, Art. *Holunder*, Bd. 4, Sp. 262.

30. Zu den politischen Implikationen dieser Inszenierung vgl. Hohendahl, *Reworking History: Wagner's German Myth of Nuremberg*, S. 41.

31. Vgl. Bächthold-Stäubli, *Holunder*, Sp. 266.

32. Hätte Wagner direkte musikalische Umsetzungen der Gerüche erfinden wollen, anstatt die mit diesen Gerüchen assoziierten Ideen akustisch und rhythmisch zu evozieren, dann hätte ihm der »Fliedermonolog« dazu Gelegenheit geboten. Doch an dieser Stelle kann man in den Streichertremoli höchstens die potentielle Dar-

stellung einer Luftbewegung erkennen, die den Fliederduft verbreitet. Dazu schreibt Voss in *Studien zur Instrumentalmusik Richard Wagners*, S. 179:»Natürlich sollen weder die Hörner noch die am Steg tremolierenden Streichinstrumente den Flieder und seinen Duft darstellen.«

33. Vgl. Bächthold-Stäubli, *Holunder*, Sp. 263.

34. Jaeger, *Die Entdeckung der Seele*, S. 106–109; zitiert bei Gilman, *Jewish Self-Hatred*, S. 300.

35. Vgl. Kris, *Wilhelm Fliess' wissenschaftliche Interessen*, S. 8–11; Masson (Hg.), *The Complete Letters of Sigmund Freud to Wilhelm Fliess, 1887–1904*, S. 1–14; und Masson, *The Assault on Truth*, S. 55–78, 94–103.

36. Günther, *Rassenkunde des jüdischen Volkes*, S. 260–268; zitiert bei Poliakov, *Geschichte des Antisemitismus*, Bd. 2, S. 45, 67.

37. Ich danke meiner Kollegin Kari Ellen Gade, einer Spezialistin für altnordische Literatur, für diesen Hinweis.

38. Vgl. Gutman, *Richard Wagner*, S. 194 f., 218; Wapnewski, *Der traurige Gott*, S. 38–83, 205–246.

39. Gottfried von Straßburg, *Tristan*, Bd. 1, S. 441, 471, 473 (Verse 7275–7278, 7833–7845). Ich danke Sidney M. Johnson, der mich auf diese Passagen aufmerksam machte.

40. Wolfram von Eschenbach, *Parzival*, 9. Buch, S. 257.

41. A. a. O. S. 387.

42. Vgl. Anmerkung 4 zu diesem Kapitel.

43. Vgl. Gilman, *Difference and Pathology*, S. 53–56.

44. Zum Zusammenhang zwischen Regression und Geruchswahrnehmung vgl. Horkheimer/Adorno, *Dialektik der Aufklärung*, S. 165.

45. Zur Manifestation von Wagners persönlichen Schuldgefühlen in *Parsifal* vgl. Voss, *Wagners ›Parsifal‹ – das Spiel von der Macht der Schuldgefühle*, S. 18.

46. Zu Kundry als Verkörperung des ewigen Juden vgl. Wagner, *Das braune Buch*, S. 62. Vgl. auch Millington, *Wagner*, S. 47; Zelinsky, *Die ›feuerkur‹ des Richard Wagner oder die ›neue religion‹ der ›Erlösung‹ durch ›Vernichtung‹*; Rose, *Richard Wagner und der Antisemitismus*, S. 65.

47. Die klassische Studie zu diesem Thema ist Said, *Orientalism*. Sehr schön untersucht Locke in *Constructing the Oriental ›Other‹* die europäische Darstellung des Ostens in der Musik des 19. Jahrhunderts; er gibt dabei auch zahlreiche Hinweise auf die wachsende wissenschaftliche Literatur zu diesem Thema.

48. Obwohl die speziellen Konnotationen der geografischen Polarität im *Tristan* denen des *Parsifal* genau entgegengesetzt sind (im *Tristan* ist der Westen die Domäne des Exotischen), ähneln sich beide Werke auf bemerkenswerte Weise, wenn es um die Assoziation von Frauen mit Gerüchen als Inbegriff des Exotischen geht. Mehrere Passagen im *Tristan*, die sich auf Tränke von Isoldes Mutter und auf solche der Prinzessin selbst beziehen, verwenden eine Sprache, die den mit Kundry assoziierten Text vorwegnimmt. In Isoldes Ausbruch in der ersten Szene des ersten Aktes heißt es: »O zahme Kunst! der Zauberin, | die Balsamtränke noch braut!« (MD, 322). Dieses Motiv kehrt in der dritten Szene des ersten Aktes wieder, wenn Isolde Brangäne die Vorgeschichte berichtet: »Isoldes Kunst! ward ihm bekannt; | mit Heil-Salben| und Balsam-Saft| der Wunde, die ihn plagte,| getreulich pflag sie da« (MD, 328 f.). Schließlich wiederholt auch Brangäne in ihrer Aufzählung der Mittel der irischen Königin (am Ende der dritten Szene) die Verbindung zwischen der exotischen Frau und den exotischen Elixiren: »So reihte sie die Mutter,| die mächt'gen Zaubertränke.| Für Weh und Wunden| Balsam hier;| für böse Gifte| Gegen-Gift.« (MD, 333)

49. Barry Emslie verwirft dieses Porträt Kundrys als »etwas albern und kaum sehr originell: die Frau als Vertreterin des Harems, voll orientalischer sexueller Verheißungen«. Aber genau die Tatsache, dass dieses Porträt *nicht* originell ist, unterstreicht seine Bedeutung als kulturelles Konstrukt, das sich aus Motiven zusammensetzt, die im 19. Jahrhundert weit verbreitet waren. Vgl. Emslie, *Woman as Image and Narrative in Wagner's ›Parsifal‹*, S. 118.

50. Vgl. das Kapitel *The Jew as Sorcerer* in Trachtenberg, *The Devil and the Jews*, S. 57–155, hier S. 72f.

51. Poliakov, *Geschichte des Antisemitismus*, Bd. 2, S. 45.

52. Vgl. Trachtenberg, *The Devil and the Jews*, S. 72–73.

53. Vgl. A. a. O., S. 72.

54. Kundrys und Klingsors Musik enthalten akustische Darstellungen des Ostens, die in Europa konventionell waren, wie sich in jenen Motiven zeigt, die meistens als »Klingsor«, »Klingsors Magie« und »Kundrys Flucht« bezeichnet werden. Unter den zahlreichen weiteren musikalischen Beispielen aus dieser Zeit, die einem zum Thema der musikalischen Darstellung des Orients einfallen, sind neben Verdis *Aida* (1871) die exotischen Qualitäten der Musik zu nennen, die Bizet für seine verführerische Zigeunerin in *Carmen* (1875) schrieb, sowie das »maurische« Ballett in Verdis *Otello*

(1887), die Pseudo-Zigeunermusik in Franz Schmidts *Notre Dame* (1904) und das – ideologisch mit der Chinoiserie von Puccinis *Turandot* (1926) vergleichbare – japanische Kolorit in Puccinis *Madama Butterfly* (1904). Zu Bizets Orientalismus vgl. McClary, *Images of Race, Class and Gender* und ›*Exoticism*‹ in ›*Carmen*‹, in: *Georges Bizet: Carmen*, S. 29–43, 51–58.

55. Abbate, ›*Parsifal*‹: *Words and Music*, S. 51.

56. Corse, *Wagner and the New Consciousness*, S. 139.

57. In dieser Hinsicht nehmen die Bilder von Wagners konservativer Fantasie jene seiner kulturellen Erben vorweg, der protofaschistischen Freikorps in der Weimarer Zeit. Vgl. dazu Theweleits brillante Erörterungen (ohne Bezugnahme auf Wagner) in *Männerphantasien*.

58. Zum Verhältnis der Deutschen zu Schwarzen vgl. Gilman, *On Blackness without Blacks*; zu den kulturellen Auswirkungen der französischen Besatzung in Deutschland nach dem Ersten Weltkrieg vgl. mein Buch *Undertones of Insurrection*, S. 123–136.

59. Vgl. Gilman, *The Jew's Body*, S. 99 f., 171–176.

60. Johannes Pezzl, *Skizze von Wien*, S. 170 f.; zitiert bei Gilman, *The Jew's Body*, S. 172.

61. Vgl. Rohrer, *Versuch über die jüdischen Bewohner der österreichischen Monarchie*, S. 26; Wolf, *Von den Krankheiten der Juden*, S. 12; zitiert bei Gilman, *The Jew's Body*, S. 173.

62. Vgl. Robert Knox, *The Races of Men*, S.133; zitiert bei Gilman, *The Jew's Body*, S. 174.

63. Menzel, *Die tiefste Korruption*, S. 335.

64. Strobel (Hg.), *Richard Wagner, Skizzen und Entwürfe*, S. 139 f.; vgl. auch Coren, *The Texts of Wagner's* ›*Der junge Siegfried*‹ *and* ›*Siegfried*‹, S. 26 f.

65. Strobel (Hg.), *Richard Wagner, Skizzen und Entwürfe*, S. 99; vgl. Newman, *The Life of Richard Wagner*, Bd. 2, S. 346.

66. Zu den Sagenquellen für des Motiv der Lichtalben und Schwarzalben vgl. Magee, *Richard Wagner and the Nibelungs*, S. 136f.

67. Strobel (Hg.), *Richard Wagner, Skizzen und Entwürfe*, S. 84.

68. A. a. O., S. 158. In der komponierten Schlussversion machte Wagner aus »affe« noch »Rüpel« (MD, 707).

69. Vgl. Trachtenberg, *The Devil and the Jews*, S. 48; und Poliakov, *Geschichte des Antisemitismus*, Bd. 2, S. 45 und 68, Anm. 33, der das Motiv des »Geruchs der Heiligkeit« und seine Verbindung mit den Juden untersucht. Dieses Motiv ist auch in einer Märchen-

sammlung Richard von Volkmann-Leanders noch erkennbar, die zu Wagners Zeit außerordentlich populär war. In der 1871 erstmals veröffentlichten Geschichte *Wie der Teufel ins Weihwasser fiel* geht es um den Verlust des Teufelsgeruchs nach seiner zufälligen »Taufe«. Vergleichen lässt sich das Motiv in dieser Erzählung mit der Tradition des *foetor judaicus* und dem potenziellen Verlust des Judengestanks durch die Taufe vor allem deshalb, weil Jude und Teufel im ganzen Mittelalter durch ähnliche Ikonographien der Andersartigkeit und den damit einhergehenden Ketzerverdacht miteinander assoziiert waren. Bei Volkmann-Leander gewinnt der Teufel den »Geruch der Heiligkeit« durch das Weihwasser, so wie es Juden in der deutschen Vorstellungswelt seit Wolfram von Eschenbach durch die Taufe ebenfalls möglich war. Vgl. Volkmann-Leander, *Träumereien an französischen Kaminen*, S. 21 f.

70. Zu Kundry als Maria-Magdalena-Figur vgl. Emslie, *Woman as Image*, S. 123 f.

71. Vgl. Bächtold-Stäubli, *Handwörterbuch des deutschen Aberglaubens*, Art. »Jude, Jüdin«, Bd. 4, Sp. 808–833, hier Sp. 823.

Kapitel IV: Füße: Klumpfuß, Heldenfuß

1. Eine Analyse der im 19. Jahrhundert und zur Jahrhundertwende weit verbreiteten Vorstellung, der jüdische Fuß sei ungewöhnlich vergrößert, findet sich bei Gilman, *The Jew's Body*, S. 38–59.

2. Vgl. Stoneman, Artikel *Hephaestus*, in: *Greek Mythology*, S. 84 f. In seiner Behandlung des Hinkmotivs in der mythischen Fantasie fragt J. E. Cirlot: »Könnte es nicht sein, dass Menschen bestimmte Talente gegeben sind, um körperliche Gebrechen wettzumachen?« Vgl. Cirlot, *A Dictionary of Symbols*, S. 111.

3. Nössel, *Lehrbuch der griechischen und römischen Mythologie für höhere Töchterschulen und die Gebildeten des weiblichen Geschlechts*, S. 123 ff.

4. *Heldenlieder der Edda*, S. 21.

5. *Wölund-Lied (Völundarkvitha)* in: *Heldenlieder der Edda*, Hg. Felix Genzmer, S. 117 f. Genzmer lässt die Prosapassage des Zitats aus; diese ist zitiert nach: *Die Edda*, Hg. Hugo Gehring, S. 144 f. (altnordischer Originaltext in: Hildebrandt/Gehring (Hg.), *Die Lieder der Älteren Edda*).

6. Vgl. Donington, *Richard Wagners Ring des Nibelungen und seine Symbole*, S. 22 f.

7. Bei diesem Motiv bediente sich Wagner auch einer Prosaadaption einer Novelle von E.T.A. Hoffmann, die er 1841 als Auftragswerk verfasst hatte – kurz bevor er sich den Bildern der Unterwelt in *Tannhäuser* zuwandte. Vgl. dazu meinen Aufsatz *Wagner's Use of E. T. A. Hoffmann's ›The Mines of Falun‹.*

8. Vgl. Bächthold-Stäubli, *Handwörterbuch des deutschen Aberglaubens*, Art. *Stolpern*, Bd. 8, Sp. 493, 494.

9. Vgl. Levi, *Die Schuhsymbolik im jüdischen Ritus.*

10. Das Belegmaterial dieses Abschnittes habe ich Gilman, *The Jew's Body*, S. 39–42, entnommen. Zu Burton und Schudt vgl. Gilman, S. 39.

11. Vgl. Rohrer, *Versuch über die jüdischen Bewohner der österreichischen Monarchie*, S. 25 f.; Fontane, *Der deutsche Krieg von 1866*, Bd. 1, S. 413.

12. Vgl. Gilman, *The Jew's Body*, S. 40. Gilman bezieht sich auf eine Plattfuß-Illustration aus einem Artikel von Gustav Muskat über Fußkrankheiten, erschienen in Max Joseph, *Handbuch der Kosmetik* (Leipzig 1912). Diese Illustration ist in *The Jew's Body*, S. 41, reproduziert. Eine noch ältere medizinische Erörterung des Klumpfußes findet sich in einem Beitrag aus dem Jahre 1898; vgl. Thorndike, *The Treatment of Club-Foot.*

13. Vgl. Poliakov, *Geschichte des Antisemitismus*, Bd. 2, S. 44 ff., und Trachtenberg, *The Devil and the Jews*, S. 44.

14. Poliakov, *Geschichte des Antisemitismus*, Bd. 2, S. 44 ff.

15. Vgl. Bächthold-Stäubli, *Handwörterbuch des deutschen Aberglaubens*, Art. *Fuß*, Bd. 3, Sp. 225. Vgl. auch Art. *Hinken*, Bd. 4, Sp. 58–61.

16. Vgl. Bächthold-Stäubli, Art. *Fuß*, Bd. 3, Sp. 226.

17. Sandra Corse beschreibt Wagners Musik für Alberichs ersten Auftritt in der ersten *Rheingold*-Szene wie folgt: »Vom Orchester wird ein hinkender Rhythmus gespielt. [...] Alberichs Auftritt sorgt für [...] musikalische Andersartigkeit« (Corse, *Wagner and the New Consciousness*, S. 77).

18. Westernhagen, *Die Entstehung des ›Ring‹*, S. 188.

19. Zitiert bei Gradenwitz, *Das Judentum*, S. 89.

20. Porges, *Die Bühnenproben zu den Bayreuther Festspielen, I. Rheingold*, S. 32.

21. Strobel (Hg.), *Richard Wagner, Skizzen und Entwürfe*, S. 99; vgl. Newman, *The Life of Richard Wagner*, Bd. 2, S. 346.

22. Zur Datierung der Komposition des Nibelungenmotivs vgl. Bailey, *The Structure of the ›Ring‹ and Its Evolution*, S. 53f. Die insgesamt

älteste Komposition aus dem Ring ist die Vertonung der Nornenszene für *Siegfrieds Tod (Götterdämmerung)*. Vgl. das Werkverzeichnis in Dahlhaus/Deathridge, *Wagner*.

23. Egon Voss bespricht den »col legno«-Effekt in den Bratschen im ersten *Siegfried*-Akt (zur Textpassage »Vom Spieße bring ich den Braten: l versuchtest du gern den Sud? l Für dich sott ich ihn gar«; MD, 664) in seinen *Studien zur Instrumentalmusik Richard Wagners*, S. 97.

24. Porges, *Die Bühnenproben zu den Bayreuther Festspielen, III. Siegfried*, S. 6.

25. Voss, *Studien*, S. 173.

26. Vgl. Grootkerk, *The Satyr*, S. 211 ff.

27. Vgl. Borges und Guerrero, *The Book of Imaginary Beings*, S. 198.

28. Nösselt, *Lehrbuch*, S. 170 ff.

29. Trachtenberg, *The Devil and the Jews*, S. 46 f.

30. In seinem *Tannhäuser*-Essay beschreibt Baudelaire Venus als »Königin aller Teufelinnen, des weiblichen Fauns- und Satyrvolkes, das seit dem Tode des großen Pan unter die Erde verbannt ist, mit der unzerstörbaren und unwiderstehlichen Venus.« Zitiert bei Borchmeyer, *Die Götter tanzen Cancan*, S. 99 f. Schon in einem Drama Wagners aus der Zeit vor 1848/49 stellt also das Reich der Faune, Satyrn und Pan-Figuren aufgrund der Verbindungen zu Venus eine Bedrohung für den Wagnerschen Helden dar.

31. Schickling, *Wagner beim Wort genommen*, S. 795 f. William Kindermann schreibt in *Dramatic Recapitulation in Wagner's ›Götterdämmerung‹*, S. 108, dass in Siegfrieds Trauermarsch »die tragischen Akzente [...] vollkommen fehlen«. Vgl. hierzu auch Wintle, *The Numinous in ›Götterdämmerung‹*. Zur Frage der heroischen Natur von Siegfrieds Musik und Charakter vgl. Mayer, *Richard Wagner in Selbstzeugnissen und Bilddokumenten*, S. 144–152.

32. Vgl. Hanisch, *The Political Influence and Appropriation of Wagner*, S. 196 f.

33. Die Bezeichnung »Wanderer-Motiv« stammt (wie auch der Begriff der Wagnerschen »Leitmotive«) von Hans von Wolzogen. Er findet sich auch heute noch häufig in Führern zum *Ring des Nibelungen*. Vgl. Wolzogen, *Führer durch die Musik zu Richard Wagners Festspiel ›Der Ring des Nibelungen‹*, S. 57 f.; Wagner, *Der Ring des Nibelungen. Vollständiger Text mit Notentafeln der Leitmotive*, S. 182. Hubert Kolland analysiert dieses Motiv ausführlich in *Zur Semantik der Leitmotive in Richard Wagners ›Ring des Nibelungen‹*, S. 199 ff.

34. Vgl. Bächthold-Stäubli, *Handwörterbuch des deutschen Aberglaubens*, Art. *Stolpern*, Bd. 8, Sp. 493.

35. Voss erläutert in seinen *Studien zur Instrumentalmusik Richard Wagners*, S. 96 f., dass die Bratschen im ersten Akt des *Parsifal* oft in Verbindung mit Kundry und im gesamten *Ring* in Verbindung mit Loge eingesetzt werden – zwei Gestalten, die viel mit anderen antisemitischen Porträts gemeinsam haben. Loges Status als eine Figur, die aus antisemitischen Stereotypen zusammengesetzt ist, ist zwar längst nicht so eindeutig wie der Status der Nibelungen, doch weist auch Loge Gemeinsamkeiten mit ihnen auf: Wie Hephaistos, eines der Vorbilder der Alberich-Figur, ist er listig, mit Feuer, Rauch und Unterwelt assoziiert; auch nennt er Alberich seinen »Vetter« (MD, 557) (doch diese Anrede könnte auch herablassend und salbungsvoll gemeint sein). Darüber hinaus ist Loge der böswillig unzuverlässige (Finanz-)Ratgeber eines Hofes (Wotans und der Götter), der sich auf ihn verlässt und gleichwohl jedem seiner Worte misstraut. Loge ist also so etwas wie der typische Hofjude, der im europäischen Antisemitismus eine große Rolle spielte. Zu Loge als antisemitischer Figur – vergleichbar Wagners Bild von Heinrich Heine – vgl. Rose, *Richard Wagner und der Antisemitismus*, S. 314, Anm. 49.

36. Zu Kundry als Verkörperung des ewigen Juden vgl. Wagner, *Das braune Buch*, S. 62; Millington, *Wagner*, S. 47; Zelinsky, *Die ›feuerkur‹ des Richard Wagner oder die ›neue religion‹ der ›Erlösung‹ durch ›Vernichtung‹;* Rose, *Richard Wagner und der Antisemitismus*, S. 65, 251 f., 262 f. Zu ihrem Tod (im Kontext von Wagners Bemerkungen über Vernichtung, Verneinung oder Auslöschung des Judentums in *Das Judentum in der Musik*) vgl. Zelinky, *Der verschwiegene Gehalt des ›Parsifal‹*, und Millington, *Parsifal*.

Kapitel V: Ikonen der Degeneration

1. Vgl. Gutman, *Richard Wagner*, S. 471–483.
2. Zu Gottlob Fricks Interpretation der Rolle Hagens als »Verkörperung des Bösen« vgl. John Culshaw, *Ring Resounding*, S. 193.
3. Vgl. Strobel (Hg.), *Richard Wagner, Skizzen und Entwürfe*, S. 28.
4. Vgl. Mertens, *Richard Wagner und das Mittelalter*, in: Müller/Wapnewski (Hgg.), *Richard-Wagner-Handbuch*, S. 35.
5. Hinweise auf die umfangreiche Literatur zu Rassentheorien des 19.

Jahrhunderts finden sich bei Gilman/Chamberlain (Hgg.), *Degeneration*; vgl. auch Mosse, *The Crisis of German Ideology*, S. 88–102, und Mosse, *The Culture of Western Europe*, S. 85–94.

6. Vgl. zu dieser Szene Schickling, *Abschied von Walhall*, S. 86; Zelinsky, *Die deutsche Losung Siegfried*, S. 205.

7. Strobel (Hg.), *Richard Wagner, Skizzen und Entwürfe*, S. 41.

8. Zum Verhältnis zwischen Rhythmuswahrnehmung und physischem Zustand des Zuhörers, mit ausdrücklicher Bezugnahme auf das Blut des Zuhörers, vgl. Raymond Williams, *The Long Revolution*, S. 66; zitiert bei McClary, *Feminine Endings*, S. 23.

9. Vgl. Abbate, *Unsung Voices*, S. 112, 138.

10. Ursprünglich, im Prosatext *Die Nibelungen Saga (Mythus)* vom Oktober 1848, stellte Wagner klar, dass Siegmund (damals noch »Sigemund«) verheiratet war, ehe er sich mit seiner Schwester Sieglinde (»Sigelind«) vereinigte; vgl. Strobel (Hg.), *Richard Wagner, Skizzen und Entwürfe*, S. 27. In diesem Stadium des *Ring*-Projektes blieb seine Ehe kinderlos. Als Wagner 1851 den Versentwurf von *Der junge Siegfried* schrieb, behielt er dieses Motiv bei und ließ Brünnhilde Siegfried erzählen, sein Vater Siegmund sei verheiratet gewesen, ehe er mit Sieglinde zusammengetroffen sei. In dieser Version sind sowohl Siegmund als auch Sieglinde schon vor Beginn der *Walküre* Eltern, wenn auch von Kindern, die qualitativ nicht an Siegfried heranreichen (»nur zage söhne | zeugten sie doch; | tapfrer sprossen | darbte da | der weidliche Wälsungenstamm«; vgl. a. a. O., S. 186). In der endgültigen Version des Dramas bleibt jedoch unklar, welche sexuellen Erlebnisse Siegmund mit den Frauen hatte, die er in seiner Erzählung im ersten Akt der *Walküre* erwähnt (MD, 591). Wotan bestätigt, dass Siegmunds Liebe zu Sieglinde etwas ganz Natürliches sei: »Was so Schlimmes | schuf das Paar, | das liebend einte der Lenz? | Der Minne Zauber | entzückte sie: | wer büßt mir der Minne Macht?« (MD, 605).

11. In der ersten Szene des zweiten Aktes der *Götterdämmerung* spricht Hagen Alberich als »Albe« an (MD, 779), und er selbst wird von Gunther »Albensohn« genannt (MD, 810). Es ist aufschlussreich, in welchen Kontexten der Begriff »Albe/Alp« in Wagners Werken sonst noch vorkommt. In einem seiner ersten revolutionären Traktate zum Beispiel, *Wie verhalten sich republikanische Bestrebungen dem Königtum gegenüber?* (1848), behauptet Wagner, die »volle Emanzipation des Menschengeschlechtes« sei nur in einer Gesellschaft zu erreichen, die »durch die *Tätigkeit ihrer Glieder*, nicht aber durch

die vermeinte Tätigkeit des Geldes erhalten wird: [...] wie ein böser nächtlicher Alp wird dieser dämonische Begriff *des Geldes* von uns weichen« (DS 5:214). Hier wird also im Entstehungsjahr des ersten Gesamtkonzeptes für den *Ring* heftige Kritik an der modernen Zivilisation und an der Rolle des Geldes als Wurzel des Übels geübt: Geld – Alp – Alben – Alberich – hier besteht in Wagners Gedankenwelt eine enge sprachliche wie gedankliche Verbindung. Hagens »Albtraum« könnte für Wagner die metaphorische Darstellung des »Alptraums« gewesen sein, den das jüdische (Geld-) Wesen für das Deutschland des 19. Jahrhunderts bedeutete.

12. Cosima Wagner, *Tagebücher*, Bd.1, S. 415 f. (Eintrag vom 18. Juli 1871).

13. Einer der wenigen Kommentatoren, die die Bedeutung der Masturbation in Wagners Denken erwähnen, ist Dieter Schickling, aber seine Behandlung dieses Themas ist zu unsystematisch; vor allem wird die Rolle des Themas Masturbation in der Semiotik von Wagners Musik übersehen. Schickling erkennt zwar in einzelnen, mit Beckmesser und Klingsor verbundenen Textpassagen Hinweise auf Masturbation, aber er sagt zum Beispiel überhaupt nichts zu Hagen. Vgl. Schickling, *Abschied von Walhall*, S. 73–76. Lindsay A. Graham macht in seiner unterhaltsamen psychoanalytischen Studie *Wagner and ›Lohengrin‹* einige Anmerkungen zu Wagners »Schuldgefühlen wegen Masturbationsfantasien«.

14. Vgl. das *Parsifal*-Kapitel in Linda und Michael Hutcheons Buch *Opera: Desire, Disease, Death*.

15. Einen Überblick über die Literatur des 19. Jahrhunderts zur Masturbation als einer abartigen und gefährlichen Sexualpraktik geben Hare, *Masturbatory Insanity*, und Engelhardt, *The Disease of Masturbation*.

16. Genau das ist Borchmeyers Argument in: *Richard Wagner und der Antisemitismus*, S. 159.

17. Kleists Brief wird von Gilman ausführlich analysiert in *Disease and Representation*, S. 67–73.

18. Kleist, *Sämtliche Werke und Briefe*, Bd. 2, S. 559–562.

19. In Samuel La'merts medizinischer Abhandlung *Self-Preservation* zeigt die Abbildung eines schweren Falles von Corona veneris (einem Hautausschlag als Symptom von Syphilis im fortgeschrittenen Stadium) die angeblich auf der Haut sichtbaren Folgen der Masturbation; vgl. Gilman, *Inscribing the Other*, Abbildung 13. Der Glaube an die äußerlich sichtbaren Zeichen des Onanierens wird

auch bei Deslandes, *A Treatise on the Diseases Produced by Onanism, Masturbation, Self-Pollution, and Other Excesses* dokumentiert. Auf dem Kontinent (in Frankreich, Deutschland und Österreich) waren die Diskussionen über die Masturbation anscheinend nicht ganz so moralisch aufgeladen wie bei den Autoren in England und Amerika mit ihren scharfen Verdammungsurteilen, aber in einem Punkt waren sich dennoch alle einig: Sie teilten ähnliche Annahmen hinsichtlich der körperlich schwächenden Auswirkungen und der äußerlich sichtbaren Anzeichen der Selbstbefriedigung. Vgl. dazu Hare, *Masturbatory Insanity*, S. 4–9. Zusätzliche deutsche Texte aus dem 19. Jahrhundert zu diesem Thema finden sich bei Hohmann (Hg.), *Schon auf den ersten Blick*, S. 36–44. In einem kaum bekannten Vortrag, den Mark Twain 1879 vor einem Privatclub in Paris hielt, nahm der Autor die weit verbreitete Ansicht satirisch aufs Korn, man könne die Masturbation daran erkennen, welche Schäden sie an Körper und Seele hinterlasse: »Die Zeichen exzessiver Hingabe an diesen zerstörerischen Zeitvertreib lassen sich leicht erkennen. Ich zähle sie auf: Eine Neigung zu essen, zu trinken, zu rauchen, sich zum fröhlichen Umtrunk zu versammeln, zu lachen, zu scherzen und obszöne Witze zu erzählen – vor allem aber das Verlangen, Bilder zu malen« (Mark Twain, *Some Thoughts on the Science of Onanism* [ursprünglich unter dem Titel *1601* veröffentlicht]).

20. Das erste Zitat stammt aus Howe, *Excessive Venery, Masturbation and Continence*, S. 73, das zweite aus F. A. Burdem, *Self-Pollution in Children*, S. 339. Beide Phrasen sind zitiert bei Engelhardt, *The Disease of Masturbation*, S. 237, Anm. 27.

21. Strobel (Hg.), *Richard Wagner, Skizzen und Entwürfe*, S. 28, 44.

22. Unerklärlicherweise behauptet Bailey (*The Structure of the ›Ring‹ and Its Evolution*, S. 49), es gebe einen »Generationensprung« zwischen dem dritten und vierten Teil der Tetralogie, zwischen *Siegfried* und *Götterdämmerung*.

23. Vgl. Gilman/Chamberlain (Hgg.), *Degeneration*, S. 73; Russell, *Cases Illustrating the Influence of Exhaustion of the Spinal Cord in Inducing Paraplegia*, S. 456.

24. Das Manuskript datiert vom 8. Februar 1893; vgl. Freud, *Aus den Anfängen der Psychoanalyse*, S. 63.

25. Vgl. Mosse, *Nationalism and Sexuality*, S. 135; Gilman, *Difference and Pathology*, S. 151.

26. Schickling, *Abschied von Walhall*, S. 86.

27. Burdem, *Self-Pollution in Children*, S. 341.

28. Wilhelm Griesinger, *Mental Pathology and Therapeutics*, zitiert bei Hare, *Masturbatory Insanity*, S. 6.

29. Henry Maudsley, *The Physiology and Pathology of Mind*, zitiert a. a. O., S. 7.

30. Vgl. Newman, *The Wagner Operas*, S. 611; Rappl, *Wagner-Opernführer*, S. 115.

31. Henry Maudsley, *Body and Mind*, S. 86f., zitiert bei Gilman, *Disease and Representation*, S. 78.

32. Stedman, *Some of the Mental Aspects of Nervous Disease*, S. 422.

33. Vgl. Lallemand, *Des pertes séminales involontaires*, Bd. 3, S. 479; Eduard Reich, *Geschichte, Natur- und Gesundheitslehre des ehelichen Lebens* und *Über Unsittlichkeit*. Kanns und Reichs Arbeiten werden von Gilman besprochen in: Gilman/Chamberlain (Hgg.), *Degeneration*, S. 73, 76 f.

34. Dieser Brief Wagners wurde, allerdings unvollständig, zum ersten Mal 1956 im Anhang zu von Westernhagens *Richard Wagner. Sein Werk, sein Wesen, seine Welt*, S. 527 ff., veröffentlicht, danach auch in *Briefe*, Hg. Kesting, S. 597 f. (nach dieser Ausgabe wird der Brief hier zitiert). Schon lange vor 1956 scheint der Wagner-Biograf Carl Friedrich Glasenapp mit dem Inhalt des Briefes vertraut gewesen zu sein, doch er unterdrückte die Veröffentlichung wahrscheinlich aus Gründen des Anstands. Er spricht von einem »ausführlichen teilnehmenden Schreiben [...], von dem wir nicht genau sagen können, ob es sich erhalten habe oder nicht« (*Das Leben Richard Wagners in sechs Büchern dargestellt*, Bd. 5, S. 404). So wussten zwar schon vor der endgültigen Veröffentlichung viele Forscher von der Existenz dieses Briefes, auch davon, dass Nietzsche wegen des Briefes beleidigt und beunruhigt war, doch bezüglich des Briefinhalts konnten sie nur Mutmaßungen anstellen. So schrieb etwa Griesser in *Nietzsche und Wagner*, S. 292 f., er vermute, der Brief enthalte lediglich Hinweise auf Nietzsches angebliche Verliebtheit in Cosima Wagner.

35. Zu diesem letzten Zusammentreffen Wagners und Nietzsches vgl. Newman, *The Life of Richard Wagner*, Bd. 4, S. 543 f.; Mayer, *Richard Wagner in Selbstzeugnissen und Bilddokumenten*, S. 156; Gregor-Dellin, *Richard Wagner* S. 729 ff; Gutman, *Richard Wagner*, S. 406.

36. Eisers Essay *Richard Wagners ›Der Ring des Nibelungen‹. Ein exegetischer Versuch* wurde erst 1978 veröffentlicht.

37. Vgl. Wagner, *Sämtliche Briefe*, Bd. 4, S. 383 f.
38. Zu Wagners Korrespondenz mit Eiser vgl. Gutman, *Richard Wagner*, S. 406; Fischer-Dieskau, *Wagner und Nietzsche*, S. 216; Schickling, *Abschied von Walhall*, S. 74; Gregor-Dellin, *Richard Wagner*, S. 749–754; Vogel, *Nietzsche und Wagner*, S. 294–298.
39. Wagner hatte in der Londoner Royal Albert Hall gemeinsam mit Hans Richter mehrere Konzerte dirigiert, um Geld für die Fortführung der Bayreuther Festspiele zu verdienen. Vgl. Fischer-Dieskau, *Wagner und Nietzsche*, S. 216.
40. Cosima Wagner, *Tagebücher*, Bd.1, S. 1078 (Eintrag vom 23. Oktober 1877).
41. Die Literatur über Nietzsches Krankheit ist sehr umfangreich. Einen Überblick geben Janz, *Friedrich Nietzsche*, und Volz, *Nietzsche im Labyrinth seiner Krankheit*. Zu Eisers Bemerkungen über Nietzsches »geistige Verwirrung« vgl. Newman, *The Life of Richard Wagner*, Bd. 4, S. 590.
42. Wagner, *Briefe*, S. 597–598. – Im Zeichen der weit verbreiteten Annahme, der Körper werde durch frühzeitige sexuelle Selbstbefriedigung geschwächt und irreparabel geschädigt, waren viele Ärzte im 19. Jahrhundert überzeugt, jeder heterosexuelle Akt sei dem Onanieren vorzuziehen – ein Gedanke, der sich mindestens bis zum Beginn des 18. Jahrhunderts zurückverfolgen lässt. Zum Beispiel schrieb Simon-André Tisson in seinem einflussreichen Werk *Tentamen de morbis ex manustrupatione* (1758): »Wir haben gesehen, dass die Masturbation viel verderblicher ist als exzessiver Geschlechtsverkehr mit Frauen« (Tisson, *Onanism* [anonyme engl. Übers.], S. 45). Tisson nahm in seinem Werk viele Gedanken auf, die sich in einem anonymen englischen Werk fanden: *Onania, or the Heinous Sin of Self-Pollution, and All Its Frightful Consequences, in Both Sexes, etc.*; zitiert bei Hare, *Masturbatory Insanity*, S. 2. Gelegentlich gingen Ärzte im 19. Jahrhundert sogar so weit, (männlichen) Onanisten den Rat zu geben, Verkehr mit Prostituierten oder einer Mätresse zu pflegen. Vgl. etwa Mayes, *Spermatorrhoea, Treated by the Lately Invented Rings*, S. 352; Parvin, *The Hygiene of Sexual Functions*, S. 606. Derartige Praktiken und Beispiele bilden den Hintergrund zu Wagners Bemerkungen über den Rat von Nietzsches Arzt in Italien, Nietzsche solle doch heiraten. – Kürzlich hat auch Joachim Köhler Wagners Brief an Eiser als Beleg dafür gedeutet, dass der Komponist an Nietzsches sexuelle Abartigkeit glaubte. Köhler sieht in dem Brief jedoch Hinweise auf Wagners Ansicht, Nietzsche

sei homosexuell. Vgl. Köhler, *Nietzsche und Cosima Wagner*, S. 159–165.

43. Vgl. Eisers Brief an Wagner vom 26. Oktober 1877, in: Westernhagen, Richard Wagner, S. 529 f.; zum größten Teil auch bei Gregor-Dellin, Richard Wagner, S. 751 f., abgedruckt.

44. Cosima Wagner, *Tagebücher*, Bd.1, S. 809 (Eintrag vom 4. April 1874).

45. Zur Identität Theodor Apels als des »verstorbenen Dichters« vgl. Wagner, *Briefe*, S. 657; zu Wagners gemeinsamem Urlaub mit dem Jugendfreund Apel vgl. Phillip Hodson, *Who's Who in Wagner's Life & Work*, S. 5; zu Karl Ritter als dem namentlich nicht genannten Freund vgl. Wagner, *Selected Letters*, S. 873 Anm., und *Briefe*, S. 657.

46. Zum Charakter von Wagners Freundschaft mit Karl Ritter vgl. Schickling, *Abschied von Walhall*, S. 73; Gregor-Dellin, *Richard Wagner*, S. 303, 306 f.

47. Zu Apels Sturzverletzung vgl. Bauer, *Richard-Wagner-Lexikon*, S. 53.

48. Darwin, *Selected Writings*, S. 160. Diesen Text interpretiert überzeugend Dijkstra, *Idols of Perversity*, S. 211f.

49. Darwin, *Selected Writings*, S. 696.

50. Cosima Wagner, *Tagebücher*, Bd.1, S. 195 (Eintrag vom 7. Februar 1870).

51. Beide Äußerungen Wagners werden zitiert bei Rose, *Richard Wagner und der Antisemitismus*, S. 222 und 335f., Anm. 34.

52. Cosima Wagner, *Tagebücher*, Bd. 1, S. 770 (Eintrag vom 27. Dezember 1873). Wagner bezieht sich hier auf die Sänger Karl Hill und Emil Scaria, die für die Rollen des Alberich und des Hagen vorgesehen waren. Noch vor der Premiere wurde Scaria durch Gustav Siehr ersetzt, der die Rolle in nur zwei Wochen einstudierte; vgl. Wagner, *Ein Rückblick auf die Bühnenfestspiele des Jahres 1876* (DS 10:57).

Nachwort: Die Verkörperung Wagners

1. Zu Barenboims fehlgeschlagener Kampagne vgl. Bar-Am, *Wagner still ›verboten‹*; Bernheimer, *Wagner vs. Wagnerism in Israel*; Goddard, *Israel and Germany and Richard Wagner*; Haberman, *Israel Philharmonic Puts Off Wagner Concert*; Hecht, *The Wagner ›Rehear-*

sal‹; Oestreich, *Wagner, Nazis and the Israeli Soul*; von Rhein, *Barenboim Takes Step in Returning Wagner to Israel*; Rothstein, *What Is the Politics of ›Tristan‹?*; Shattner, *Israel Philharmonic Cancels Wagner Recital amid Protests*; Taruskin, *Only Time Will Cover the Taint; Wagner Concert Postponed after Furor*; Walsh, *The Case of Wagner – Again*; Ward, *Listeners Look Beyond the Music for Meanings*; Zadrozny, *Israel Orchestra Bans Classical Music Antisemitism.* – Die Kontroverse über Barenboims Versuch, Wagner in Israel aufzuführen, verweist auf genau die ideologischen Positionen zur Frage des Ideengehalts von Musik, die in der Einleitung zum vorliegenden Buch behandelt wurden. Während jene, die zwischen Wagners Persönlichkeit und seiner Musik unterscheiden wollen, dabei auch den kulturellen Kontext ignorieren, in dem die Musik aufgeführt wird – und der ist bei einer solchen Diskussion von essentieller Bedeutung –, sind andere Kritiker, vor allem Rothstein und Taruskin, wesentlich sensibler und umsichtiger. Typisch für den erstgenannten Ansatz sind Bemerkungen wie die folgenden: »Gibt es in Wagners Musik irgendetwas Antisemitisches? Natürlich nicht. Man kann einfach keine antisemitische Musik schreiben« (Bar-Am); »In diesem Fall sind wir gefragt, zwischen dem Menschen und seiner Musik zu unterscheiden« (Goddard); »Die überwältigende Mehrheit ist weiterhin der Meinung, dass Wagners Musik, was immer sie sein mag, jedenfalls nicht antisemitisch ist. [...] Bisher hat niemand Mittel und Wege gefunden, Wagners Musik als solche – im Unterschied zu dem, was in der ersten Hälfte des 20. Jahrhunderts daraus gemacht wurde – mit dem Antisemitismus gleichzusetzen« (Ward). Anstatt Musik als ästhetisches Konstrukt anzusehen, das in einem historisch-kulturellen Vakuum existiert, und dem man durch eine Deutung im Lichte der Holocaust-Erfahrungen Gewalt antun würde, machen Rothstein und Taruskin treffende Bemerkungen wie die folgenden: »Musik kann in der Tat politische Bedeutungen haben. Musik ist niemals rein abstrakt. [...] Doch darf man ihre Bedeutungen auch nicht wörtlich nehmen« (Rothstein); »Es hilft nicht weiter, wenn man argumentiert, die Musik selbst sei ihrem Wesen nach unpolitisch und nicht rassistisch. Die Musik existiert heute so wenig wie jemals zuvor in einem sozialen Vakuum. Ihre Bedeutungen sind nicht nur autonom und selbstbezogen. Sie sind nicht nur vom Schöpfer der Musik vorgegeben, sondern werden auch von den Benutzern mitbestimmt, ganz gleich, ob diese Nazis oder Juden sind« (Taruskin).

DS Richard Wagner: *Dichtungen und Schriften.* Hg. Dieter Borch-
    meyer. 10 Bde. Frankfurt am Main 1983.
GS Richard Wagner: *Gesammelte Schriften.* Hg. Julius Kapp. 14 Bde.
    Leipzig 1914.
MD Richard Wagner: *Die Musikdramen.* Mit einem Vorwort von Joa-
    chim Kaiser. Hamburg 1971; München 1978. (Vollständige Aus-
    gabe der Musikdramen nach dem Wortlaut der Partituren.)

Werke von Richard Wagner

Autobiografisches und Tagebücher

Das braune Buch. Tagebuchaufzeichnungen 1865 bis 1882. Zürich 1975.
Mein Leben. Hg. Martin Gregor-Dellin. München 1963.
[Wolzogen, Hans von]: *The Work and Mission of My Life.* In: North American Review 223–224 (August–September 1879), S. 107–124, 238–258.

Briefe

Ein Brief R. Wagners. In: Die Musikzeitung 17 (1986), S. 111.
Briefwechsel zwischen Wagner und Liszt. 2 Bde. Leipzig 1900.
Richard Wagner an Mathilde Wesendonck: Tagebuchblätter und Briefe, 1853–1871. Hg. Wolfgang Golther. Berlin 1904.
Briefe Richard Wagners an Otto Wesendonck. Berlin 1905.
Briefe Richard Wagners an eine Putzmacherin. Hg. Daniel Spitzer. Wien 1906.
Richard Wagner an seine Künstler. Hg. Erich Kloss. Berlin 1908.
Richard Wagner an Theodor Apel. Leipzig 1910.
Family Letters of Richard Wagner. Ins Engl. übers. von William Ashton Ellis. London 1911.
Richard Wagner an August Röckel. Leipzig ²1912.
Drei unbekannte Schreiben Richard Wagners an Gustav Hölzel. Mitgeteilt von Marie Huch in Hannover. In: Die Musik 12 (1912–13), S. 171–172.
Briefe an Hans von Bülow. Jena 1916.
Briefe an Hans Richter. Hg. Ludwig Karpath. Berlin 1924.

Die Briefe Richard Wagners an Judith Gautier. Hg. Willi Schuh. Zürich 1936.

König Ludwig II. und Richard Wagner: *Briefwechsel.* Hg. Otto Strobel. 5 Bde. Karlsruhe 1936–1939.

Sämtliche Briefe. Hgg. Gertrud Strobel und Werner Wolf. Leipzig 1979 ff.

Briefe. Hg. Hanjo Kesting. München 1983.

Selected Letters of Richard Wagner. Ins Engl. übers. und hg. von Stewart Spencer und Barry Millington. London 1987.

Werke

Gesammelte Schriften. Hg. Julius Kapp. 14 Bde. Leipzig 1914.

Sämtliche Werke. Hgg. Carl Dahlhaus und Ernst Voss. Mainz 1970 ff.

Der Ring des Nibelungen. Vollständiger Text mit Notentafeln der Leitmotive. Hg. Julius Burghold. München 1981.

Dichtungen und Schriften. Hg. Dieter Borchmeyer. 10 Bde. Frankfurt am Main 1983.

Forschungsliteratur und weitere Quellen

Abbate, Carolyn: *Parsifal: Words and Music.* In: *Parsifal.* Hg. Nicholas John. English National Opera Guide Series 34. New York 1986, S. 43–58.

dies.: *Erik's Dream and Tannhäuser's Journey.* In: *Reading Opera.* Hgg. Arthur Groos und Roger Parker. Princeton 1988, S. 129–167.

dies.: *Opera as Symphony, a Wagnerian Myth.* In: *Analyzing Opera. Verdi and Wagner.* Hgg. Carolyn Abbate und Roger Parker. Berkeley 1989, S. 92–124.

dies.: *Unsung Voices: Opera and Musical Narrative in the Nineteenth Century.* Princeton 1991.

Abraham, Gerald: *The Artist of Pictures from an Exhibition.* In: *Musorgsky. In Memoriam 1881–1981.* Hg. Malcolm H. Brown. Russian Music Studies 3. Ann Arbor 1982, S. 229–236.

Ackermann, Peter: *Richard Wagners Ring des Nibelungen und die Dialektik der Aufklärung.* Tutzing 1981.

Adorno, Theodor W.: *Versuch über Wagner.* In: *Die musikalischen Monographien.* Frankfurt am Main 1986 [= Gesammelte Schriften. Hgg. Gretel Adorno und Rolf Thiedemann. Bd. 13].

ders.: *Wagner, Nietzsche, and Hitler.* In: Kenyon Review 9 (1947), S. 155–162 [wieder abgedruckt in: ders.: *Gesammelte Schriften* Bd. 19, Frankfurt am Main 1984, S. 402–412].

Amerongen, Martin van: *Wagner: A Case History.* Übers. Stewart Spencer und Dominic Cakebread. London 1983.

[Anonym.]: *Onania, or the Heinous Sin of Self-Pollution, and all its Frightful Consequences, in both Sexes, etc.* London [ca. 1726].

[Anonym.]: *Wagner Concert Postponed after Furor.* In: Facts on File World News Digest, 31. Dezember 1991, S. 1005 G3.

Apel, Willi: *Harvard Dictionary of Music.* Cambridge ²1977.

Appia, Adolphe: *Staging Wagnerian Drama.* Übers. und Einl. Peter Loeffler. Basel 1982.

Aprahamian, Felix: *Debussy's Pelléas et Mélisande.* CD-Broschüre zu: Claude Debussy: *Pelléas et Mélisande.* EMI Records Ltd. CDS7 49350-2, S. 7–11.

Ashman, Mike: *Producing Wagner.* In: Wagner in Performance. Hgg. Barry Millington und Stewart Spencer. New Haven 1992, S. 29–47.

Bächthold-Stäubli, Hans: *Handwörterbuch des deutschen Aberglaubens.* 9 Bde. Berlin 1927–1941.

Bailey, Robert: *The Structure of the Ring and Its Evolution.* In: 19th-Century Music I (Juli 1977), S. 48–61.

Balzac, Honoré de: *Gambara.* In: *Le chef-d'œuvre inconnu: Gambara, Massimilla Doni.* Hgg. Marc Eigeldinger und Max Milner. Paris 1981.

Bar-Am, Benjamin: *Wagner still »verboten.«* In: Jerusalem Post, 19. Dezember 1991, Sektion *Opinion.*

Bart, Benjamin F.: *Flaubert.* Syracuse N.Y. 1967.

Barth, H., D. Mack und E. Voss (Hgg.): Wagner: *A Documentary Study.* London 1975.

Bauer, Hans-Joachim: *Richard-Wagner-Lexikon.* Bergisch Gladbach 1988.

Bauer, Oswald G.: *Richard Wagner. Die Bühnenwerke von der Uraufführung bis heute.* Frankfurt am Main 1982.

ders.: *Die Aufführungsgeschichte in Grundzügen.* In: Müller/Wapnewski (Hgg.): *Richard-Wagner-Handbuch.* Stuttgart 1986, S. 647–674.

Beckett, Lucy: *Richard Wagner: Parsifal.* Cambridge 1981.

Bein, Alex: *Die Judenfrage. Biographie eines Weltproblems.* Stuttgart 1980.

Berl, Heinrich: *Das Judentum in der Musik.* Berlin 1926.

Bermbach, Udo: *Die Destruktion der Institutionen. Zum politischen Gehalt des Ring.* In: ders. (Hg.): *In den Trümmern der eignen Welt. Richard Wagners ›Der Ring des Nibelungen‹.* Berlin 1989, S. 111–144.

ders.: *Der Wahn des Gesamtkunstwerks. Richard Wagners politisch-ästhetische Utopie.* Frankfurt am Main 1994.

ders.: *Im Anfang war die Tat* (Rez. von P.L. Rose, *Richard Wagner und der Antisemitismus*). In: F.A.Z (10.1.2000), S. 47.

Bernal, Martin: *Black Athena: The Afroasiatic Roots of Classical Civilization.* London 1991.

Bernheimer, Martin: *Wagner vs. Wagnerism in Israel.* In: Los Angeles Times, Sektion *Calendar*, Teil F, S. 1.

Bloch, Ernst: *Über Beckmessers Preislied-Text.* In: Csampai/Holland (Hgg.): *Die Meistersinger von Nürnberg. Texte, Materialien, Kommentare.* Reinbek bei Hamburg 1981, S. 243–248.

Bokina, John: *Wagner and Marxist Aesthetics.* In: *Wagner in Retrospect.* Hgg. Leroy Shaw, Nancy R. Cirillo und Marion S. Miller. Amsterdam1987, S. 138–151.

Borchmeyer, Dieter: *Das Theater Richard Wagners. Idee – Dichtung – Wirkung.* Stuttgart 1982.

ders.: *›Parsifal‹. Erlösung und Wiederbringung der Dinge.* In: Wolfgang Böhme (Hg.): *Liebe und Erlösung. Über Richard Wagner.* Karlsruhe1983, S. 49–67.

ders.: *Richard Wagner und der Antisemitismus.* In: Müller/Wapnewski (Hgg.): *Richard-Wagner-Handbuch.* Stuttgart 1986, S. 137–161.

ders.: *Die Götter tanzen Cancan. Richard Wagners Liebesrevolten.* Heidelberg 1992.

ders.: *Wagner-Literatur – eine deutsche Misere. Neue Ansichten zum »Fall Wagner«.* In: Internationales Archiv für Sozialgeschichte der deutschen Literatur. 3. Sonderheft. Forschungsreferate 2. Folge. Tübingen 1992, S. 1–62.

Borges, Jorge Luis und Margarita Guerrero: *The Book of Imaginary Beings.* Übers. Norman Thomas di Giovanni. New York 1970.

Botstein, Leon: *Wagner and Our Century.* In: 19th-Century Music 11 (1987/88), S. 92–104.

Branscombe, Peter: *Die sprachliche Form der Dramen.* In: Müller/Wapnewski (Hgg.): *Richard-Wagner-Handbuch.* Stuttgart 1986, S. 175–196.

Brod, Leo: *Richard Wagners jüdische Propagandisten.* In: Lorenz Ellwanger (Hg.): *Wagners Werk und Wirkung. Festspielnachrichten Beiträge 1957 bis 1982.* Bayreuth 1982, S. 25–29.

Brody, Elaine: *The Jewish Wagnerites.* In: Midstream (Februar 1986), S. 46–50.

Bronsen, David (Hg.): *Jews and Germans from 1860 to 1933. The Problematic Symbiosis.* Heidelberg 1979.

Brown, Malcolm H. (Hg.): *Musorgsky. In Memoriam 1881-1981*. Russian Music Studies 3. Ann Arbor 1982.

Burbridge, Peter und Richard Sutton (Hgg.): *The Wagner Companion*. London 1979.

Bürger, Peter: *Literarischer Markt und autonomer Kunstbegriff. Zur Dichotomisierung der Literatur im 19. Jahrhundert*. In: Christa Büger, Peter Bürger und Jochen Schulte-Sasse (Hgg.): *Zur Dichotomisierung von hoher und niederer Literatur*. Frankfurt am Main 1982, S. 241–265.

Burke, Kenneth: *The Thinking of the Body. Comments on the Imagery of Catharsis in Literature*. In: Psychoanalytic Review 50 (Herbst 1963), S. 25–68.

Burton, Robert: *The Anatomy of Melancholy*. Hg. Holbrook Jackson. New York 1977.

Busi, Fred: *Wagner and the Jews*. In: Midstream (Februar 1986), S. 37–42.

Byock, Jesse L.: *Introduction. The Saga of the Volsungs: The Norse Epic of Sigurd the Dragon Slayer*. Übers. Jesse L. Byock. Berkeley 1990, S. 1–29.

Carlebach, Julius: *Karl Marx and the Radical Critique of Judaism*. London 1978.

Chamberlain, Houston Stewart: *The Wagnerian Drama. An Attempt to Inspire a Better Appreciation of Wagner as a Dramatic Poet*. London 1923.

Cicora, Mary A.: *Parsifal-Reception in the Bayreuther Blätter*. New York 1987.

Cirlot, J. E.: *A Dictionary of Symbols*. Übers. Jack Sage. London ²1971.

Clement, Catherine: *Opera, or the Undoing of Woman*. Übers. Betsy Wing. Minneapolis 1988.

Cooke, Deryck: *I Saw the World End. A Study of Wagner's Ring*. London 1979.

Corbin, Alain: *The Foul and the Fragrant. Odor and the French Social Imagination*. Cambridge 1986.

Coren, Daniel: *The Texts of Wagner's Der junge Siegfried and Siegfried*. In: 19th-Century Music 6 (1982/83), S. 17–30.

Corse, Sandra: *Wagner and the New Consciousness. Language and Love in the Ring*. London 1990.

Csampai, Attali und Dietmar Holland (Hgg.): *Die Meistersinger von Nürnberg. Texte, Materialien, Kommentare*. Reinbek bei Hamburg 1981.

dies.: *Tristan und Isolde. Texte, Materialien, Kommentare.* Reinbek bei Hamburg 1983.

dies.: *Parsifal. Texte, Materialien, Kommentare.* Reinbek bei Hamburg 1984.

dies.: *Tannhäuser. Texte, Materialien, Kommentare.* Reinbek bei Hamburg 1986.

dies.: *Lohengrin. Texte, Materialien, Kommentare.* Reinbek bei Hamburg 1989.

Culshaw, John: *Ring Resounding.* New York 1967.

Dahlhaus, Carl (Hg.): *Soziologische Dechiffrierung von Musik. Zu Theodor W. Adornos Wagnerkritik.* In: International Review of Music Aesthetics and Sociology I (1970), S. 137–147.

ders.: *Richard Wagners Musikdramen.* Velber 1971.

ders.: *Das Drama Richard Wagners als musikalisches Kunstwerk.* Studien zur Musikgeschichte des 19. Jahrhunderts 23. Regensburg 1971.

ders. (Hg.): *Richard Wagner. Werk und Wirkung.* Studien zur Musikgeschichte des 19. Jahrhunderts 26. Regensburg 1971. Darin: *Das unterbrochene Hauptwerk. Zu Wagners Siegfried.* S. 235–238.

ders.: *Erlösung dem Erlöser.* In: Csampai/Holland (Hgg.): *Parsifal. Texte, Materialien, Kommentare.* Reinbek bei Hamburg 1981, S. 262–269.

ders.: *Musikalischer Realismus. Zur Musikgeschichte des 19. Jahrhunderts.* München und Zürich 1982.

ders.: *Vom Musikdrama zur Literaturoper. Aufsätze zur neueren Operngeschichte.* München 1983.

Dahlhaus, Carl und John Deathridge: *Wagner.* Übers. Bettina Obrecht. Stuttgart 1994 (The New Grove Wagner).

Darcy, Warren: *The Pessimism of the Ring.* In: Opera Quarterly 4 (Sommer 1986), S. 24–48.

Darwin, Charles: *Selected Writings.* Hg. Philip Appleman. New York 1970.

Deathridge, John: *The Nomenclature of Wagner's Sketches.* In: Proceedings of the Royal Musical Association 101 (1974/75), S. 75–83.

ders.: *Götterdämmerung: Finishing the End.* CD-Broschüre zu: Richard Wagner: *Götterdämmerung.* Deutsche Grammophon. 429 385-2GH4, S. 66–72.

ders.: *Wagner's Sketches for the Ring: Some Recent Studies.* In: Musical Times 118 (Mai 1977), S. 383–389.

ders.: *Grundzüge der Wagner-Forschung.* In: Müller/Wapnewski (Hgg.): *Richard-Wagner-Handbuch.* Stuttgart 1986, S. 803-830. [In erweiterter Form als:] *A Brief History of Wagner Research.* In: *Wagner Handbook.* Hgg. Ulrich Müller, Peter Wapnewski und John Deathridge. Cambridge 1992, S. 202–223.

ders.: *Through the Looking Glass. Some Remarks on the First Complete Draft of Lohengrin.* In: *Analyzing Opera: Verdi and Wagner.* Hgg. Carolyn Abbate und Roger Parker. Berkeley 1989, S. 56–91.

ders.: *Wagner and the Post-Modern.* In: Cambridge Opera Journal 4, Nr. 2 (Juli 1992), S. 143–161.

ders.: *Review of recent recordings of the Ring.* Radiosendung des BBC vom 10. und 17. Oktober 1992.

Deathridge, John, Martin Geck und Egon Voss (Hgg.): *Verzeichnis der musikalischen Werke Richard Wagners und ihrer Quellen.* Mainz 1984.

Deslandes, Leopold: *A Treatise on the Diseases produced by Onanism, Masturbation, Self-Pollution, and other Excesses.* Boston ³1841.

Devraigne, Pierre: *Hungerjahre in Paris.* In: Lorenz Ellwanger (Hg.): *Wagners Werk und Wirkung. Festspielnachrichten Beiträge 1957 bis 1982.* Bayreuth 1982, S. 93–96.

DiGaetani, John Louis (Hg.): *Penetrating Wagner's ›Ring‹. An Anthology.* Rutherford 1978.

Dijkstra, Bram: *Idols of Perversity. Fantasies of Feminine Evil in Fin-de-Siècle Culture.* New York 1986.

Dippel, Paul Gerhardt: *Richard Wagner und Italien.* Emsdetten 1966.

Döhring, Sieghart und Sabine Henze-Döhring: *Oper und Musikdrama im 19. Jahrhundert.* Laaber 1997.

Donington, Robert: *Opera & Its Symbols: The Unity of Words, Music, & Staging.* New Haven 1990 [dt. u. d. T.: *Richard Wagners Ring des Nibelungen und seine Symbole.* Übers. Joachim Schulte. Stuttgart 1976].

Douchin, Jacques-Louis: *La Vie érotique de Flaubert.* Paris 1984.

Douglas, Mary: *Natural Symbols.* New York 1970.

Echtermeyer, Theodor und Benno von Wiese (Hgg.): *Deutsche Gedichte. Von den Anfängen bis zur Gegenwart.* Düsseldorf 1980.

Die Edda. Hg. u. übers. Hugo Gehring. Leipzig und Wien 1912.

Heldenlieder der Edda. Hg. u. übers. Felix Genzmer. Stuttgart 1952.

Die Lieder der Älteren Edda. Hgg. Karl Hildebrandt und Hugo Gehring. Paderborn ³1912 [Altnordischer Originaltext].

Eger, Manfred (Hg.): *Wagner und die Juden. Fakten und Hintergründe. Eine Dokumentation zur Ausstellung im Richard-Wagner-Museum Bayreuth.* Bayreuth 1985.

Ehrenfels, Christian von: *Wagner und seine neuen Apostaten.* In: Der Auftakt. Moderne Musikblätter II (1931), S. 5–12.

Eisen, A.M.: *Nietzsche and the Jews Reconsidered.* In: Jewish Social Studies 48 (1986), S. 1–14.

Eiser, Otto: *Richard Wagners Der Ring des Nibelungen. Ein exegetischer Versuch.* In: Bayreuther Blätter I (1978), S. 309–317, 352–366.

Elvers, Rudolf: *Schlesinger.* In: *The New Grove Dictionary of Music and Musicians.* Hg. Stanley Sadie. London 1980, Bd. 16, S. 660.

Emmons, Shirlee: *Tristanissimo. The Authorized Biography of Heroic Tenor Lauritz Melchior.* New York 1990.

Emslie, Barry: *Woman as Image and Narrative in Wagner's Parsifal. A Case Study.* In: Cambridge Opera Journal 3, Nr. 2 (Juli 1991), S. 109–124.

Engelhardt, H. Tristram Jr.: *The Disease of Masturbation. Values and the Concept of Disease.* In: Bulletin of History of Medicine 48 (1974), S. 234–248.

Ewans, Michael: *Wagner and Aeschylus. The Ring and the Oresteia.* London 1982.

Fehl, Philipp P.: *Wagner's Antisemitism and the Dignity of Art.* In: *Wagner in Retrospect.* Hgg. Leroy Shaw, Nancy R. Cirillo und Marion S. Miller. Amsterdam 1987, S. 197–201.

Field, Geoffrey G.: *Evangelist of Race. The Germanic Vision of Houston Stewart Chamberlain.* New York 1981.

Finney, Gail: *Self-Reflexive Siblings. Incest as Narcissism in Tieck, Wagner, and Thomas Mann.* In: German Quarterly 56, Nr. 2 (März 1983), S. 243–256.

Fischer, Jens Malte: *Sprachgesang oder Belcanto? Wagners Sänger und die Bayreuther Schule.* In: Gerhard Croll, Franz Hundsnurscher, Ulrich Müller und Cornelius Sommer (Hgg.): *Richard Wagner 1883–1983. Die Rezeption im 19. und 20. Jahrhundert.* Stuttgarter Arbeiten zur Germanistik 129. Stuttgart 1984, S. 475–490.

ders.: *Richard Wagners ›Das Judentum in der Musik‹. Eine kritische Dokumentation als Beitrag zur Geschichte des Antisemitismus.* Frankfurt am Main 2000.

Fischer, Klaus-Uwe: *Von Wagner zu Hitler. Annahme oder Ablehnung einer These von Ludwig Marcuse.* In: *Richard Wagner. Wie antisemitisch darf ein Künstler sein?* Musikkonzepte 5. München 1978, S. 34–40.

Fischer-Dieskau, Dietrich: *Wagner und Nietzsche.* Stuttgart 1974.

Fontane, Theodor: *Der deutsche Krieg von 1866*. Bd. I: *Der Feldzug in Böhmen und Mähren*. Berlin 1870.

Foucault, Michel: *Wahnsinn und Gesellschaft. Eine Geschichte des Wahns im Zeitalter der Vernunft*. Übers. Ulrich Köppen. Frankfurt am Main 1969.

ders.: *Die Ordnung der Dinge. Eine Archäologie der Humanwissenschaften*. Übers. Ulrich Köppen. Frankfurt am Main 1971.

ders.: *Überwachen und Strafen. Die Geburt des Gefängnisses*. Übers. Walter Seitter. Frankfurt am Main 1976.

ders.: *Sexualität und Wahrheit*. Bd. 1: *Der Wille zum Wissen*. Übers. Ulrich Raulff und Walter Seitter. Frankfurt am Main 1977.

Franke, Rainer: *Richard Wagners Zürcher Kunstschriften. Politische und ästhetische Entwürfe auf seinem Weg zum ›Ring des Nibelungen‹*. Hamburger Beiträge zur Musikwissenschaft 26. Hamburg 1983.

Frankenstein, Alfred: *Victor Hartmann and Modeste Musorgsky*. In: Musical Quarterly 25 (1939), S. 268–291.

Freud, Sigmund: *Aus den Anfängen der Psychoanalyse. Briefe an Wilhelm Fließ. Abhandlungen und Notizen aus den Jahren 1887–1902*. Frankfurt am Main 1962.

ders.: *Die weibliche Sexualität*. In: *Gesammelte Werke*. Hgg. Anna Freud u.a. Bd. 14: *Werke aus den Jahren 1925–1931*. Frankfurt am Main ⁷1991.

Friedländer, Saul, Jörn Rüsen und Dietmar Müller-Elmau (Hgg.): *Wagner und das Dritte Reich*. München 2000.

Fuchs, Eduard und Ernest Kreowski: *Richard Wagner in der Karikatur*. Berlin 1907.

Fuchs, Hanns: *Richard Wagner und die Homosexualität. Unter besonderer Berücksichtigung der sexuellen Anomalien seiner Gestalten*. Studien zur Geschichte des menschlichen Geschlechtslebens 7. Berlin 1903.

Furness, Raymond: *Wagner and Literature*. Manchester 1982.

Gallagher, Catherine und Thomas Lacquer (Hgg.): *The Making of the Modern Body*. Sexuality & Society in the 19th Century. Berkeley 1987.

Gay, Peter: *Freud, Jews, and Other Germans: Masters and Victims in Modernist Culture*. New York 1978 [dt. u. d. T.: *Freud, Juden und andere Deutsche. Herren und Opfer in der modernen Kultur*. Hamburg 1986].

Geck, Martin: *Die Bildnisse Richard Wagners*. Studien zur Kunst des 19. Jahrhunderts 9. München 1970.

Geiss, Imanuel: *Die Habermas-Kontroverse. Ein deutscher Streit.* Berlin 1988.

Gerlach, Reinhard: *Musik und Sprache in Wagners Schrift Oper und Drama. Intention und musikalisches Denken.* In: Carl Dahlhaus (Hg.): *Richard Wagner. Werk und Wirkung.* Regensburg 1971, S. 9–39.

Gilman, Sander L.: *On Blackness without Blacks. Essays on the Image of the Black in Germany.* Boston 1982.

ders.: *Difference and Pathology. Stereotypes of Sexuality, Race, and Madness.* Ithaca 1985.

ders.: *The Struggle of Psychiatry with Psychoanalysis: Who Won?* In: Critical Inquiry 13, Nr. 2 (Winter 1987), S. 293–313.

ders.: *Disease and Representation. Images of Illness from Madness to AIDS.* Ithaca 1988.

ders.: *Strauss, the Pervert, and Avant Garde Opera of the Fin de Siècle.* In: New German Critique 43 (Winter 1988), S. 35–68.

ders.: *Jewish Self-Hatred: Anti-Semitism and the Hidden Language of the Jews.* Baltimore 1986 [dt. u. d. T.: *Jüdischer Selbsthaß. Antisemitismus und die verborgene Sprache der Juden.* Übers. Isabella König. Frankfurt am Main 1993].

ders.: *Inscribing the Other.* Lincoln 1991.

ders.: *The Jew's Body.* New York 1991.

ders.: *Der jüdische Körper. Eine Fuß-Note.* In: ders.: *Rasse, Sexualität und Seuche: Stereotype aus der Innenwelt der westlichen Kultur,* Reinbek 1992, S. 181–204.

ders.: *Die schlauen Juden. Über ein dummes Vorurteil.* Hildesheim 1998.

Gilman, Sander L. und J. Edward Chamberlin (Hgg.): *Degeneration. The Dark Side of Progress.* New York 1985.

Girard, René: *Das Heilige und die Gewalt.* Übers. Elisabeth Mainberger-Ruh. Zürich 1987.

ders.: *To double business bound. Essays on Literature, Mimesis, and Anthropology.* Baltimore 1988.

ders.: *Ausstoßung und Verfolgung. Eine historische Theorie des Sündenbocks.* Übers. Elisabeth Mainberger-Ruh. Frankfurt am Main 1992.

Glasenapp, Carl Friedrich. *Das Leben Richard Wagners in sechs Büchern dargestellt.* 6 Bde. Leipzig [5]1905–1912.

Glass, Frank W.: *The Fertilizing Seed. Wagner's Concept of the Poetic Intent.* Ann Arbor 1983.

Goddard, Peter: *Israel and Germany and Richard Wagner.* In: Toronto Star, 16. März 1992, Sektion *Entertainment,* S. B 4.

Goethe, Johann Wolfgang von: *Werke.* Hg. Erich Trunz. 14 Bde. Hamburg 1949–1960.

Golomb, J.: *Nietzsche on Jews and Judaism.* In: Archiv für Geschichte der Philosophie 67 (1985), S. 139–161.

Gottfried von Straßburg: *Tristan.* Nach dem Text von Friedrich Ranke neu hg., ins Neuhochdeutsche übers., mit einem Stellenkommentar und einem Nachwort von Rüdiger Krohn. 2 Bde. Stuttgart ³1984.

Gradenwitz, Peter: *Das Judentum: Richard und Cosima Wagners Trauma.* In: Gerhard Croll, Franz Hundsnurscher, Ulrich Müller und Cornelius Sommer (Hgg.): *Richard Wagner 1883–1983. Die Rezeption im 19. und 20. Jahrhundert.* Stuttgart 1984, S. 77–91.

Graham, Lindsay A.: *Wagner and Lohengrin. A Psychoanalytic Study.* In: Psychiatric Journal of the University of Ottawa 3, Nr. I (März 1978), S. 39–49.

de la Grange, Henri-Louis: *Mahler.* New York 1973.

Greenblatt, Robert: *Richard Wagner (1813-1883). The Voluptuary Genius.* In: British Journal of Sexual Medicine 10, Nr. 93 (März 1983), S. 17–18.

Gregor-Dellin, Martin: *Richard Wagner. Sein Leben, sein Werk, sein Jahrhundert.* München 1980.

ders.: *Richard Wagner. Eine Biographie in Bildern.* München 1982.

Griesinger, Wilhelm: *Mental Pathology and Therapeutics.* Einf. Erwin H. Ackerknecht. London 1867 [Repr. New York 1965].

Griesser, Luitpold: *Nietzsche und Wagner. Neue Beiträge zur Geschichte und Psychologie ihrer Freundschaft.* Wien 1923.

Grimm, Jacob und Wilhelm: *Duft.* In: *Deutsches Wörterbuch.* Bd. 2. Leipzig 1860, S. 1500–1502.

Grimm, Reinhold und Jost Hermand (Hgg.): *Re-reading Wagner.* Madison 1993.

Groddeck, Georg: *Der Ring.* In: Die Arche 3, Heft 11 (November 1927), S. 11–31.

Groos, Arthur: *Appropriation in Wagner's Tristan Libretto.* In: *Reading Opera.* Princeton 1988, S. 12–33.

Groos, Arthur und Roger Parker (Hgg.): *Reading Opera.* Princeton 1988.

Grootkerk, Paul: *The Satyr.* In: *Mythical and Fabulous Creatures. A Source Book and Research Guide.* Hg. Malcolm South. New York 1987, S. 207–223.

Grossmann-Vendrey, Susanna: *Bayreuth in der deutschen Presse. Beiträge zur Rezeptionsgeschichte Richard Wagners und seiner Festspiele.* 3 Bde. Regensburg 1977–1983.

Grout, Donald Jay und Claude V. Palisca: *A History of Western Music.* London ³1983.

Güdemann, Moritz: *Geschichte des Erziehungswesens und der Cultur der abendländischen Juden während des Mittelalters und der neueren Zeit.* 3 Bde. Wien 1880–1888.

Guichard, Léon: *La Musique et les lettres au temps du romantisme.* Paris 1955.

Gülke, Peter: *Rousseau und die Musik, oder Von der Zuständigkeit des Dilettanten.* Wilhelmshaven 1984.

Günther, Hans F. K.: *Rassenkunde des jüdischen Volkes.* München 1930.

Gutman, Robert W.: *Richard Wagner. The Man, His Mind, and His Music.* New York ²1990 [dt. u. d. T.: *Richard Wagner. Der Mensch, sein Werk, seine Zeit.* Übers. Horst Leuchtmann. München 1970].

Haberman, Clyde: *Israel Philharmonic Puts Off Wagner Concert.* In: New York Times, 23. Dezember 1991, Sektion C, S. 2.

Hall, Calvin S: *Wagnerian Dreams: One Hundred Years after Richard Wagner's Death, a Study of the Composer's Dreams Offers Clues to His Odious Behavior.* In: Psychology Today 17 (Januar 1983), S. 34–39.

Hamilton, James: *Arthur Rackham. A Life with Illustration.* London 1990.

Hanisch, Ernst: *Die politisch-ideologische Wirkung und »Verwendung« Wagners.* In: Müller/Wapnewski (Hgg.): *Richard-Wagner-Handbuch.* Stuttgart 1986, S. 625–646.

Hare, E. H.: *Masturbatory Insanity. The History of an Idea.* In: Journal of Mental Science 108, Nr. 452 (1962), S. 2–25.

Hart Nibbrig, Christiaan L.: *Die Auferstehung des Körpers im Text.* Frankfurt am Main 1985.

Hartmann, Otto Julius: *Die Esoterik im Werk Richard Wagners.* Freiburg i. Br. 1960.

Hatin, Louis Eugène: *Bibliographie historique et critique de la presse périodique française.* Paris 1866.

Hecht, Reuben: *The Wagner »Rehearsal.«* In: Jerusalem Post, 13. Januar 1992, Sektion *Opinion.*

Hegel, Georg Friedrich Wilhelm: *Phänomenologie des Geistes.* Hgg. H. F. Wessels und H. Clairmont. Hamburg 1988.

Hein, Annette: *»Es ist viel ›Hitler‹ in Wagner«. Rassismus und antisemitische Deutschtumsideologie in den Bayreuther Blättern (1878–1938).* Tübingen 1996.

Hermand, Jost: *Gralsmotive um die Jahrhundertwende.* In: Deutsche Vierteljahrsschrift für Literaturwissenschaft und Geistesgeschichte 36 (1962), S. 521–543.

ders.: *Wagner's Last Supper. The Vegetarian Gospel of His Parsifal.* In: Grimm/Hermand (Hgg.): *Re-reading Wagner.* Madison 1993, S. 103–118.

Herz, Joachim: *Der doch versöhnte Beckmesser. Noch eine Wagner-Polemik (1961).* In: Csampai/Holland (Hgg.): *Die Meistersinger von Nürnberg. Texte, Materialien, Kommentare.* Reinbek bei Hamburg 1981, S. 213–215.

Hirsbrunner, Theo: *Maurice Ravel. Sein Leben, sein Werk.* Laaber 1989.

Hodson, Phillip: *Who's Who in Wagner's Life & Work.* London 1984.

Hofer, Hermann: *Expérience musicale et empire romanesque: Hoffmann musicien chez Jules Janin, Champfleury et Alexandre Dumas.* In: *E. T. A. Hoffmann et la musique.* Hg. Alain Montandon. Bern 1987, S. 303–314.

Hohendahl, Peter Uwe: *Reworking History. Wagner's German Myth of Nuremberg.* In: Grimm/Hermand (Hgg.): Re-reading Wagner. Madison 1993, S. 39–60.

Hohmann, Joachim S. (Hg.): *Schon auf den ersten Blick. Lesebuch zur Geschichte unserer Feindbilder.* Darmstadt 1981.

Hollinrake, Roger: *Nietzsche, Wagner and the Philosophy of Pessimism.* London 1982.

Horawitz, Adalbert: *Richard Wagner und die nationale Idee.* Wien ²1874.

Horkheimer, Max, und Theodor W. Adorno: *Dialektik der Aufklärung.* Frankfurt am Main 1969.

Howe, Joseph S.: *Excessive Venery, Masturbation and Continence.* New York 1884.

Huber, Martin: *Text und Musik. Musikalische Zeichen im narrativen und ideologischen Funktionszusammenhang ausgewählter Erzähltexte des 20. Jahrhunderts.* Frankfurt am Main 1992.

Hutcheon, Linda und Michael: *Opera: Desire, Disease, Death.* Lincoln 1996.

Ingenschay-Goch, Dagmar: *Richard Wagners neu erfundener Mythos. Zur Rezeption und Reproduktion des germanischen Mythos in seinen Operntexten.* Bonn 1982.

Isländische Heldenromane. Übers. Paul Herrmann. Jena 1923 [Neuausgabe Düsseldorf und Köln 1966].

Jacobs, Robert L.: *A Freudian View of The Ring.* In: Music Review 26 (1965), S. 201–219.

Jacobs, Robert L. und Geoffrey Skelton (Hgg. und Übers.): *Wagner Writes from Paris ...* London 1973.

Jaeger, Gustav: *Die Entdeckung der Seele.* Leipzig 1880.

James, Burnett: *Wagner and the Romantic Disaster.* New York 1983.

Janin, Jules: *Le Dîner de Beethoven, Conte fantastique.* In: Gazette musicale de Paris n. s. 1 (5. Januar 1834), S. 1–3; n. s. 2 (12. Januar 1834), S. 9–11.

Janz, Curt Paul: *Friedrich Nietzsche. Biographie.* 3 Bde. München 1978.

Jens, Walter: *Ehrenrettung eines Kritikers. Sixtus Beckmesser.* In: Csampai/Holland (Hgg.): *Die Meistersinger von Nürnberg.* Texte, Materialien, Kommentare. Reinbek bei Hamburg 1981, S. 249–257.

Johnson, Mark: *The Body in the Mind. The Bodily Basis of Meaning, Imagination, and Reason.* Chicago 1987.

Jordan, Gerda: *The Ring-Movie and the Ring-Text.* In: *Wagner in Retrospect. A Centennial Reappraisal.* Hgg. Leroy R. Shaw et al. Amsterdam 1987, S. 213–218.

Josserand, Frank B.: *Richard Wagner. Patriot and Politician.* Washington, D.C. 1981.

Kahler, Erich: *Ursprung und Wandlung des Judenhasses.* In: ders.: *Die Verantwortung des Geistes.* Frankfurt am Main 1952, S. 53–91.

Kaiser, Joachim: *Die Bayreuther Revolution in Permanenz.* In: Csampai/Holland (Hgg.): *Die Meistersinger von Nürnberg. Texte, Materialien, Kommentare.* Reinbek bei Hamburg 1981, S. 191–193.

ders.: *Hat Zelinsky recht gegen Wagners Parsifal?* In: Csampai/Holland (Hgg.): *Parsifal. Texte, Materialien, Kommentare.* Reinbek bei Hamburg 1984, S. 257–259.

Kalfus, Melvin: *Richard Wagner as Cult Hero. The Tannhäuser Who Would Be Siegfried.* In: Journal of Psychohistory 11 (Winter 1984), S. 315–382.

Kann, Heinrich: *Psychopathia sexualis.* Leipzig 1844.

Karbaum, Michael: *Studien zur Geschichte der Bayreuther Festspiele (1876–1976).* Regensburg 1976.

Katz, Jacob: *From Prejudice to Destruction. Anti-Semitism 1700–1933.* Cambridge 1980 [dt. u. d. T.: *Vom Vorurteil zur Vernichtung. Der Antisemitismus 1700–1933.* Übers. Ulrike Berger. München 1989].

ders.: *Richard Wagner: Vorbote des Antisemitismus.* Königstein/Ts. 1985 [Engl. erw. Fassung. u. d. T.: The Darker Side of Genius. *Richard Wagner's Anti-Semitism.* Hanover, N.H. 1986].

Kelly, Alfred: *The Descent of Darwin. The Popularization of Darwinism in Germany 1860–1914.* Chapel Hill 1981.

Kennedy, Michael: *Mahler.* London [2]1990.

Kerman, Joseph: *Wagner and Wagnerism*. In: New York Review of Books, 22. Dezember 1983, S. 27–37.

ders.: *Opera as Drama*. London ²1989.

Kesting, Hanjo: *Das schlechte Gewissen an der Musik. Aufsätze zu Richard Wagner*. Stuttgart 1991.

Killian, Herbert: *Gustav Mahler in den Erinnerungen von Natalie Bauer-Lechner*. Hamburg 1984.

Kindermann, William: *Dramatic Recapitulation in Wagner's Götterdämmerung*. In: 19th-Century Music 4 (Herbst 1980), S. 101–112.

Kisch, Guido: *The Jews in Medieval Germany. A Study of Their Legal and Social Status*. Chicago 1949.

Kittler, Friedrich: *Weltatem. On Wagner's Media Technology*. In: *Wagner in Retrospect*. Hgg. Leroy Shaw, Nancy R. Cirillo und Marion S. Miller. Amsterdam 1987, S. 203–212.

Kivy, Peter: *Sound and Semblance. Reflections on Musical Representation*. Princeton 1984.

Kleist, Heinrich von: *Sämtliche Werke und Briefe*. Hg. Helmut Sembdner. 2 Bde. München 1961.

Knox, Robert: *The Races of Men*. A Fragment. Philadelphia 1850.

Köhler, Joachim: *Wagners Hitler. Der Prophet und sein Vollstrecker*. München 1997.

ders.: *Friedrich Nietzsche und Cosima Wagner. Die Schule der Unterwerfung*. Reinbek 1998.

Kolland, Hubert: *Zur Semantik der Leitmotive in Richard Wagners Ring des Nibelungen*. In: International Review of the Aesthetics and Sociology of Music 4 (1973), S. 197–211.

Koppen, Erwin: *Dekadenter Wagnerismus. Studien zur europäischen Literatur des Fin de Siècle*. Berlin 1974.

Kris, Ernst: *Wilhelm Fließ' wissenschaftliche Interessen*. In: Sigmund Freud: *Aus den Anfängen der Psychoanalyse. Briefe an Wilhelm Fließ. Abhandlungen und Notizen aus den Jahren 1887–1902*. Frankfurt am Main 1962, S. 8–11.

Kropfinger, Klaus: *Wagner und Beethoven. Untersuchungen zur Beethoven-Rezeption Richard Wagners*. Regensburg 1975.

Kühnel, Jürgen: *Wagners Schriften*. In: Müller/Wapnewski (Hgg.): *Richard-Wagner-Handbuch*. Stuttgart 1986, S. 471–588.

Kulka, O. D.: *Richard Wagner und die Anfänge des modernen Antisemitismus*. In: Bulletin des Leo Baeck Instituts 4 (1961), S. 281–300.

Kusche, Ludwig: *Wagner und die Putzmacherin, oder Die Macht der Verleumdung*. Wilhelmshaven 1967.

Lakoff, George und Mark Johnson: *Metaphors We Live By*. Chicago 1980.

Lallemand, Claude-François: *Des Pertes séminales involontaires*. 3 Bde. Paris 1836–1842.

La'mert, Samuel: *Self-Preservation. A Medical Treatise on Nervous and Physical Debility, Spermatorrhoea, Impotence, and Sterility*. London [ca. 1860].

Lange, Walter: *Richard Wagners Sippe. Vom Urahn zum Enkel*. Leipzig 1938.

Large, D.C. und William Weber (Hgg.): *Wagnerism in European Culture and Politics*. Ithaca 1984.

Lee, M. Owen: *Wahnfried. Some Metaphors in Die Meistersinger. In: Wagner in Retrospect. A Centennial Reappraisal*. Hgg. Leroy R. Shaw et al. Amsterdam 1987, S. 63–69.

Lee, Vernon: *Music and Its Lovers. An Empirical Study of Emotion and Imaginative Responses to Music*. London 1932.

Leppert, Richard: *The Sight of Sound. Music, Representation, and the History of the Body*. Berkeley 1993.

Levin, David: *Reading Beckmesser Reading. Antisemitism and Aesthetic Practice in Die Meistersinger von Nürnberg*. In: New German Critique (Herbst 1996), S. 127–146.

ders.: *Richard Wagner, Fritz Lang, and the Nibelungen. The Dramaturgy of Disavowal*. Princeton 1998.

ders.: *Die Dramaturgie der Alterität*. In: Saul Friedländer, Jörn Rüsen und Dietmar Müller-Elmau (Hgg.): *Wagner und das Dritte Reich*. München 2000.

Levy, Ludwig: *Die Schuhsymbolik im jüdischen Ritus*. In: Monatsschrift für Geschichte und Wissenschaft des Judentums 62 (1918), S. 178–185.

Lewis, C.S.: *Surprised by Joy*. London 1955.

Locke, Ralph P.: *Constructing the Oriental »Other«. Saint-Saëns's Samson et Dalila*. In: Cambridge Opera Journal 3, Nr. 3 (November 1991), S. 261–302.

Lorenz, Emil Franz: *Die Geschichte des Bergmanns von Falun, vornehmlich bei E. T. A. Hoffmann, Richard Wagner und Hugo von Hofmannsthal*. In: Imago 3 (1914), S. 250–301.

Lowenthal, Marvin: *The Jews of Germany. A Story of Sixteen Centuries*. New York 1970.

Mack, Dietrich (Hg.): *Richard Wagner. Das Betroffensein der Nachwelt.* Darmstadt 1984.

ders. (Hg.): *Theaterarbeit an Wagners Ring.* München 1978.

MacNutt, Richard: *Schlesinger, Maurice.* In: *The New Grove Dictionary of Music and Musicians.* Hg. Stanley Sadie. London, 1980, Bd. 16, S. 660–661.

Magee, Bryan: *Aspects of Wagner.* New York 1969.

Magee, Elizabeth: *Richard Wagner and the Nibelungs.* Oxford 1990.

Manilla, Morton: *Wagner in the History of Anti-Semitism.* In: Midstream (Februar 1986), S. 43–46.

Mann, Thomas: *Leiden und Größe Richard Wagners.* In: *Wagner und unsere Zeit. Aufsätze, Betrachtungen, Briefe.* Hg. Erika Mann. Frankfurt am Main 1983, S. 63–121.

Marcuse, Ludwig: *Das denkwürdige Leben des Richard Wagner.* Zürich 1973.

Masson, Jeffrey Moussaieff: *The Assault on Truth. Freud's Suppression of the Seduction Theory.* New York 1985.

ders. (Hg.): *The Complete Letters of Sigmund Freud to Wilhelm Fliess, 1887–1904.* Cambridge 1985.

Maudsley, Henry: *The Physiology and Pathology of Mind.* London 1867.

ders.: *Body and Mind.* London 1873.

Mayer, Hans: *Richard Wagner in Selbstzeugnissen und Bilddokumenten.* Hamburg 1959, Reinbek [27]1998.

ders.: *Richard Wagner in Bayreuth 1876–1976.* Stuttgart 1976.

Mayes, J. A.: *Spermatorrhoea, Treated by the lately invented Rings.* In: Charleston Medical, Journal & Revue 9 (1854), S. 351–353.

McClary, Susan: *Feminine Endings. Music, Gender, and Sexuality.* Minneapolis 1991.

dies.: *Georges Bizet: Carmen.* Cambridge 1992.

McCreless, Patrick: *Wagner's Siegfried. Its Drama, History, and Music.* Ann Arbor 1982.

McDonald, William E.: *Words, Music, and Dramatic Development in Die Meistersinger.* In: 19th-Century Music I (1978), S. 146–160.

McGrath, William J.: *Dionysian Art and Populist Politics in Austria.* New Haven 1974.

Menzel, Wolfgang: *Die tiefste Korruption der deutschen Dichtung. In: Das Junge Deutschland. Texte und Dokumente.* Hg. Jost Hermand. Stuttgart 1976, S. 335–341.

Mertens, Volker: *Richard Wagner und das Mittelalter.* In: Müller/Wapnewski (Hgg.): *Richard-Wagner-Handbuch.* Stuttgart 1986, S. 19–59.

Millington, Barry: *Wagner.* London 1986.

ders.: *Parsifal: A Wound Reopened.* In: Wagner 8 (1987), S. 114–120.

ders.: *Nuremberg Trial. Is There Anti-Semitism in Die Meistersinger?* In: Cambridge Opera Journal 3.3 (1991), S. 247–260.

ders. (Hg.): *Das Wagner-Kompendium. Sein Leben – seine Musik.* Übers. G. Kirchberger und Ch. Mrowietz. München 1996.

Mosse, George L.: *The Crisis of German Ideology: Intellectual Origins of the Third Reich.* New York 1964 [dt. u. d. T.: *Ein Volk, ein Reich, ein Führer. Die völkischen Ursprünge des Nationalsozialismus.* Übers. Renate Becker. Königstein/Ts. 1979].

ders.: *Germans and Jews: The Right, the Left, and the Search for a ›Third Force‹ in Pre-Nazi Germany.* New York 1970.

ders.: *Nationalism and Sexuality: Middle-Class Morality and Sexual Norms in Modern Europe.* Madison 1985 [dt. u. d. T.: *Nationalismus und Sexualität. Bürgerliche Moral und sexuelle Normen.* Übers. Jörg Trobitius. München 1985].

ders.: *The Culture of Western Europe: The Nineteenth and Twentieth Centuries.* London ³1988.

zur Mühlen, Patrik von: *Rassenideologien: Geschichte und Hintergründe.* Berlin 1977.

Müller, Ulrich und Peter Wapnewski: *Richard-Wagner-Handbuch.* Stuttgart 1986. Darin: Ulrich Müller: *Richard Wagner und die Antike,* S. 7–18.

Nattiez, Jean-Jacques: *Chéreau's Treachery.* In: Oktober 14 (Herbst 1980), S. 71–100.

ders.: *Tetralogies – Wagner, Boulez, Chéreau. Essai sur l'infidelité.* Paris 1983.

ders.: *Le Ring comme histoire métaphorique de la musique.* In: *Wagner in Retrospect. A Centennial Reappraisal.* Hgg. Leroy R. Shaw et al. Amsterdam 1987, S. 44–49.

ders.: *Music and Discourse. Toward a Semiology of Music.* Übers. Carolyn Abbate. Princeton 1990.

ders.: *Wagner androgyne. Essai sur l'interprétation.* Paris 1990.

ders.: *»Fidelity« to Wagner. Reflections on the Centenary Ring.* In: Millington/Spencer (Hgg.): *Wagner in Performance.* New Haven 1992, S. 75–98.

Newcomb, Anthony: *The Birth of Music out of the Spirit of Drama.* In: 19th-Century Music 5 (1981/82), S. 38–66.

Newman, Ernest: *The Life of Richard Wagner.* 4 Bde. Cambridge 1933.

ders.: *Wagner as Man and Artist.* London 1963.

ders.: *The Wagner Operas.* New York 1972.

Nietzsche, Friedrich: *Sämtliche Werke. Kritische Studienausgabe in 15 Einzelbänden.* Hgg. von Giorgio Colli und Mazzino Montinari. München 2. durchges. Ausgabe 1988.

The Nietzsche-Wagner Correspondence. Hg. Elizabeth Förster-Nietzsche. Übers. Caroline V. Kerr. Einf. H. L. Mencken. London 1922.

Nösselt, Friedrich: *Lehrbuch der griechischen und römischen Mythologie für höhere Töchterschulen und die Gebildeten des weiblichen Geschlechts.* Leipzig 1828. [Leipzig ⁵1865]

Novalis [= Friedrich von Hardenberg]: *Monolog, Die Lehrlinge zu Sais, Die Christenheit oder Europa, Hymnen an die Nacht, Geistliche Lieder, Heinrich von Ofterdingen.* Hgg. Curt Grützmacher und Sybille Claus. Reinbek bei Hamburg 1963.

Oberzaucher-Schüller, Gunhild, Marion Linhart und Thomas Steiert (Hgg.): *Wagner – Meyerbeer. Eine Begegnung.* Wien, Köln und Weimar 1998.

Oestreich, James R.: *Wagner, Nazis and the Israeli Soul.* In: New York Times, 12. Januar 1992, Sektion 2, S. 1.

Panizza, Oskar: *Bayreuth und die Homosexualität. Eine Erwägung.* In: Die Gesellschaft. Monatsschrift für Literatur, Kunst und Socialpolitik 11 (1895), S. 88–92.

Parvin, Theophilus: *The Hygiene of the Sexual Functions.* In: New Orleans Medical & Surgical Journal 11 (1884), S. 598–612.

Paul, Hermann: *Duft.* In: *Deutsches Wörterbuch.* Band 2. Halle 1956, S. 133.

Pezzl, Johann: *Skizze von Wien. Ein Kultur- und Sittenbild aus der josephinischen Zeit.* Hgg. Gustav Gugitz und Anton Schlosser. Graz 1923 [Erstausgabe: Wien und Leipzig 1786].

Poliakov, Leon: *The Aryan Myth. A History of Racist and Nationalist Ideas in Europe.* London 1971.

ders.: *Geschichte des Antisemitismus.* Übers. Rudolf Pfisterer. 8 Bde. Worms und Frankfurt am Main 1977–1988.

Porges, Heinrich: *Die Bühnenproben zu den Bayreuther Festspielen des Jahres 1876.* Leipzig 1896.

Porter, Andrew: Wagner: *The Continuing Appeal. In: Wagner in Retrospect. A Centennial Reappraisal.* Hgg. Leroy R. Shaw et al. Amsterdam 1987, S. 7–18.

Radkau, Joachim: *Richard Wagners Erlösung vom Faschismus durch die Emigranten.* In: Exilforschung 3. München 1985, S. 71–105.

Rank, Otto: *Die Lohengrinsage. Ein Beitrag zu ihrer Motivgestaltung und Deutung.* Leipzig 1911.

ders.: *Das Inzest-Motiv in Dichung und Sage. Grundzüge einer Psychologie des dichterischen Schaffens.* Leipzig 1926.

Rappl, Erich: *Wagner-Opernführer.* Regensburg 1967.

ders.: *Beckmesser als psychologische Schlüsselfigur.* In: Lorenz Ellwanger (Hg.): *Wagners Werk und Wirkung. Festspielnachrichten Beiträge 1957 bis 1982.* Bayreuth 1982, S. 199–203.

Rasch, William und Marc A. Weiner: *A Response to Hans Rudolf Vaget's ›Merkwürdiger Fall: Wagner, Anti-Semitism, and Mr. Rose‹.* In: German Quarterly (Sommer 1994), S. 400–408.

Rather, L. J.: *The Dream of Self-Destruction. Wagner's ›Ring‹ and the Modern World.* Baton Rouge 1979.

ders.: *Reading Wagner. A Study in the History of Ideas.* Baton Rouge 1990.

Rattner, Josef: *Wagner im Lichte der Tiefenpsychologie.* In: Müller/Wapnewski (Hgg.): *Richard-Wagner-Handbuch.* Stuttgart 1986, S. 777–791.

Rauschenberger, Walther: *Richard Wagners Abstammung und Rassenmerkmale.* In: Die Sonne. Monatsschrift für Rasse, Glauben, und Volkstum im Sinne nordischer Weltanschauung und Lebensgestaltung 14 (1937), S. 161–171.

Reich, Eduard: *Geschichte, Natur- und Gesundheitslehre des ehelichen Lebens.* Kassel 1864.

ders.: *Über Unsittlichkeit. Hygienische und politisch-moralische Studien.* Neuwied 1866.

Reichardt, Johann Friedrich: *Vertraute Briefe, geschrieben auf einer Reise nach Wien – und den österreichischen Staaten zu Ende des Jahres 1808 und zu Anfang 1809.* Einf. und Anm. von Gustav Gugitz. 2 Bde. München 1915.

Renk, Herta A.: *Anmerkungen zur Beziehung zwischen Musiktheater und Semiotik.* In: Dietrich Mack (Hg.): *Theaterarbeit an Wagners Ring.* München 1978, S. 275–288.

Rhein, John von: *Barenboim Takes Step in Returning Wagner to Israel.* In: Chicago Tribune, 23. Januar 1992, Sektion *Tempo*, S. 3.

Ringer, Alexander: *Wagner and the Language of Feeling.* In: *Wagner in Retrospect. A Centennial Reappraisal.* Hgg. Leroy Shaw et. al. Amsterdam 1987, S. 37–44.

Robinson, Paul: *Opera & Ideas: From Mozart to Strauss.* New York 1985.

Rohrer, Joseph: *Versuch über die jüdischen Bewohner der österreichischen Monarchie.* Wien 1804.

Rose, Paul Lawrence: *The Noble Anti-Semitism of Richard Wagner.* In: Historical Journal 15 (1982), S. 751–763.

ders.: *Revolutionary Antisemitism in Germany from Kant to Wagner.* Princeton 1990.

ders.: Wagner: *Race and Revolution.* London 1992 [dt. u. d. T.: *Richard Wagner und der Antisemitismus.* Übers. Angelika Beck. Zürich und München 1999].

Rothstein, Edward: *What Is the Politics of Tristan?* In: New York Times, 12. Januar 1992, Sektion 2, S. 25.

Rürup, Reinhard: *Emanzipation und Antisemitismus. Studien zur ›Judenfrage‹ der bürgerlichen Gesellschaft.* Göttingen 1975.

Russ, Michael: *Musorgsky: Pictures at an Exhibition.* Cambridge 1992.

Russell, James: *Cases illustrating the influence of exhaustion of the spinal cord in inducing paraplegia.* In: [London] Medical Times & Gazette 2 (1863), S. 455–459.

Sabor, Rudolph: *The Real Wagner.* London 1987.

The Saga of the Volsungs. The Norse Epic of Sigurd the Dragon Slayer. Übers. und Einl. Jesse L. Byock. Berkeley 1990.

Said, Edward: *Orientalism.* New York 1978.

ders.: *The World, the Text, and the Critic.* London 1991.

Sattler, Stephan: *Wieviel Hitler ist in Wagner? Ein Symposium internationaler Experten untersuchte in der Festspielstadt des Komponisten brisantes Verhältnis zu den Juden.* In: Focus, Nr. 34 (1998), S. 98–102.

Scheit, Gerhart: *Wagners Judenkarikaturen – oder: Wie entsorgt man die Enttäuschung über eine gescheiterte Revolution?* In: *Musik/Revolution.* Fs. Georg Knepler. Hg. Hanns-Werner Heister. Hamburg 1997, S. 133–171.

Schickling, Dieter: *Abschied von Walhall. Richard Wagners erotische Gesellschaft.* Stuttgart 1983.

ders.: *Wagner beim Wort genommen. Zur Psychologie seiner Opern.* In: Müller/Wapnewski (Hgg.): *Richard-Wagner-Handbuch.* Stuttgart 1986, S. 792–802.

ders.: *Richard Wagners Männer und Frauen. Zur emanzipatorischen Psychologie des ›Ring‹.* In: Udo Berrnbach (Hg.): *In den Trümmern der eignen Welt. Richard Wagners ›Der Ring des Nibelungen‹.* Berlin 1989, S. 163–180.

[Artikel] *Schlesinger*. In: *Riemann Musik Lexikon*. Ergänzungsband Personenteil L–Z. Hg. Carl Dahlhaus. Mainz, 1975, S. 580.

Schloesser, Rudolf: *August Graf von Platen. Ein Bild seines geistigen Entwicklungsganges und seines dichterischen Schaffens*. 2 Bde. München 1913.

Scholz, Dieter David: *Richard Wagners Antisemitismus*. Würzburg 1993 [Neuausgabe Berlin 2000].

Schubart, Christian Friedrich Daniel: *Ideen zu einer Ästhetik der Tonkunst*. Wien 1806 [Repr. Darmstadt 1969].

Schudt, Johann Jacob: *Von der Franckfurter Juden Vergangenheit (Sitten und Bräuchen)*. In: *Johann Jacob Schudts Jüdische Merkwürdigkeiten*. Hg. Efraim Frisch. Berlin 1934.

Schüler, Winfred: *Der Bayreuther Kreis von seiner Entstehung bis zum Ausgang der wilhelminischen Ära. Wagnerkult und Kulturreform im Geiste völkischer Weltanschauung*. Münster 1971.

Schwarz, Boris: *Musorgsky's Interest in Judaica*. In: *Musorgsky. In Memoriam 1881–1981*. Hg. Malcolm H. Brown. Russian Music Studies 3. Ann Arbor 1982, S. 85–94.

See, Klaus von: *Deutsche Germanen-Ideologie. Vom Humanismus bis zur Gegenwart*. Frankfurt am Main 1970.

Seelig, Lutz Eberhardt: *Wagners Sehnsucht nach Kongenialität. Sentas Emanzipation im Fliegenden Holländer*. Köln 1984.

Seelig, Wolfgang: *Ambivalenz und Erlösung. Parsifal: menschliches Verständnis und dramatische Naturdarstellung*. Bonn 1983.

Sehulster, Jerome R.: *The Role of Altered States of Consciousness in the Life, Theater, and Theories of Richard Wagner*. In: Journal of Altered States of Consciousness 5 (1979/80), S. 235–258.

Shattner, Marius: *Israel Philharmonic Cancels Wagner Recital amid Protests*. In: Agence France Presse, 20. Dezember 1991, Sektion *News*.

Shaw, George Bernard: *The Perfect Wagnerite. A Commentary on the Niblung's Ring*. London ⁴1923 [Repr. New York 1967].

Shaw, Leroy, Nancy R. Cirillo und Marion S. Miller (Hgg.): *Wagner in Retrospect. A Centennary Reappraisal*. Amsterdam 1987.

Shawe-Taylor, Desmond: *Wagner and His Singers*. In: Millington/Spencer (Hgg.): *Wagner in Performance*. New Haven 1992, S. 15–28.

Silbermann, Alphons: *Der ungeliebte Jude. Zur Soziologie des Antisemitismus*. Frankfurt am Main 1981.

Skelton, Geoffrey: *Richard and Cosima Wagner: Biography of a Marriage*. London 1982 [dt. u. d. T. *Richard und Cosima Wagner. Biographie einer Ehe*. Übers. Günther Jarfe und Bernhard Lenz. München 1995].

Solomon, Maynard: *Beethoven*. New York 1977.

Sommer, Antonius: *Die Komplikationen des musikalischen Rhythmus in den Bühnenwerken Richard Wagners*. Schriften zur Musik 10. Giebig am Chiemsee 1971.

Sontag, Susan: *Wagner's Fluids*. In: London Review of Books, 10. Dezember 1987, S. 8–9.

Stedman, Henry R.: *Some of the Mental Aspects of Nervous Disease*. In: Medical Communications of the Massachusetts Medical Society 13 (1886), S. 415–430.

Stein, Jack M.: *Richard Wagner and the Synthesis of the Arts*. Detroit 1960.

Stein, Leon: *The Racial Thinking of Richard Wagner*. New York 1950.

Stekel, Wilhelm: *Nietzsche und Wagner. Eine sexualpsychologische Studie zur Psychogenese des Freundschaftsgefühls und des Freundschaftsverrats*. In: Zeitschrift für Sexualwissenschaft und Sexualpolitik 4 (1917), S. 22–28, 58–65.

Stendhal: *Vie de Rossini*. Paris 1924.

Stern, Fritz: *The Politics of Cultural Despair*. Berkeley 1961 [dt. u. d. T.: *Kulturpessimismus als politische Gefahr. Eine Analyse nationaler Ideologie in Deutschland*. Bern, Stuttgart und Wien 1963].

Sternfeld, Richard: *Richard Wagner und der heilige deutsche Krieg*. Oldenburg 1916.

Stock, Richard Wilhelm: *Jüdische Kritikaster über Richard Wagners ›Meistersinger‹*. In Csampai/Holland (Hgg.): *Richard Wagner. Die Meistersinger von Nürnberg. Texte, Materialien, Kommentare*. Reinbek bei Hamburg, S. 202–206.

Stoneman, Richard: *Greek Mythology. An Encyclopedia of Myth and Legend*. London 1991.

Strauss, Herbert A.: *Juden und Judenfeindschaft in der frühen Neuzeit*. In: Herbert A. Strauss und Norbert Kampe (Hgg.): *Antisemitismus: von der Judenfeindschaft zum Holocaust*. Frankfurt am Main 1988, S. 66–87.

Strobel, Otto (Hg.): *Richard Wagner, Skizzen und Entwürfe zur Ring-Dichtung. Mit der Dichtung Der junge Siegfried*. München 1930.

Subotnik, Rose Rosengard: *Developing Variations. Style and Ideology in Western Music*. Minneapolis 1991.

Syberberg, Hans Jürgen: *Parsifal. Ein Filmessay*. München 1982.

Tambling, Jeremy: *Opera, Ideology and Film*. Manchester 1987.

Tarasti, Eero: *Myth and Music. A Semiotic Approach to the Aesthetics of Myth in Music, Especially that of Wagner, Sibelius and Stravinsky.* Helsinki 1978.

Taruskin, Richard: *Only Time Will Cover the Taint.* In: New York Times, 26. Januar 1992, Sektion 2, S. 25.

ders.: *Review of Carolyn Abbate, ›Unsung Voices: Opera and Musical Narrative in the Nineteenth Century‹.* In: Cambridge Opera Journal 4, Nr. 2 (Juli 1992), S. 187–197.

Taylor, Ronald: *Richard Wagner. His Life, Art and Thought.* London 1979.

Theweleit, Klaus: *Männerphantasien.* 2 Bde. Frankfurt am Main und Basel 1986.

Thomson, J.L.: *Giacomo Meyerbeer. The Jew and His Relationship with Richard Wagner.* In: Musica Judaica 1 (1975–76), S. 54–86.

Thorndike, Augustus: *The Treatment of Club-Foot.* In: Medical Communications of the Massachusetts Medical Society 17 (1898), S. 287–294.

Tisson, Simon-André: *Tentamen de Morbis ex Manustrupatione.* Lausanne 1758.

ders.: *Onanism.* New York 1832.

Trachtenberg, Joshua: *The Devil and the Jews. The Medieval Conception of the Jew and Its Relation to Modern Antisemitism.* New Haven 1943.

Tuchman, Barbara: *Bible and Sword. England and Palestine from the Bronze Age to Balfour.* New York 1984 [dt. u. d. T.: *Bibel und Schwert. Palästina und der Westen; vom frühen Mittelalter bis zur Balfour-Deklaration.* Frankfurt am Main 1983].

Twain, Mark: *Some Thoughts on the Science of Onanism.* Charlottesville, Va. 1964.

Twitchell, James B.: *Forbidden Partners. The Incest Taboo in Modern Culture.* New York 1987.

Vaget, Hans Rudolf: *Wagner, Anti-Semitism, and Mr. Rose: Merkwürd'ger Fall! Review of Paul Lawrence Rose, Wagner: Race and Revolution.* In: German Quarterly 66, Nr. 2 (Frühling 1993), Forum Sektion, S. 222–236.

ders. (Hg.): *Im Schatten Wagners. Thomas Mann über Richard Wagner. Texte und Zeugnisse 1895–1955.* Frankfurt am Main 1999.

Vetter, Isolde: *Wagner in the History of Psychology*. Übers. Stewart Spencer. In: Müller/Wapnewski (Hgg.): *Wagner Handbook*. Cambridge 1992, 118–155.

Vogel, Martin: *Nietzsche und Wagner. Ein deutsches Lesebuch*. Bonn 1984.

Vogt, Matthias Theodor: *Taking the Waters at Bayreuth*. In: Millington/Spencer (Hgg.): *Wagner in Performance*. New Haven 1992, S. 130–152.

Volkmann-Leander, Richard von: *Träumereien an französischen Kaminen*. Leipzig ³¹1905.

Volz, Pia Daniela: *Nietzsche im Labyrinth seiner Krankheit. Eine medizinisch-biographische Untersuchung*. Würzburg 1990.

Voss, Egon: *Studien zur Instrumentalmusik Richard Wagners*. Studien zur Musikgeschichte des 19. Jahrhunderts 24. Regensburg 1970.

ders.: *Wagners Meistersinger als Oper des deutschen Bürgertums*. In: Csampai/Holland (Hgg.): *Die Meistersinger von Nürnberg*. Reinbek bei Hamburg 1981, S. 9–31.

ders.: *Wagners ›Parsifal‹ – das Spiel von der Macht der Schuldgefühle*. In: Csampai/Holland (Hgg.): *Parsifal. Texte, Materialien, Kommentare*. Reinbek bei Hamburg 1984, S. 9–18.

Wagner, Cosima: *Die Briefe Cosima Wagners an Friedrich Nietzsche*. Hg. Erhart Thierbach. 2 Bde. Weimar 1940.

dies.: *Die Tagebücher*. Hgg. Martin Gregor-Dellin und Dieter Mack. 2 Bde. München 1976–1977.

Wagner, Gottfried: *Wer nicht mit dem Wolf heult*. Köln 1997.

Wagner, Nike: *Wagner-Theater*. Frankfurt am Main 1998.

Wagner, Siegfried: *Erinnerungen*. Stuttgart 1923.

Wagner, Wieland (Hg.): *Hundert Jahre Tristan*. Emsdetten 1965.

Walsh, Michael: *The Case of Wagner – Again*. In: Time, 13. Januar 1992, S. 57.

Wapnewski, Peter: *Richard Wagner. Die Szene und ihr Meister*. München 1978.

ders.: *Der traurige Gott. Richard Wagner in seinen Helden*. München 1978.

ders.: *Tristan der Held Richard Wagners*. Berlin 1981.

ders.: *Die Oper Richard Wagners als Dichtung*. In: Müller/Wapnewski (Hgg.): *Richard-Wagner-Handbuch*. Stuttgart 1986, S. 223–352.

Ward, Charles: *Listeners Look Beyond the Music for Meanings*. In: Houston Chronicle, 26. Januar 1992, Sektion Zest, S. 10.

Watson, Derek: *Richard Wagner. A Biography*. London 1979.

Weinberg, Meyer: *Because They Were Jews. A History of Antisemitism.* Contributions to the Study of World History 4. New York 1986.

Weiner, Marc A.: *Zwieback and Madeleine. Creative Recall in Wagner and Proust.* In: Modern Language Notes (German) 95 (Frühling 1980), S. 679–684.

ders.: *Richard Wagner's Use of E. T. A. Hoffmann's ›The Mines of Falun‹.* In: 19th-Century Music (1982), S. 201–214.

ders.: *Parody and Repression: Schnitzler's Response to Wagnerism.* In: Modern Austrian Literature 19, Nr. 3–4 (1986), S. 129–148.

ders.: *Gerhart Hauptmann's Die versunkene Glocke and the Cultural Vocabulary of Pre-Fascist Germany.* In: German Studies Review 11, Nr. 3 (Oktober 1988), S. 447–461.

ders.: *Wagner's Nose and the Ideology of Perception.* In: Monatshefte 81, Nr. I (Frühling1989), S. 62–78.

ders.: *Wagner and the Vocal Iconography of Race and Nation.* In: Grimm/Hermand (Hgg.): *Re-reading Wagner.* Madison 1992, S. 78–102.

ders.: *Undertones of Insurrection. Music, Politics, and the Social Sphere in the Modern German Narrative.* Lincoln 1993.

ders.: *Reading the Ideal.* In: New German Critique 69 (Herbst 1996), S. 53–83.

ders.: *Wagner and the Perils of Reading.* In: Wagner 18.2 (Mai 1997), S. 58–82.

ders.: *Opera and the Discourse of Decadence: From Wagner to AIDS.* In: *Perennial Decay: The Aesthetics and Politics of Decadence in the Modern Era.* (Hgg.) Liz Constable, Dennis Denishoff und Matthew Potolsky, Philadelphia 1999, S. 119–141.

ders.: *Über Wagner sprechen: Ideologie und Methodenstreit.* In: Friedländer/Rüsen/Müller-Elmau (Hgg.): *Wagner und das Dritte Reich.* München 2000, S. 339–359.

Weinfeld, H.: *Wagner und Meyerbeer.* In: *Richard Wagner zwischen Beethoven und Schönberg.* Musik-Konzepte 59. München 1988, S. 31–72.

Weingart, Peter, Jürgen Kroll und Kurt Bayertz: *Rasse, Blut und Gene. Geschichte der Eugenik und Rassenhygiene in Deutschland.* Frankfurt am Main 1988.

Weininger, Otto: *Geschlecht und Charakter. Eine prinzipielle Untersuchung.* Wien [25]1923.

Wellbery, David E.: *E. T. A. Hoffmann and Romantic Hermeneutics. An Interpretation of Hoffmann's ›Don Juan‹.* In: Studies in Romanticism 19, Nr. 4 (1980), S. 455–473.

Wessling, Bernd. W. (Hg.): *Bayreuth im dritten Reich. Richard Wagners politische Erben.* Weinheim 1983.

ders.: Meyerbeer: *Wagners Beute – Heines Geisel.* Düsseldorf 1984.

Westernhagen, Curt von: *Richard Wagner. Sein Werk, sein Wesen, seine Welt.* Zürich 1956.

ders.: *Richard Wagners Dresdener Bibliothek, 1842–1849. Neue Dokumente zur Geschichte seines Schaffens.* Wiesbaden 1966.

ders.: *Wagner.* Zürich und Freiburg i. Br. 1968.

ders.: *Die Entstehung des ›Ring‹, dargestellt an den Kompositionsskizzen Richard Wagners.* Zürich und Freiburg i. Br. 1973.

Williams, Raymond: *The Long Revolution.* London 1961.

Wintle, Christopher: *The Numinous in Götterdämmerung.* In: *Reading Opera.* Hgg. Arthur Groos und Roger Parker. Princeton 1988, S. 200–234.

Wistrich, Robert S.: *Antisemitism. The Longest Hatred.* London 1991.

Wolf, Elcan Isaac: *Von den Krankheiten der Juden.* Mannheim 1777.

Wolfram von Eschenbach: *Parzival.* Neuhochdeutsche Übers. und Bearb. von Wilhelm Hertz. Stuttgart und Berlin [5]1911.

Wolzogen, Hans von: *Führer durch die Musik zu Richard Wagner's Festspiel Der Ring des Nibelungen. Ein thematischer Leitfaden.* Leipzig 1896.

Woolf, Virginia: *Impressions at Bayreuth.* In: Times (London), 21 August 1909 [Repr. Opera News 41, Nr. 2 (August 1976), S. 22–23].

Zadrozny, Ilse: *Israel Orchestra Bans Classical Music Antisemitism.* In: Gazette (Montreal), 25. Januar 1992, Sektion *Entertainment*, S. F4.

Zelinsky, Hartmut: *Richard Wagner: ein deutsches Thema. Eine Dokumentation zur Wirkungsgeschichte Richard Wagners 1876–1976.* Frankfurt am Main 1976.

ders.: *Die »feuerkur« des Richard Wagner oder die »neue religion« der »Erlösung« durch »Vernichtung«.* In: Heinz-Klaus Metzger und Rainer Riehn (Hgg.): *Richard Wagner. Wie antisemitisch darf ein Künstler sein?* Musikkonzepte 5. München 1978, S. 79–112.

ders.: *Der Plenipotentarius des Untergangs.* In: Neohelicon 9 (1982), S. 145–176.

ders.: *Rettung ins Ungenaue. Zu M. Gregor-Dellins Wagner-Biographie.* In: Heinz-Klaus Metzger und Rainer Riehn (Hgg.): *Richard Wagner: Parsifal.* Musikkonzepte 25. München 1982, S. 74–115.

ders.: *Richard Wagners Kunstwerk der Zukunft und seine Idee der Vernichtung.* In: Joachim H. Knoll und J. H. Schoeps (Hgg.): *Geschichtsprophetien im 19. und 20. Jahrhundert.* Stuttgart 1984, S. 84–106.

ders.: *Richard Wagners letzte Karte.* In: Csampai/Holland (Hgg.): *Parsifal. Texte, Materialien, Kommentare.* Reinbek bei Hamburg 1984, S. 252–256.

ders.: *Der verschwiegene Gehalt des ›Parsifal‹.* In: Csampai/Holland (Hgg.): *Parsifal. Texte, Materialien, Kommentare.* Reinbek bei Hamburg 1984, S. 244–251.

ders.: *Die deutsche Losung Siegfried, oder Die »innere Notwendigkeit« des Juden-Fluches im Werk Richard Wagners.* In: Bermbach (Hg.): *In den Trümmern der eignen Welt. Richard Wagners' Der Ring des Nibelungen.* Berlin 1989, S. 201–250.

Zetlin, Michail: *The Five. The Evolution of the Russian School of Music.* Hg. und Übers. George Panin. New York 1959.